Franzius

Über das Buch:

Colette Freiburghaus ist ganz aus dem Häuschen, als sie bei der Weinhandlung LEBEN AG zum Vorstellungsgespräch eingeladen wird.

Tony Leben, ein charismatischer Unternehmer und Inhaber von LEBEN AG, führt Colette in eine ganz neue Welt der Unternehmensführung ein. In eine (Arbeits-)Welt, in der das Individuum Mensch zählt und sich, seiner Persönlichkeit entsprechend, entfalten kann. Tony Leben selbst steht wie ein Leuchtturm an der Spitze des Unternehmens und verlangt nichts von seinen Angestellten, was er nicht selbst von sich verlangt und umsetzt.

Und dabei lernt Colette zu verstehen, dass dies im Grunde genommen die einzig richtige Art ist, ein Unternehmen nachhaltig zum Erfolg zu führen: Beweisen doch zufriedene Kunden und berufene Mitarbeiter sowie beste Ergebnisse die Erfolgsgeschichte von LEBEN AG. In interessanten Begegnungen und Dialogen über Motivation und Selbstmanagement lernt Colette, dass alles im Leben einen Sinn hat und im direkten Zusammenhang mit ihrer Selbstachtung und einem echten Leben steht, welches untrennbar ist von Beruf und Berufung. Tony Leben schafft es mit seinen Mitarbeitern, das innere Feuer von Colette zu entzünden.

Für Colette beginnt eine außergewöhnliche Reise zu ihrer Gabe, viel mehr noch, diese Reise bedeutet das »Nach Hause Kommen« zu sich selbst.

Andi LaPatt

Lebensgeflüster

Roman

Ein Buch aus dem FRANZIUS VERLAG

Cover und Buchumschlag: Simone C. Franzius
nach einem Entwurf von Jacqueline Spieweg
Bildlizenzen: Panthermedia
Korrektorat/Lektorat: Petra Liermann
Verantwortlich für den Inhalt des Textes
ist die Autorin Andi LaPatt
Satz, Herstellung und Verlag: Franzius Verlag
Druck und Bindung: BoD, Norderstedt

ISBN 978-3-96050-081-0

2. Auflage

Die Deutsche Nationalbibliothek verzeichnet diese Publikation in der Deutschen Nationalbibliografie; detaillierte bibliografische Daten sind im Internet über http://dnb.dnb.de abrufbar.

INHALT

Gewidmet meinem Mentor und guten Freund

Gerardo,

der mich Menschlichkeit und Güte gelehrt hat.

Vorwort

In einer nicht enden wollenden Flut an Informationen, Reizen von außen, Stürmen im Innern und dem Verlust an Menschlichkeit in der Arbeitswelt, die mehr als die Hälfte unserer Zeit, ja, unseres gesamten Seins ausmacht, fehlt es uns immer mehr an echtem Leben und wahrhaftigen Inhalten. Die Tage sind vollgestopft mit Terminen. Berufe und Weiterbildungen werden nach monetären Faktoren ausgewählt. Denn die heutige Zeit besteht aus der Wechselwirkung der materiellen Güter. Dies lässt uns glauben, dass viel auch viel bewirkt. Unsere Sehnsüchte und Talente bleiben dabei oft auf der Strecke. Wir glauben, Privatleben und Arbeit trennen zu müssen, und bemerken nicht, welche Lüge wir kultiviert haben. Facebook-Chroniken und andere soziale Netzwerke sind von guten Zitaten überfüllt, die im Leben aber oft ungehört und ungelebt bleiben. Jeden Tag tauchen weitere gute Methoden sowie neue Philosophien auf, die altes Gut frisch verpackt für viel Geld verkaufen. Und doch nützen sie wenig, denn die Welt leidet an der geistigen Verstopfung der Menschen, die trotz der vielen guten Hilfsmittel nicht in der Lage sind, ihre Probleme zu lösen.

Wir glauben der Lüge, immer weniger Zeit zu haben, obwohl jeder von uns mit jedem neuen Tag 24 Stunden geschenkt bekommt. Randvolle Terminkalender und der Glaube, jede Rolle bekleiden zu müssen, machen uns nur zu Sklaven von unfähigen Führungskräften, die alle denselben Zeitfressern und leeren Theorien der Neuzeit aufsitzen. Unsere Leben sind hohl geworden, auch wenn wir randvoll mit Theorien, neuen Hobbys, hippen Kleidern, Luxusgütern, den angesagtesten Sportarten sowie Aus-

und Weiterbildungen sind. Daraus resultieren Titel, Zertifikate oder die Position auf einer Rangliste, die uns glauben lassen, endlich zu wissen, wer wir sind. Immer mehr Krankheiten ziehen Menschen aus diesem unnatürlichen und rein wirtschaftlich orientierten Chaos. Immer mehr Coaches und Berater schießen wie Pilze aus dem Boden. Ein Überangebot an Informationen und Ratgebern hilft dennoch nicht, den eigenen Wert zu erkennen und das Geschenk Leben auch als solches zu zelebrieren.

Das ist der Grund für mich, dieses Buch sehr polarisierend zu schreiben, denn in den über 20 Jahren meiner Angestelltenlaufbahn wurde mir nur schleichend bewusst, welchen Schaden meine Seele und mein Herz durch den Druck und das Ausgeliefertsein in dieser Rolle wirklich davongetragen haben.

Ich lade Sie auf eine Reise in die Menschlichkeit ein. Dieses Buch soll den Hunger und die Liebe auf das Leben und Ihre Gabe wieder wecken. Die Geschichte soll Sie verwirren und zum Nachdenken anregen, es soll etwas *ver-rücken* in Ihnen, denn ich bin überzeugt, dass nur noch ver-rückte Ansichten helfen können, uns selber in uns wiederzufinden. Dabei geht es mir keineswegs darum, dass Sie mir in Allem beipflichten. Es geht mir vielmehr darum, etwas in Ihnen, das sich nach Ihrer Aufmerksamkeit sehnt, aufzudecken und (wieder) zum Leben zu erwecken.

Die Dialoge der Menschen in diesem Buch sind frei erfunden, ebenso wie die Menschen und das Unternehmen selber. Aber viele Menschen, die mich begleitet haben und zum Teil noch immer begleiten, haben mich inspiriert und zu vielen dieser Gespräche angeregt. Einige davon waren mir gute Lehrer, denen ich nicht mehr unbedingt begegnen möchte, und andere waren meine Meister und sind es noch. Doch alle Erfahrungen, seien sie auch noch so schmerzhaft gewesen, waren Teil meines Weges, um aus mir den Menschen zu machen, der ich heute bin.

1. Der Grabstein

»Mit Ihrem Lebenslauf werden Sie es schwer haben«, erklärte mir ein Personalvermittler unlängst. Die Arroganz des Typen und seine unnatürlich übercoole Art – gepaart mit Designerjeans und Boss-Hemd – ging mir mächtig auf die Nerven. Aber was hatte ich schon für eine Wahl? Schließlich war ich in den letzten Jahren zweimal gekündigt worden, einmal aufgrund einer Firmenfusion und einmal, weil es nach einem Zusammenschluss keinen Platz mehr für mich gegeben hatte. Beste Arbeitszeugnisse wiesen aus, dass ich Opfer der Wirtschaftskrise geworden war – wie so viele andere auch. So war das eben: Mein Lebenslauf sah scheiße aus. Ich wusste das. Die »netten« Worte dieses *Menschenhändlers* machten das nicht besser. Unterstützung bei der Stellensuche hatte ich jedoch anders im Gedächtnis. Unzählige Bewerbungen und Absagen später war ich völlig desillusioniert und gab die Hoffnung, einen neuen Job zu finden, der hätte passen können, schon beinahe auf. Doch meine Großmutter hatte mir beigebracht, den Glauben an das Gute zu bewahren. Nachdem mir eine gute Freundin geraten hatte, etwas entspannter an die Sache heranzugehen, nahm ich mir vor, nicht mehr so verbissen bis zu fünf Mal pro Tag das Internet abzusuchen. In der Folge wurde ich tatsächlich ruhiger und erlebte wieder etwas mehr Freude im Alltag.

Und eines Tages, als ich überhaupt nicht mehr damit rechnete, stolperte ich über ein unspektakuläres Stelleninserat, das mir auf Anhieb gut gefiel. Ich hatte zwar keine Ahnung von Personalwesen, aber die ganze Ausschreibung lachte mich geradezu an. Das Inserat war kurz und knackig. Da wurde jemand für die Personaladministration gesucht. Als ich mich schließlich bewarb, war ich verblüfft, als ich zwei Stunden später auch schon eine Eingangsbestätigung erhielt. Normalerweise konnte das bis zu zwei Wochen oder länger dauern. Schließlich hatten die Personalabteilungen auch noch anderes zu tun, wie man mir unlängst bei einer anderen Bewerbung unfreundlich mitgeteilt hatte. Und das hier war kein 08/15-Schreiben, sondern ein herzliches Dankeschön für mein Interesse und meine Bewerbung.

Ich lehnte mich im Stuhl zurück und sah mir die E-Mail mehrmals an. Ich hatte ein gutes Gefühl. Schon zwei Tage später kam der Anruf. Ich wurde zum Vorstellungsgespräch eingeladen. Eine sympathisch klingende Frau Bresciani rief mich an und ich konnte durch das Telefon ihr Lächeln spüren. Wir vereinbarten einen Termin, den sie mir umgehend mit allen Details und einem Anfahrtsplan schriftlich bestätigte. Ich war platt. Gab es so etwas wirklich noch? Persönlicher Anruf, eine Firma freute sich auf mich und Reaktionen in so kurzer Zeit auf meine Bewerbung? Ich überlegte, ob vielleicht irgendwo ein Haken sein könnte, denn so gut konnte es doch gar nicht sein.

Bereits drei Tage später war ich unterwegs zur LEBEN AG. Mir kam der Name etwas speziell vor, doch sprach er mich auch auf irritierende Weise an. Der Termin war morgens um halb neun an einem Montag. Nun war es gerade mal acht Uhr, als ich schon auf der Straße einem großen Gutshof entgegenfuhr, der inmitten von Weinbergen und in einer Landwirtschaftszone lag. Ich hielt meinen Wagen an und blinzelte. Zwar wusste ich, dass LEBEN AG Wein verkaufte. Aber auf der Website hatte ich nichts darüber finden können, dass sie auch selber Wein anbauten. Umso erstaunter war ich, als ich in den großen Innenhof fuhr und den Wagen parkte, wobei mich bereits eine Art Feriengefühl beschlich. Es war ruhig hier, nur ein paar Vögel zwitscherten und irgendwo hörte ich ein Pferd wiehern. Ich bestaunte Garagen, Stallungen, ein großes Landhaus und zwei kleine Nebenhäuser. Der große Innenhof lag vor der Außenwelt geschützt und erinnerte mich irgendwie an Italien. Nicht sicher, ob ich in einem Rosamunde-Pilcher-Film gelandet war, sah ich mich um. Das alte Landhaus war riesig und sehr gepflegt. Überall hingen rote und weiße Geranien vor den Fenstern.

Eine ältere Frau in einer Arbeitsschürze, wie ich sie von meiner Oma her kannte, zupfte im Parterre an den Blumen und summte ein fröhliches Lied.

»Grüezi«, sagte sie mit einem Lachen im Gesicht, als sie mich erblickte.

Ich nickte ihr höflich zu und brachte vor Aufregung die Zähne nicht auseinander, um sie ebenfalls zu grüßen. Etwas unsicher suchte ich mit meinen Augen nach einer Tür, die mit *LEBEN AG* beschriftet war, oder irgendeinen Hinweis auf den Firmeneingang, während die alte Frau mich im Blickwinkel beobachtete.

»Suchen Sie jemanden?«, fragte sie mich schließlich und entblößte mit ihrem Lächeln ihre weißen Zähne.

»Na ja, ich muß zur LEBEN AG«, erklärte ich ihr unsicher.

»Müssen«?, fragte sie lächelnd.

Ich schaute sie verwundert an. Dann zeigte sie mit ihrer Hand auf eine Treppe mit einer Eingangstüre und ging wieder summend zu ihren Geranien.

Im Eingangsbereich des Hauses war es kühl und über einen Steinboden ging es zum Empfang, wo mich eine junge Frau begrüßte. Sie stellte sich mir als »Angelina« vor, sprach mich mit »Du« an, was mich nicht im Mindesten störte, und zeigte auf eine große, antike Polsterecke, auf der ich Platz nehmen sollte. Einen Kaffee lehnte ich dankend ab. Mir war klar, dass ich viel zu früh war, und ich rechnete damit, dass ich bis exakt halb neun oder länger warten müsste, so wie bei anderen Unternehmen auch. Diese Machtdemonstration der Führungskräfte war mir schon vertraut.

Ich war irgendwie durch mit dieser Art von Wirtschaftspolitik. Seit Jahren war ich für Arbeitgeber als Angestellte tätig gewesen und hatte stets mein Herzblut in die Positionen investiert. Meist überging man mich jedoch bei der Lohnrunde und nur selten bekam ich etwas ab. Allein durch die teilweise unfreiwilligen

Wechsel gelang es mir, mich lohnmäßig zu steigern. Und tatsächlich hatte ich heute kein schlechtes Gehalt, doch seltsamerweise hatte ich immer genau gleich wenig Geld auf dem Konto, egal, wie viel mehr ich verdiente. Mit meinen 38 Jahren zählte ich schon beinahe zum alten Eisen und ohne die Weiterbildung XY war ich zu teuer für einen Arbeitgeber, weil der eidgenössische Lappen fehlte. Berufs- und Lebenserfahrung zählten offenbar nur halb so viel.

Die vielen Regeln innerhalb dieser Unternehmen nervten mich seit vielen Jahren und ich fühlte mich eingeengt. Für zwei Prozent der Verstöße einzelner Mitarbeiter wurden 100 Prozent der Angestellten mit Checklisten und Vorschriften zubetoniert. Ein Atmen am Arbeitsplatz war kaum mehr möglich, von Entfaltung keine Rede. Die ständige Überwachung, die es laut Datenschutz nicht geben durfte, war omnipräsent. Jeder misstraute mittlerweile jedem und jeder schwärzte den anderen an. Wenn ich mir die Webseiten der Unternehmen ansah, bei denen ich mich bewarb, waren das Leitbild, die Vision und die Werte auf heile Welt getrimmt. Hinter den Türen sah es jedoch anders aus. Doch ich musste mir des Öfteren anhören, dass ich zu sehr schwarz-weiß dachte und ohne Wirtschaftsstudium keine Ahnung von diesen Prozessen hätte. Doch ich glaubte nach wie vor daran, dass ein gutes Bauchgefühl etwas zählte. Schließlich musste man kein Wirtschaftsstudium absolvieren, um zu wissen, wie man sich als Arbeitnehmer in diesen Firmen fühlte.

»Colette?« Ein nicht unattraktiver Mann in Jeans und einem Poloshirt mit irgendwelcher Werbung darauf stand vor mir. Er hatte einen sonnengebräunten Teint. Ich hätte schwören können, dass er entweder segelte oder Golf spielte. Ich erhob mich.

»Ja?«, antwortete ich und gab ihm die Hand.

»Ich freue mich. Ich bin Tony Leben. Ist es okay, wenn wir uns duzen?«

Verdutzt blickte ich ihn an. Kein Anzug, keine Krawatte und auf Augenhöhe mit dem Chef.

»Ja natürlich.« Mehr brachte ich nicht raus.

»Lass uns auf die Terrasse gehen. Da ist es windstill und die Sonne scheint.«

Etwas unsicher folgte ich ihm aus dem imposanten Gebäude hinaus auf die besagte Terrasse. Es war herrlich mild. Mit Blick auf den Bodensee schien mir die Sonne direkt ins Gesicht, eine mediterran wirkende Ecke mit Rattan-Möbeln lud zum Verweilen ein, und Tony Leben servierte mir höchst persönlich Kaffee, Croissants und Orangensaft.

»Ich bin leider viel zu früh«, entschuldigte ich mich, aber Tony winkte lachend ab.

»Du bist genau richtig! Manchmal ist das ganz gut, früher unterwegs zu sein. Ich habe heute noch viel zu tun, von daher ist dein Timing perfekt. Valentina kommt auch gleich. Und so kannst du den Tag nachher auch wieder optimal nutzen.«

Er zeigte auf das Haus und lachte mir herzlich ins Gesicht. Als er einen jungen Mann in schludrigen Hosen und T-Shirt erblickte, der sich an einer Hecke zu schaffen machte, um sie zurückzuschneiden, rief er ihm zu: »Hallo, Ahmad, bist du gut aufgestanden?«

Der junge Mann mit dunkler Haut und schwarzen Haaren winkte ihm ebenso freudig zurück. »Mir gehe gut, dankeschön, Chef«, rief er mit einem breiten Lachen im Gesicht.

»Ahmad kommt aus Afghanistan. Er hat seine Eltern verloren, als er in die Schweiz geflohen ist. Die Gartenarbeit macht ihm sehr viel Spaß und wir sind glücklich, dass er bei uns ist.« Tony drehte sich zu mir um. Die Offenheit schockierte mich beinahe etwas.

Stöckelschuhschritte verrieten, dass eine Frau im Anmarsch war, als auch schon Valentina Bresciani vor mir stand. Sie war eine italienische Schönheit, Ende Vierzig, mit vollem, schwarzem, langem Haar, braun gebrannt, sehr adrett gekleidet und mit einem ebenso herzlichen Lachen im Gesicht.

»Buongiorno, meine Lieben, ist es nicht wieder herrlich heute Morgen?« Sie grüßte mich, schnappte sich ein Glas Orangensaft und ließ sich in einen Sessel plumpsen.

»Dann wollen wir mal«, sagte Tony schließlich und rückte näher an den Tisch heran. »Du hast dich für die Stelle im Personal bei uns beworben, richtig?«, vergewisserte er sich und lächelte mich an.

Ich nickte, und Valentina stellte ihr Glas auf den Tisch. Nun wartete ich gespannt darauf, dass sie mir erklären würden, wie das Bewerbungsgespräch ablaufen sollte, dass wir uns gegenseitig vorstellen würden, dass sie mir die Firma vorstellen würden und so weiter. Ganz die übliche Vorgehensweise. Ich kannte das Prozedere. So war es in jedem Unternehmen. Mir fiel nur auf, dass keiner von den Beiden irgendwelche Unterlagen, Schreibzeug oder einen Notizblock bei sich hatte.

»Also, zuerst einmal, Colette: Heute geht es darum, dass wir uns kennenlernen. Ich glaube, wir müssen dir die Firma nicht speziell vorstellen. Ich gehe davon aus, dass du auf der Website gesehen hast, wer wir sind und was wir tun. Wenn du dennoch gerne mehr hören würdest, können wir dir natürlich von LEBEN AG mehr erzählen. Aber so etwas kann jeder auf eine Internetseite schreiben. Einen Betrieb lernst du erst kennen, wenn du in ihm arbeitest. Wenn du Fragen hast, stelle sie bitte einfach. Es ist wie in einer Beziehung. Am Anfang liebäugelt man miteinander und wenn es dann ans Eingemachte geht, lernt man sich besser kennen. Und für uns ist es wichtig, dass wir heute ein wenig mehr von dir erfahren und du mehr von uns. Und wenn man dann ‚ja' zueinander sagt, dann beginnt die eigentliche Arbeit, miteinander und aneinander. Ist das okay für dich?«, fragte mich Valentina.

Ich nickte. Tony Leben und seine Personalleiterin tauschten einen vielsagenden Blick aus, als sie bemerkten, dass ich etwas irritiert dreinschaute.

»Es ist uns klar, dass wir sehr viel über LEBEN AG und die Produkte erzählen könnten, über die Geschichte und unsere Kunden. Aber in diesem Gespräch geht es wirklich darum, sich gegenseitig zu beschnuppern.«

Ich lehnte mich in meinem Sessel zurück und stimmte zu. Das machte Sinn.

»Colette, ich bin Tony Leben, 53 Jahre alt, lebe mit meiner Frau und meinen beiden Kindern hier auf diesem Gutshof. Seit gut zehn Jahren leite ich meine eigene Firma, die LEBEN AG. Als Kind hat man mich weggegeben. Ich war der Sohn einer Frau, die mich nicht haben wollte oder konnte. Ich habe das nie herausgefunden, aber es war auch nicht wichtig, in der Vergangenheit herumzuwühlen. Ich habe meinen Frieden mit ihr gemacht. Zuerst wurde ich von einer Pflegefamilie zur nächsten weitergereicht, bis ich schließlich adoptiert wurde. Heute bin ich dankbar, dass ich eine so liebevolle Ehefrau gefunden habe, und meine beiden Kinder liebe ich über alles. Ich versuche derzeit gerade Reiten zu lernen. Das war schon immer ein Wunsch von mir.« Tony lachte verlegen und winkte ab. »Ich bin noch nicht besonders gut darin. Kannst du reiten?«

Ich blinzelte und nickte.

»Hervorragend, das passt doch.« Valentina klopfte Tony leicht auf die Schulter. »Perfekt, ich sagte doch, das könnte gut passen.«

Ich schaute zuerst zu Tony, dann zu Valentina.

»Wir beschäftigen hier insgesamt 121 Personen, die für LEBEN AG arbeiten. Und wir suchen jemanden im Personal, der die Nachfolge von Valentina antreten kann.«

Ich blickte zu ihr hinüber. »Möchte sie weggehen?«, fragte ich verwundert, doch Tony schüttelte den Kopf.

»Nein, ganz im Gegenteil, aber wir möchten uns noch mehr auf den Menschen konzentrieren und da bleibt die Administration oft zu lange liegen. Außerdem ist eine gute Stellvertretung sehr wichtig und ich möchte nicht, dass Valentina stressbedingt an ihre Grenzen kommt.«

Eine Pause entstand, bis ich sagte: »Ich habe aber noch nie im Personalwesen gearbeitet.«

Valentina lächelte. »Das ist genau das, was wir suchen.«

Und nun war ich total irritiert. »Ich meine, es gibt so viele, die da bereits alles mitbringen, ich verstehe nicht ...«, sagte ich.

Tony blieb mir die Antwort nicht lange schuldig. »Das wissen wir. Wir wurden auch überschüttet von tollen Dossiers. Aber ...« Er machte eine Pause. »Es gibt eine alte Geschichte aus Asien, weißt du. Magst du sie hören?«, fragte mich Tony und ich nickte abermals. Er nahm sich eine Tasse Kaffee und lehnte sich im Sessel zurück. »Da kam ein Unternehmer zu einem Mönch und bat ihn, ihn zu unterrichten. Aber der Mönch schickte ihn mit den Worten wieder weg: ‚Ich kann dich nichts lehren, denn dein Kopf ist bereits voll. Wenn dein Gefäß leer ist, dann komme wieder.' Verstehst du? Nur, weil jemand schon alles gelernt hat, was die Bücher ihn gelehrt haben, muss er nicht zwingend etwas von der Materie - wie beispielsweise dem Personalwesen - verstehen. Neudeutsch heißt das ja ‚Human Resources', also die Ressource Mensch zu nutzen, und das ist bei uns ein ganz wichtiger Punkt. Deswegen ist es gut, wenn du die ollen Kamellen der Schule gar nicht so gut kennst. Natürlich gibt es Dinge wie Vorschriften, Gesetze und so weiter, aber das kann man alles lernen. Schließlich profitiert die ganze Firma davon, wenn jemand neu ins Unternehmen kommt und möglicherweise eine ganz andere Sicht der Dinge mitbringt.«

Dann übernahm Valentina das Wort. »Ich möchte dir eine Frage stellen.« Sie blickte mich milde lächelnd an.

Ich war gespannt. Schließlich hatte ich mich vorbildlich auf dieses Gespräch vorbereitet, ich wusste alles über diese Firma, was es auf der Website zu lesen gab.

»Was soll einmal auf deinem Grabstein stehen?« Diese Frage jedoch gehörte nicht zu denen, auf die ich mich vorbereitet hatte.

Dieses Gespräch wurde immer seltsamer, aber irritierenderweise fühlte ich mich wohl. »Ich habe leider keine Ahnung, was du meinst.« Und das war eine ehrliche Antwort.

»Hast du dir noch nie Gedanken darüber gemacht? Oder darüber, was die Leute an deinem Grab einmal über dich sagen werden?«

Langsam schüttelte ich den Kopf, so etwas war mir bisher noch nie in den Sinn gekommen. Ich war zwar nicht mehr die Jüngste, aber ich fand, dass das ein Thema weit weg von mir war.

»Siehst du, Colette, wenn du einmal bei einer Beerdigung gewesen bist, dann wirst du bemerkt haben, was die Leute über diesen Menschen zu berichten haben. Vieles wird nach dem Tod zwar gerne etwas schöngeredet, aber es gibt doch einen Hinweis, wer dieser Mensch zu Lebzeiten gewesen ist. Du siehst, wie viele Menschen zur Beerdigung kommen. Und meist sind es nur diejenigen, die dich wirklich gerne hatten, und dann erzählen sie vom Leben des Verstorbenen und was dieser Mensch in ihrem Leben bewirkt hat. Außerdem weißt du an seinem Grab, was der Verstorbene in seinem Leben alles erlebt und was er möglicherweise verpasst hat. Also eine hervorragende Gelegenheit, sich das jetzt schon einmal vorzustellen, was man erlebt haben möchte. Du konzentrierst dich danach ganz anders auf dein Leben, weil du dann ab sofort verursachen kannst, was du erlebt haben möchtest. Außerdem verstehst du die Wichtigkeit des Lebens erst, wenn du begriffen hast, dass es jederzeit enden könnte.«

Mir wurde schwindlig, ich verstand und verstand doch nicht. Was hatte das alles mit einem Bewerbungsgespräch zu tun?

Tony schlürfte aus seiner Kaffeetasse und hatte mich im Blick. Die Sonne hatte die Luft aufgewärmt; in meiner Nähe schwirrte eine Biene vorbei. Ich suchte nach einer möglichen Antwort, die im Bewerbungsgespräch gerne gehört werden könnte, aber mir fiel zu so einem Thema nichts ein.

Also antwortete ich so ehrlich, wie ich konnte: »Ich bin mir nicht sicher, ob ich verstehe, was das mit dem Inserat zu tun hat.«

Valentina blickte hinüber zu Tony. Aber anstatt auf meinen Input einzugehen, fragte sie mich: »Gehst du gerne arbeiten?« Als ich nicht antwortete, lächelte sie. »Ich meine, so richtig gerne, jeden Tag. So, dass du dich am Sonntag schon darauf freust, am Montag wieder hinzugehen?«

In einigen Büchern hatte ich davon gelesen, dass es Menschen gab, die solche Jobs hatten. Ich wurde noch unsicherer: »Na ja, wenn ich Schriftstellerin wäre, dann vielleicht, oder wenn ich ein tolles eigenes Hotel hätte, dann vielleicht, aber als Angestellte …? Ich meine, man *muss* doch arbeiten gehen?« Kaum hatte ich den Satz beendet, war ich der Meinung, alles verkehrt gemacht zu haben.

»Du bist ehrlich, das gefällt mir«, entgegnete Tony. »Und ich kann verstehen, warum du so denkst. So denken viele.« Er machte eine Pause. »Leider.«

Valentina nickte zustimmend: »Aber ist das auch wirklich wahr?« Sie schaute mich erwartungsvoll an.

»Natürlich ist es wahr, sonst wäre ich längst Millionärin!« Etwas unnatürlich schnaubte ich auf.

»Wärst du denn gerne Millionärin?« Tony nahm meine Frage tatsächlich ernst. Er sah mich lange an. Etwas demaskiert, wie ich mich fühlte, stimmte ich leise zu.

»Millionär sein zu wollen, ist nichts Verkehrtes. Aber warum möchtest du Millionärin werden?« Tony hatte seinen Blick immer noch auf mich gerichtet.

»Na, damit ich nicht mehr arbeiten muss?«

Valentina schmunzelte: »Und was würdest du den ganzen Tag über tun?«

Ich überlegte nicht lange: »Mit meinen Freunden am Pool herumhängen und Cocktails trinken, die Welt bereisen, so etwas halt.« Vielleicht war es dumm, solche Antworten zu geben. Und ich hatte Angst, die Stelle nicht zu bekommen, weil ich Unsinn redete. So dringend wollte ich aus meinem jetzigen Arbeitsverhältnis raus.

»Hast du denn viele Freunde, mit denen du das machen könntest?«, fragte mich Tony.

Ich kniff die Lippen zusammen. »Nein, das noch nicht, aber …« Ich stockte.

»Woher kommen denn dann deine Freunde, wenn du Millionärin bist?« Valentina brachte mich ins Schwitzen.

»Ich weiß nicht«, sagte ich langsam.

»Schachmatt«, lächelte Tony.

»Wir wollten dich nicht in die Ecke drängen, verzeih.« Valentina schaute hinauf in den blauen Himmel.

Nur ein paar beinahe durchsichtige, weiße Wolken zierten das Himmelszelt und ein Flugzeug hatte einen weißen Kondensstreifen hinterlassen.

Die Frage klang in mir nach. *Woher* sollten diese Freunde kommen? Das war wirklich eine berechtigte Frage. Vor allem, was für eine Art Freunde sollte das dann sein?

Valentina fuhr fort: »Weißt du, Arbeit kann sehr befreiend und erfüllend sein. Deine Antworten sind typisch für eine junge Frau, die man zu sehr in Schubladen drängen wollte, um sie für unser System kompatibel zu machen. Auf deinem Grabstein werden eines Tages dein Geburtsdatum und dein Todesdatum stehen und dazwischen ist ein Bindestrich. Aber dieses kleine Zeichen, dieser kleine Bindestrich ist dein ganzes Leben und das, was du daraus machst. Alles, was du bist und was du erlebst, das ist dieser Bindestrich. Und jeder Tag kann zu einer Freude werden, wenn du das tust, was du gerne tust, zusammen mit den richtigen Menschen. Und ich glaube, dass wir uns das schuldig sind.«

Einen Moment überlegte ich, dann fing der Gedanke an, mir zu gefallen. Aber irgendwie war es auch ganz schön abstrus, was die beiden mir hier erzählten. Sie konnten ja gut reden. So, wie sie aussahen, waren sie vom Leben verwöhnt und hatten genügend Geld. Dann konnte man schon so reden.

Valentina schien meine Gedanken zu erraten. »Tony hat schon kurz über sich gesprochen, ich möchte dir etwas zu mir erzählen. Also, ich lebe alleine, mein Kind ist vor 20 Jahren gestorben. Mein Mann hat mich damals verlassen. Ich bin nach einer Krebserkrankung neu erblüht und arbeite hier seit sechs Jahren. Als junge Frau war ich alkoholabhängig und depressiv. Heute bin ich dankbar für diese Erfahrungen, weil sie mich weicher und stärker gemacht haben, beides zusammen. Die Grabrede hat mir geholfen, einen neuen Blickwinkel auf die Dinge zu bekommen.

Und sie hat mir geholfen, diese Arbeit hier anzunehmen und daraus meine Berufung zu machen.«

Ich schluckte. Das Surren der Heckenschere untermalte die Szene. Ahmad war schweißgebadet dabei, Hecken zu schneiden, und das mitten im Juni. Dann und wann spürte ich den Blick des jungen Mannes aus Afghanistan auf mir ruhen. Wenn ich ihn dann kurz anschaute, lächelte er und konzentrierte sich wieder auf seine Arbeit. Ich lächelte zurück. Er sah zufrieden aus. Aus Afghanistan also kam er, ein Flüchtling also. Ich hatte nichts gegen Ausländer, aber irgendwie machten mir Männer aus dieser Ecke der Welt immer Angst. Ahmad sah so friedlich aus, beinahe verletzlich, wie er leidenschaftlich an den Hecken herumschnibbelte.

»Möchtest du uns von dir erzählen?«, fragte mich Tony.

Ich setzte mich aufrecht hin, als würde ich in der Schule aufgerufen, meinen Vortrag aufzusagen. »Mein Name ist Colette Freiburghaus, ich bin 38 Jahre alt, lebe seit sechs Monaten mit meinem Freund Jürg zusammen, habe eine Lehre als kaufmännische Angestellte gemacht und arbeite seither als Sachbearbeiterin oder kaufmännische Allrounderin.«

Tony blickte mich beinahe liebevoll an. »Und wer bist du in deinem Privatleben? Du reitest, wie du vorhin gesagt hast.«

Ja, das stimmte, ich war früher geritten, aber das war lange her. Wer war ich privat? Neben Jürg hatte ich nicht viele Hobbys, schließlich arbeitete ich im Vollpensum von 100 Prozent und hatte eine Vierzimmerwohnung zu unterhalten. Da war ich froh, wenn ich abends in den Sessel plumpsen und mir im Fernsehen meine Serien ansehen konnte. Mir war jedoch bewusst, dass sie das nicht hören wollten.

»Versuche nicht, uns zuliebe etwas zu kreieren, sei einfach du selbst«, holte mich Tony aus meinen Gedanken.

Also überlegte ich neu.

»Um ehrlich zu sein, bleibt da nicht viel Zeit für Privatleben. Oft komme ich von der Arbeit nach Hause und bin dann komplett hinüber. Ich hocke mich vor die Glotze und das war's dann.« Am liebsten hätte ich mir auf die Lippen gebissen. Schon wieder war ich so ehrlich gewesen. Dabei hätte ich doch erzählen müssen, dass ich sportlich war, Früchte selbst einkochte, mehrmals die Woche in irgendeinem Verein war und sonst noch haufenweise hippe Hobbys hatte. Ich kam mir gerade sehr langweilig vor.

»Mir gefällt, dass du so geradeheraus bist«, meinte Tony mit einem Lächeln.

Und das wiederum gefiel mir, denn bisher war das meist mein größtes Problem gewesen, und so hatte ich seit Jahren versucht – je nach Chef, je nach Firma, je nach Situation – die Colette zu zeigen, die sie gerne sehen wollten. Und in dieser Hauptsportart versagte ich regelmäßig, weil ich leider nicht hellsehen konnte.

»Wir können später einmal ausführlich über unsere Hobbys sinnieren, bei einem Glas Wein«, erklärte Tony. Bei einem Glas Wein? Ich schüttelte unmerklich den Kopf, ich war mir nicht sicher, was das wirklich für ein Gespräch war.

Valentina wechselte das Thema: »Bei der Stelle geht es um klassische Administrationsarbeit im Bereich Personal, wie Zeugnisse schreiben und Löhne berechnen. Und zu einem späteren Zeitpunkt möchte ich dich in die Personalbetreuung einführen. Möchtest du im Pensum von 100 Prozent arbeiten?«

Wie gerne hätte ich weniger gearbeitet, aber das ließ mein Portemonnaie leider nicht zu. »Ja.« Meine Antwort fiel knapp aus, ich war mir nicht sicher, ob ich nicht wieder irgendwelchen Unsinn von mir geben würde, wenn ich mehr dazu sagte.

»Würde es dir denn gefallen, im Bereich Personalwesen zu arbeiten?«

Noch bevor Valentina diese Frage vollständig ausgesprochen hatte, nickte ich heftig. Das war immer ein Traum von mir gewesen, aber überall wurde die Ausbildung zum Personalsachbearbeiter oder zur Personalfachfrau verlangt. Ohne Zertifikat hatte man keine Chance. Und ich hatte nicht das Geld dazu, von der Berufserfahrung ganz zu schweigen, die es brauchte, um die Weiterbildung absolvieren zu können. Außerdem war ich schon zu alt für all das und wie hätte ich das bloß zeitlich unter einen Hut bekommen?

»Wann könntest du denn anfangen?«

Tony hatte seine Frage an mich gerichtet und ich antwortete schnell: »Wenn ich noch diese Woche kündige, dann in zwei Monaten.« Hoffentlich war das nicht unverschämt gewesen.

Valentina überlegte einen Moment: »Das wäre dann am ersten September. Das ist zwar kurz vor den Messen, aber irgendwie kriegen wir das schon hin. Hast du schon einmal auf Messen gearbeitet?«

Ich sah sie unsicher an. »Ich dachte, ich würde im Personalbüro arbeiten?«

Tony lachte laut: »Klar, aber Personal braucht es auch auf den Messen, und das ist die Zeit, in der am meisten läuft. Da packen alle mit an.«

»Oder hast du was dagegen, an Messen mitzuarbeiten?«, fragte mich Valentina freundlich.

»Ich, oh, ähm, nein. Das ist schon alles okay.« Stotternd gab ich Antwort. Die beiden waren mir sehr sympathisch. Je länger das Gespräch dauerte, umso mehr bemerkte ich, dass ich diesen Job irgendwie unbedingt wollte.

Nach ein wenig Smalltalk hörten wir noch immer die Heckenschere brummen.

»Ahmad, kannst du bitte mal herkommen?«, rief Tony den jungen Mann. Dieser schaltete das Gartengerät aus, legte es zu Boden und kam näher. »Ahmad, das ist Colette. Colette, das ist Ahmad.« Ahmad putzte sich die Hände an seiner Jeans und begrüßte mich. »Colette ist hier, um zu schauen, ob sie bei uns arbeiten möchte.«

Die Wortwahl fand ich beinahe schon seltsam. *Sie* waren in der Machtposition, *mir* zu sagen, ob sie mich wollten und nicht umgekehrt.

Ahmad strahlte Tony an und überlegte nicht lange. »Das gute Idee. Nette Frau, nette Augen, gutes Herz.« Er lachte mich an und nickte. »Ist gutes Wahl.«

Valentina klopfte ihm auf die Schulter. »Du wirst immer besser mit deinem Deutsch und das nach so kurzer Zeit. Ich bin beeindruckt.«

Das Kompliment schien Ahmad zu gefallen, also lachte er weiter über das ganze Gesicht.

»Du würdest sie also einstellen, Ahmad?« Tony sah ihn ernst an. Als Ahmad lächelte, sagte Tony: »Okay, gut, dann bitte überlege dir, Colette, ob du zu uns kommen möchtest oder nicht. Ahmad hat die Wahl getroffen. Ich vertraue ihm.«

Ohne lange zu überlegen und auf mein Bauchgefühl hörend, sagte ich spontan zu.

Eingehüllt in eine Mischung von Glückseligkeit und völliger Verwirrtheit fuhr ich nach Hause. Irgendwie hatte mich das Gespräch komplett durcheinandergebracht. Erst zu Hause war mir aufgefallen, dass ich »ja« zu einem neuen Job gesagt hatte, von dem ich weder wusste, wie viel ich verdienen würde, noch irgendwas sonst von den Anstellungsbedingungen kannte. Außerdem war es sehr seltsam gewesen, dass ich aufgrund der Empfehlung eines Flüchtlings meine Zusage erhalten hatte, und dabei hatten *sie* mich um eine Entscheidung gebeten und nicht umgekehrt. Ich war noch gar nicht in der Lage, jemandem von dem Gespräch zu erzählen, hatte ich doch insgeheim Angst, das alles wäre nur ein Traum und ich würde bald aufwachen. Vielleicht war die Sache mit Ahmad auch nur ein Trick. Doch bevor ich weiter zweifeln konnte, teilte mir mein Mobiltelefon mit, dass ich eine E-Mail erhalten hatte. Ich saß an meinem Tisch in der Küche, als ich las, dass Valentina mir die Jobzusage schriftlich bestätigte und ich am ersten September um neun Uhr dort sein sollte. Alles Weitere würden wir dann besprechen, auch Einzelheiten wie Vertrag und Lohn. Und so kam es, dass ich nur aufgrund eines Gesprächs, der Empfehlung eines Flüchtlings und einer E-Mail meinen alten Job kündigte und einen Neustart wagte – bei LEBEN AG.

2. Der Mitarbeiter im Mittelpunkt

Der erste September rückte also näher. Als ich meine bisherige Stelle kündigte, ging der Terror erst richtig los. Zuerst wusste ich nicht genau, an wen ich mein Kündigungsschreiben überhaupt richten sollte, schließlich steckte die Firma Schneit Kirl AG mitten im Zusammenschluss mit Götte Transport AG. Von Zusammenschluss konnte eigentlich keine Rede sein, wenn man ehrlich war. Götte Transport AG hatte Schneit Kirl AG einfach geschluckt, basta. Es war lächerlich, mit wie viel Energie das schöngeredet wurde. Aber um es richtig schön kompliziert zu machen, war Götte Transport AG der Schweizer Standort eines großen internationalen Logistik-Rings, und so gab es einen internationalen Management-Bereich, der nach Kontinenten, Ländern und Regionen aufgeteilt war. Ebenso die zentralen Dienste wie beispielsweise die IT, die Personalabteilung oder die Finanzen. Diese wiederum arbeiteten allerdings regionen- und länderübergreifend komplett anders. In den Abteilungen waren einzelne Mitarbeiter den Kontinenten zugeteilt und andere gemäß ihren Fachgebieten wie Transport, Luft, Schiff und Zoll / Einfuhr. Meist wusste die linke Hand nicht, was die rechte tat.

Ich konnte mich gut daran erinnern, wie ein Mittvierziger in Armani-Anzug und mit Designer-Bart den Lkw-Fahrern die neue Firmenstruktur anhand eines ellenlangen Organigramms erklärt hatte. Den Mitarbeitern in verschwitzten Unterhemden, die nach einem rund zehnstündigen Arbeitstag, der um vier Uhr morgens begonnen hatte, müde dasaßen, waren die Fragezeichen im Gesicht abzulesen gewesen.

Jedoch nicht so für den Armani-Verschnitt. Allein die Sprache, die der Typ benutzte, verwirrte selbst mich. Ich verstand nur Bahnhof und als er nach offenen Fragen fragte, hätte ich mich nie getraut, eine zu stellen. Er hätte uns möglicherweise weiter in Fachenglisch Dinge erklärt, die noch mehr Fragen aufgeworfen hätten. Bei der Hälfte der Präsentation erfuhren wir dann schließlich auch in unserem Deutsch, dass der Typ anscheinend zur neuen Geschäftsleitung gehörte. Ich hatte ihn nach diesem Vortrag nur noch zweimal am Standort Altenrhein gesehen.

Mittlerweile hatte ich selbst keinen Durchblick mehr, wer zu welchem Kreis oder Department gehörte oder wie sich das neu nannte. Zudem hatte ich jetzt zwei Chefs. Allerdings zwei, die ich nie zu Gesicht bekam, die mich aber ständig mit E-Mails bombardierten, die dem Ton nach zu urteilen grundsätzlich negativ klangen. Außerdem warfen alle mit möglichst vielen englischen Wörtern um sich, die zwar keiner wirklich verstand, aber wenigstens »hip« klangen.

Ich gehörte als Sachbearbeiterin zur Hälfte zum Bereich Transport des Departments Schweiz und zur anderen Hälfte zum Department Schifffahrt Europa. Der eine Vorgesetzte war zwar weisungsberechtigt für den Bereich, in dem ich arbeitete, aber nicht mein direkter Chef. Er war zudem auch nicht unterschriftsberechtigt für Belange aus Altenrhein. Der andere war mir gegenüber weisungsberechtigt, hatte aber keine Befugnis für den Bereich, in dem ich arbeitete. Die Logik dieser Organisation entzog sich mir vom ersten Moment an. Wer für uns in der Personalabteilung zuständig war, war ohnehin nicht mehr klar, hatte doch auch Cindy vom Personalbüro plötzlich selber zwei neue Vorgesetzte: Einen im Bereich Europa, der in Zürich saß, und einen im Department internationales HR, der in England saß. Sie wiederum befand sich plötzlich ohne ihre bisherigen Kompetenzen und neuen seltsamen Anweisungen ebenso in der Falle wie ich und wie wir alle. Obwohl sie die ganze Personalabteilung jahrelang alleine gemanagt hatte - von der Vertragserstellung bis zur Freisetzung einschließlich der Betreuung von Mitarbeitern und deren Coaching und Lohnverarbeitung - hatte man sie ohne vorherige Absprache von der Personalgeneralistin zur Personalassistentin degradiert. Währenddessen huschte ein zehn Jahre jüngeres Modellmäuschen alle paar Wochen einmal durch die Gänge und erzählte ihren Chefs davon, wie gut sie ihren neuen Job als Personalbetreuerin machte, und kassierte einen dicken Gehaltscheck, dessen Höhe weit über dem lag, was ihrer Leistung angemessen gewesen wäre. Sie meinte sogar, die Leute hätten langsam Vertrauen zu ihr. Was für ein guter Witz! Sie war ja nie physisch da. Im persönlichen Gespräch mit einem Angestellten hatte ich sie nie gesehen. Wenn sie denn mal wirklich und leibhaftig vor Ort war, saß sie meist in ihrem Büro, verbarrikadierte sich für Telefonkonferenzen, die sie »Call« nannte und ging früher nach Hause, weil sie meist genau an diesen Tagen einen Friseurtermin oder sonst etwas hatte. Außerdem machte sie einen verstörten und dauergestressten Eindruck. Welcher Angestellte wäre da freiwillig zu dieser Person gegangen?

Cindy versuchte, die Fassade freundlicherweise aufrecht zu erhalten, damit wir Angestellten nichts mitbekamen. Aber wir alle sahen, wie beschissen es ihr ging.

Der Standort in Altenrhein war nicht wichtig genug, als dass die neuen Chefs, die zwar laufend neue Vorgaben übermittelten, aber selber vor Ort nicht für deren Umsetzung sorgten, sich auch selber in Altenrhein zeigten. Neue Reglements, teilweise in Englisch, forderten uns alle heraus. Wir begriffen kaum mehr, was von uns verlangt wurde. Beinahe täglich änderten sich die Strukturen, ohne dass wirklich klar kommuniziert wurde, worum es ging. Vielleicht hätte ein Hellseherkurs geholfen, die Dinge zu erahnen, für deren Nichtfunktionieren wir schließlich in der Folge sanktioniert wurden. Die Stimmung war auf dem Nullpunkt. Ich kam mir vor wie auf einem Schlachtfeld. Jeder gegen jeden. Als dann auch noch die Führungsschwäche der letzten Jahre von der neuen Führungsequipe thematisiert wurde, anstatt diese mit den Beteiligten zu reflektieren und als Chance aufzuarbeiten, fing jeder an, sein Schwert zu zücken und auf jedem Anderen herumzuhacken, nach oben zu schleimen und nach unten zu treten.

Glücklich war, wer seit Jahren ein Team von alteingesessenen Kollegen hatte. Selbst wenn dieses nur aus Hassliebe zusammenhielt. Hauptsache war, man hatte Verbündete. Ich hatte keine Chance, da ich mit einem Dienstjahr quasi noch immer neu war. Ich kam vollends unter die Räder. Plötzlich war ich für Fehler verantwortlich, die mein Chef selbst verbockt hatte. Aber mit seiner komplizierten Art wusste hinterher schließlich niemand, wer der Urheber gewesen war. Hauptsache viele E-Mails. Hauptsache viel Blabla. Oft bekam ich Vorlagen aus der neuen Firma (unsere eigenen waren plötzlich nichts mehr wert), die ich mühsam auf unsere Bedürfnisse umschreiben musste. Nur damit mein neuer Vorgesetzter sie wieder überarbeiten und völlig unnötiges Zeugs reinschreiben konnte, um mir dann Blätter voller Fehler zurückzugeben. Wenn ich diese nicht alle erkannte, beklagte er sich nicht etwa bei mir, sondern bei meinem bisherigen Chef mit dem Hinweis, ich würde zu viele Fehler machen. Diese stammten jedoch letzten Endes aus seiner eigenen Feder. Dass ich noch keine einzige fehlerfreie Nachricht von ihm bekommen hatte, wagte ich kaum laut zu sagen. Der Ton, den er jeweils im Gespräch anschlug, hieß mich zu schweigen, und ich fühlte mich wie ein Schulmädchen behandelt. Ich erfuhr auf Umwegen, dass er ein Betriebswirtschaftsstudium gemacht hatte, aber nie die Arbeit von der Pike auf gelernt hatte. Was vielleicht erklärte, warum wir plötzlich für einfache Änderungen, die bisher in zwei Sätzen erledigt worden waren, vierseitige Dokumente schreiben mussten, die jeder Logik spotteten. Außerdem hatte er versprochen, mich ins Team zu integrieren, aber nicht selten wusste das Team über Dinge Bescheid, die ich wiederum nie erfuhr. Bisher war meine Arbeit wenigstens geschätzt worden, nun kam ich mir vor wie ein Knappe, der die Launen seines Chefs abbekam. In mir entwickelte sich Angst vor ihm. Irgendwie schaffte es dieser Typ ständig, mir seine Fehler in die Schuhe zu schieben, sodass ich langsam selbst glaubte, dass ich nichts mehr auf die Reihe bekam. Außerdem gab er mir deutlich zu verstehen, dass ich für sein Team nicht gut genug war, auch wenn er sich nur wenige Male mit mir unterhalten hatte.

Viele Mitarbeiter flohen geradezu durch Eigenkündigung aus dem Unternehmen. Einige wurden unter fadenscheinigen Gründen gekündigt und am gleichen Tag freigestellt. Ersetzt wurde kaum einer. Als Angestellter nach dem 20. des Monats einen Termin mit der Führung zu haben, bereitete schlaflose Nächte. Nicht selten bedeutete das die Kündigung. Echte Kommunikation über die gekündigten Mitarbeiter fand in der Folge nicht statt. Lediglich eine nichtssagende Information hing am Schwarzen Brett, dass Herr Soundso per sofort das Unternehmen verlassen hätte. Verunsicherung und Angst wurden zur Grundlage der Zusammenarbeit. Fragen wurden nicht beantwortet. Der Datenschutz wurde als Grund genannt.

Leider nicht zum ersten Mal in meiner Karriere war ich in eine solche Situation geraten, in der Unternehmen so vorgingen. Gut, so schlimm war es vorher allerdings noch nie gewesen. Aber wenn ich ehrlich war, hatte ich ähnliche Betriebe kennengelernt. Es irritierte mich, dass so viele Unternehmen in die gleichen Trickkisten griffen und dass dies offenbar Usus in der Geschäftswelt geworden zu sein schien. Fiel nur mir auf, wie krank das war? Wenn ich mit jemandem in der Freizeit darüber diskutierte, schleuderte man mir ein Fachlatein aus der Betriebswirtschaft um die Ohren. Hatten wir nur noch theoretische Fachidioten? Mein Herz schrie. Wenn das wirklich Betriebswirtschaft war, wenn das wirklich Führung war, wenn das wirklich Unternehmensphilosophie war, wollte ich dann wirklich so weiterarbeiten? Egal, wie sehr man mir alles erklärte, ich verstand den Sinn dahinter nicht. Ich fühlte mich dumm.

Eigentlich hatte ich gehofft, dass es leichter werden würde, sobald ich gekündigt hatte. Doch das Gegenteil war der Fall. Mittlerweile hatte ich zehn Kilo zugenommen, ohne mehr zu essen, was mich noch mehr frustrierte. Innerlich war ein Druck da, der bis ins Herz ausstrahlte. Ich schlief sehr schlecht und irgendwann bemerkte ich unter der Dusche, dass mir die Haare ausfielen. Noch nie hatte ich solche Angst, jeweils am Montag zur Arbeit zu gehen, nur weil ich wieder irgendwo zu hören bekam, dass ich etwas falsch gemacht haben sollte. Oder weil es darum ging, hinter meinem Rücken über mich zu tratschen. Dabei waren nicht einmal die Kollegen das Schlimmste, sondern die Vorgesetzten selber. Und wenn es das nicht war, dann war es irgendein neuer Manager, der mit abstrusen Ideen und unklarer Kommunikation von mir und Anderen hellseherische Kräfte abverlangte, um Dinge zu erledigen, die weder erklärt worden waren, noch Sinn machten. Ich ging frühmorgens ins Büro, damit ich noch ein wenig alleine war, bevor der Rummel jeweils losging. Ab zehn Uhr schaute ich alle fünf Minuten in der Hoffnung auf die Uhr, dass es bald Mittag wurde. Dasselbe Prozedere am Nachmittag. Trotz Make-ups hatte ich schon so viel Gesichtsfarbe verloren, dass ich wie eine Dauergrippekranke aussah. Normalerweise hatte ich einen lustigen Spruch auf den Lippen, war fröhlich, doch jetzt ... Seit Wochen sprach ich kaum noch, ein Lachen hatte seit längerer Zeit niemand mehr von mir gesehen. Das schien keinem weiter aufzufallen, insbesondere nicht dem neuen Businessmodellverschnitt aus dem Personalbüro. War es nicht Aufgabe von denen, sich insbesondere bei Fusionen vertieft um die Belange der Mitarbeiter zu kümmern? Sie kümmerte sich sehr erfolgreich um ihre eigenen Bedürfnisse, aber nicht um unsere.

Und Cindy? Man hatte sie wohl gemaßregelt. Sie ging wie ein Schatten die Wänden entlang. Sie wusste, dass in wenigen Monaten ihre Stelle abgebaut werden würde, weil der Zusammenschluss keine HR-Stelle mehr in Altenrhein zuließ. Aber keiner hatte ihr wirklich reinen Wein eingeschenkt. Sie wurde im Unklaren gelassen, degradiert zum Administrator profilierungsgeiler Nachwuchskräfte. Fachkräftemangel bekam unter diesen Gesichtspunkten eine völlig neue Bedeutung. Alles wurde schöngeredet, keiner hatte wirklich die Eier, ernsthaft zu sagen, was los war. Und eigentlich wussten alle, worauf es hinauslief. Unsere

Umsatzzahlen standen nicht zum Besten. Wenn wir also genau hingehört hätten, hätten wir vom ersten Tag an bemerkt, dass der Standort Altenrhein zum Scheitern verurteilt war. Ich war mir sicher, dass es so oder so besser war, sich eine neue Stelle zu suchen. Ich gab der Firma keine drei Jahre mehr.

Schließlich kam der für mich erlösende letzte Arbeitstag. Zuvor hatte ich meine sieben privaten Sachen schon mit nach Hause geschleppt, sodass ich die Hände frei hatte, am letzten Arbeitstag regelrecht aus der Firma zu flüchten. Vielleicht hatte ich insgeheim dann doch auf ein kleines Präsent gehofft oder einen kleinen Apéro, der im mindesten gewürdigt hätte, dass ich eine wertvolle Mitarbeiterin gewesen sein könnte, so wie es auf der Website propagiert worden war: »Der Mensch steht bei uns im Mittelpunkt.« Ich hatte davon nur in negativen Fällen etwas bemerkt. Was Webseiten so alles abspeicherten, ging mir seither am Allerwertesten vorbei.

Ich hatte dann für die Pause am Morgen doch ein paar Brötchen für meine Kollegen mitgebracht. Aber kaum jemand war da, ein knappes Dankeschön, dann waren alle auch schon wieder weg. Ich saß mit dem Rest der Leckereien da, die ich schließlich anstelle eines Abschiedsgeschenkes mit nach Hause nahm. Die Frustration dieser Leute gähnte mich gelangweilt an. Es gab kein Austrittsgespräch mit dem Vorgesetzten, nicht einmal einen warmer Händedruck. Als wäre es ein normaler Arbeitstag, brachte ich um 16 Uhr meine Schlüssel und meinen Zeiterfassungsstick ins Personalbüro. Artig wünschte man mir alles Gute, drückte mir das Arbeitszeugnis in die Hand, was nie vorher mit mir besprochen worden war. Dann ging ich die Treppe hinunter, hinaus aus diesem Haus. Ein seltsames Gefühl. Ich konnte die Befreiung nicht einmal spüren, zu sehr fühlte ich mich von so wenig Wertschätzung erdrückt. Das Zeugnis - nicht unbedingt schlecht, aber ein 08/15-Schreiben wie so viele -, das bestätigte, dass ich kompatibel war mit anderen Unternehmen, eine gute Arbeiterin war, nicht zu aufmüpfig … Das übliche Blabla.

Nach dieser erdrückenden Situation wusste ich nicht, ob ich mich wirklich auf einen neuen Arbeitgeber freuen sollte. Die letzten hatten mir gezeigt, dass nach der heilen Welt, gedruckt ins Internet und auf Plakaten, meist viel Dreck zum Vorschein kam, der gerne dem anderen vor die Türe gewischt wurde. Ob das bei LEBEN AG anders sein würde? Ich erinnerte mich an die Hoffnung, an die ich mich geklammert hatte, wenn ich einen neuen Job gefunden hatte. Naiv genug war ich, um jedes Mal zu glauben, dass die Dinge stimmten, die sie mir bei den Vorstellungsgesprächen großartig präsentierten. Auf ihren Webseiten und auf großen Bannern in den imposanten Eingangshallen. Hinter den Kulissen waren aber dann doch keine Führungskräfte zu finden, die daran interessiert waren, Menschen miteinander zu verbinden, Arbeitsplätze zu erhalten und Mitarbeiter zu fördern. In den meisten Fällen hatte ich zu Managern ausgebildete Kleinkinder erlebt, die heute mit Leben spielten. Aus ihren Spielzeugautos von damals war ein Spiel um die Größe ihrer Firmenwagen und Einzelbüros entstanden. Während ihre Mitarbeiter in unklimatisierten Großraumbüros darüber stritten, ob es nun Zeit war, die elektrischen Rollläden der riesigen Fensterfront ganz runterzulassen oder nur teilweise. Ich war desillusioniert und dachte über die Sätze von Valentina nach, als sie mir von der Grabrede erzählt hatte. Ein seltsamer Herzschmerz begleitete mich in den Abend vor meinem neuen Stellenantritt, so etwas wie eine Sehnsucht nach einem echten Leben. Vielleicht kannte ich dieses Gefühl sogar, welches ich meistens gerne mal mit einem Prosecco mehr oder einer Einkaufstour kaschierte. Ich war eigenartig berührt von dem Tag, von dem Abschied und von den Geschichten, auf die ich zurückblickte. Umso unruhiger schlief ich in dieser Nacht.

3. Vertrau mir nicht

Begrüßt wurde ich von einem Hund, der schwanzwedelnd auf mich zu gerannt kam. Im Innenhof hatte ich meinen Wagen abgestellt und freute mich über das tierische Begrüßungskommando. Es war ein weißer Golden Retriever.

»Das ist Zoe«, rief mir eine freundliche, dunkelhaarige Frau entgegen. Sie kam näher und reichte mir ihre Hand.

»Ich bin Catinka, hallo, du musst Colette sein.« Ihr ganzes Wesen strahlte mich an. »Du magst doch Hunde, oder?«

Ich lachte zurück, erwiderte ihren Gruß und nickte. »Klar, Hunde sind toll.«

Catinka sagte: »Dann wird es dir hier gefallen, Zoe hat noch mehr Freunde hier.«

Ich blickte ihr verwirrt hinterher. »Was meinst du damit?«, wollte ich wissen und holte sie ein.

»Na, es sind insgesamt vier Hunde hier, die zum Team gehören.«

Wie selbstverständlich schritt Zoe die Treppen hoch und wartete, bis ihr Frauchen die Türe öffnete, dann lief die Hündin schwanzwedelnd zum Eingangsbereich, wo Angelina bereits auf sie wartete. Sie hatte eine kleine Dose in der Hand. Aha, darauf hatte es die Hündin also abgesehen. Angelina zeigte ihr den Zeigefinger, streckte ihn vor sich in die Luft und Zoe setzte sich hin.

»Brav«, sagte sie und gab ihr ein Leckerchen aus der Dose. »Wie immer«, lachte Angelina uns an. »Hey, und da ist auch Colette, herzlich willkommen. Dann hast du ja schon zwei aus unserem Team kennengelernt.«

Ich brauchte einen Moment, um zu verstehen, dass Angelina Catinka *und* Zoe meinte. »Hunde am Arbeitsplatz?«, fragte ich ungläubig.

»Klar, Hunde sind gesund«, lachte Catinka.

»Gesund?«, wollte ich wissen.

»Es ist erwiesen, dass Bürohunde maßgeblich zu einem friedlichen Arbeitsklima beitragen. Außerdem sind alle Hunde hier wohlerzogen. Das ist Voraussetzung. Zoe gehört zu mir, ich würde hier nicht arbeiten, wenn sie nicht mitkommen könnte. Außerdem ist Zoe ein wichtiges Mitglied der Belegschaft geworden«, ergänzte Catinka.

»Bekommt sie am Ende auch noch einen Lohn?«, wollte ich kichernd wissen, doch Catinka verneinte. »Nein, das nicht, aber ich kann ja mal mit Tony darüber reden.«

Zoe saß vor uns und hatte ihren Blick auf die Dose mit den Leckerchen gerichtet. Ich räusperte mich kurz und hörte den beiden Frauen bei ihrem Smalltalk zu, der sehr persönlich zu sein schien.

Wenig später kam Tony Leben in die Empfangshalle. Einmal mehr strahlte er mit seinem Outfit um die Wette.

»Guten Morgen, meine Sonnen, es ist wieder eine neue Woche, in der wir viel bewegen können.« Dabei streckte er die Arme aus und umarmte Catinka. »Herzlich willkommen zurück aus den Ferien, schön, dass du wieder hier bist. Wir haben dich vermisst.«

Catinka hatte die Arme um ihn gelegt und beide hielten sich für einen Moment fest. Ich schaute betreten zur Seite, vielleicht war das seine Frau? Wie sich im Gespräch danach jedoch herausstellte, lag ich falsch mit meiner Vermutung.

»So, und jetzt haben wir noch eine neue Sonne im Haus, herzlich willkommen, liebe Colette. Wir warten schon alle gespannt auf dich.«

Als er dann auch Angelina begrüßt hatte, verabschiedete ich mich von den zwei Frauen und folgte Tony Leben, der durch eine große Türe verschwunden war. Wir gingen durch die Gänge des Anwesens. Es erinnerte mich noch immer an einen Rosamunde-Pilcher-Film, die Kulisse war unglaublich schön. Das Anwesen war gepflegt, wenn auch sehr alt, und ich fühlte mich wie in einem Schloss. Draußen war es heiß, hier drinnen durch das Steingemäuer angenehm kühl. Schließlich kamen wir durch eine große Türe die Treppe hinunter in einen riesigen Raum, in dem eine Leinwand die ganze Wandfläche einnahm. Dutzende Menschen standen davor. Ein großer Tisch mit Croissants, Brötchen, Früchten, Fruchtsäften, Kaffee und Tee lud zum Essen und zum Trinken ein. Ich blickte in fröhliche Gesichter und hörte sie lachen. Sie schienen sich sehr wohlzufühlen. Ein Hauch von Gemütlichkeit und Leichtigkeit umgab diese Menschen. Tony Leben klatschte in die Hände, während auf der Leinwand abwechselnd Weinflaschen zu sehen waren, dann wieder Menschen, die fröhlich in die Kamera lachten, und dazwischen Fotos von Häusern und Autos. Kurz gesagt, ich hätte mir die wunderschönen Bilder stundenlang ansehen können.

Mit dem Applaus für Tony Leben wurde es leiser, die Stimmen verstummten und die Menschen drehten sich zu ihm um.

»Herzlich willkommen zurück aus den Ferien, meine Lieben.« Mit offenen Armen und einem herzlichen Lachen schaute er in die Runde, während die Menschen ihn anlachten. Ich blickte auf braun gebrannte Gesichter, gezeichnet von Zufriedenheit und Heiterkeit. »Wir begrüßen heute Colette Freiburghaus als neues Mitglied in unserer Mitte.« Er wandte sich direkt an mich. »Wir freuen uns auf diesen Neuzugang. Herzlich willkommen bei LEBEN AG.«

Die Atmosphäre war von guten Schwingungen seltsam aufgeladen. Irgendwie war das Ganze schwer zu begreifen. Alle klatschten und begrüßten mich lautstark.

Als wir Kaffee aus einer Maschine holten, fragte ich Tony Leben: »Ich gehe davon aus, das Spektakel hat damit zu tun, dass die Ferien zu Ende sind. Das ist nicht meinetwegen, oder?«

Noch während er die Kaffeetasse unter der Vorrichtung in der Maschine hervorzog, sah er mich an. »Natürlich feiern wir das

Ende der Ferien. Wir feiern so viel wie möglich. Rituale und Feiern sind wichtig für die Seele. Aber nein, das hat nicht nur mit dem Ende der Ferien zu tun. Wir alle freuen uns auf unsere neue Kollegin. Wir begrüßen hier ein neues Familienmitglied und das ist Grund genug für eine Feier.«

»Tony …«, fing ich an und erstmals fiel mir auf, wie schwer es war, einen so erfolgreichen und charismatischen Typen zu duzen.

Unverwandt schaute er zu mir. »Colette, du kommst aus einer Welt, die wir hinter uns gelassen haben. Die Menschen, die hier arbeiten, bleiben in der Regel sehr, sehr lange, so als würden sie zu einer echten Familie gehören. Das kommt nicht von ungefähr.« Er drehte sich um und schüttete sich Sahne in den Kaffee. »Colette, wenn wir jemanden in unser Team aufnehmen, aber auch, wenn wir wirklich jemanden verabschieden müssen, ist es jedem von uns wichtig, dass er hier sein kann. In einer Familie werden solche Ereignisse gemeinsam zelebriert. Sie alle hier«, er zeigte auf die vielen Menschen auf der Terrasse, »wollen dich kennenlernen. Das ist heute dein Einstieg. Du wirst dich mit ihnen unterhalten und so etwas über die LEBEN AG erfahren. Aber noch viel wichtiger: etwas über deine neuen Kollegen und Kolleginnen. Wir wollen, dass du dich vom ersten Tag an willkommen fühlst. Sei neugierig, frag sie alles, was du willst, und lass dich inspirieren.«

Ich schaute in die Menge, blickte die Menschen an, die in Gespräche verwickelt waren. Da und dort lächelte mir jemand zu, nickte aufmunternd oder hielt sein Glas in meine Richtung.

»Ihr macht jedes Mal ein Fest?«, fragte ich ungläubig.

Tony nickte.

»Rentiert sich das denn?« Ich schaute auf die Bilder auf der Leinwand. Darunter waren auch sehr private Fotos, die Menschen in Badekleidung auf einem Boot zeigten, Familien beim Essen, lauter fröhliche Menschen.

»Stell dir vor, deine Schwester bekommt ein Baby. Nur mal angenommen …«, fing Tony an. Während ich wieder ihn anschaute, nickte ich. »Würdest du dir da nicht die Mühe machen, den neuen Erdenbürger im Krankenhaus zu besuchen oder zumindest bei der Taufe anwesend zu sein?«

Für einen Moment schloss ich die Augen und sah ein Neugeborenes vor mir, spürte die Krankenhausatmosphäre und stellte mir eine glückliche, um ein Bett stehende Familie vor.

»Natürlich würde ich das, aber das ist doch klar. Das ist schließlich die Blutsfamilie.«

Tony lächelte. »Tja, ich kann nicht viel Gutes über meine Blutsfamilie sagen.« Beschämt blickte ich zu Boden, ich hatte vergessen, was er mir erzählt hatte. »Aber auch wenn ich eine hätte, würde ich dennoch hinterfragen, wie wir miteinander umgehen. Nur weil jemand mit mir blutsverwandt ist, gebe ich ihm keine Erlaubnis, nicht wertschätzend mit mir umzugehen oder sich Rechte herauszunehmen, die meine verletzen. Diese Verbindungen müssen gemeinsam gepflegt werden.« Einen kurzen Moment überlegte ich, dann blickte ich wieder zu ihm hinüber. »Deswegen ist uns unsere Familie hier so wichtig. Neuzugänge und hoffentlich wenige Abgänge begehen wir gemeinsam. Wir haben nicht mehr als einen oder zwei Neuzugänge in einem Jahr, Abgänge so gut wie nie. Die meisten Mitarbeiter bleiben lange, sehr lange. Und das nicht ohne Grund«, sagte er geheimnisvoll lächelnd. Ich drückte meine Lippen zusammen und sah wieder in die Runde dieser Menschen. Tony lächelte mich liebevoll an. »Ich erlaube mir, allen voran zuerst um Zeit mit dir zu bitten.«

Ich hatte damit gerechnet, dass ich eine Präsentation über die Firma zu Gesicht bekommen würde. Die Geschichte und deren Produkte. Das wäre schon weitaus mehr gewesen, als ich bisher an ersten Tagen in einer Unternehmung erlebt hatte. Oder einen Kurs in den IT-Programmen mit den üblichen Richtlinien, was man durfte und was nicht, Vertragsunterzeichnung, Erklärung von Reglements, so etwas in der Art. Doch dieser Tag wurde komplett anders.

Tony Leben bat mich als Erster um das gemeinsame Kennenlernen. Als Einstieg besprachen wir wirklich kurz den Vertrag, der lediglich eine Seite lang war, und ein Reglement, das ebenfalls nach einer Seite abschloß. Mehr nicht.

»Jeder Vertrag, der länger als eine Seite ist, ist seinen Inhalt nicht wert. Wenn du mit deinen Partnern längere Verträge als eine Seite benötigst, dann vergiss die gesamte Zusammenarbeit. Sie kann nicht bestehen, weil sich beide Seiten misstrauen. Nur deshalb entstehen ellenlange Dokumente. Ich halte nichts davon. Angst schürt nur weiteres Misstrauen. Und Misstrauen schürt weitere Angst. Das kann keine Basis für eine fruchtbare Zusammenarbeit sein, die beiden Seiten dienen soll. Das hier reicht völlig aus.«

Und in der Tat stand alles Wichtige drin. Mein Lohn war sogar 200 Franken höher als der bisherige und ich hatte fünf Tage mehr Urlaub. Ich war froh. Nein, ich war glücklich.

Tony bat mich, auf einem Sofa Platz zu nehmen. Er setzte sich leger daneben. »Also, dann herzlich willkommen in der LEBEN-Familie, Colette. Was genau erwartest du von einem Chef?«

Ich blickte von meinem Kaffee zu ihm auf. »Was ich …?« Ich stockte. Normalerweise, wenn überhaupt, sagte ein Ranghöherer, was er von mir erwartete, und drückte mir seine sogenannten Werte aufs Auge, von deren Umsetzung er so viel verstand wie ich vom Fliegenfischen.

»Ja, du«, wiederholte Tony.

»Hm …« Ich überlegte, aber mir wollte nichts einfallen.

»Was macht für dich einen guten Chef aus? Oder anders herum: Woran hat es dir bisher gefehlt?«

Das war in der Tat einfacher für mich: »Die Vorgesetzten, die ich kannte, haben viel geredet und doch nichts gesagt. Sie waren keine Vorbilder, haben Wasser gepredigt und Wein getrunken. Sie waren nicht ehrlich, gaben mir das Gefühl, ich wäre dumm, weil ich nicht so studiert wie sie war. Dieses Wichtigmachen geht mir auf die Nerven.« Ich holte tief Luft.

Tony nickte. »Das ist schon ein sehr guter Anfang, vielen Dank für deine Offenheit.«

Valentina betrat den Raum und winkte uns. Wie schon beim letzten Mal sah sie wie aus dem Ei gepellt aus. Ihre Aufmachung beeindruckte mich sehr.

»Ich möchte dich um etwas bitten, Colette«, lenkte Tony meine Aufmerksamkeit wieder zu sich.

Ich öffnete meinen Mund ein wenig und blickte ihn an.

»Vertraue bitte niemandem.« Er sagte das mit einem Lächeln im Gesicht, dass ich glaubte, mich zu verhören. »Versteh mich richtig. Ich möchte nicht, dass du uns hier *miss*traust. Es ist wichtig, dass du den Unterschied verstehst. Wenn Menschen sich begegnen, egal, ob als neu gewonnene Freunde oder als Paar oder auch im Arbeitsleben ... Wenn dir jemand sagt, dass du ihm vertrauen kannst, dann ist das Blödsinn. Vertrau dem Leben, vertrau meinetwegen dem Fluss des Lebens, aber Vertrauen zwischen Menschen muss entstehen. Das bedingt, dass wir anfangen, mit uns selber klar zu sprechen und uns an die eigenen Abmachungen zu halten, die wir mit uns eingehen. Danach kannst du Abmachungen mit Anderen eingehen, was wiederum Vertrauen bilden kann, weil du ein SELBST-VERTRAUEN geschaffen hast. Das ist mir sehr wichtig, Colette. Ich möchte, dass du mir noch nicht vertraust. Ich möchte mir dein Vertrauen verdienen. Ich möchte auch, dass du nicht einfach eine Angestellte bist. Deswegen nennen wir das hier eine Familie. Du bist Teil dieser Familie und weil du zur Familie gehörst, sind deine Anliegen und Bedürfnisse ebenso wichtig wie die aller anderen auch. Wir alle arbeiten an unseren Partnerschaften. Wir alle haben uns gegenseitiges Vertrauen erarbeitet und dieser fruchtbare Boden erlaubt uns, gemeinsam einen solchen Erfolg zu feiern.« Als er endete, sah er in die Runde, dann wieder zurück zu mir. Ich hatte ein mulmiges Gefühl. Irgendwie hatte ich Angst, in einer Sekte gelandet zu sein, und doch entspannten sich meine Zellen, so als wären sie hier zu Hause.

»Partnerschaften?«, hakte ich nach.

»Ja, Colette, wir möchten keine Beziehungen, wir möchten Partnerschaften – untereinander und mit den Kunden. Und in möglichst jeder Situation muss ein Gewinn für beide Seiten entstehen, sonst bin ich nicht zufrieden. Das ist mein Anspruch als Inhaber dieser Firma, als Mann und als Mensch. Ich halte nichts von Arbeitgebern, die ihre Mitarbeiter auspressen, um dann dem Kunden ein Produkt vorzusetzen, das irgendwie dann doch eine Mogelpackung ist. In Billigländern auf Kosten dieser bedürftigen Landsleute produziert, teuer hierher transportiert, hier zusammengebaut und dann als Schweizer Produkt mit einer geradezu lächerlich hohen Marge verkauft. Während jede Krise dazu dient, die eigenen Leute zu entlassen und den verbleibenden Kollegen noch mehr aufzuhalsen. Das ist doch nicht ehrlich. Während die Chefs sich noch mehr einverleiben und ihren Leuten ein schlechtes Gewissen einreden, wenn sie einmal im Ausland einkaufen. Versteh mich richtig, man darf in der Chefetage gut verdienen, aber es soll im Verhältnis zu allen im Betrieb stehen. Wenn ich meine Mitarbeiter und meine Kunden ausnutze und anlüge, brauche ich mich nicht wundern, wenn das Leben auch mit mir nicht ehrlich ist - oder meine Kunden und Mitarbeiter. Damit würde ich dann mehr Regeln brauchen, ausführlichere Vertragsdokumente, mehr Kontrolleure und mehr Sanktionen. Ein Kreislauf, der nur noch mehr Probleme schafft. Verstehst du?«

Ich nickte. Das war alles ein wenig viel Information heute Morgen, und zwar in eine völlig neue Richtung. Zwar waren das genau auch solche Gedanken, die ich insgeheim schon lange gehegt hatte. Aber niemand hatte bisher den Mut gehabt, das auszusprechen oder gar zu leben.

Immer wieder schaute ich zu der Leinwand hoch, als Tony meinem Blick folgte. »Wir visualisieren die schönen Momente, um mehr davon zu kreieren.«

»Visualisieren?«, fragte ich nach.

Tony lehnte sich nach vorne. »Als du Kind warst, hast du da mal Radfahren gelernt?« Ich nickte und dachte an die unbekümmerte Zeit zurück, als mein Vater das Fahrrad festgehalten hatte, damit ich lernen konnte, damit zu fahren. »Hat er dir nicht etwas gesagt? Einen zentralen Satz?«

Ich schürzte die Lippen und dachte nach. »Schau nicht auf den Boden. Schau nach vorne, du fällst dorthin, wohin du hinschaust.«

Tony nickte zufrieden. »Ganz genau. Und so ist das auch im Leben. Konzentriere dich darauf, was du willst. Beschäftige dich mit Dingen, die du willst, und nicht mit etwas, was du nicht haben willst. Verschwende so wenig Zeit wie möglich mit Menschen, Situationen, Gedanken, Büchern, Filmen oder Möglichkeiten, die nicht das beinhalten, was dir guttut und dich bei der Erreichung deiner Ziele unterstützen. Und wir wollen mehr von diesen schönen Dingen, die du hier auf der Leinwand siehst.« Also lehnte ich mich zurück und betrachtete die Bilder, als ein älterer Herr zu uns stieß.

»Hey, Igor!« Tony Leben stand auf und fing an, mit den Händen zu sprechen.

Erst nach einigen Momenten begriff ich, dass der angesprochene Mann offenbar gehörlos war und Tony sich mit ihm in der Gebärdensprache unterhielt. Die beiden hatten eine angeregte Diskussion und lachten dauernd.

»Ich möchte dir Igor vorstellen, Colette.«

Ich erhob mich und reichte Igor die Hand. »Hallo, ich bin Colette«, sagte ich unbeholfen und schaute Igor neugierig an. Bisher hatte ich noch niemanden persönlich kennengelernt, der gehörlos war.

»Igor ist taub«, erklärte mir Tony. »Er schätzt es, wenn du ihn ansiehst und mit klaren Worten sagst, was du sagen möchtest. Er ist Meister im Lippenlesen und spricht drei Sprachen.« Er wiederholte das Gesagte in der Gebärdensprache für Igor und dieser lachte herzlich.

Unsicher stellte ich mich vor Igor auf und sagte förmlich: »Ich freue mich, dich kennenzulernen.« Dabei formte ich jedes einzelne Wort und Igor lachte. Er hielt beide Hände wie zum Gebet vor sich und neigte seinen Kopf nach vorn. Dann unterhielt er sich mit Tony, der mir übersetzte.

»Er freut sich sehr auf die Zusammenarbeit mit dir. Er ist sich sicher, dass er viel von dir lernen kann.«

Ich lächelte. Er wollte von mir lernen? Ich dachte, ich würde von den Beiden sehr viel lernen, was sollte ich ihm schon beibringen können?

»Wo hast du die Gebärdensprache gelernt?« Neugierig beobachtete ich Tony, als er mit mir sprach und auch immer simultan in die Gebärdensprache übersetzte, um Igor miteinzubeziehen.

»Igor wollte für uns arbeiten, er wollte es unbedingt. Als dieses Unternehmen noch sehr jung war, hat er sich mehr als einmal beworben. Ich hatte Bedenken.« Beide lachten laut auf, als wäre es ein Insider-Witz, den er gerade gemacht hatte. Dann fuhr Tony fort. »Aber Igor blieb eisern. Wieder und wieder schickte er mir seine Unterlagen. Er ließ nicht locker. Also musste ich mir Gedanken machen. Schließlich lud ich ihn zu einem Vorstellungsgespräch ein und er kam mit einer Übersetzerin. Igor hat mich von der ersten Sekunde an überzeugt, gleich als ich ihn kennengelernt habe. Sein ganzes Wesen hat gestrahlt. Also haben wir uns kurzerhand entschieden zusammenzuarbeiten, und das tun wir jetzt erfolgreich seit zehn Jahren. Nach gut einem Jahr habe ich mich dazu entschlossen, die Gebärdensprache selbst zu erlernen. Und da haben mich einige von uns gebeten, das auch lernen zu dürfen. Also haben wir kurzerhand einen Lehrer engagiert. Mehr als die Hälfte von uns spricht heute die Gebärdensprache. So können wir auch die Stellvertretung von Igor gewährleisten.« Zufrieden lächelte Tony und klopfte Igor auf die Schulter.

Verwirrt schaute ich von einem zum anderen. Ich konnte mir schon vorstellen, dass Igor etwas Interessantes beitragen konnte, vielleicht im Lager. Aber dazu trug er ein viel zu gepflegtes Outfit, manikürte Fingernägel und polierte Lederschuhe. Also fragte ich sicherheitshalber nach. »Und in welcher Abteilung arbeitet Igor?«

Tonys Lächeln verriet, dass er irgendwie auf diese Frage gewartet hatte. »Er ist im Außendienst tätig.«

Mein Mund klappte auf und ich starrte die Beiden an. »Du meinst, er verkauft Weine?«

Tony nickte und Igor lachte über das ganze Gesicht. Etwas abstrus schien das Ganze zu sein. Wie um alles in der Welt sollte Igor Weine verkaufen können, wenn er taub war? Ich zweifelte daran, ob es wirklich eine gute Idee gewesen war, mich für LEBEN AG zu entscheiden.

Aber Tony erkannte meine Zweifel. »Colette, erinnerst du dich an die Geschichte mit dem Mönch?« Ich nickte. »Dein Kopf ist voll von Meinungen, die da draußen als real und richtig gelten. Aber sie sind keinesfalls wahrhaftig.«

Ich runzelte die Stirn. »Aber er ist doch taub«, gab ich zu bedenken. Ich wollte Igor nicht beleidigen, aber zum Verkaufen musste man doch hören und sprechen können.

Igor fing das Gespräch auf und hatte von den Lippen abgelesen, was ich gesagt hatte. Dann fing er an zu gestikulieren und Tony übersetzte. »So denken viele«, sagte er und blickte wieder zu Igor, um zu sehen, was er sagte. »Gehörlos zu sein, ist keine Behinderung. Behindert sind nur Menschen, die sich Hindernisse in ihrem Denken erschaffen. Igor hört und spricht genauso, nur mit anderen Werkzeugen.« Tony lächelte, dann übernahm er wieder. »Igor ist einer der umsatzstärksten Verkäufer, musst du wissen.«

Ich staunte. »Wie das?«, wollte ich wissen.

Igor erklärte es mir, zusammen mit Tony, der übersetzte: »Gehörlose Menschen trinken auch Wein. Sie sind ebenso an einem genussvollen Leben interessiert wie Menschen, die hören können. Aber bisher hat sich noch niemand die Mühe gemacht, ihnen die Weine wirklich so zu präsentieren wie jedem anderen auch: mit Degustationen, Erklärungen, Weinseminaren und und und. All das mache ich und ich habe großen Erfolg damit. In der ganzen Schweiz bin ich unterwegs, deswegen habe ich die Gebärdensprache auch in Deutsch, Französisch und Englisch gelernt.« Igor endete und Tony lächelte mich an. Das hatte mich sehr beeindruckt. Daran hatte ich noch nie gedacht.

»Bisher mussten wir immer im Internet kaufen. Gott sei Dank gibt es das Internet. Denn ganz früher war es noch viel schwieriger«, sagte Tony, weil Igor einen Nachtrag angebracht hatte.

»Die Gebärdensprache hat verschiedene Sprachen?« Ich hatte gedacht, dass alle gehörlosen Menschen dieselbe Gebärdensprache sprächen, aber Tony erklärte mir, dass dem nicht so wäre. Es gab ebenso verschiedene Sprachen in der Gebärdensprache wie in unserer Sprache.

»Igor verkauft rund zehn Prozent mehr Weine als die meisten Verkäufer. Aber nicht nur gehörlose Menschen gehören zu seinen Kunden. Oft begleitet ihn jemand, der übersetzt. Igor strahlt so viel Lebensfreude und Mut aus. Er hat in der Weinberatung seine Leidenschaft und Berufung gefunden, sodass viele Kunden explizit ihn verlangen. Sein Engagement und sein großes Fachwissen, aber vor allem sein ausgeprägtes Einfühlungsvermögen machen es den Kunden einfach, sich bei ihm aufgehoben zu fühlen und gerne bei ihm einzukaufen.»

4. Wurzeln schlagen

Als wir am Mittag auf der großen Terrasse draußen saßen, stieg mir der leckere Geruch von Grillfleisch in die Nase. Ahmad stand hinter dem großen Grill und legte freudestrahlend Fleisch auf das heiße Gitter. Ein großer Tisch stand im Schatten, übervoll gedeckt mit Schüsseln voller Salate und anderen Leckereien. Ich hatte heute viele Leute kennengelernt, Mitarbeiter aus der ganzen Schweiz. Mir brummte von den vielen Namen und Gesichtern der Schädel, von den Geschichten und Eindrücken, aber ich fühlte mich wohl. Sie alle gaben sich große Mühe. Einen solchen Start hatte ich noch nie erlebt.

Tony stand unweit von mir, als Valentina sich neben mich setzte. »Ein bisschen viel auf einmal, nicht wahr?«

Zustimmend nickte ich. »Darf ich dich etwas fragen?«, begann ich.

Jetzt war es an ihr, mich anzusehen und zu nicken. »Klar, schieß los.«

Etwas unangenehm war mir die Frage schon, aber ich musste sie einfach stellen. »Seid ihr irgend 'ne Sekte oder so was?« Ich fand die Ansichten zwar löblich und ich hätte zu gerne geglaubt, dass das hier alles echt war, aber so einfach konnte es doch nicht sein?

Valentina lächelte milde. »Das ist die obligatorische Frage. Fast jeder hat sie am Anfang gestellt. Du ahnst nicht, wie misstrauisch ich damals war. Tony hatte einen schweren Stand mit mir«, lachte sie. »Aber nein, wir sind keine Sekte, Colette. Wir sind weit weg davon. Tony ist für mich zu einem meiner besten Freunde und Mentoren geworden. Mit seiner Sicht, die Welt zu betrachten, hat er meine Welt und die all seiner Mitarbeiter hier berührt. Wir alle haben hier eine Familie gefunden, eine Art Zuhause. Wir haben verstanden, dass das Leben zu wertvoll ist, um in einer nichtssagenden Anstellung zu verharren, die uns nicht guttut, die uns manipuliert und die dem Leben keine Rechnung trägt. Meine Lebenszeit ist meine kostbarste Währung. Ich möchte sie nicht vergeuden, indem ich mit Menschen zusammen bin, die mir nicht guttun und mit denen ich arbeiten muss, weil ich glaube, auf das Geld angewiesen zu sein. Ich mag nicht mit Chefs zusammen sein, die mich manipulieren, weil sie selbst manipuliert werden und weil alle glauben, es gäbe keine anderen Wege, erfolgreich zu sein. Colette, glaub mir, es gibt auf jeden Fall andere Wege, erfolgreich zu sein, und es gibt andere Wege, jeden Tag wahrhaftig zu leben, auszukosten und zu genießen und dabei noch lustvoll zu arbeiten und Geld zu manifestieren.«

Sie hatte sich neben mich ins Sofa gelehnt und hielt ein Glas Wein in der Hand. Ich stutzte. Unverwandt sah ich das Glas Wein an.

»Keine Sorge, ich hab das Thema Alkohol aufgearbeitet.« Sie schien sofort bemerkt zu haben, woran ich dachte.

»Wie kann man so etwas aufarbeiten?« Wenn man doch Alkoholprobleme hatte, musste man auf Alkohol verzichten und sich einmal pro Woche mit den Anonymen Alkoholikern treffen, um zu beichten, wie es einem ging, damit man keinen Rückfall hatte, dachte ich.

»Colette, bitte werde nicht wütend, wenn wir dir hier neue Ansichten erzählen. Teilweise werden wir dir damit ziemlich auf die Nerven gehen. Wir wollen dich nicht belehren, aber es ist schon so, dass wir diese veralteten Sichtweisen abgelegt haben. Tony hatte null Bedenken, als er sich für mich entschieden hat. Er hat gewusst, dass ich ein Alkoholproblem hatte. Aber ich habe mit ihm lernen dürfen, dass ich den Alkohol nur als ein Werkzeug benutzt habe, um mit meinen Gefühlen klarzukommen. Wir haben uns oft stundenlang unterhalten. Er hat mir sehr unschön den Spiegel vorgehalten und ich habe angefangen, mich den

Dingen zu stellen – nüchtern. Dabei erkannte ich, dass nicht der Alkohol das Problem war, sondern ich selbst. Verstehst du? Meine Motivation, im Alkohol zu ertrinken, war damals, dass ich mit mir und meinem Leben nicht klargekommen bin. Ich hatte meine Wurzeln verloren, insbesondere als meine Tochter starb. Ich habe ja auch meinen Mann verloren, als er sich danach von mir trennte. Jahrelang habe ich die Beiden für mein eigenes Versagen verantwortlich gemacht. Und das Leid habe ich im Alkohol ertränkt. Ich hatte schließlich eine gute Entschuldigung. Das hat jeder verstanden. Auch wenn mein Umfeld es nicht guthieß, aber sie akzeptierten es. Schließlich war es mir ja so schlecht ergangen.« Sie machte eine Pause, warf ihren Kopf zurück und kostete genüsslich den eiskalten Weißwein.

»Und dann?« Ich war neugierig geworden.

»Dann? Dann hat Tony mir den Kopf gewaschen. Aber so richtig.« Sie lachte auf. »Ich kann dir sagen, erst einmal war ich schockiert. Ich hätte ihm am liebsten eine runtergehauen. Er war schonungslos.«

So hatte ich mir Tony gar nicht vorstellen können. »Kann er denn so böse werden?« Etwas unsicher blickte ich zu Tony hinüber.

»Das hat wohl nichts mit böse zu tun. Er ist klar, sehr, sehr klar. Erschreckend klar.« Wieder lachte sie auf. »Kennst du Harry Potter?«

Ich nickte. Valentinas Gedankensprünge fingen an mir zu gefallen, sie war so herrlich unkompliziert. So gar nicht, wie ich eine direkte Vorgesetzte kannte. Und Harry Potter liebte ich. Die Bücher hatte ich wieder und wieder gelesen.

»Weißt du noch, was Dumbledore am Ende des ersten Bandes zu Neville sagte, als er ihm die zusätzlichen Punkte gab, die Griffindor zum Sieger machten?«

Ich überlegte einen Moment, dann erhellte sich mein Gesicht. »Es braucht Mut, sich einem Feind in den Weg zu stellen, aber es braucht noch mehr Mut, sich einem Freund in den Weg zu stellen.« Und mit einem Mal verstand ich, was Valentina mir sagen wollte. »Konntest du gut damit umgehen?«

Valentina schüttelte lächelnd den Kopf. »Ich war so sauer, dass ich kündigen wollte. Ich habe gestampft, geschimpft und bin ausgerastet. Ich habe ihn beleidigt, ihn ein Arschloch genannt und bin davongelaufen. Am nächsten Morgen stand er um sechs Uhr früh vor meiner Tür und hat drei Stunden lang Klingelterror gemacht, bis ich endlich aufgemacht habe.«

Ich war schockiert, dementsprechend starrte ich sie an.

»Sieh mich nicht so entsetzt an«, lachte Valentina. »Es war das Beste, was mir passieren konnte. Endlich hatte jemand den Mut, sich meinen Dämonen in den Weg zu stellen, denn ich hatte diese Kraft nicht. Ich hatte mich mit diesem Verhalten um all meine Freunde gebracht. Ich litt darunter, dass ich trank und meine Leute immer vor den Kopf stieß. Aber ich konnte nicht aus meiner Haut. Tony hat mich angesehen und ist einfach in die Wohnung gekommen. Dann hat er mich in den Arm genommen und mir gesagt, dass er mich liebt und ich endlich loslassen soll.«

Ich fragte erstaunt: »Er hat gesagt, dass er dich liebt?«

Valentina trank erneut einen Schluck. »Nicht so, wie du denkst. Ich wusste, dass es kein Ding zwischen Frau und Mann war. Es war das kleine Mädchen in mir, dass nie von seinem Vater in die Arme genommen worden ist, das so viel Hunger auf Leben und Liebe hatte – seit vielen Jahren. Ich wehrte mich gegen diese Umarmung, doch er hat mich nur noch fester umarmt. Irgendwann habe ich angefangen, hemmungslos zu heulen. Ich glaube, ich habe über eine Stunde geflennt. Das Hemd von Tony war hin, aber es war ihm egal. Und irgendwie hat das etwas durchbrochen, was mich jahrelang gefangen gehalten hatte.« Beeindruckt beobachtete ich Tony. »Er ist selber durch die Hölle gegangen, aber er hat sich schon viel früher seinen Dämonen gestellt. Und ich hatte endlich den Mut, mich echt und wahrhaftig auf Menschen einzulassen. Mich auf Tony und LEBEN AG einzulassen. Und ich habe hier Wurzeln geschlagen, die fest im Boden verankert sind, verbunden mit diesen wunderbaren Menschen und dieser Arbeit. Und ich wünsche mir von ganzem Herzen, dass wir dich hier auch einpflanzen dürfen wie einen Baum. Wir alle freuen uns darauf, mit dir wachsen zu können, und wir freuen uns darauf, dir zuschauen zu können, wie du wächst und gedeihst.«

Die Gedanken überstürzten sich in meinem Kopf. Die Geschichte hatte mich berührt. Dennoch war ich nicht sicher, ob so etwas an einen Arbeitsplatz gehörte.

Schließlich gesellte sich Tony zu uns. »Du bist schon beim Baum?«, fragte er Valentina.

Sie erhob sich. »Ja, komm, lass uns den Baum pflanzen! Bitte komm, Colette.«

Ich folgte den Beiden und die anderen begleiteten uns zu einer Baumgruppe mit unterschiedlich großen Bäumen. Ein Loch war ausgehoben worden. Ein Haufen Erde lag daneben sowie eine Schaufel. Tony nahm einen jungen Baum in die Hand, der neben dem Loch stand und reichte ihn mir.

»Liebe Freunde, wir heißen Colette heute hier offiziell bei uns willkommen. Und wie auch sonst pflanzen wir gemeinsam als Symbol des Wachstums einen Baum, damit Colette sich hier niederlassen und gedeihen darf. Wir alle möchten mit dir Erfolge feiern, uns miteinander auseinandersetzen und eine gesunde Kommunikations- und Streitkultur entwickeln, damit du für uns, für Leben AG, aber vor allem für dich ein bereicherndes Berufsleben starten kannst. Hier, bitteschön.« Er reichte mir damit den kleinen Baum und flüsterte mir zu, dass ich ihn ins vorgegrabene Loch stellen sollte. Nachdem ich das getan hatte, reichte er mir die Schaufel und ich fing an, Erde in das Loch zu schippen. Nach ein paar Schaufeln voller Erde jedoch nahm er mir die Schaufel wieder aus der Hand und kippte selbst Erde ins Loch. Er reichte die Schaufel weiter und jeder gab Erde ins Loch, bis der Baum fest verankert neben den anderen stand. Tony goss Wasser darüber. Dann wurde es still. Alle blickten auf den Baum. Ich war etwas ratlos und sagte kein Wort. Und irgendwie verstand ich, dass hier keine Worte nötig waren.

»So, meine Freunde, ein schöner Tag geht in den Nachmittag, Colette hat die ersten Menschen hier kennengelernt. Nutzt die Zeit, solange ihr noch hier seid, insbesondere die Kollegen, die von der Westschweiz und vom Tessin gekommen sind. Wir Ostschweizer können noch ein wenig warten, wir haben sie ja tagtäglich um uns.«

Wir diskutierten lange und ich lernte noch mehr Kollegen kennen, sodass mir beinahe schwindlig wurde. Einige erzählten mir von ihrem Start bei LEBEN AG, berichteten, wie Tony ihr Leben verändert hatte, und wünschten mir alles Gute zum Start in der Firma. Da waren die wildesten Geschichten dabei, ich konnte mich kaum satthören. Angeregte Diskussionen und ein gutes Essen vom Grill. Ahmad lachte beständig dahinter als Grillmeister. Salate, frische Brötchen, leckere Weine: Ich fühlte mich wie in den Ferien und bei einem Besuch auf einem Weingut. In den späteren Nachmittagsstunden fühlte ich die Sonne immer stärker auf meiner Haut, meine Wangen hatten sich rot gefärbt und die Haut spannte ein wenig. Der Wein hatte mich beschwipst gemacht. Ich fühlte mich so wohl wie lange nicht mehr. Die vielen Namen konnte ich mir nicht alle merken. Tony organisierte, dass mich jemand nach Hause fuhr, denn schließlich wollte er nicht, dass ich betrunken ins Auto stieg.

Als ich schließlich zu Hause die Treppe hinauf schlenderte – die Schuhe trug ich in den Händen – genoss ich den kalten Boden unter den nackten Füßen. Dann bemerkte ich, dass ich erstmals kein schlechtes Gewissen hatte, weil ich an einem Betriebsanlass etwas zu viel getrunken hatte. Mir fiel auf, dass ich von links nach rechts grinste oder auch von rechts nach links, je nachdem. Ich konnte mich nicht daran erinnern, wann ich mich das letzte Mal so erholt gefühlt hatte. Dabei war ich nicht einmal im Urlaub. Beinahe beseelt kramte ich nach meinem Schlüssel, als mir schließlich Jürg zuvorkam und die Türe öffnete. Als ich in seine Miene blickte, fiel mir sofort auf, dass er keinen so erfolgreichen und ausgelassenen Tag gehabt hatte wie ich.

»Wo zum Teufel warst du? Weißt du eigentlich, wie spät es ist?« Die Stirn in dicke Falten gelegt, hatte er sich mit verschränkten Armen vor mir aufgebaut.

Ich musste grinsen. Normalerweise war ich diejenige, die Jürg das fragte, weil er meist zwei- bis dreimal die Woche mit seinen Freunden die Zeit vergaß und später nach Hause kam. Während ich kochte, putzte, bügelte und erfolglos auf ihn wartete. Aber irgendwie war mir heute nicht danach, ihn ernst zu nehmen. Ich grinste ihn an. »Huhuu, es war richtig toll.« Mein Grinsen musste ihn aufgescheucht haben.

»Bist du betrunken?« Er kam näher und schnupperte an mir. »Du *bist* betrunken. Ich fasse es nicht. An deinem ersten Arbeitstag?«

Bevor ich noch etwas sagen konnte, drehte er sich um, schnappte sich seine Jacke und seine Trainingstasche. »Ich habe lange genug auf dich gewartet, schließlich habe ich sogar gekocht, um dir eine Freude zu machen. Ich geh jetzt zum Training. Schlaf deinen Rausch aus.«

Als ich eine halbe Stunde später unter der Dusche hervorkam und mich abtrocknete, blickte ich in den Spiegel. Ich hatte Farbe bekommen und seit langer Zeit blickte mir wieder ein zufriedenes Wesen entgegen. Die Begegnung mit Jürg überschattete jedoch den schönen Tag. Ich fühlte mich trotzdem elend.

5. Was geht das mich an

Am nächsten Morgen holte mich Valentina ab. Wir hatten uns per Handy verabredet. Jürg hatte ich nicht gehört, als er nach Hause gekommen war, und offenbar war er heute Morgen auch schon früh aus dem Haus gegangen. Von der Auseinandersetzung von gestern war mir noch immer ein wenig flau im Magen. Ich hatte mich sommerlich gekleidet, schließlich waren es draußen schon um die 20 Grad und das frühmorgens um sieben Uhr. Valentina wartete in einem Cabrio auf mich, die Sonnenbrille lässig auf ihrer Nase. Sie winkte mir zu, und ich lachte zurück.

»Guten Morgen«, rief sie mir entgegen und packte ihre Handtasche auf den Rücksitz, um mir Platz zu machen. »Hast du gut geschlafen?«, fragte sie mich und ich nickte, während ich mir den Sicherheitsgurt umschnallte. »Na, dann los«, erklärte sie, sah mich kurz von der Seite an und fuhr los. »Was ist denn los?«, wollte sie schließlich nach einer Weile wissen.

Ich nagte an einem Häutchen am Rand des Daumennagels. Ich war mir nicht sicher, ob ich es gut fand, dass Valentina nur durch mein Schweigen erriet, dass irgendetwas in der Luft lag. »Hatte gestern Knatsch mit meinem Freund«, erklärte ich wortkarg.

»Oje, das ist nicht schön«, entgegnete sie.

Ich war dankbar, dass sie nicht nachfragte, aber ich erntete immer wieder einen kurzen Blick von der Seite.

»Ich möchte nicht darüber reden«, erklärte ich schließlich.

»Ist schon gut«, meinte Valentina und konzentrierte sich wieder auf die Straße vor ihr, während wir in Richtung Thal fuhren. Ich dachte an Jürg. Irgendwie nervte mich sein Verhalten. Da war ich die ganze Zeit zu Hause, wartete beinahe Abend für Abend auf ihn, während er sich einen Dreck darum scherte, wenn er später heimkam. Doch wenn ich einmal Spaß hatte und nicht nach Feierabend zu Hause rumhockte, machte er Theater. Worte des Ärgers stiegen in mir auf.

Valentina hielt inne. »Colette?«, fragte sie nach.

Ich hob meinen Blick und sah sie an. »Sorry, was?«, fragte ich nach.

»Du bist wohl noch mit den Gedanken zu Hause geblieben?«, lachte sie.

»Ja, tut mir leid«, sagte ich leise. Ich schüttelte meinen Kopf, so als könnte ich die wirren Gedanken abschütteln, und fragte nach, was sie vorhin zu mir gesagt hatte.

»Ich habe dich gefragt, ob wir noch Brötchen und Kaffee holen sollen?«, sagte sie.

»Kaffee, vor allem Kaffee«, entgegnete ich und Valentina bog in Rorschach auf eine Seitenstraße.

Schließlich waren wir kurz nach halb acht auf dem Gutshof und parkten den Wagen, während Ahmad mit der älteren Frau, die ich bei dem Vorstellungsgespräch gesehen hatte, den Vorplatz kehrte. Beide waren in eine angeregte Diskussion verwickelt, begleitet von herzlichem Lachen.

»Guten Morgen, ihr zwei«, rief Valentina ihnen zu.

Ich winkte kurz und verschwand dann zusammen mit Valentina im Haus. Wenig später fand ich mich im Büro von Tony Leben wieder, der mich herzlich begrüßte und freudestrahlend aus dem Fenster blickte.

»Hast du dieses Wetter gesehen? Ist das nicht herrlich? Ich meine, nicht alleine, dass es Sommer ist. Es ist einfach unglaublich. Wir haben gesunde Augen, das zu sehen, wir haben gesunde Sinne, das zu spüren und zu erleben. Bye the way, kannst du das frischgemähte Heu riechen?« Er hob seine Nase in die Luft und schnupperte aus dem offenen Fenster. »Herrlich, nicht?« Als er mich anblickte, erkannte er, dass ich diesen Morgen weniger herrlich fand. »Sind wir mit dem falschen Fuß aufgestanden?«, fragte er mich und blickte ernster drein.

Ich kratzte mich am Hinterkopf. »Wahrscheinlich«, gab ich knapp zu Protokoll.

Tony blickte mich kurz an, dann fuhr er fort: »Noch mal zurück zu dem frischgemähten Heu. Ahmad hat mir erzählt, dass er das so gar nicht kennt. Er ist ganz verrückt nach diesem Geruch. Und wir beide haben ein regelmäßiges Einkommen und haben ein Dach über dem Kopf. Wir dürfen in einem sicheren Land sagen, was wir denken, ohne Angst haben zu müssen. Ist das nicht großartig?«

Ich kam mir gerade vor, als wäre ich in eines dieser künstlich aufgemotzten Motivationsseminare geraten, in dem alle Teilnehmer alle paar Minuten »tschakka« rufen mussten. Am liebsten hätte ich mich umgedreht und wäre nach Hause gerannt, um mich im Bett zu verkriechen. Ich spürte den Blick von Tony Leben auf mir.

»Du bist dir schon bewusst, dass dies bei uns viel Spaß machen wird, oder?«

Was sollte das denn jetzt wieder? »Natürlich weiß ich das«, sagte ich mit einer Miene, die selbst einen Teppich zum Weinen gebracht hätte.

»Oje ...«, lachte Tony. »Aber bevor es dir so richtig Spaß machen wird, wird es mir Spaß machen. Ich werde dir nämlich ein paar Mal ziemlich auf die Nerven gehen, das verspreche ich dir.« Er sah mich unverwandt an.

Irgendwie hatte ich mit so etwas schon gerechnet, schließlich musste das hier irgendeinen Haken haben.

»Ich weiß nicht, ob ich dafür in Stimmung bin.« Lustlos blickte ich aus dem Fenster. »Ja, natürlich ist es schön hier, war es das jetzt?«, fragte ich ihn patzig.

Tony schmunzelte. Und mich ärgerte es noch mehr, weil er seine gute Laune trotz meiner schlechten behielt.

»Schön ist ja, dass du hier in meiner Firma bist und ich dein Boss bin. Auch wenn ich das sonst nicht ausnutze, bei dir muss das wohl sein«, lachte er. Diese Aussage machte mir dann doch ein wenig Angst.

»Was hat das zu bedeuten?«, wollte ich von ihm wissen.

»Nun, liebe Colette, ich werde dich mit deinen Dämonen konfrontieren«, meinte er unbekümmert und hob wieder schnuppernd seinen Zinken in die Luft. »Herrlich, einfach herrlich dieses Heu.« Irgendwie schien ihn meine schlechte Laune zu belustigen und ich kochte innerlich.

Tony holte uns zwei Kaffee. Dann bat er mich, sich neben ihn zu setzen. Nicht an sein großes Pult, sondern auf einen bequemen Stuhl. »Ich wollte dich vorhin nicht auslachen, verzeih.« Tony goss mir etwas Sahne, um die ich gebeten hatte, in den Kaffee. »Aber es ist so, liebe Colette. Jeder möchte in seinen Partnerschaften Ehrlichkeit. Aber keiner verträgt die Wahrheit, nicht gegenüber sich selbst und auch nicht anderen gegenüber. Wir sind oft in unseren eigenen Problemen gefangen, über die wir uns beklagen. Aber wenn wir sie von außen mit jemandem beleuchten, werden sie auf Gedeih und Verderb verteidigt, so als wollte man sie letzten Endes dann doch behalten. Alle wollen ein glückliches Leben, doch niemand will seine Beziehungen ehrlich anschauen, am wenigsten die Beziehung zu sich selbst. Alle wollen gesund sein, aber dafür etwas tun? Nein, das macht keinen Spaß. Jeder möchte gerne reich sein, aber dafür hart arbeiten? Nein, danke, dann doch lieber nicht. Nach dem Motto 'Ich möchte im Lotto gewinnen', aber wenn ich kein Geld für einen Lottoschein ausgebe, wird das schwierig. Wir leben unsere Leben, als hätten wir ein zweites in der Tasche. Noch immer glauben wir, dass andere krank werden, wir jedoch nicht. Es sind stets die Anderen, die etwas falsch machen.« Tony machte eine Pause und schlürfte an seinem Kaffee. »Ist dir schon mal aufgefallen, wie viel die Leute in einem der reichsten Länder, nämlich der Schweiz, am Jammern sind? Das ist die Hauptsportart Nummer eins hier. Dabei haben wir doch vermeintlich alles. Oder? Ist dir schon mal aufgefallen, dass die Leute, die die ganze Zeit anderen sagen, was sie besser machen müssten, letzten Endes selber nichts im Griff haben?« Wieder blickte mich Tony an, trank von seinem Kaffee und blickte wieder hinaus auf das frischgemähte Heu.

Eine Weile überlegte ich, da war schon etwas dran, aber was sollte man da machen? »Das ist schon möglich, Tony, nur was hat das mit mir zu tun?«

Als ob Tony auf diese Antwort gewartet hätte, fragte er mich, ob ich die Geschichte mit der Maus kannte. Natürlich kannte ich sie nicht und ich spürte, dass Tony darauf brannte, mir diese Geschichte zu erzählen.

»Es war einmal eine Maus, die lebte auf dem Bauernhof. Sie kannte alle anderen Tiere und war gut Freund mit ihnen. Der Bauer meinte es gut mit seinen Tieren. Die Maus jedoch kannte er nicht wirklich, im Gegensatz zu den Nutztieren, die er hegte und pflegte. Eines Tages heiratete der Bauer und so zog eine Bäuerin ins Haus. Nach wenigen Wochen kam der Postbote an und brachte ein Paket. Die Maus beobachtete abends das Ehepaar, wie es das Paket auspackte. Neugierig, wie die kleine Maus eben war. Vielleicht war da eine Leckerei drin, die die Maus in der Nacht hätte kosten können.«

Tony Leben machte eine Pause und ich musste schmunzeln. Ich kam mir ein wenig vor wie in der Märchenstunde. Was das mit Arbeit zu tun haben sollte, entzog sich meiner Kenntnis.

Dann fuhr Tony fort: »Nun, die Maus erschrak, als sie sah, dass aus dem Paket eine Mausefalle zum Vorschein kam und verfiel in Panik. Sie rannte voller Furcht in den Hühnerstall und rief dem Huhn zu ‚Huhn, Huhn, hör mir zu, die haben eine Mausefalle gekauft. Die wollen mich umbringen. Bitte hilf mir.' Doch das Huhn drehte sich um und sagte: ‚Seh ich aus wie eine Maus? Was geht das mich an? Geh mir nicht auf die Nerven und schau, dass du weiterkommst.'

Die Maus war traurig und suchte Trost beim Schwein: ‚Schwein, ach, liebes Schwein, bitte hilf mir. Die haben eine Mausefalle gekauft, die wollen mich umbringen.' Doch auch das Schwein wandte sich ab: ‚Seh ich aus wie eine Maus? Was geht mich das an? Sieh zu, dass du weiterkommst.'

Traurig war die Maus, sie wusste nicht, was sie noch machen sollte. Da erinnerte sie sich an die Kuh, die sich ihr Freund nannte. Also lief sie in den Stall und bat auch die Kuh um Hilfe. Doch diese lachte laut. ‚Sieh mich an, ich bin viel zu groß für eine Mausefalle. Ich bin doch keine Maus. Was geht mich das an. Sieh zu, dass du weiterkommst.' Dann wandte auch sie sich von der Maus ab und ließ sie einfach stehen.

Die Maus war trauriger denn je und voller Furcht machte sie sich auf – nach Hause in ihre Mausehöhle. Mit flauem Magen legte sie sich schlafen, bis schließlich in der Nacht ein lauter Knall ertönte. Die Mausefalle hatte zugeschnappt. Wenig später hörte man durch das Haus nackte Füße schleichen und bevor jemand das Licht anzünden konnte, weckte ein Schrei alle auf dem Hof. Die Maus eilte zur Mausefalle. Der Bauer war vor ihr dort und zündete das Licht an. In der Mausefalle saß eine giftige Schlange fest, die die Bäuerin gebissen hatte. Sofort rief der Bauer einen Arzt und half seiner Ehegattin ins Bett. Als der Arzt wenig später kam, meinte er: ‚Wir haben hier keine Medizin gegen Schlangengift. Aber es gibt etwas, das immer hilft. Am besten machst du deiner Frau eine Hühnersuppe, dann wird sie wohl genesen.' So verließ der Arzt das Haus und der Bauer ging in den Stall, köpfte das Huhn und bereitete seiner Frau eine Hühnersuppe zu. Doch die Hühnersuppe half nicht, und nach wenigen Tagen starb die Bäuerin. Der Bauer war traurig und musste einen Leichenschmaus ausrichten. Weil er wenig Geld hatte, begab er sich in den Stall und tötete das Schwein, damit er die Leute nach der Beerdigung verköstigen konnte. Und nach der Trauerzeremonie in der Kirche wartete der Priester auf ihn. Die Beerdigung würde 200 Taler kosten, die der Bauer nicht hatte. Also ließ er die Kuh schlachten, verkaufte ihr Fleisch und ihre Haut, um das alles bezahlen zu können.«

Mit erschrockenen Augen hatte ich Tony ins Visier genommen.

»Und die Moral von der Geschicht'?«, fragte er mich. Ich schaute ihn verwirrt an.

»Nun, alles geht uns etwas an. Wir alle sind für alles verantwortlich.«

Ich lehnte mich in dem Stuhl zurück und überdachte die Geschichte noch einmal. Dann trank ich meinen Kaffee aus. »Was möchtest du mir damit sagen?«

Tony holte tief Luft. »Weißt du, wenn du als Mensch lebst, wirst du dich auf dich selbst einlassen müssen und auf deine Umwelt. Jeder kann dich verletzen. Aber letzten Endes entscheidest du, wie du die Welt siehst und die Welt wird darauf reagieren. Du kannst aber nicht Geschäft und Privates trennen. Das funktioniert einfach nicht. Das ist völliger Unsinn. Menschen müssen ihre Berufung leben, sich hingeben, ganz aufgehen können in der Arbeit, so als würden sie sich dem Liebesakt hingeben. Da kann keiner die Stempeluhr zücken und sagen: Jetzt habe ich Feierabend. Wir haben eine Gesellschaft gezüchtet, in der wir am Montag glauben, zur Arbeit gehen *zu müssen,* damit wir einen Grund haben zu klagen. Wir ackern auf den Feierabend hin, wir ackern aufs Wochenende hin, wir ackern auf die nächsten Ferien hin und auf die Rente. Das Leben verschieben wir auf später. Ein echtes Leben haben die meisten nicht wirklich. Doch sie rechtfertigen ihr Tun, indem sie sich jahrelang die Dinge schönreden, die sie schon lange gar nicht mehr wirklich haben wollen. Sie bleiben in Beziehungen und Arbeitsverhältnissen stecken, die ihnen längst nicht mehr dienlich sind, hoffen, dass der Andere sich ändert, sind nicht bereit, etwas ehrlich anzusehen und nachhaltig selbst zu verändern. Sie laufen bei Krankheit von Arzt zu Wunderheiler, der sie dann heilen soll. Und wenn er sie vielleicht einmal konfrontiert, verteidigen sie ihre Wehwehchen wie das liebste Kind, das man über alles liebt. Kaum einer macht sich auf, um sich ein echtes Leben aufzubauen, von dem er gar keine Ferien bräuchte. Es ist schon nicht gerne gesehen, wenn jemand wenig oder gar keine Probleme hat. Worüber sollte man denn dann noch klagen können? Wir alle haben ja so viel zum Jammern und am Stammtisch heult einer lauter als der andere, schließlich bin ich noch ärmer als du. Was für Drama-Queens und was für eine Verschwendung.

Colette, ich will hier Menschen, die sich einlassen. Menschen, die sich aufeinander einlassen, die sich auf sich selber einlassen und die sich aufs Leben einlassen. Du musst in dieses Leben hineinspringen mit allem, was du hast. Nur die totale Hingabe wird dich befriedigen. Und unter einem absolut fantastischen Leben mit Berufung und guter Bezahlung läuft da nichts. Drunter machst du's einfach nicht.«

Das war gerade ein wenig viel Information frühmorgens um neun Uhr.

»Colette, ich habe dir gesagt, dass ich dein Vertrauen erarbeiten will. Aber ich will auch, dass du auf dieses Leben hungrig bist, auf jeden Tag. Natürlich kann man auch mal schlechte Laune haben, natürlich.« Er hielt inne. »Aber das, was du da abziehst, hat mit dir nichts zu tun. Wessen Drama schleppst du heute in die Firma?«

Als hätte er mich bei einer schlimmen Sache ertappt, blickte ich ihn pikiert an. »Ich habe nicht …«, fing ich an, doch Tony hob die Hand.

»Natürlich hast du, ich erkenne doch meine alten Dämonen. Freund, beste Freundin oder Eltern?«, wollte er wissen.

Ohne zu überlegen, antwortete ich ehrlich: »Freund.«

Tony lächelte verständnisvoll und meinte: »Na? Siehste? Weißt du, wie viele von uns in einem erwachsenen Körper stecken mit der emotionalen Intelligenz eines Fünfjährigen?« Wieder schaute ich ihn verwirrt an. »Was hat er denn gemacht?«, fragte er mich.

Ich erzählte ihm, was zu Hause vorgefallen war.

»Das sind zwei Geschichten, Colette. Und die zu vermischen, macht keinen Sinn. Du hast freiwillig dazu ja gesagt, ständig auf ihn zu warten. Hast du ihn deswegen je klar konfrontiert und ihm gesagt, was deine Ziele und Werte in einer Beziehung sind?«

Unsicher schüttelte ich den Kopf. »Wer hat denn so etwas?«, wollte ich wissen.

»Was? Ziele und Werte? Colette, ohne Ziele und Werte für dich und dein Leben und für deine Partnerschaften wirst du immer Leute um dich herum haben, die deinen Wert nicht erkennen, die dein Wesen nicht schätzen und die deine Zeit verschwenden. Das ist geistige Umweltverschmutzung, glaub mir.« Tony beobachtete den Mähdrescher, der von der nahegelegenen Straße in die Wiese einbog. »Colette, du hast angefangen, dich zu verändern, und bedienst die Klischees von Jürg nicht mehr. Meinst du nicht, es wäre klug, offen mit ihm zu reden? Ich meine, darüber, was du willst und was du in einer Beziehung für wichtig hältst. Klare Informationen an ihn, damit er weiß, woran er mit dir ist. Beziehungsweise umgekehrt.«

Mit diesen Worten wurde mir erst richtig flau im Magen. »Dann werde ich ihn verlieren«, gab ich zu bedenken.

»Weißt du das?«, fragte er mich.

Ich schürzte die Lippen. »Na ja … So genau weiß ich das nicht, aber ich weiß, wie er reagiert, wenn …«

Tony hob die Hand. »Das war nicht das, was ich gefragt habe, sei mir nicht böse. WEISST du, dass er dich verlassen wird, wenn du anfängst, klar zu kommunizieren?«

Eigentlich hätte ich gerne wiederholt, was ich vorhin gesagt hatte, aber irgendwie dämmerte mir, was er damit bezwecken wollte. »Nein, wissen nicht. Aber ich habe Angst davor.«

Tony schaute mich an und fragte ruhig: »Angst davor, ihn zu konfrontieren, oder Angst, ihn zu verlieren?«

Ich überlegte einen Moment. »Ist das nicht dasselbe?«

Tony schüttelte den Kopf. »Nein, ganz und gar nicht, hör in deinen Bauch hinein.«

So schloss ich kurz die Augen. »Ich habe Angst, dass er weggehen könnte.«

Tony nickte vielsagend. »Okay, das ist doch schon etwas Anderes als das, was du vorhin gesagt hast, richtig?« Ich nickte. »Lass uns noch etwas genauer werden. Was ist diese Angst, dass er weggehen könnte? Was genau steckt in dieser Angst drin? Ist es, dass du nachher einsam bist, ist es, dass du niemanden mehr finden wirst? Ist es, dass du sein Netzwerk verlierst, ist es die finanzielle Situation? Was genau ist es?«

Solche Fragen hatte mir noch nie jemand gestellt. Etwas verwirrt schaute ich hinaus zu dem Mähdrescher, der nun lautstark angefangen hatte, das Heu zu großen Ballen zu verarbeiten. »Seltsam, es ist die Angst, versagt zu haben. Angst, dass ich dann meine Rechnungen nicht mehr bezahlen kann.« Die Antworten überraschten mich selbst.

Tony nickte verständnisvoll. »Das ist doch schon mal ein Anfang. Oder?«

Ich musste ihm recht geben, nur verstand ich noch immer nicht, was das mit der Arbeit bei LEBEN AG zu tun haben sollte, was ich ihm auch so mitteilte.

Er meinte: »Ich bin froh, dass du das fragst.« Dann erhob er sich und lehnte sich aus dem Fenster. Er schaute kurz zu mir und winkte mich zu sich: »Siehst du, wir haben die Tendenz, alles, was sich ähnlich anfühlt oder ähnlich aussieht, in einen Topf zu werfen, den wir glauben zu kennen. Wenn dir jemand etwas vorschlagen oder zeigen will, sucht dein Gehirn nach etwas, was es damit verbinden kann. Und oft, bevor der Andere überhaupt dazu kommt, dir wirklich zu zeigen, was er meint, hast du innerlich schon abgestellt und hörst gar nicht richtig zu. Das sind Feinheiten von wichtiger Bedeutung. Wenn du das in der Kommunikation mit dir nicht erkennst, wirst du sie auch nicht im Leben erkennen und nicht im Gegenüber. Letzten Endes wirst du immer in deiner alten Geschichte schwimmen, in einer Geschichte von vorgefassten Meinungen und Manifestationen von Dingen, die du so gar nicht willst. Du erinnerst dich an die Geschichte von den vollen Köpfen, die ich dir erzählt habe?« Er musterte mich von der Seite, dann lachte er. »Ja, natürlich.«

Ich musste sein herzliches Lachen einfach erwidern.

»Also, in jedem Moment deines Erwachsenenlebens hast du schon so viel in deinem Lebensrucksack, dass da kaum etwas Neues Platz hat. Neues auch, was dir Spaß machen könnte, was dein Leben verändern könnte, was dich reich machen könnte. Und weil der Rucksack voll ist, vor allem mit Sachen, die du schon in- und auswendig kennst, wird es schwer, da Platz zu schaffen und Neues hineinzufüllen. Deswegen ist es so wichtig, dass du den Weg immer von dir aus anfängst. Immer.« Der Mähdrescher drehte seine Runden und kam dem Haus immer näher, wir beobachteten die Großmaschine, als Tony weitersprach: »Wir müssen nicht in alle Hundeschulen rennen, um die Hundesprache zu erlernen, oder zu einem Pferdeflüsterer, wenn wir die Sprache der Menschen noch nicht einmal verstanden haben. Ich weiß nicht, in wievielen Büchern geschrieben steht, dass wir zu 70 Prozent nonverbal kommunizieren. Das heißt mit Gesichtsmimik, Körpersprache und so weiter. Aber wer beschäftigt sich ernsthaft damit? Wir hören immer noch zu sehr auf Worte und lesen immer noch zu sehr Buchstaben, als dass wir wirklich verstanden haben, was das heißt. Ein Mensch teilt dir so viel mehr mit, wenn er mit dir spricht. Er offenbart sich dir. Ob er will oder nicht, er verrät dir seine geheimsten Geheimnisse. Wie, bitteschön, willst du da Privates und Arbeitswelt trennen? Das geht gar nicht.«

Ich überlegte einen Moment. »Das mit dem Lesen der Körpersprache: Meinst du in etwa, wie du und Valentina mich heute Morgen lesen konnten?«

Tony nickte. »Ganz genau so. Und das geht noch viel weiter. Und das wirst du hier lernen. Insbesondere im Verkauf und im Personal ist das so wichtig, aber für mich persönlich muss jeder das können. Jemand spricht mit dem Körper zu dir, aber auch die Kleidung, die Handtasche, das Auto, alles spricht zu dir. All das erzählt dir die Geschichte des Menschen, der dir gegenübersitzt. Du musst nur lernen, genau hinzusehen und hinzuhören. Vor allem aber«, er drehte sich zu mir, »musst du zuerst lernen, mit dir selbst zu kommunizieren. Kläre erst die Beziehung zu dir. Wenn die Partnerschaft mit dir selbst in Ordnung ist, bist du bereit für diese Welt. Und zwar für die komplette Welt.« Er lächelte mich an. »Wasser?«, fragte er mich und ich nickte.

»Zurück zur Geschichte mit der Maus. Kennst du dich ein wenig mit der selbsterfüllenden Prophezeiung aus? Hast du dich schon mal mit Psychologie auseinandergesetzt, der Quantenphysik oder ähnlichen Dingen?«

Ich nickte verhalten. Ansatzweise hatte ich schon darüber gelesen. Es gab ja viele Bücher und ich war ein Bücherwurm. Meist waren mir diese Ratgeber jedoch nicht spannend genug gewesen, deswegen hatte ich davon nur wenige im Regal.

»Im Internet gibt es kostenfrei dutzende von Filmen und Hörbüchern dazu«, riet er mir schmunzelnd. »Wenn du in ein Unternehmen wie dieses hier kommst, dann unterscheiden wir uns ganz entschieden von anderen Arbeitgebern. Das hast du sicher schon bemerkt. Bei uns ist der Mensch wirklich das A und O. Aber der Mensch gibt auch was zurück. Wir investieren in diese Partnerschaft, dafür möchte ich auch nicht, dass er Privates zu Hause lässt. Wir sind Emotionswesen. Wir leben, um Emotionen zu generieren. Wie soll ich mich in dein Herz, in deinen Kopf, in dein Leben einnisten, wenn ich verlange, dass du die besten Emotionen zu Hause lassen musst? Diese Gesellschaft hat sich nicht zum Besten verändert, Colette. So viele Menschen hetzen sich in Arbeitsverhältnissen ab, in denen sie gar nicht sein möchten. Aber anstatt etwas zu verändern, bevorzugen sie es zu jammern. Ich möchte einen Unterschied machen. Ich möchte, dass du hier zu Hause bist, dass du mit allem, was Colette Freiburghaus ausmacht, hier bist. Im Eishockey oder im Fußball oder auch in den Ländern, in denen es noch echte Familien gibt, sehen wir, dass die Teams und ihre Coaches seit Jahren, ja, seit Jahrzehnten eine Einheit sind, und sie sind deswegen so erfolgreich. Schau dir im Fußball an, wie oft die Trainer wechseln und wie unstet ihre Erfolge sind. Sie haben noch nicht erkannt, dass der Mensch das Vertrauen im Team benötigt, um sich entfalten zu können, um sich sicher zu fühlen.

Es ist sehr wichtig, dass du das verstehst, Colette, denn als Teil einer echten Familie wirst du dich gehenlassen dürfen. Du wirst du selbst sein dürfen und alles an dir entfalten, was du an Potenzial hast. Und du wirst es wie ein inneres Feuer nach außen tragen. Das ist unser Erfolg, das ist eigentlich das ganze Geheimnis.

Und die Maus? Ja, die Maus, die hat sich auch zu Hause gefühlt auf diesem Hof. Sie hat sich auf ihre tierischen Freunde verlassen und nur, weil die anderen das Gefühl hatten, dass sie keine Maus sind und deswegen nichts von der Mausefalle zu befürchten hätten, haben sie ihren Freund hängenlassen. So in etwa geht es heute vielen Firmen, wenn sie ihre Spezialisten ausbilden und wenn sie diesen Kostenstellenwahn propagieren. Keiner ist außerhalb seiner Stellenbeschreibung zuständig. Die Priorität liegt bei den internen Kämpfen, wer welche Kosten verursacht hat, anstatt gemeinsam dafür zu sorgen, dass alle gerne arbeiten und die Kunden zufrieden sind. Die vielen Unternehmen heute stolpern mitsamt ihren Führungskräften über ihre übergroßen Egos. Jeder möchte individuell sein, keiner möchte zur Masse gehören, aber dabei verhalten sie sich doch wie Lemminge, die hirnfrei anderen hinterherrennen. Versteh mich nicht falsch, ich möchte hier Menschen, die sich hingeben. Hingabe an dieses Unternehmen, Hingabe aber vor allem an ihr eigenes Leben. Wenn das hier keinen Spaß macht«, er drehte sich um und zeigte auf das große Büro, »dann soll das jemand sagen dürfen. Wenn du nicht jeden Morgen aus dem Bett springst und es eilig hast, zur Arbeit zu kommen, dann ist was grundlegend falsch in deinem Leben. Arbeit macht Spaß, Arbeit ist so erfüllend, dass du kaum mehr aufhören willst. Alles andere ist Bullshit. Damit verschwendest du dein Leben, dein einzigartiges und kostbares Leben.« Er sah mich ernst an. Tony meinte, was er sagte.

Ich hatte die ganze Zeit über geschwiegen und an seinen Lippen gehangen. »Wie lerne ich so etwas?«, wollte ich wissen.

Das Leuchten in den Augen von Tony war ansteckend.

»Indem du anfängst, gut zuzuhören, gut zu beobachten und viele Fragen zu stellen.»

6. Ich weiß, dass ich nichts weiß

Valentina zeigte mir am Morgen die ersten Arbeiten im Personalbüro. Ich hatte mein eigenes Büro und das mit einem Ausblick auf die Weinberge bis hinunter zum Bodensee. Ich fühlte mich wie ein König. Auch die Kollegen, die in der Ostschweiz ihren festen Arbeitsplatz hatten, verfügten jeder über ein eigenes Büro. Das beeindruckte mich sehr. Es war dieses alte Herrschaftshaus, das einem Schloss ähnelte und diesen Rosamunde-Pilcher-Hauch nicht loswurde. Vor allem aber hatte das Haus Charme, so als wäre es eine eigene Persönlichkeit.

»Warum hat hier eigentlich jeder sein eigenes Büro, noch dazu so groß und feudal?«, wollte ich von Valentina wissen.

»Eine gute Frage, Colette. Danke, dass du sie stellst.« Sie wuselte etwas an ihrem Pult herum, während ich im Türrahmen stand. »Ach, diese Bürokratie, das ist einfach nicht meins«, lachte sie. Dann legte sie die Blätter weg, die sie in der Hand hielt, und sah mir in die Augen. »Kommunikation, erste Lektion nach Paul Watzlawick. Du kannst nicht nicht kommunizieren.« Ich musste lachen, dieses Sprichwort kannte ich schon. »Auch unser Büro spricht.«

Ich war zu Scherzen aufgelegt und meinte: »Ich hab ein sprechendes Büro?« Wir beide lachten.

»Ja, das hast du. Was glaubst du, wie sich ein Mitarbeiter fühlt, wenn er zum Chef muss, der in der obersten Etage sitzt und ein großes Büro mit allen Exklusivitäten hat? Er hat zudem den besten Ausblick und es fühlt sich so an, als würde ein König dort sitzen. Dabei sitzt der kleine Sachbearbeiter mit anderen Kollegen zusammen im schlechtbelüfteten Großraumbüro. Heute wird das damit gerechtfertigt, dass Raum teuer ist. Die Bodenpreise seien so hoch. Aber andere klein zu machen, ist noch viel teurer, glaube mir. Deswegen ist es Tony wichtig, dass jeder ein Büro hat, in dem er sich so richtig wohlfühlt und wohin sich jeder auch mal zurückziehen kann.«

Ich blickte auf ihren Schreibtisch. Valentina schien die Büroarbeit wirklich nicht zu liegen. Es sah sehr chaotisch aus. »Macht das so viel aus?«, fragte ich.

Valentina blickte aus dem Fenster. »Du ahnst nicht, wie sehr. Wenn es dir schlecht geht, was machst du da? Du wirst dich zurückziehen, oder?« Ich überlegte einen Moment, dann nickte ich. »Der Mensch flieht gerne, aber das weißt du ja schon. Und wir benötigen unseren Raum für uns. Wir sind grundsätzlich unsichere Wesen. Ein Büro zu haben, in dem du dich ausbreiten kannst, in das du dich zurückziehen kannst und das dir letzten Endes Geborgenheit gibt, wird dich starkmachen. Es wird dir Sicherheit und eine Art Heimat geben. Und wenn du auf diesem gut genährten Boden dann deine Arbeit machst, was glaubst du? Hat das einen Einfluss darauf, wie du arbeitest und wie die Kunden dich erleben? Schließ einmal deine Augen«, forderte Valentina mich auf. Ich hielt mich an der Tür fest und schloss die Augen. »Stell dir vor, du sitzt in einem großen Büro«, sagte Valentina. »Es ist modern und nobel. Alle paar Meter befindet sich ein schönes Pult, große Pflanzen und Raumtrennungswände. Es ist die totale Überwachung, im Hintergrund ganz viele Menschen, die sprechen. Die Luft ist schon etwas verbraucht. Du hörst, wie die anderen telefonieren. Vor dir sind Menschen, neben dir sind Menschen, hinter dir sind Menschen. Dann dein Computer und schließlich das Telefon, das auch noch Menschen zu dir bringt. Sag mir ehrlich, wie fühlst du dich?«

Ich folgte den Bildern, die Valentina mir beschrieb und hörte einen Moment in mich hinein. »Ich fühle mich angreifbar, ich fühle mich sichtbar. So als ob man durch mich hindurch schauen könnte. Ich fühle mich ausgeliefert.« Dann schlug ich die Augen auf. »Krass, das hätte ich nicht gedacht.«

Valentina schob einige Blätter in bunte Sichtmappen. »Siehst du? Stell dir nur mal vor, du hättest an einem solchen Arbeitsplatz Kopfweh oder Magenschmerzen.« Sie verdrehte die Augen, und mir wurde klarer und klarer, was sie meinte. »Es ist wichtig, dass du anfängst, auf dich zu hören. Du machst das schon hervorragend. Verstehst du jetzt, was ich meine?«

»Davon habe ich sogar auch schon in Büchern gelesen. Ich meine, das mit dem Bauchgefühl.« Ich war stolz darauf, dass mir das jetzt einfiel.

»Und? Wie erfolgreich hast du es tagtäglich angewandt?«, fragte Valentina.

Das verunsicherte mich stark. »Hm … Ein paar Wochen … Danach …« Ich stockte.

»Siehst du? Ich bin froh, dass ich hier arbeite. Hier habe ich die Ruhe, mich auch um solche Dinge zu kümmern. Es ist lebensNOTwendig, auf seinen Bauch zu hören. Aber dazu muss es um uns herum ab und zu schon ein wenig leiser sein. Und wenn du gelinde gesagt durch ein Angestelltenverhältnis geprügelt wirst, bist du dauernd am Reagieren und nicht am Agieren. Das hier wird dein Leben verändern, du wirst es sehen.« Die ganze Tragweite ihrer Aussage war mir noch nicht ansatzweise bewusst.

In den folgenden Stunden zeigte mir Valentina die Abläufe der Arbeit im Personalbüro. Trotz des Chaos' auf dem Tisch war sie außerordentlich gut organisiert. Alle Ordner waren sauber beschriftet, in jedem Ordner gab es vorne Hinweise, worum es ging und wo die dazugehörigen Daten im Laufwerk XY zu finden waren. Außerdem hatte sie eine Hängeregistratur, in der sie alles nach Datum ablegte, sodass sie die Hände zum Arbeiten frei hatte. Ich musste meine vorgefasste Meinung revidieren. Das Chaos auf dem Tisch stammte wohl von der vielen Arbeit, die sie nicht mehr bewältigen konnte, bevor ich dazugestoßen war. Noch nie hatte sich jemand so viel Zeit genommen, mir etwas zu erklären, alle Fragen zu beantworten und tief einzutauchen in dieses Fach. Mit einer Engelsgeduld erklärte sie Sachen wieder und wieder.

Alle paar Minuten bat sie mich zu wiederholen, was ich von dem Stoff verstanden hätte, den sie mir vermittelt hatte.

»Darf ich dich etwas fragen?«, wollte ich von ihr wissen.

»Natürlich«, antwortete sie.

»Warum fragst du mich alle Viertelstunde, was ich verstanden habe?« Ich war mir sicher, dass auch das einen tieferen Sinn hatte. Es machte Spaß, so zu arbeiten. Wenn man verstand, warum man etwas tat, machte es gleich viel mehr Freude.

»Indem ich dich wiedergeben lasse, was du verstanden hast, kann ich die Materie in dir vertiefen und weiß genau, was bei dir angekommen ist. Wie gut war meine Kommunikation, während ich dir etwas vermitteln wollte? Habe ich dir den Stoff so weitergegeben, wie ich ihn gemeint habe, und wenn nicht, können wir ausbügeln, was ich falsch gemacht habe?«, erklärte Valentina.

»Aber wenn ich doch etwas falsch verstanden habe, dann ist das doch mein Fehler«, wollte ich insistieren, aber Valentina schüttelte den Kopf.

»Das sind dumme Sprüche, vergiss das. Kommunikation ist nicht das, was du sagst, sondern das, was der andere verstanden hat.«

Ich kratzte mich im Gesicht. »Wie darf ich das denn verstehen?«, fragte ich verwirrt.

»Nun, du kannst niemals neutral kommunizieren, das geht nicht. Du nimmst immer deine Geschichte mit in ein Gespräch. Und oft spielen sich Dinge in deinem Kopf ab, die dein Gegenüber weder kennt, noch hört, noch je selber erlebt hat. Und so, wie deine Geschichte war, so färbst du auch dein Sprechen, deine gesamte Kommunikation. Und damit wir keine Missverständnisse kultivieren, ist es wichtig zu verstehen, was bei dir angekommen ist. Dann weiß ich, dass ich das Richtige vermittelt habe. Und außerdem kann ich so auch ein Feedback einholen und weiß, wie es dir damit geht.«

Ich lernte hier so viel! Ich hätte Valentina stundenlang zuhören können, aber nach ganz vielen interessanten Details über das Personalwesen zeigte die Uhr die kommende Mittagszeit an.

»Hast du Hunger?«, fragte mich Valentina um kurz vor zwölf. Ich hatte ihren Magen schon länger knurren gehört.

Ich nickte. »Vielleicht hat Tony den Grill schon angemacht«, lachte sie.

»Aber ich habe nichts dabei«, erklärte ich unsicher.

»Es gibt für alle etwas, glaub mir.« Sie stolzierte auf ihren hochhackigen Schuhen aus dem Büro und winkte mir lässig.

Also schnappte ich mir ebenfalls meine Tasche und rannte ihr hinterher. Valentina war eine wunderschöne Frau, immer gut angezogen, beinahe wie in einem Frauenmagazin.

Auf der Terrasse kam mir tatsächlich Zoe schwanzwedelnd entgegen. Mit einem großen Gummispielzeug im Maul rannte sie an mir vorbei, dicht gefolgt von zwei weiteren Hunden. Grillgeruch stieg mir in die Nase und heiteres Plaudern unter heißer Sonne begrüßte mich. Jeder stellte sich meist nochmals vor und nannte seinen Namen, damit ich ihn mir besser merken konnte. Ich war mir sicher, dass auch dahinter ein System stand. Valentina bestätigte mir das, als ich sie danach fragte.

»Klar, sie müssen sich nur einen Namen merken, du dir ganz viele. Das ist nicht mehr als höflich. Aber irgendwann musst du sie dann schon wissen«, lachte sie und schnappte sich einen Teller, um sich am Salatbuffet Essen zu holen.

Beinahe zufrieden blickte ich mich um. Die Menschen hier waren so friedlich. Ich hatte noch niemanden erlebt, der gestresst durch die Gänge hetzte. Das machte auch mit mir etwas. Und auch, dass ich die Möglichkeit erhielt, die Namen von den Kollegen selber mehrfach zu hören, gab mir ein sehr gutes Gefühl. Ein Gefühl von Respekt und ein Gefühl von Angenommensein.

»Wer bezahlt das alles hier?«, wollte ich wissen. »Kann ich irgendwo etwas dazu beisteuern?«

Ein Mittfünfziger drehte sich um. »Dani! Erinnerst du dich?« Er lachte und schöpfte sich weiter vom Maissalat auf den Teller.

»Verkauf Ost«, sagte ich und war ganz stolz, dass ich mir das schon hatte merken können.

»Ganz genau, kluges Köpfchen. Um zu deiner Frage zurückzukommen. Du hast noch Welpenschutz. Aber nach der Probezeit kannst du gerne was in den Topf tun, um etwas beizusteuern. Wir essen meist zusammen. Das macht mehr Spaß und fördert den Zusammenhalt. Aber es MUSS niemand. Ich meine, wenn du mal alleine essen willst oder deine Ruhe brauchst, kein Problem. Aber ansonsten kleben wir ganz gerne aneinander.« Er tat sich eine extra große Ladung vom Wurstsalat auf den Teller und zwinkerte mir zu. Dann huschte er zum Grill, hinter dem Tony hervor strahlte, als er gerade Spare-Rips umdrehte und mir fröhlich zuwinkte. Ich winkte zurück, dann wandte ich mich an Valentina.

»Habt ihr eigentlich auch mal schlechte Laune?«, fragte ich und sie lachte laut auf.

»Oh ja, wart's nur ab, wir können sogar richtig streiten«, meinte sie.

»Du sagst das so, als könnte es Spaß machen«, fragte ich unsicher und Valentina lachte noch lauter auf.

»Nicht immer, aber wenn du erst einmal angefangen hast, ehrlich mit dir selber zu sein, wirst du auch dem Anderen gegenüber die Türe öffnen, dass auch er oder sie ehrlich sein darf. Und dann finden Konfliktgespräche auf einem anderen Niveau statt. Leider sind die meisten Leute in ihrem physischen Körper erwachsen geworden, haben aber ihre emotionale Intelligenz im Alter von fünf Jahren zurückgelassen und agieren heute noch auf diesem Level. Nicht nur der Intellekt sollte gefüttert und gebildet werden, sondern auch die emotionale Intelligenz. Das ist für mich persönlich wichtiger als jede Aus- und Weiterbildung. Ich bin heute nicht mehr bereit, mit Menschen zu leben und zu arbeiten, die die emotionale Reife eines Kindes besitzen. Wobei ...«, sagte sie und verdrehte die Augen. »Ich muss ehrlich gestehen: Noch vor wenigen Jahren war ich selber derart unreif.«

Nachdem wir uns ausreichend mit Salat eingedeckt hatten, fanden wir uns vor dem Grill wieder. Tony legte Spare-Ribs und Steaks auf unsere Teller.

»Ist das nicht arrogant, eine solche Haltung?«, fragte ich Valentina, aber diese schüttelte den Kopf.

»Das ist es ja genau: Wir haben gelernt, so vieles zu bewerten, um in die Norm zu passen, dass wir gar nicht mehr wissen, was uns guttut. Wir werden uns noch ausführlich darüber unterhalten. Es ist wichtig, dass du dich selber und deine Grenzen kennst. Und wenn andere ihre Möglichkeiten nicht ausschöpfen, Colette, ist das wirklich dein Problem? Ich meine, erinnere dich an den Grabstein oder die Grabrede. Du bist für dich verantwortlich. Du kannst von dir nicht wegziehen, du bist 24 Stunden am Tag, 365 Tage im Jahr mit dir zusammen und das ein ganzes Leben lang. Die Beziehung zu dir MUSS die Beste sein, die es gibt. Keiner da draußen kann das ersetzen und niemand kann dir reinreden, was für dich stimmt und was nicht. Das ist wirklich lebenswichtig.«

Das Essen verlief entspannt, mit viel Lachen und guten Geschichten aus dem Alltag, aber mir fiel auf, dass es durchweg um Geschichten ging, die von Erfolg und Freude handelten. Mir wurde schmerzhaft bewusst, in welcher Art Gesellschaft ich mich bisher bewegt hatte. Geprägt von Neid und Missgunst handelten die Gespräche in den Pausen und der Mittagszeit bisher meist von dem, was andere falsch gemacht hatten, bestanden aus Gejammer und Schlechtmachen von Drittpersonen, die nicht anwesend waren. Hier war das komplett anders. Auffällig war, dass jeder sich ehrlich freute, wenn ein Kollege von seinen Erfolgen berichtete. Anregungen wurden völlig anders formuliert und aufgeregt entgegengenommen. Nach wie vor hatte ich ein wenig das Gefühl, in einer Sekte gelandet zu sein, aber ich fühlte mich so wohl wie noch nie in meinem Leben. Vor allem fühlte es sich nicht wie die Art Arbeit an, die ich bisher gekannt hatte. Die Mittagspause verstrich schnell. Wir ließen sie noch mit Kaffee und Kuchen ausklingen und vor allem angeregten, fröhlichen Gesprächen.

Der Nachmittag war mit viel Information über die Arbeit im Personalbüro und mit viel Lachen gefüllt. Es machte Spaß, von und mit Valentina zu lernen. Ihre Wangen glühten, wenn sie von LEBEN AG erzählte, dem Wein, den sie verkauften, von den Abläufen, die die Mitarbeiter selber mitgestaltet hatten, und von Kunden, die LEBEN AG bereicherten. Die Zeit verging wie im Flug, mein Notizbuch füllte sich und ich konnte schon erste Gehversuche im Personalinformationssystem von LEBEN AG wagen. Erstaunlicherweise lernte ich schnell. Valentina gab mir jede erdenkliche Unterstützung und freute sich über meine Erfolge. Laufend lobte sie mich, wie gut ich das machte, und ich spürte, wie wichtig dieser Balsam für meine Seele war. Ich konnte mich nicht erinnern, wann ich das letzte Mal so viel Lob erhalten hatte.

Irgendwann wurden die Schatten draußen langsam länger. Die Fenster standen noch immer sperrangelweit offen und hauchten nach der heißen Luft nun einen kühleren Wind ins Büro. Da klopfte es an den Türrahmen und Tony stand vor uns. »Na, wie kommt ihr voran?« Er lehnte lässig in der Tür. Er hatte ein braungebranntes Gesicht und schwarze Flecken auf dem weißen Poloshirt.

»Du warst etwas zu nah am Feuer«, lachte Valentina und Tony nickte.

»Tja, aber ein Chef muss tun, was ein Chef tun muss«, antwortete er.

»Wir kommen gut voran, Colette hat eine unglaublich schnelle Auffassungsgabe«, gab Valentina ihm die Auskunft, nach der er gefragt hatte.

»Das ist fein zu hören, vielen Dank.« Tony trat näher und setzte sich auf das gegenüberliegende Ende des Pultes. »Wie fühlst du dich?«, fragte er und richtete die Frage an mich.

Ich lehnte mich kurz im Stuhl zurück und blickte zu ihm auf. »Ich lerne so viel wie noch nie im Leben. Ich lerne nicht nur über das Personalwesen, sondern vor allem so viel über die Menschen. Das ist einfach klasse. Aber das Beste ist, dass ich so viel Lob bekomme, obwohl ich noch gar nicht wirklich etwas gemacht habe.« Wahrscheinlich strahlte ich wie ein Honigkuchenpferd über das ganze Gesicht.

»Das freut mich sehr zu hören. In den nächsten Tagen lernst du die anderen Arbeitsplätze besser kennen. Du kannst die Verkäufer begleiten und unser gesamtes Weinsortiment kennenlernen. Ich möchte dir auch das ganze Anwesen zeigen und wir werden viel Zeit für persönliche Gespräche haben, damit du weiter in unsere Arbeitswelt findest. Vor allem, damit du dich selbst besser kennenlernst und die Feinheiten deines Wesens weiter herausfiltern kannst.«

Ich hatte früher immer Mühe gehabt, wenn mir jemand Tipps gegeben hatte. Oft waren sie von den eigenen Geschichten gefärbt gewesen und vor allem ihren eigenen schlechten Launen und negativen Erfahrungen. Ich wollte meine eigenen machen und irgendwie war ich ein Optimist, auch wenn ich das manchmal vergessen hatte. Von Tony angeboten zu bekommen, dass weitere Gespräche stattfinden würden wie die, die ich schon mit ihm geführt hatte, machte mich mit einem Mal sehr glücklich.

»Das ist toll«, entgegnete ich, aber ich hatte noch eine Frage: »Aber sag, Tony, das hier alles …«, ich zeigte auf das Pult, auf Valentina, auf ihn. »So kann das doch nicht jeden Tag gehen. Ich meine, wer arbeitet denn dann noch?«

Valentina lachte und zeigte auf den Stapel neben ihr. »Mein Gott, bist du süß. Sei mir nicht böse, aber wir sind heute Nachmittag trotz guter Gespräche und Einführung von dir weiter gekommen als je zuvor. Du bist wirklich schnell und effizient.«

Tony nahm das Gespräch auf. »Sag, wie motiviert bist du?«

Ich schaute ihn verwirrt an. »Wie motiviert? Wie soll ich das messen?«, fragte ich.

»Nun, wie sehr hat dich in der letzten Firma motiviert, das zu tun, was du tun musst?«

Da musste ich nicht lange überlegen. So viel Chaos und Demotivation hatte ich selten erlebt. Daraufhin lachte ich. »Ich weiß, was du meinst«, sagte ich und Tony nickte.

»Schau, wir haben sogenannte offene Verträge bei den Verkäufern. Das heißt, da steht ein Passus drin, dass sie nicht nur Vertrauensarbeitszeit haben wie du auch, sondern auch, dass sie diese zur Erfüllung ihrer Arbeit notwendigen Zeit aufwenden. Nun, was heißt das? Nimm Rico. Er ist zwar erst 30 Jahre alt, aber was und wie er verkauft, ist einfach unglaublich. Er hat keine Ausbildung gemacht, aber er war immer in allen Klubs unterwegs, seit er 16 Jahre alt ist. Seine ganze Freizeit hat er als DJ verbracht, hat jede Nacht gefeiert, aber ... « Tony machte eine Pause. » ...er hat sich nicht das Hirn weggesoffen oder so. Nein, er hat Kontakte gepflegt. Rico hat ein unglaubliches Talent, Menschen zu beobachten und sich Namen und Geschichten eines Menschen zu merken. Er liest die Menschen wie kein zweiter. Von ihm habe ich gelernt, was eine Handtasche Soundso zu bedeuten hat, dass die Pflege von Fingernägeln etwas über einen Menschen aussagt oder seine Schuhe und so weiter. Rico ist ein Menschenfreund, ein Menschenkenner. Während andere teure Schulen besucht haben, hat er in der vermeintlichen Freizeit die Menschen dort kennengelernt, wo sie sich fallenlassen, nämlich, wenn sie abends weggehen, wenn sie tanzen, wenn sie essen gehen, wenn sie Zeit haben und sich so zeigen, wie sie sind. Er sagt, das war die beste Schule überhaupt. Und dann ist er durch irgendwelche Kanäle in den Verkauf gekommen. In kurzer Zeit hat er in jeder Firma die Budgets geknackt. Er hat Verkaufszahlen abgeliefert, die seinesgleichen suchten. Aber keiner hat wirklich sein Potenzial erkannt. Die meisten Firmen haben ihn mit mehr Geld gelockt, einem Firmenwagen oder zusätzlichen Vergütungen. Doch Rico ist ein Freigeist. Genauso, wie er die Leute in der Freizeit lesen gelernt hat, ist er gerne dann und dort unterwegs, wie es ihm beliebt, wie sein Herz ihn führt. Er hat mich gelehrt, was es heißt, ein gutes Bauchgefühl für sich und andere zu haben. Er weiß, wann er jemandem etwas verkaufen will oder wann er ‚nur' einen Kontakt pflegt. Rico macht niemals diese typischen Termine um neun Uhr morgens in einer Firma, um dort vorzusprechen, damit er LEBEN AG vorstellen und etwas verkaufen kann. Rico sagt, das sind diese Bittsteller, deren Aura sie schon negativ umgibt. Und wenn sich jemand mit dir trifft, damit du ihm was abkaufen sollst, sag, wie gut fühlst du dich dabei?«

Tony machte eine längere Pause, holte erneut Luft und fuhr fort: »Rico arbeitet dann, wann er Lust hat, und – und das ist noch viel wichtiger – wenn sich die Gelegenheit dazu bietet. Er macht in vielleicht zehn Stunden Arbeit pro Woche mehr Umsatz als die meisten anderen Verkäufer. Dabei ist er oft auf seinem Boot oder auf dem Golfplatz oder beim Essen in irgendeinem kulinarischen Tempel. Klingt gut, oder?« Tony lächelte mich verschmitzt an.

Ich war fassungslos. »Aber …« wollte ich einwenden.

»Warte bitte einen Moment, ja?« Ich nickte. »Auch hier geht es darum: Wann fühlst du dich wirklich wohl? Dann, wenn du wirklich frei sein kannst. Oder? Rico hat das Flair, echte Partnerschaften aufzubauen. Er ist von LEBEN AG so überzeugt, dass er darüber gar nicht sprechen muss, dass er gar nicht wie ein verzweifelter Verkäufer missionieren muss. Er trinkt den Wein, er lebt LEBEN AG. Und er hat jahrelange 'Schwerstarbeit' mit dem Aufbauen seines Netzwerkes hinter sich. Er hat dort hingehört, wo andere weggehört haben, wenn sie mit ihren eigenen Problemen beschäftigt waren. Da hat Rico zugehört. Er weiß alles über seine Leute in seinem Umfeld. Nicht nur ihre Geburtstage oder ihre Stärken und Schwächen oder welche Weine sie kaufen. Nein, er kennt ihre Autos, er kennt ihre Hobbys, weiß, wann sie im Krankenhaus waren, wann ihre Kinder eingeschult werden, ob ihre Hunde an einer Ausstellung teilnehmen, einfach alles. Und genau das bindet die Leute an Rico, weil er kein Interesse vorgaukelt, nicht heuchelt. Das ist sein Leben. Er WILL alles über diese Menschen wissen, weil er Menschen liebt, weil er sich selbst liebt, weil er das Leben liebt. Und damit ist er wie das Licht für die Motten. Jeder will mit ihm befreundet sein und wissen, wie jemand so viel gute Energie und so viele gute Kontakte haben kann. Aber er wird niemals seine Kontakte für Bittstellen benutzen. Niemals.

Ich möchte, dass du ihn begleitest. Alle unsere neuen Mitarbeiter begleiten ihn einmal, manchmal mehrmals. Er schult die anderen Verkäufer und das meist auf seinem Boot. So machen Workshops viel mehr Spaß. Er hat es sich zur Aufgabe gemacht, den Anderen zu zeigen, wie Menschen zu lesen sind, und das nicht nur wegen der Umsatzstärke, sondern weil Rico so viel Spaß daran hat.« Tony lachte und zwinkerte mir zu. »Ich hab ja den Bootsschein leider nicht, deswegen bin ich immer wieder froh, wenn er Workshops organisiert. Dann komm ich auch mal wieder auf den Bodensee. Siehst du, es ist mir egal, ob du acht Stunden arbeitest oder nur zwei. Wenn das Resultat stimmt, die Arbeit getan ist und du mit so viel Hingabe wie Rico bei der Sache bist, dann wird das Gesamtergebnis für das Unternehmen vervielfacht. Und das nicht nur monetär. Er steckt die anderen Mitarbeiter mit seiner Lebensfreude an, mit seinem Engagement. Damit, dass ich als einziger erkannt habe, dass Rico an seinem Arbeitsplatz und in seiner Zeiteinteilung frei sein muss, habe ich mir den besten Verkäufer auf der Alpennordseite ins Haus geholt. Er wird mir hoffentlich noch lange erhalten bleiben.«

Mir stand noch immer der Mund offen. Das klang nach dem Traum eines jeden Mitarbeiters, doch mir war klar, dass dahinter ein langes und großes Stück Arbeit stand. Auf die Schnelle konnte ich das Maß der Dinge noch gar nicht erfassen. »Wann kann ich ihn kennenlernen?«, wollte ich wissen.

7. Von Fröschen und Hammeln

Auf dem Heimweg war ich voller Eindrücke und Emotionen, die Platz brauchten, aber ich wusste nicht, wohin mit mir. Mehr als sonst war ich mir selber ausgeliefert. Zu gerne wäre ich in der Firma geblieben, zu gerne hätte ich mit Valentina oder mit Tony gesprochen. Oder mit irgendeinem von ihnen. Wenn die üblichen Machtspiele und Dramen in den früheren Anstellungen jeden Tag über mich hereingebrochen waren, hatte ich gewusst, wie ich damit umgehen konnte. Entweder hatte ich mich mit Essen vollgestopft oder mit dem unsinnigen Programm des Fernsehers. Wenn es ganz schlimm geworden war, hatte ich auch ganz gerne mal zu einem Glas Wein oder Bier gegriffen, doch von Genießen war keine Rede gewesen. Das wurde mir jetzt erst bewusst. So viel Neues brach gerade über mich herein und mir fehlte eine Strategie, damit umzugehen.

Als ich ins Auto gestiegen war, fühlte ich mich von so viel echtem Leben dermaßen aufgeladen, dass ich das kaum in Worte fassen konnte. Mit jedem Meter, den ich in mein altes Leben fuhr, wirbelten Gedanken und Gefühle meinen ganzen Körper durch, sodass ich äußerst unruhig und aufgekratzt zu Hause ankam. Jürg war schon da. Er stieg gerade aus der Dusche und winkte mir lächelnd zu. »Hallo Schatz.«

Etwas verwundert erinnerte ich mich, dass ich bei Konflikten wie diesem normalerweise diejenige gewesen war, die ihm am nächsten Tag hinterhertelefoniert oder ihn mit Textnachrichten zugemüllt hatte, dass er mir verzeihen möge. Erst jetzt fiel mir auf, dass ich den ganzen Tag nicht an Jürg gedacht hatte. Ja, dass es mir gar nicht mehr in den Sinn gekommen war, welchen

Knatsch wir gehabt hatten und wie ich mich am Morgen gefühlt hatte. Beinahe hätte mich ein schlechtes Gewissen geplagt, als ich in die Küche bog und einen überdimensional großen Strauß roter Rosen entdeckte, der mich auf dem Tisch geradezu anschrie. Ich hörte die nackten Füße von Jürg auf dem Boden. Er war mir gefolgt. Ungefragt nahm er mich in den Arm, aber ich wehrte ab.

»Woah, woah, woah«, sagte ich genervt zu ihm.

»Ich wollte mich entschuldigen«, entgegnete er.

Ich verschränkte meine Arme und sagte keinen Ton.

»Hattest du einen schönen Tag?«, wollte Jürg wissen.

Er war sichtlich durcheinander, weil ich nicht wie sonst alles unternahm, damit *er* mir wieder verzieh. Als ich immer noch nichts sagte, veränderte sich seine freundliche Miene schlagartig: »Was ist los? Seit du in dieser neuen Firma arbeitest, verhältst du dich völlig unnormal.«

Das war ein gutes Stichwort. »In was für einer Firma arbeite ich denn, Jürg? Kannst du mir den Namen nennen?«

Etwas betreten sah er mich an, um mir dann patzig ins Gesicht zu werfen: »Ich kann mich grad nicht an den Namen erinnern, aber das ist nur, weil du ständig von einem Thema zum anderen hüpfst. Du weißt genau, wie sehr ich das hasse.«

Da war es wieder, was mich an Jürg so störte. Bei jedem Gespräch ging es darum, wie er sich fühlte. Er schaffte es, egal bei welchem Thema, dass ich mich innerhalb von wenigen Minuten schlecht fühlte. So, als wäre ich an allem schuld.

»Ich frage dich noch einmal, Jürg, wie heißt die Firma, in der ich arbeite?« Es war mir egal, wie sehr ich wohin hüpfte. Es war in meinen Augen durchaus möglich, dass es der Mensch, der mit mir zusammenwohnte, in den letzten Tagen aufgeschnappt haben könnte, bei welcher Firma ich neu arbeitete. Jürg sah mich erbost an, dann drehte er sich energisch um und lief davon. »Wie immer, Jürg! Einfach davonlaufen …«, rief ich ihm hinterher.

Ich erntete nur einen bösen Blick, dann fiel eine Tür lautstark ins Schloss. Meine Hände zitterten. So hatte ich mich noch nie ihm gegenüber verhalten. Ich konnte just in diesem Moment Valentina hören, die mir sagte: »Dann wird's aber auch Zeit.« Ich hatte noch nicht einmal Zeit gehabt, meine Tasche abzustellen und wirklich in der Wohnung anzukommen. Jürg hörte ich im Badezimmer irgendetwas herumwerkeln. Er hatte die Musik lauter gedreht, vielleicht auch, um seinen eigenen inneren Dialog nicht hören zu müssen. Er verhielt sich wie ein kleines Kind. Dabei erinnerte ich mich an die emotionale Intelligenz, die ich heute erklärt bekommen hatte. Verhielt ich mich auch so kindisch? Wahrscheinlich, musste ich entsetzt feststellen. Irgendetwas musste in meinem Leben geschehen, so konnte es nicht weitergehen. Es war mir wichtig, diesen Arbeitsplatz nicht nur zu behalten, sondern mich da voll reinzuhängen.

In den wenigen Stunden, in denen ich die LEBEN AG kennengelernt hatte, fühlte ich mich besser denn je. Nicht einmal meine Familie hatte mir ein solches Gefühl gegeben wie die Leute in meiner neuen Firma. Erlag ich einer Illusion? War es wirklich so etwas wie eine Sekte? Ich schüttelte den Kopf. Was hatte ich nur für kranke Gedanken? Es gab nicht einmal den Hauch eines Anhaltspunktes in diese Richtung. Es war mein eigenes krankes Kopfkino.

Jürg schlief in dieser Nacht im Gästezimmer. Es war das erste Mal, dass wir, ohne etwas zu sagen, eine solche Kluft zwischen uns spürten und er für besser hielt, woanders zu schlafen. Ich war durcheinander. Irgendwie fühlte es sich richtig an, dass ich mich gewehrt hatte, aber alles in mir schrie danach, mich ihm wieder vor die Füße zu werfen und ihn um Verzeihung zu bitten. Nur damit die Idylle wiederhergestellt werden würde.

»Welche Idylle?«, fragte mich Valentina, als ich ihr am nächsten Tag davon erzählte.

In den letzten Jahren hatte ich kaum über meine Probleme gesprochen, mit wem auch? Echte Freunde hatte ich kaum und mit Jürg konnte ich nicht ernsthaft reden.

»Meinst du eine Idylle, in der du dich wirklich aufgehoben fühlst und dich fallenlassen kannst oder deine eigene Bequemlichkeit?«

Das war wie eine Ohrfeige und ich war gekränkt. Als Valentina meinen veränderten Gesichtsausdruck bemerkte, sagte sie: »Colette, es wird dir hier gefallen. Du wirst dich selber besser kennenlernen. Auch das Arbeiten wird zu einer Freude. Aber wir werden auch den Blick auf Dinge werfen, die dich behindern und diese aufdecken. Dazu gehört auch, dass nicht nur Jürg wie ein emotional Fünfjähriger handelt, sondern insbesondere du auch.«

Verwirrt sah ich sie an: »Ich hatte gehofft, dass du auf meiner Seite bist.«

Valentina lächelte und reichte mir eine Tasse Kaffee, die sie soeben zubereitet hatte. »Colette, es geht nicht darum, dass ich auf irgendeiner Seite stehe. Auch wenn ich Jürg nicht kenne: Er ist nicht als Arsch geboren. Jeder hat seine Geschichte und eure gemeinsame Geschichte ist von den Dramen aus eurer Kindheit und bisherigen Erlebnissen geprägt. Ihr seid euch dessen nur nicht bewusst. Deswegen ist es wichtig, dass du deine emotionale Intelligenz stärkst. Es geht nicht darum, wer recht hat. Du kannst nicht im Leben recht haben, wenn du glücklich sein willst. Ich denke, es ist viel wichtiger, dass ihr beide klärt, was ihr voneinander ehrlich wollt, insbesondere wenn du dich verändern möchtest. Es fühlt sich für dich möglicherweise sehr unsicher an, wenn so viel Neues geschieht und dein System nicht mehr auf Altbewährtes zurückgreifen kann. Das ist normal.«

Ich nippte an meiner Kaffeetasse. »Aber wie soll ich so was anstellen? Ich kann mit Jürg nicht reden. Er blockt einfach immer ab«, konterte ich.

»Nie tut er … Immer macht er …« Valentina schmunzelte. »Colette, wir neigen zu Übertreibungen. Was heißt denn ‚immer'? Was heißt denn ‚nie'? Was *ich* als Allererstes lernen musste, war *mich* zu beobachten, wie ich denke, wie ich fühle, wie ich handle, welchen inneren Dialog ich mit mir pflege und wie mein Umfeld aussieht. Denn mein Umfeld ist ein Spiegel dessen, wie ich mit mir umgehe. Und daraus kann ich entweder ein Jammertal machen, weil ich laufend den anderen die Schuld in die Schuhe schiebe oder aber darin die besten Lehrmeister erkennen und anfangen, von ihnen zu lernen und mein Leben in die Richtung zu lenken, in die ich gehen möchte. Aber dazu muss ich auch wissen, in welche Richtung ich überhaupt gehen möchte.« Valentina sagte das in einem so warmen, angenehmen Ton, dass ich das nicht persönlich nahm. Ich spürte, dass sich in mir etwas getroffen fühlte; nicht verletzt, aber getroffen.

»Aber ist es wirklich lukrativ, wenn ihr in einer Firma zuerst jeden so auf die Beine stellen müsst?«, fragte ich Valentina. Wenn man das mit jedem Mitarbeiter machen musste, dann würde man ja kaum zum Arbeiten kommen. Sie nahmen sich unendlich viel Zeit für mich, das kannte ich so gar nicht.

»Eine Gegenfrage, Colette: Wie gut kannst du dich konzentrieren, wenn sich solche Konflikte zu Hause abspielen? Du bist doch dann mit den Gedanken mehr dort als hier. Haben deine Eltern in dich investiert, als du klein warst?«, wollte sie wissen.

»Wie meinst du das, ‚investiert'?«, fragte ich.

»Nun, ich meine, kennst du das, dass deine Eltern sich Zeit für dich nahmen, mit dir spielten, dir die Welt zeigten, sie dir erklärten? Hast du gelernt, Fragen zu stellen, hat man dich umarmt, beschmust, Zeit in dich investiert?«

Ich überlegte einen Moment: »Hm … Zum Teil. Es war unterschiedlich. Meine Großeltern haben sich unendlich viel Zeit genommen, aber die waren ja auch schon in Rente. Meine Eltern mussten viel arbeiten.«

Valentina lehnte sich zurück: »Du erklärst dir selbst viel zu viel, Colette. Wie so viele Menschen stehst du dir mit deinem Intellekt im Weg. Die meisten Menschen sind so genormt worden wie du. Wie hat sich das Kind in dir gefühlt, wenn keine Zeit für dich da war?« Einige Bilder aus der Kindheit schwappten in mein Gedächtnis. Valentina holte tief Luft. »Colette, sieh dir die großen Fußballteams an oder Eishockey. Schau dir die Länder an, in denen Königsfamilien regieren. Sie alle brillieren, weil sie ein und derselbe Coach über Jahre führt. Sie sind gut, weil sie sich als Team zusammenraufen und über Jahre gemeinsam handeln können, weil sie sich gegenseitig blind kennen und deswegen einander vertrauen können. Das kommt daher, dass sie sich Zeit nehmen, dass sie sich miteinander auseinandersetzen, dass sie sich aneinander reiben, wenn du so willst. In einer so schnelllebigen und oberflächlichen Welt wie heute geht so viel an Tiefgang verloren. Liebe, Anerkennung, Vertrauen und Zusammenhalt bilden eine elementare Grundlage für unser Wohlgefühl. Ausgeschlossen zu sein bedeutet für unser Gehirn existenzielle Gefahr. So viele hoch dotierte, geschulte Gelehrte glauben immer noch an andere Theorien oder monetäre Motivatoren, aber das ist Quatsch. Ein Frosch ist ein Frosch.«

Verwundert blickte ich sie an. »Was hat ein Frosch damit zu tun?«

Valentina schürzte die Lippen. »Kennst du nicht die Fabel vom Frosch und vom Skorpion? Also, versteh mich nicht falsch! Ich glaube, dass jeder Mensch in seinem Leben selber fast alles steuert, aber es gibt eine übergeordnete Wahrheit. So was wie einen Instinkt.«

Ich schüttelte den Kopf: »Nein, die Fabel kenne ich nicht. Wovon handelt sie?«, fragte ich Valentina neugierig.

»Nun, ich weiß nicht mehr genau, wie die Geschichte begann, aber bei einem Unwetter traten die Flüsse über die Ufer. Ein Skorpion drohte zu ertrinken, wenn er nicht von dem Ufer wegkam, an dem er sich gerade befand. Er bat einen Frosch, ihn auf seinem Rücken mitzunehmen und auf die andere Seite zu schwimmen, weil er selbst nicht schwimmen konnte. Aber der Frosch erwiderte: ‚Nein, ich bin doch nicht lebensmüde. Sobald wir in der Mitte des Flusses sind, wirst du mich mit deinem Giftstachel stechen.' Aber der Skorpion erwiderte: ‚Warum sollte ich das tun? Das ist doch nicht logisch. Wenn ich dich in der Mitte des Flusses stechen würde, würden wir ja beide sterben. Das macht keinen Sinn, keiner von uns hätte dabei gewonnen.' Das leuchtete dem Frosch ein und so stimmte er dem Vorhaben zu, den Skorpion auf den Rücken zu nehmen, um ihn auf die andere Seite zu transportieren. Als sie jedoch in der Mitte des Flusses ankamen, holte der Skorpion mit seinem Stachel aus und stach dem Frosch in den Rücken. Der Frosch röchelte: ‚Warum hast du das getan? Jetzt werden wir beide sterben.' Und der Skorpion antwortete: ‚Ich bin ein Skorpion, das ist meine Natur.' Und beide starben.«

Etwas betreten blickte ich zu Valentina: »Das ist eine traurige Geschichte. Meinst du wirklich, dass wir alle wie ein Skorpion sind?«, wollte ich wissen.

»Nein, Colette, das glaube ich nicht. Ein Skorpion ist nichts Negatives. Er ist ein Teil dieser Schöpfung und bringt einen wertvollen Beitrag in Fauna und Flora ein. Aber er ist ein Skorpion. Du wirst kein Kuscheltier aus ihm machen, egal unter welchen Umständen. Das meinte ich damit: Der Mensch ist ein Wesen, auch wenn er sich für was Besseres hält. Er benötigt Liebe und Anerkennung. Das sollte er lernen zu unterscheiden, was die meisten Menschen nicht können. Denn da ist ein großer Unterschied. Die Geschäftswelt ist auf monetäre Erfolgs- und Motivationsfaktoren aufgebaut, aber wir sind als Menschen sehr schnell zu verunsichern, sodass monetäre Geschichten nur bedingt helfen, unser Vertrauen zu erkaufen. Für unser Gehirn ist hauptsächlich Sicherheit wichtig. Aber die können wir uns nicht wirklich kaufen. Nur insofern, dass wir beispielsweise mit Geld die Rechnungen bezahlen können oder dass wir uns ein schönes Zuhause leisten können. Das alles suggeriert uns gute Gefühle. Aber was der Mensch wirklich braucht, ist eine Sippe, in der er sich ganz fallenlassen und sich hingeben kann. Eine Gemeinschaft, in der er sich bedingungslos akzeptiert fühlt und die ihn trägt. Das wiederum macht aus, dass er keine existenziellen Ängste mehr haben muss. Aber sag mir, in welcher Firma du noch so etwas findest?

Das Geschäft mit der Angst in dieser Wirtschaftswelt ist gnadenlos. Elefanten beispielsweise bleiben ein Leben lang zusammen. Und so ist es für uns wichtig, dass wir jeden in unsere Familie aufnehmen und uns darum kümmern, dass wir uns verstehen. Ich meine, wirklich verstehen. Deswegen investieren wir in jeden Neuling, weil wir möchten, dass er die alten Strukturen ablegt, die ihn von der Gemeinschaft trennen. Wir möchten, dass jeder lernt, dass der Mensch in der Gemeinschaft agieren muss. Weißt du, wir sind in diesem Laden ein wenig arrogant«, lachte Valentina, aber ich verstand sie nicht auf Anhieb. »Arrogant deswegen, weil wir glauben, ein gutes Rezept zu kennen. Wir sind sicher, dass das funktioniert. Und wenn wieder jemand ‚von außen' zu uns stößt, müssen wir den emotionalen Müll reinigen, den sie teilweise mitbringen.«

»Also doch eine Sekte«, lachte ich.

Valentina nahm mein Lachen auf: »Ja, wenn du so willst. Dann sind wir die Lebenssekte.«

Der Morgen war intensiv. Valentina zeigte mir am PC das Laufwerk, auf dem die Personaldaten gespeichert waren. Sie hatte alles digitalisiert. Physisch waren die Personalakten auch vorhanden – in einem verschließbaren Schrank. Aber es war wichtig, dass alles digital abgelegt worden war, damit man von unterwegs arbeiten und auf die Daten zugreifen konnte. Sie führte mich in die Basis der Sozialversicherungen und ins Arbeitsrecht ein. Dann ging sie mit mir die Dateien durch, die für das Personalwesen wichtig waren. Es gab ein paar wenige Weisungen, alle nicht länger als eine Seite. Auch hier folgte Tony Leben seiner Philosophie.

»Aber meinst du, dass das mit einem Großunternehmen funktionieren kann? Ich meine, wenn du ein Weltunternehmen bist mit, sagen wir mal, hunderttausend Mitarbeitern? So kann das doch gar nicht funktionieren. Ich meine, du musst doch klar sagen, was die dürfen und was nicht? Außerdem: Wie soll so was gehen, wenn man sich für jeden so viel Zeit nehmen müsste?«, fragte ich Valentina in der Pause. »Schließlich ist LEBEN AG nicht so groß. Der überschaubare Rahmen macht das doch erst möglich, dass eine solche Philosophie überleben kann.« Ich schaute sie fragend an.

»Ein interessanter Ansatz«, meinte Valentina. »Lass uns in der Pause einen Spaziergang machen, dann reden wir darüber.«

Ich bemerkte, wie mein Hirn regelrechte Luftsprünge machte. Anders konnte ich das nicht erklären. Mein Gehirn bekam so viel Interessantes zu hören und zu verarbeiten. Neu zu denken und darüber zu sprechen, machte mich auf eine interessante Art und Weise glücklich.

In der Pause spazierten wir die Treppe hinunter und an der großen, sonnigen Terrasse vorbei, wo Ahmad gerade die großen Hortensien goss.

»Gute Morgen, schöne Frauen«, rief er uns zu und winkte mit einem breiten Lächeln im Gesicht herüber.

Wir winkten zurück, grüßten ihn und Valentina zog ihre High Heels aus. Barfuß spazierte sie mit den Schuhen in der Hand den Hang hinauf in Richtung Weinberge.

»Kennst du den Spruch: Der Fisch stinkt immer vom Kopf aus?«, fragte mich Valentina.

»Natürlich.« Ich erinnerte mich daran, dass das als Metapher genommen wurde, um zu verdeutlichen, dass Firmenprobleme in der Chefetage ihren Ursprung hatten.

»Eine Firma ist genauso gut wie ihr Chef. Da gibt es kein Wenn und Aber, kein Links oder Rechts. Selbst wenn ein Boss erst spät in eine bestehende Firma kommt und sich damit rausredet. Die Geschäftswelt hat sich zu einem Turbo entwickelt. CEOs kommen in ein Unternehmen und schlagen den Mitarbeitenden ihre Philosophien um die Ohren, die sie in den teuersten Fachhochschulen gelernt haben. Sie werden mit Zielen konfrontiert, die sie leichtfertig annehmen, um dann großkotzig zu plagiieren, dass sie das schaffen. Mit schöngeredetem Gesülze wird die Belegschaft zubetoniert, das sie im Rahmen von Psychologie gelernt haben, um den Laden in wenigen Wochen wieder auf Vordermann zu bringen.«

Ich nickte, denn das war mir bestens bekannt. Diese Arbeitswelt hatte ich in den letzten Jahren mehr als genug erlebt.

»Warum glaubst du, dass die Philosophie von Tony nicht in einem Großunternehmen auch funktionieren könnte?«, wollte Valentina von mir wissen.

»Na ja, da sind so viel mehr Menschen. Die sind doch alle unterschiedlich. Du kannst dir doch nicht für jeden Einzelnen so viel Zeit nehmen, da braucht es halt mehr Regeln und Vorschriften.«

Valentina befühlte bei einen Weinstock die einzelnen Blätter. Dann wandte sie sich zu mir: »Was mit einem Menschen funktioniert, funktioniert mit einer Million. Wichtig ist, dass ein Vorgesetzter das bedingungslos vorlebt, authentisch ist und auch richtig delegieren kann. Hast du bei einem dieser sogenannten hoch dotierten CEOs je erlebt, dass er sich mit seinem ganzen Wesen hingegeben hat, seinem Job, seiner Familie, seinem Hobby, seinem gesamten Sein?« Ein interessanter Ansatz, wie ich fand, aber ich musste den Kopf schütteln. »Nun, das mag aus verschiedenen Quellen herrühren. Einerseits ist es wohl kaum sein eigenes Unternehmen. Er ist dort quasi nur angestellt. Also, was geht ihn das wirklich an? Er kann sich jederzeit dazu entscheiden, das Unternehmen zu verlassen. Er muss nicht einmal mit den Konsequenzen leben. Das ist *eine* mögliche Ursache.

Eine andere mögliche Quelle des Übels ist, dass er vielleicht selber sehr intellektuell und gebildet ist, aber auch er entweder ein emotional unintelligentes Kind geblieben oder zu einem emotionalen Krüppel geworden ist. Fachlich vielleicht sehr stark, aber weder links noch rechts eine Ahnung, wie ein Unternehmen insbesondere menschlich funktioniert. Von der Systematik eines Teams hat er null Ahnung. Und dann ein wichtiger Faktor: Er brennt nicht dafür, was er tut. Der Job dient dazu, sich so viel wie möglich monetär einzuverleiben. Oft geht es nur darum. Er hat sich eine Aus- und Weiterbildung angeeignet, damit er es weit bringt, viel Geld verdient und Macht hat. Doch das Wort Macht hat er falsch verstanden. Woher soll er auch wissen, was

Macht wirklich bedeutet? Schließlich leben es die wenigsten vor. Nach welchen Vorbildern soll er vorgehen? Und er trägt in sich keine Liebe für sich selber, für seine Mitmenschen und für das Unternehmen … Wo soll er das gelernt haben? Das alles, liebe Colette, kann man nicht kaufen, das kann man auf keiner höheren Schule lernen. Das ist die Lebensschule. Dafür braucht man echten Biss, echte Menschen, echte Gespräche, echte Idole, echte Fehler und dafür muss man schonungslos ehrlich mit sich selber sein. Und vor allem: Diese Leute interessieren sich nur für ihre eigene Karriere und ihren eigenen Gewinn. Sie stolpern über ihr übergroßes Ego und schmücken sich mit Statussymbolen. Viel Schein, wenig Sein. Ein Team braucht nicht nur einen Vorgesetzten, der sich beinahe mit dem Leben für sie einsetzt, sondern auch unablässig Dinge, die das Team gemeinsam stärken. Sprich, es müssen zwingend Situationen hergestellt werden, die *jedes* Teammitglied stärken. Es müssen Win-Win-Situationen gefördert werden. Jeder muss ein Gewinner sein.

Ein echter Vorgesetzter unterstützt dich, damit *du* erfolgreich und ein wichtiger Teil des Teams bist. Stell dir eine Kette vor, die etwas Schweres zu tragen hat. Wenn ein einziges Glied schwach ist, dann ist das nicht möglich. Wir sind immer nur so gut wie unser schwächstes Glied. Immer. Wir haben verlernt, auf uns zu hören, auf das, was wir wirklich brauchen. Wir glauben all diesen Leadership-Philosophien. Alle beten sie das Zeugs hirnfrei runter, laufen diesen Geschichten hinterher und glauben ohne zu überlegen, was man ihnen in diesen teuren Schulen beibringt. Aber sich dir die Wirtschaft an. Das ist ein Spiegel dessen. Aber weißt du, Colette, mich interessieren die Ergebnisse. Und die sehen, mit Verlaub, bei diesen sogenannten Großunternehmen beschissen aus. So etwas kann nicht funktionieren. Aber wie das Gewohnheitstier Mensch eben so ist, wird auch noch mit purer Verzweiflung verteidigt, dass wir an diesen Systemen festhalten sollen. Wehe, du erlaubst dir eine eigene Meinung. Alle wollen individuell sein, aber bitte auf keinen Fall anders. Colette, mich interessieren, wie gesagt, Ergebnisse und wie ich mich fühle.

Und beides bekomme ich bei LEBEN AG. Und ich bin überzeugt, so wie eine Grippewelle bei *einem* Menschen anfangen kann und sich auf Hunderttausende ausdehnt, kann auch ein gesundes Unternehmen wie LEBEN AG mit seiner Philosophie auf ebenso viele Menschen ausgebreitet werden. Wenn man denn wollen würde. Wie man so schön sagt: Die einen finden Wege, die anderen Ausreden. Und unsere Wirtschaft verdient noch zu viel am Versagen der Firmen und der einzelnen Führungskräfte, als dass sie echtes Interesse hätten an einer gesunden Wirtschaft.«

Ich war hinter Valentina hergetrottet und überlegte. Es machte so viel Sinn, was sie sagte. Nachdenklich schwieg ich, als Valentina sich umdrehte. »Lass uns zurückgehen, wir haben noch viel zu tun.«

In der Tat hatten wir viel Arbeit. Ich lernte aber nur in der Theorie, wie Ein- und Austritte funktionierten, da diese in der LEBEN AG kaum vorkamen. Dafür erfuhr ich, wie die Lohnbuchhaltung aufgebaut war. Das war schließlich ein wichtiger Bestandteil für die monatliche Auszahlung der Gehälter. Und das gefiel mir von Anfang an. Valentina hatte für die Personaladministration wie beispielsweise die Ein- und Austritte und Zeugnisse wunderbare Anleitungen geschrieben. Die Lohnbuchhaltung zeigte sie mir im Detail. Einzelne Mitarbeiter waren fest angestellt, ein paar wenige zogen den Stundenlohn vor. Dazu gab es noch weitere Sachen, die abgerechnet werden mussten. Um die Sozialversicherungen abzuwickeln, lernte ich, den Kontakt mit den verschiedenen Ämtern herzustellen. Valentina zeigte mir, wo ich die richtigen Formulare finden konnte, wie ich sie ausfüllen musste und wie sie einzureichen waren.

Doch wenn ich ehrlich war, war ich der Meinung, dass ich niemals ausgelastet sein würde. Aber ich schwieg. Zu groß war meine Angst, dass ich diesen Job wieder verlieren könnte. Die vielen Gespräche und deren Inhalte geisterten auch am heutigen Abend in meinem Kopf herum. Vor allem die Geschichte mit Jürg kam mir in den Sinn, weil Valentina und ich das nicht abschließend besprochen hatten. Emotionale Intelligenz hin oder her: Mir fehlte eine Strategie, damit umzugehen. Irgendwie war zwischen Jürg und mir etwas kaputtgegangen. Irgendwie wollte ich, dass er blieb und irgendwie doch nicht. Mir kam auch der Input von Tony Leben in den Sinn. Ich schämte mich für meine Gedanken, dass ich Jürg möglicherweise nur deswegen in meinem Leben haben könnte.

Aufgewühlt stellte ich abends fest, dass Jürg nicht zu Hause war. Also sein altes Schema, wie immer. Wenn er mit etwas nicht fertig wurde, konnte er nicht reden, und so verschwand er einfach. Es war zwecklos, auf ihn zu warten. Auch in dieser Nacht schlief er im Gästezimmer. Am nächsten Morgen spürte ich mehr denn je, wie sehr mich das beschäftigte. Es machte viel mit mir, aber ich konnte nicht genau einordnen, ob im Guten oder im Schlechten. Ich fühlte mich einfach gestresst.

Als ich aufstand, war Jürg bereits schon aus dem Haus. Ich verstand nicht, was das sollte. Waren wir nicht ein Paar? Es ärgerte mich, dass ich auch heute nicht in der Lage war, meine Probleme zu Hause zu lassen.

8. Die richtigen Fragen stellen

Schon in der ersten Woche bei LEBEN AG fühlte ich mich zu den Leuten in diesem Unternehmen zugehörig. Valentina meinte, das sei normal, während ich Angst hatte, dass es nur mit der Angst zusammenhing, Jürg zu verlieren. Beschämenderweise wurde es mir immer gleichgültiger, ob er blieb oder ging. Ich war den ganzen Tag mit guten Gefühlen erfüllt, erhielt so viel Aufmerksamkeit und gute Energie, dass ich richtig aufblühte. Ein Zuhause gab es irgendwie nicht mehr – es wirkte surreal. So viele ambivalente Gefühle raubten mir dort Energie.

Im Gegensatz zu früher entwickelte ich einen äußerst gesunden Appetit, aber tatsächlich überraschte mich am vierten Arbeitstag, dass meine Verdauung wieder selbstständig funktionierte. Es war erleichternd. Ein so einfaches Thema, das jedoch derart privat war, hatte ich nicht gelernt zu thematisieren. Es hatte mich über Jahre belastet und dennoch hatte ich im Stillen vor mich hin gelitten und damit gelebt. Als es nun von mir abfiel, realisierte ich erstaunt, wie groß die Einschränkung gewesen war. Es fühlte sich überhaupt so an, als fiele ein Riesenbrocken von mir ab. Schon alleine wie ich durch die Gänge marschierte, war anders als noch vor ein paar Tagen. Meine ganze Körperhaltung schien frischer, aufrechter und geschmeidiger.

Am Morgen wiederholten Valentina und ich, was ich bisher fachlich gelernt hatte. Nach der Pause holte mich Tony für einen Rundgang ab. Er wollte mir das Anwesen und die Keller sowie all die Weine zeigen. Wir wollten auch noch einmal durch die Büros gehen. Ich kannte die meisten Kollegen nun schon mit ihrem Namen.

»Eigentlich müsste man so etwas am ersten Tag machen«, lachte er. »Aber ich finde, Regeln sind dazu da, um sie zu brechen.«

Beschwingt marschierten wir durch das Erdgeschoss und mit einem Morgengruß für Angelina auf den Lippen am Empfang vorbei nach draußen.

»So, hier fängt also eigentlich alles an«, erklärte mir Tony. »Dieser Ort ist mir wichtig. Schau dir die Herrlichkeiten an. Dreh dich einmal und sieh dir an, wie wunderschön dieser Innenhof ist. Wenn du bei einem Unternehmen ankommst, wenn du überhaupt irgendwo hinkommst, wo du dich wohlfühlen solltest, dann muss der Begrüßungsbereich dies auch ausstrahlen. Wenn dich ein Haus willkommen heißt, wirst du dich auch darin wohlfühlen, egal, zu welchem Zweck du dort bist.« Er drehte sich, hatte die Arme ausgebreitet und zeigte auf das alte herrschaftliche Anwesen und den kühlen Innenhof, der mich immer noch an einen Heimatfilm erinnerte oder einen Ferienort in der Toscana. Rotweiße Geranien zierten jedes Fenster, die von der alten Frau und von Ahmad liebevoll gepflegt wurden. Neben den Parkplätzen gab es große Blumenkübel sowie einen großen, plätschernden, hölzernen Brunnen, der dem Ganzen einen meditativen Hauch von Ruhe und Gelassenheit einflößte und mich an die Idylle in den Südtiroler Bergen erinnerte. Wir überquerten den Parkplatz. Außer dem Haupthaus und dem Weinberg hatte ich noch nicht alles vom Anwesen gesehen.

In einem der Nebenhäuser waren Wohnungen erbaut worden. Ganz oben waren zwei große Wohnungen. In der einen wohnte Tony mit seiner Familie. Die zweite Wohnung bewohnte Markus aus dem Verkaufsteam Ost mit Frau und Kindern. Dann waren da noch weitere Wohnungen. In allen wohnten Mitarbeiter von LEBEN AG sowie Ahmad und die alte Frau.

Tony erklärte mir, dass der Familie der alten Frau einst dieses Anwesen gehört hatte. Doch durch finanzielle Fehlinvestitionen hatte sie es verloren. Ihr Mann hatte sich verspekuliert und Tony hatte das Anwesen deswegen kaufen können. Er hatte es nicht übers Herz gebracht, die alte Frau mit Namen Rosalinde aus dem Haus zu werfen, als ihr Mann sie verließ, und deswegen hatten sie einen Handel ausgemacht: Sie würde sich um die Blumen und Pflanzen kümmern und konnte dafür lebenslang in einer der Wohnungen bleiben.

»Sie ist so etwas wie eine Oma meiner Kinder geworden. Sie lieben sie heiß und innig. Und ohne sie würden die Blumen auf dem Hof wohl alle welken«, erklärte er mir.

So erkannte ich auch in dieser Handlung eine gewinnbringende Situation für beide Seiten, denn laut Tony war Rosalinde schon über 80 Jahre alt, doch sie war fit wie ein Turnschuh, soweit ich das sehen konnte. Mir schien, sie war irgendwie im Reinen mit sich selber.

»Die Verantwortung für das Haus hat sie damals aufgefressen, inklusive der Probleme mit ihrem Mann und den Finanzen. Nun hat sie eine neue Familie, ihr altes Zuhause und einfach die Freiheit, das zu tun, was sie möchte. Sie ist bei ihren Blumen. Das ist das Größte für sie. Sieh sie dir an. Sie ist unser Sonnenschein. Mit ihrem Wesen verzaubert sie die Blumen und uns. Was wären wir ohne sie?« Tony erzählte von ihr wie von einer großen Liebe.

Ich beobachtete ihn, wie er mit diesen Worten aus dem Vollen schöpfte. Es war, als ob Tony mir seine Brille aufsetzte, um Rosalinde zu betrachten. Um alte Leute hatte ich mir noch nie wirklich Gedanken gemacht. Sie waren halt einfach da. Meine Eltern würden auch irgendwann mal älter werden. Ich wurde nachdenklich. Tony erzählte mir von Rosalinde, wie sie wohl als junges Mädchen ausgesehen haben mochte, und schwärmte, wie schön sie einst gewesen sein musste. Alte Leute waren für mich meist ein Graus. Ich verband damit Hörgeräte und Rollatoren, nervige Rentner und Gebissträger, die um kurz vor zwölf die Einkaufszentren stürmten, nur um mich zu ärgern. All das natürlich innerhalb meiner ohnehin viel zu kurzen Mittagszeit.

Aufgrund dieser liebevollen Art, wie Tony über Rosalinde sprach, wurde ich demütig leise. Ich hatte mir nie die Zeit genommen, mich für die Geschichte eines fremden, älteren Menschen zu interessieren. Mit Tonys Ausführungen konnte ich das

Leben, das er in Rosalinde sah, spüren. Seine Worte gaben den Bildern über ihre Herkunft und ihr Wesen, die er vor mir in die Luft zauberte, Ausdruck.

LEBEN AG war irgendwie zeitlos. Ich bemerkte, dass ich schon am vierten Tag früher anfing und später nach Hause ging. Aber es fühlte sich auf eine Art frei an, weil wir uns die Zeit nahmen für alles, was Zeit brauchte.

»Eine Karotte braucht solange zum Wachsen, wie eine Karotte eben braucht. Vor allem Rosalinde hat mich über die Lüge der Zeit aufgeklärt. Sie ist eine weise Frau.« Tony tunkte seine rechte Hand ins kalte Wasser des Brunnens, der vor dem Haus friedliche Stimmung verbreitete.

»Inwiefern?«, wollte ich wissen.

»Wir sind alle viel zu schnell unterwegs, weißt du. Wenn wir langsamer gehen, sehen wir all die Schönheiten am Wegesrand. Du wirst es nicht glauben: Je langsamer du unterwegs bist und je achtsamer du bist, umso mehr schaffst du an einem Tag«, erklärte Tony.

»Aha, also geht es doch um Effizienz«, sagte ich schelmisch, um Tony aufzuziehen.

Er nahm meinen Scherz auf: »Natürlich, auf die eine oder andere Weise geht es sicher auch um Effizienz, wenn das Thema angebracht ist. Aber stell dir einen Fluss vor. Der bringt, wenn er genügend Wasser von der Quelle bekommt, immer gleich viele Tropfen von oben nach unten, bis er in den See fließt. Er macht sich keine Gedanken darüber, welche Strategie er nun anwenden könnte, um mehr Wasser transportieren zu können.«

Ich mochte die bildhaften Vergleiche von Tony. Von seinen Erzählungen konnte ich nicht genug bekommen. »Das hat was«, sagte ich und dann meinte ich: »Und wir haben angefangen, völlig wider die Natur zu handeln und zu arbeiten. Wir versuchen schon an der Quelle, mehr Wasser aus ihr zu pressen, um danach den Fluss zu überfüllen. Und wenn er dann entweder über die Ufer tritt oder austrocknet, erarbeiten wir neue Strategien, um ihn zu maßregeln. Ohne uns mit der natürlichen Ordnung auseinanderzusetzen. Das wiederum würde einen gleichmäßigen Fluss ermöglichen und immer gleichviel Wasser transportieren. Und es gäbe uns mehr Zeit, uns auf die wesentlichen Dinge zu konzentrieren.«

Tony lächelte. »So ungefähr hätte ich das auch erklärt. Das ist hervorragend. Ich sehe schon, da gibt es viel Potenzial zum Freisetzen.«

Nach ein paar netten und ehrlich gemeinten Worten, die wir mit Rosalinde ausgetauscht hatten, marschierten wir von den Wohnungen zum alten Weinkeller.

»Hier haben einmal die Ritter gehaust«, kicherte Tony, als wir in die Katakomben hinuntergingen.

Wir fanden uns in einem alten Weinkeller wieder, der echte alte Weinfässer beherbergte.

»Die Ritter waren aber ganz schön modern«, meinte ich lachend.

»Stimmt, in der Zwischenzeit hat sich jemand im Weinbau versucht, aber er ist gescheitert. Der Sohn von Rosalinde hat die Weinberge da draußen jahrelang gepflegt, nachdem der Vater ihm diesen Teil des Anwesens vermacht hat, aber leider, leider …« Er schlug die Hände über dem Kopf zusammen.

»Aber das ist doch schade, wenn das hier alles brachliegt«, rief ich aus.

Tony schmunzelte. »Du hast recht, hier wäre so vieles möglich.«

Ich betrachtete die großen Eichenfässer. »Gehören denn die Weinberge auch zu dem Anwesen? Ich meine, gehören sie dir?«

Tony nickte. »Ja, und ich weiß immer noch nicht, was genau ich mit ihnen machen soll. Ich bin kein Winzer. In den letzten Jahren habe ich die Weinernte von Lohnarbeitern erledigen lassen und alles davon an andere Weinbauern verkauft.«

Wir spazierten weiter und sahen uns die Räumlichkeiten an, in denen früher Wein produziert worden war. Die Anlagen waren keine 20 Jahre alt und schienen bestens in Schuss zu sein. Zugegeben, es war nur eine kleine Winzerhochburg, aber sie war noch intakt. Ich streichelte über die Eichenfässer.

»Das gefällt dir, nicht?«, wollte Tony wissen und lächelte schelmisch.

»Selber Wein herstellen, Schnaps brennen, experimentieren mit Obst und Gemüse, all das, ja, das fasziniert mich.«

Tony nickte gedankenverloren. »Hast du denn Erfahrung darin?«

Ich schüttelte den Kopf. »Nicht wirklich, aber ich hab meiner Großmutter früher zugesehen, wenn sie die Konfitüre eingemacht und den Erdbeerwein vergoren hat. Es hat unendlich viel Spaß gemacht.«

Wir diskutierten weiter über die Weinberge und Tony schlug vor, sie zu besuchen. Also spazierten wir hinauf. Der Blick auf den See, hinweg über die Weinberge, war atemberaubend.

»Dein Gesicht ist entspannter«, meinte Tony plötzlich und musterte mich.

»Es geht mir auch wesentlich besser im Beruf«, erklärte ich ihm.

Als wir bei einem großen Stein angekommen waren, stand daneben eine Bank. »Was heißt 'im Beruf'?«, fragte Tony.

Ich erzählte ihm von den Problemen mit Jürg und von den ambivalenten Gefühlen, die ich hegte. »Ich weiß, dass das nicht ins Büro gehört, aber es beschäftigt mich sehr.«

Tony nickte und dann holte er aus: »Warum soll das nicht ins Büro gehören? Ich finde sehr wohl, dass das hierhergehört. Schließlich ist es dein Wesen, das nachher für das Personal zuständig ist. Da solltest du wissen, wer du bist und wie du zu der wirst, die du sein möchtest. Wie soll das gehen, dass ein Mensch eins mit sich selbst sein und einen Teil davon zu Hause lassen soll, der voller Probleme ist? Im Hinblick auf Jürg hast mir schon einmal eine interessante Antwort gegeben.«

Ich erinnerte mich lebhaft an dieses Gespräch. »Meinst du, ich soll ihn verlassen?« Ich blickte zu ihm auf und ich wäre so dankbar gewesen, wenn er ja gesagt hätte.

»Es ist nicht an mir, dir das zu raten, Colette. Das musst du selber entscheiden. Du musst lernen, auf dein Herz zu hören. Das wird dir sicher leichter fallen, wenn du eine Weile bei uns bist. Glaub mir, du musst dir darüber klar werden, was du wirklich im Leben willst, was du von dir selber erwartest und was du von dieser Beziehung erwartest. Natürlich auch, was du bereit bist, dafür zu geben, für dich, für diese Beziehung und für dein Leben. Dann ist es wichtig, auch seine Meinung dazu zu hören. Eine gemeinsame Essenz muss her, sonst macht eine Partnerschaft keinen Sinn. Kennst du die Essenz eurer Beziehung?«

Etwas verwirrt blickte ich zu Tony. »Was für eine Essenz?«

Tony holte tief Luft. »Eine Essenz ist so was wie ein Grund, quasi der Existenzgrund eurer Beziehung. Was wollt ihr gemeinsam mit dieser Beziehung erreichen? Warum gibt es diese Beziehung und warum soll sie weiter existieren?«

Die Fragen trafen mich wie ein Hammer, es war, als hätte mir jemand den Boden unter den Füßen weggezogen. Mir wurde schwindlig, ein Schweißausbruch folgte, dann erhob ich mich und atmete sehr schwer. Es war, als könnte ich keine Luft mehr bekommen.

»Colette, ist alles in Ordnung?«, fragte Tony besorgt, erhob sich und legte den Arm um mich. »Atme tief ein und atme tief aus, Colette«, forderte er mich liebevoll auf.

Ich folgte seiner Bitte, aber mir war innerhalb von wenigen Sekunden derart übel geworden, dass wohl alle Farbe aus meinem Gesicht gewichen war. Es vergingen einige Minuten, ehe ich mich wieder hinsetzen und mich beruhigen konnte.

»Colette, Antworten biegen wir uns oft zurecht, du darfst lernen, die richtigen Fragen zu stellen.«

Natürlich, er hatte durchschaut, worum es ging. Ich war ein offenes Buch für ihn, ich war noch immer schockiert. »Tony, es ist furchtbar. Ich meine, ich hätte mir diese Frage schon lange selber stellen können. Ich dachte, ich wäre furchtbar verliebt in Jürg. Dabei … « Ich brach ab.

»Es gibt Menschen, die sich diese Frage über 40 Jahre nicht stellen und sich und ihr Gegenüber genauso lange anlügen. Wir sind oft Gefangene von unseren eigenen Dämonen. Hör auf mit den Antworten, die dein Intellekt dir suggerieren will. Fang an, die richtigen Fragen zu stellen. Es ist doch gut, wenn du diese Erkenntnisse so früh hast.«

Ich schüttelte den Kopf. »Das ist schlimm. Wie wird Jürg das nur aufnehmen?«

Tony beobachtete mich aufmerksam, sagte für einen Moment nichts, bevor er fortfuhr: »Weißt du, was ich glaube, Colette?«, fragte er mich schließlich, anstatt auf meine Frage einzugehen.

»Nein, was?«, wollte ich wissen.

»Ich denke, irgendwie weiß er es schon.«

Es machte mich seltsamerweise traurig. Wie sollte ich es Jürg nur sagen? Dann erst realisierte ich, dass diese Trennung mein finanzielles Aus bedeuten würde. Meine Augen füllten sich mit Tränen. Ich schüttelte vehement den Kopf. »Ich kann nicht gehen, ich kann es mir nicht leisten«, erklärte ich Tony.

»Wie, du kannst es dir nicht leisten?«, hakte er nach.

»Finanziell. Ich kann es mir nicht leisten, die Wohnung ist viel zu teuer«, erklärte ich.

»Warum gehst du davon aus, dass du die Kosten alleine tragen musst? Außerdem: Warum machst du so eine wichtige Sache vom Geld abhängig?«, wollte er wissen, aber ich winkte ab. So war es doch immer. Ich musste das Ganze doch immer ausbaden. Außerdem stand ich finanziell nicht sehr gut da. Am liebsten wäre ich aufgestanden und weggerannt.

Tony setzte sich neben mich. »Es ist wichtig, dass du dich dem jetzt stellst, Colette. Du wirst mit Jürg reden müssen. Er ist ebenso an der Beziehung und an dem Mietvertrag beteiligt wie du. Übernimm Verantwortung. Und jetzt erst einmal durchatmen.«

Es machte mir großen Kummer, mir vorzustellen, wie ich mit Jürg reden sollte. Nachdem ich meine Bedenken geäußert hatte, fragte mich Tony: »Eines nach dem Anderen. Was kann im schlimmsten Fall passieren?«

Ich überlegte kurz. »Er könnte ausflippen«, meinte ich.

»In welchem Sinne ausflippen? Würde er dich schlagen?«

Als ich darüber nachdachte, musste ich den Kopf schütteln. »Nein, nicht so.«

Tony wartete auf eine Antwort. Ich konnte ihm keine vernünftige geben. »Okay, lass uns was Anderes machen, okay?«

Erwartungsvoll nickte ich mit dem Kopf.

»Lass uns etwas ausprobieren. Wir wechseln jetzt die Plätze. Ich spiele jetzt Jürg und du bist Colette. Du bist auf deinem Platz, das ist deine Energie, sind deine Gedanken, Gefühle. Und hier, wo ich sitze, da ist Jürgs Energie, seine Gedanken, seine Gefühle. Okay?« Ich nickte.

Dann stand Tony auf. »Nun setz dich bitte auf diesen Platz, wo ich vorher gesessen habe.« Er schubste mich liebevoll von meinem Platz weg und ich nahm seinen ein.

»Stell deine Gedanken ab, schalt den Kopf aus und schließ die Augen. Was spürst du?«

Ich setzte mich hin und überlegte kurz: »Wut.« Ich war erstaunt.

»Richtig, er ist wütend. Kannst du wahrnehmen, warum?« Nun war es Tony, der mich erwartungsvoll anblickte.

»Weil ich es wieder nicht geschafft habe«, sagte ich.

»Wer ist ‚ich'?«, wollte Tony wissen.

»Ich, Jürg«, sagte ich verblüfft. Es war erstaunlich, ich konnte wirklich so etwas wie andere Gedanken wahrnehmen.

»Weißt du, was du nicht geschafft hast?«, wollte Tony wissen und sprach Jürg bei seinem Vornamen an, der in physischer Form nicht anwesend war.

»Dass man mich liebt«, sagte ich.

Tony nickte, als hätte er diese Antwort erwartet. »Und nun, Colette, hör in deinen Bauch hinein. Kopf immer noch abgestellt. Okay?« Ich nickte und blickte Tony an. »Gehört dieses Gefühl zu dir als Colette, wenn Jürg es nicht geschafft hat, geliebt zu werden?«, fragte er vorsichtig.

»Nein, zu seiner Mutter«, kam es wie aus der Pistole geschossen. Ich riss die Augen auf. »Oh mein Gott«, rief ich.

Tony freute sich: »Sehr gut, das hast du richtig gut drauf. Gratuliere, so kannst du jede Situation durchleuchten. Es ist also nicht deins. Es ist seins und das kannst du nicht ändern, solange er nicht bereit ist, das selbst anzusehen, Colette. Du musst für dich entscheiden, ob du gehen willst oder nicht. Es ist dein Leben, deine Entscheidung.«

Er wartete eine Weile und mit schwerer Zunge sagte ich: »Die Entscheidung ist eigentlich schon lange gefallen.« Es tat weh, das auszusprechen. Tony nickte verständnisvoll.

»Colette, es ist wertvoll, Beziehungen nicht einfach wegzuwerfen. Aber es ist noch viel wertvoller zu erkennen, wenn man sich selber und auch sein Gegenüber aus einer verfahrenen Situation befreien muss. Deine Lebenszeit ist kostbar und wenn du überzeugt bist, dass du gehen musst, dann geh. Es ist wie Pflasterabreißen. Es gibt keinen richtigen Moment für solche Geschichten und es gibt keine richtigen Worte für so etwas. Mach es persönlich, mach es schnell.«

Ich blinzelte. »Und wenn er sauer ist?«

Tony lächelte kurz. »Colette, es ist sein Recht, sauer zu sein. Er darf wütend und verletzt sein. Das ist völlig okay. Aber das ist nicht dein Problem. Du bist ehrlich und fair zu dir und zu ihm, das ist dein Job. Es ist nicht dein Job, ihm alles im Leben abzunehmen oder ihn glücklich zu machen. Er wird irgendwann lernen müssen, diese Geschichte aufzuarbeiten. Ob er das tun wird oder nicht, das ist allein seine Entscheidung. Welche Türe er nimmt, das muss er entscheiden, und es steht dir nicht zu, ihn zu beraten, ihm auf die Nerven zu gehen oder dir Sorgen um ihn machen zu wollen. Er ist ein erwachsener Mann, also behandle ihn bitte auch so. Wir betreiben so oft Missbrauch an Anderen, energetischen Missbrauch. Indem du ihn zubetonierst, weil du dir ständig Sorgen um ihn machst, sprichst du ihm ab, dass er selber für sich sorgen kann. Indem du ständig auf ihn wartest und dich kleinmachst, erlaubst du ihm nicht, er selbst zu sein. Er muss sich großmachen, vielleicht größer, als er je sein möchte, um die natürliche Balance herzustellen, die in jeder Sache wohnt. Das Leben sucht sich immer einen Ausgleich. Und indem du alles machst, was er will, verletzt du nicht nur dich selbst, sondern auch ihn, weil du ihm unbewusst das Gefühl gibst, dass er es nicht wert ist, dass du dich so zeigst, wie du wirklich bist.«

Ich lehnte mich zurück auf der Bank. Die Worte kamen bei mir an. Ich begriff. Mein Herz hörte zu.

Als wir zurück zum Anwesen schlenderten, blickte ich auf den Bodensee. »Und wenn er mich rauswirft?«

Tony blieb stehen. »Schau, ob er bewusst oder unbewusst reagiert. Er wird wahrscheinlich nicht so reagieren, wie du es gerne hättest. Das ist seine Sache und das darf er auch. Wahrscheinlich hat er dich auf einer Ebene gerne, auf seine Weise, egal ob auf Gefühlsebene oder auf Ego-Ebene. Es wird wehtun, basta. Also wird er in die Trickkiste greifen und dich vielleicht sogar beleidigen. Oder er wird vollkommen anders reagieren. Wer weiß? Ich kenne ihn nicht. Aber es ist wichtig, dass du mit Distanz zusiehst, es nicht persönlich nimmst, denn es hat nicht wirklich etwas mit dir zu tun. Du hast die Telefonnummer von Valentina und mir. Wenn dennoch was ist, dann ruf uns an, okay? Und wegen des Rauswurfs mach dir keine Sorgen. Wir haben noch eine Wohnung hier frei. Die könnte dir gut gefallen.«

Ich blickte auf den Bodensee. Mir war trotz des Zuspruchs übel. Das alles lag mir schwer auf dem Magen.

»Und nun kommst du bitte wieder hier an. Es nützt niemandem, wenn du jetzt den ganzen Tag daran denkst. Damit verschwendest du deine Energie, deine und mit Verlaub auch meine Zeit.« Betroffen wandte ich mich ab, aber Tony hielt mich an der Schulter fest. »Was war das gerade?«, wollte er sanft wissen. Natürlich hatte er gemerkt, wie sehr er mich gekränkt hatte.

»Du hast mich gekränkt!«

Tony sah mich erwartungsvoll an. »Ich? Womit?«, wollte er wissen.

»Na, mit dieser Bemerkung, dass ich deine Zeit verschwende. Ich dachte, du hättest Interesse, mir zu helfen.« Vielleicht reagierte ich gerade über.

Tony lächelte. »Das tue ich, liebe Colette, aber was genau hilft es, wenn du jetzt den ganzen Tag ein schlechtes Gefühl wegen etwas hast, das erst später stattfinden wird? Bis dahin kannst du nichts ändern.«

Ich versteifte mich und konterte: »Ich kann das nicht einfach so einstellen.« Langsam wurde ich ungeduldig.

»Doch, das kannst du, glaub mir. Ich spüre soeben, wie du ein Drama heraufbeschwörst. Das Drama hat nichts mit mir zu tun, Colette. Zeit ist ein kostbarer Geselle und ich genieße die Zeit mit dir. Aber ich werde nicht in ein Drama mit dir abtauchen.«

Ich blinzelte. »Aber …«, wollte ich sagen, aber Antworten fehlten mir.

»Colette, was genau versuchst du gerade?« Ich verstand nicht, was Tony meinte. »Colette, was genau macht es aus, dass du dich gekränkt fühlst? Hat es wirklich mit mir zu tun?«, hakte er nach.

Ich überlegte. »Ja, du hast gesagt, dass ich deine Zeit verschwende.«

Tony sah mich fragend an. »Ist das wirklich wahr? Habe ich das genau *so* gesagt?«

Das verwirrte mich, ich hatte ihn doch mit eigenen Ohren gehört. »Du hast mir gesagt, ich bin es nicht wert, dass du Zeit mit mir verbringst.«

Tony nickte. »Sehr gut, Colette, jetzt haben wir den Salat.« Er lachte. »Und genau den Salat wollte ich haben. Die Zutaten dazu sind sehr interessant. Ich habe weder das Eine noch das Andere wörtlich so formuliert, aber offenbar gibt es noch Altlasten in deinem System. Somit ist es auch ganz normal, dass du dich von mir nicht wertgeschätzt fühlst. Gerade weil du wertvoll bist und auch meine Zeit es ist, verbringe ich die Zeit gerne mit dir mit konstruktiven Themen. Ich dachte, wir hätten besprochen, wie du zu Hause vorgehen *könntest*. Wohlverstanden eine rein theoretische Sache, die dir eine Richtung weist. Wie du handelst, ist schließlich dann deine Sache. Aber ich habe unterschätzt, dass du wohl noch mehr Zeit gebraucht hättest für dieses Thema. Also lass uns schauen, was dir noch fehlt, um es abschließen zu können.«

Ich kniff meine Augen zusammen. »Jetzt versteh ich überhaupt nichts mehr.« Die Stirn in Falten gelegt, betrachte ich Tony.

»Was glaubst du, hättest du von mir gebraucht, als ich gesagt habe, du sollst wieder hier ankommen?«

Ich überlegte eine Weile. »Hm … Ich dachte, du magst mich nicht.«

»Klassiker«, meinte Tony und nickte mit dem Kopf. »Siehst du? Liebe und Anerkennung. Ein wichtiges Thema, das wir nicht lernen auseinanderzuhalten, von klein auf. Hilft es dir in dieser Diskussion rund um Jürg, wenn ich dich lieben würde?«

Pikiert schaute ich ihn an. »Nein, du kannst mich doch nicht lieben. Ich meine, was würde deine Frau sagen?« Ich lehnte ab und schüttelte vehement den Kopf.

»Halt, Colette, es gibt hunderte Arten, jemanden zu lieben. Wenn ich jemanden liebe, dann beglückwünscht mich meine Frau. Es ist deine Interpretation und dein derzeitiges Kopfkino, um welche Art von Liebe es sich handeln könnte.« Tony lächelte schelmisch. »Colette, ich hab dich jetzt schon sehr gern, aber wie ein Chef seine Angestellte gern hat, wie ein Freund einen Freund gern hat. Das ist absolut legitim und muss nicht versteckt werden. Warum auch? Wir haben verlernt, genau das zu differenzieren und zu adressieren. Was wäre die Welt, wenn wir endlich mehr lieben würden? Deshalb frage ich nochmals: Was genau, denkst du, hättest du gerne gehabt, das ich sage oder tue?«

Ohne zu überlegen, sagte ich: »Am liebsten hätte ich gehabt, du hättest das alles für mich beendet und ich müsste mich dem Ganzen gar nicht stellen.« Laut schnaubend war ich stehen geblieben.

Tony nickte wichtig mit dem Kopf. »Kommt etwa dem gleich, was mir durch den Kopf gegangen ist. Solche Gefühle sind legitim. Vielleicht würde es mehr Sinn machen, so was auszusprechen, dann kann dir dein Gegenüber Unterstützung geben, wie du damit umgehen sollst. Kann es sein, dass man dir als Kind viel abgenommen hat? Beispielsweise wenn es Probleme in der Schule gab?«, fragte er.

»Woher weißt du …?«, wollte ich wissen, doch dann verstand ich den Zusammenhang. »Du meinst …?«

Tony nickte. »Niemand hat was falsch gemacht, Colette. Deine Eltern haben das getan, was sie für richtig hielten, und das war auch gut so. Aber du holst unbewusst herauf, dass es besser wäre, wenn dir heute immer noch jemand alles abnähme. Damit kreierst du ein Drama, wenn dein Gegenüber darauf nicht reagiert und es dir nicht abnimmt. Du steckst immer noch in der Energie des Kindes von damals. Wohlverstanden: Die meisten Leute kämen nicht einmal auf die Idee dieser Gedankengänge und können so nicht nachvollziehen, was los ist.« Tony blickte in die Ferne und dann wieder zu mir.

»Und dann fühle ich mich besser, wenn ich es ausspreche?«, fragte ich, denn das konnte ich mir nicht vorstellen.

»Wir haben die Tendenz, ganz viele Geschichten in einen Beutel zu schmeißen, anstatt sie einzeln auseinanderzunehmen. Dann werden diese Dinge groß gemacht. Wenn Angst und Bequemlichkeit zusammenkommen, ist es einfacher, nichts zu tun und daraus möglichst noch eine Krücke zu entwickeln, die einem hilft, regelmäßig Aufmerksamkeit zu bekommen, anstatt in die richtige Richtung zu laufen und die Dinge in die Hand zu nehmen, um sie zum Erfolg zu bringen.«

Interessiert legte ich meinen Kopf schief. »Meinst du, ich bin auch nicht emotional intelligent?«, wollte ich ehrlich wissen.

Tony lächelte. »So wie man Muskeln trainieren soll, soll man auch seine emotionale Intelligenz fördern und trainieren. Sagen wir, du bist noch im Probetraining. Und das ist nicht böse gemeint. Wir werden dir mit Gesprächen zeigen, wie wichtig das Reden ist, das Kommunizieren, die Selbstgespräche und und und.« Tony lächelte.

»Und warum ist das so wichtig für einen Job?«, wollte ich wissen.

»Weil du nicht einfach einen Job brauchst, Colette. Du möchtest doch deine Lebenszeit nicht mit irgendeinem Job verschwenden? Es soll eine Stelle sein, in der du aufblühst wie eine Blume. Ein Job, wo jede Minute wertvoll ist, wo es schön ist, mit den anderen zusammen zu sein und für dieses Unternehmen zu arbeiten. Wir sind auf der Welt, um Emotionen zu erfahren. Das ist das Hauptthema eines jeden Menschen. Deswegen werden wir eher auf einen Schauspieler hören, der uns mit seinen Filmen berührt, als auf einen Politiker, der unseren Intellekt ansprechen möchte. Denk nur einmal an die unsinnigen Wahlplakate am Rand der Straße.«

Das leuchtete mir ein, und Tony fuhr fort: »Wir sind süchtig nach Emotionen, das macht uns aus. Das Erspüren, das Fühlen, das ist so wichtig. Wir sind regelrecht süchtig danach. Wir haben vor hunderten von Jahren ähnlich wie die Fluchttiere Situationen erlebt, die unser Herz zum Rasen gebracht haben. Der Kreislauf schoss in die Höhe und Adrenalin wurde ausgeschüttet, wenn man beispielsweise vor einem wilden Tier fliehen musste. Wenn wir danach wieder in Sicherheit waren, konnte sich das Ganze wieder beruhigen. Ähnlich den Gazellen in Afrika, wenn du so willst. Wir haben heute aber eine Art Dauerstress kreiert, in der die ganzen Stresshormone ausgeschüttet werden, so als wären wir auf der Dauerflucht. Eine ruhige Phase, um den Stresspegel wieder zu senken, gibt es danach kaum. Und weil wir derart menschenunwürdig ‚gehalten' werden, suchen wir laufend wieder diesen Kick. Und meistens ist es eben so, dass wir ihn auf eine negative Art und Weise suchen, denn diese Gefühle erlauben uns, dass wir uns in dieser überlauten Welt wenigstens irgendwie spüren, während wir die eigene innere Stimme gar nicht mehr hören können. Das ist wichtig für uns, denn wir haben eigentlich ein emotionales Leitsystem, wenn du so willst. Unglücklicherweise haben die wenigsten Menschen gelernt, es anzuwenden. Der Lärm da draußen und der Lärm der Kompensationen ist viel zu laut geworden dafür. Leider lernen wir in der Schule Frühenglisch und allerhand pädagogischen Schwachsinn, anstatt Abläufe, wie der Mensch tatsächlich funktioniert: Wie er liebt, wie er Anerkennung und Liebe zu trennen lernt, wie er sich selbst stärkt und wie Beziehungen zu führen sind, wie wichtig eine klare Kommunikation ist und wie unabdingbar Ziele sind. Das alles lernen wir nirgendwo. Wenn du dir die Vorbilder von heute ansiehst, in den Familien, in der Politik, im Fernsehen und anderen Autoritäten, dann wird's schwierig, solche zu finden, an denen man sich wirklich orientieren könnte. Das Leben fällt einem nicht einfach in den Schoß und es funktioniert auch nicht über Aus- und Weiterbildungen. Die Natur, unser ganzes Sein funktioniert völlig anders, aber niemand bringt uns das bei. Das Leben lernen wir durch Erfahren.«

Einmal mehr hing ich an Tonys Lippen. Ich konnte ihm stundenlang zuhören. Es machte einfach Sinn, was er sagte, und ich wollte mehr davon erfahren. »Du meinst, dass ich quasi mein viel zu klein geratenes Rudel in Form meines Partners verlieren würde, wenn ich von Jürg wegginge, macht mich nun unsicher. Daher habe ich mir mehr Familienzugehörigkeit von dir erhofft, meinem neuen Familienoberhaupt.«

Verblüfft sah mich Tony an. »Wow, du lernst echt schnell. So in etwa könnte man es erklären. Sehr gut, ich freue mich, dass du das so gut erkannt hast.«

Mir wurde langsam klar, dass Tony wirklich recht hatte. »Hm … Dann möchte ich mich dafür entschuldigen, wie patzig ich vorher war.«

Tony lächelte. »Das ist okay. Es macht mich froh, dass du anfängst, deine eigenen Dämonen zu durchschauen. Vergiss nicht: Sie waren bisher wertvolle Begleiter. Es geht nicht darum, sie einfach zu verjagen. Wir enttarnen sie, schauen an, was sie zu sagen haben, und dann entscheidest du, ob du sie weiter brauchst oder ob sie gehen dürfen.« Ich nickte lächelnd. »Aber jetzt schauen wir uns unser Weinsortiment an, okay?«, forderte mich Tony auf.

9. Das Produkt ist »eigentlich« unwichtig

Im großen Logistikkeller waren die Wände voller üppig gefüllter Regale. Daneben führten die Verladerampen nach draußen. In der Ecke befand sich ein kleines, hübsches Büro für die Mitarbeiter, in dem jeder Arbeitsplatz mit privaten Fotos der Familien und Interessen an ihren Fußballvereinen eingerichtet war. Fein säuberlich waren zur Orientierung die Kontinente oben an den Gängen der Weinregale angeschrieben, in den einzelnen Reihen dann die Länder plus eine Unterteilung in einzelne Weingüter. Die Auswahl war beeindruckend. Vor allem erstaunte mich, dass es große Weinanbaugebiete in Ländern gab, von denen ich nicht einmal gewusst hatte, dass Wein dort wuchs.

Carlos, der Logistikleiter, und seine zwei Mitarbeiter Nino und Felipe begrüßten uns herzlich. Alle drei waren Südländer. Sie umarmten Tony und mich kurz und tauschten ein paar Fragen und Antworten aus. Die herzliche Nähe, die hier wie selbstverständlich gelebt wurde, irritierte mich nicht mehr ganz so wie am Anfang. Im Gegenteil: Ich genoss das familiäre Klima sehr. Dabei fiel mir auf, dass Tony scheinbar alles über die Familien der drei wusste. Er erkundigte sich nach dem Knie von Carlos' Tochter, die beim Fahrradfahren gestürzt war und sich mittelschwer verletzt hatte. Er wusste von dem neusten Rezept von Ninos Frau, die versuchte, mit Hilfe von Youtube-Filmen die neusten Kochideen online zu verkaufen. Tony wusste auch um die Eltern von Felipe, die noch vor ein paar Tagen hier in der Schweiz bei ihrem Sohn Ferien gemacht hatten, und er wollte wissen, ob sie wieder gut nach Hause gekommen waren.

»Chef, du musst dir die Palette aus Südafrika ansehen. Schon zum zweiten Mal ist viel Bruchware dabei.« Nino zeigte auf die hintere Ecke des Lagers.

Carlos nickte zustimmend. »Die vielen Veränderungen sind nicht immer gut, vor allem beim Transport wird möglicherweise gespart. Auf dem Schiff muss die Ware einfach besser verpackt sein. Ich bin nicht sicher, ob das Problem auf See entstanden ist oder auf dem Lkw. Sie haben einen neuen Spediteur. Wir haben alles aufgeschrieben und fotografiert, bevor abgeladen worden ist, damit wir keine Probleme bekommen.« Carlos hielt Tony einen Lieferschein hin, auf dem genau notiert worden war, was geliefert worden und was genau kaputt gegangen war.

»Das macht ihr hervorragend, danke für eure Arbeit. Vielen Dank für euer Engagement! Komm, wir schauen uns das Ganze mal genauer an.« Tony winkte mir und gemeinsam marschierten wir in die Ecke, in der uns eine Tafel mit der Aufschrift »gesperrt« begrüßte. Die rote Flüssigkeit des Weins war ausgelaufen, überall roch es nach Wein, Kartons waren nass, Scherben waren in einen Eimer zusammengekehrt worden. Tony nickte stumm, während er sich den Schlamassel anschaute.

»Wir haben auch im Verkauf negative Rückmeldungen erhalten. Die Qualität des Weines hat ebenfalls gelitten. Ich kann es nicht mit Sicherheit sagen, aber ich vermute, sie verwenden nun bei der Vinifikation Holzschnipsel, um den Vorgang zu beschleunigen, anstatt dem Wein die nötige Ruhe im Fass zu geben. Ich muss mir das genau ansehen und mit Hank reden.« Hank war sein Ansprechpartner in Südafrika auf einem großen Weingut, wie Tony mir erzählte. Ein wichtiger Partner für ihn und LEBEN AG.

Mich erstaunte, dass alle vier die Ruhe selber geblieben waren. Keiner wiederholte die Geschichte mehrmals, wie ich das aus anderen Firmen kannte. Kein Schimpfen, keine Klagen und kein Urteil. Die Situation wurde nüchtern aufgenommen, Tony holte sich alle Details und bat darum, die Fotos per E-Mail aufs Handy zu bekommen.

Als wir wenig später die Gänge inspizierten, in denen die Weine gelagert wurden, sprach ich Tony an, was er nun mit diesen Leuten in Südafrika machen würde. Dabei hatte ich mich darüber aufgeregt, dass wir nun einige Bestellungen nicht fristgerecht ausliefern konnten, wie Felipe erwähnt hatte.

»Das geht doch nicht, du wirst denen was erzählen müssen. Ich hab auch in der Transportbranche gearbeitet. Also deine Männer haben das wirklich gut gemacht wegen der Versicherung und so. Aber meiner Meinung nach ...« Ich plapperte wild drauf los, ließ kein gutes Haar an dem südafrikanischen Weingut, bis Tony schließlich stehen blieb, die Augenbrauen zusammendrückte und die Hand hob.

»Colette, haben wir ein Problem und ich weiß noch nichts davon?«

»Wieso, was meinst du?«, wollte ich wissen, schließlich wollte ich nur helfen. Sie mussten sich vorbereiten, für alle Fälle, wenn die in Südafrika sich querstellen wollten.

»Colette, wir haben eine Versicherung, die Männer haben sich korrekt verhalten und ich werde Hank offen darauf ansprechen, was los ist. Dann werde ich es erfahren und dann erst kann ich mir in Ruhe überlegen, wie ich darauf reagieren möchte. Bis dahin möchte ich keine Zeit und Energie in Wut, Mutmaßungen oder gar negative Szenarien investieren, die ich mir möglicherweise noch selbst zusammenbastele wie eine selbsterfüllende Prophezeiung.«

Ich war ziemlich sprachlos, aber Tony legte mir sanft die Hand auf die Schulter. »Colette, beruhige dich. Selbst wenn es schiefgelaufen sein sollte, selbst wenn sie wirklich den Wein so produzieren: Wir werden gemeinsam sprechen und einen Weg finden. Es gibt immer eine Lösung. Lass nicht zu, dass solche Dinge deinen Geist verschmutzen und dir deine Zeit stehlen. Das ist es nicht wert. Auch möchte ich zuerst gerne Hanks Meinung hören, bevor ich irgendein Urteil fälle. Vielleicht geht es ihnen nicht gut, vielleicht brauchen sie unsere Hilfe. Colette, das ist ein Partner von uns. Wir arbeiten schon lange mit ihm zusammen. Menschen machen Fehler, ich inklusive. Und ich möchte, dass Hank die Gelegenheit bekommt, dazu Stellung zu nehmen. Vielleicht weiß er nicht mal etwas davon. Und er würde mit mir genauso verfahren, wenn es um uns ginge.«

Ich blieb stehen, das leuchtete mir ein. »Langsam komm ich mir vor wie ein Idiot«, seufzte ich, aber Tony nahm mich spielerisch in den Arm.

»Das möchte ich nicht mehr hören. Wir ticken hier einfach anders, Colette. Wir sind sehr viel bewusster, klarer und langsamer unterwegs, menschenwürdiger, menschenähnlicher. Deswegen kommt es dir vor, als wenn du eine neue Sprache lernen müsstest. Es ist alles in Ordnung mit dir. Denk dran, dass wir den gefüllten Topf da oben«, er zeigte auf meinen Kopf, »zuerst leeren müssen.« Dann lachte er und ich musste grinsen. »Wir alle freuen uns ehrlich, dass du hier bist. Du machst nichts falsch, es ist alles in bester Ordnung.« Da war es wieder, dieses Gefühl vom »Richtigsein«.

Tony erklärte mir die Weinspezifikationen, er zeigte mir den Unterschied zwischen Offenwein und Flaschenwein sowie deren Qualitäten. Mit Hingabe berichtete er mir von den Weingütern, von den Aromen ihrer Weine, den typischen Eigenschaften der unterschiedlichen Vinifikationen, von den Gegenden und von den Menschen, die dort arbeiteten, und wie ihre Energie der Arbeit und ihrer Motivation in die Qualität des Produktes hineinfloss. In seinen Erzählungen hingen bunte Worte, die mir lebendige Bilder vermittelten. Ganz genau konnte ich mir vorstellen, wie es dort aussah, wie sie arbeiteten. Tony hatte eine unglaubliche Gabe, die Dinge auf den Punkt zu bringen. Er hörte gut zu, nahm auf, was sein Gegenüber ihm erzählte, und ich war fasziniert, was er im Gegenzug alles zu berichten wusste. Und er wusste einfach alles. Ich bewunderte die Art, mit welchem Engagement er von seinen Geschäften berichtete und mit welcher Wertschätzung er seinen Partnern begegnete.

»Es ist aber doch einfacher, Weine zu verkaufen als etwas Anderes, oder?«, wollte ich schließlich von ihm wissen.

»Meinst du?«

Ich nickte. »Klar, stell dir vor, du musst Heizkörper verkaufen oder Türen oder so was.«

»Ich glaube, das kommt nicht so sehr auf das Produkt an. Schließlich habe ich es zu Hause ganz gerne warm. Außerdem ist es blöd, wenn es durch das Loch im Eingang reinzieht«, lachte Tony.

Da konnte ich nicht anders und musste in sein Lachen mit einstimmen. »Das hat was.«

Tony lehnte sich lässig an ein Regal. »Nein, im Ernst, Colette, es ist streng genommen völlig unwichtig, was du verkaufst. Es gibt Leute, die können anderen Scheiße verkaufen und ihr Gegenüber bedankt sich noch dafür.«

»Ja, aber trotzdem: Mit Wein ist es doch einfacher, die Leute zum Kaufen anzuregen.«

Tony hob eine Augenbraue. »Es gibt Dutzende Weinunternehmen, die rote Zahlen schreiben oder Pleite gehen.«

»Ehrlich?« Das erstaunte mich nun doch sehr.

Tony nickte. »Siehst du, es geht nicht nur um das Produkt, sondern es geht um dein Gegenüber. Du musst dich für die Welt da draußen interessieren. Wen hast du vor dir? Was hat er dir zu erzählen? Was hat er oder sie für Bedürfnisse? Wir alle sind irgendwie doch immer auf der Suche nach Anerkennung und sind süchtig nach guten Emotionen. Ich hasse es beispielsweise, wenn jemand mit dem Handy spielt, während ich zugegen bin. Das ist einfach respektlos. Ich möchte meinem Gegenüber in die Augen schauen und ich bin hungrig darauf zu erfahren, wer er ist, woher er kommt und wohin er gehen will. Außerdem denke ich, dass ein Unternehmen, egal was es produziert oder verkauft, eine gute Energie haben muss, und dazu trägt jeder einzelne Prozess bei. Jeder einzelne. Es gibt keine unwichtigen Prozesse oder Arbeiten. Du kannst die besten Produkte haben, doch wenn die Chemie nicht stimmt, wirst du keinen Erfolg haben.«

Meinen Blick auf die Weine aus Italien geheftet, fragte ich: »Aber es sind doch nicht alle Menschen interessant?«

»Das liegt immer im Auge des Betrachters, aber ich lerne bei jedem Menschen etwas. Vielleicht kann ich lernen, welche Körpersprache er benutzt, oder er gibt mir einen wertvollen Hinweis für mein Leben. Vielleicht ist es aber auch nur die Zeit, die er mir schenkt oder ich ihm. Menschen zu begegnen, ist sehr aufregend, es ist respektvoll, dich auf ein Gespräch einzulassen. Jemandem zu vermitteln, dass er etwas Besonderes ist, ist wohl das größte Geschenk, das du jemandem machen kannst. Das ist das eigentliche Geheimnis des Verkaufens. Aber«, er hob die rechte Hand und den Zeigefinger, »wenn du das nur aus Berechnung tust, wird das eine Weile funktionieren, doch nicht ewig. Dein Interesse muss echt sein.«

»Aber nicht jeder ist was Besonderes«, warf ich ein.

»Sagt wer?« Tony sah mich amüsiert an.

»Also, ich meine …« Ich saß in der Falle.

»Jede Mutter findet ihr Kind das Schönste auf der Welt. Allein die Tatsache, wie ein Mensch entsteht, ist ein derartiges Wunder. Jeder Mensch lebt mit sich ein ganzes Leben lang und ist sich selber das Wichtigste. Und, Colette, jeder hier ist aus einem Grund hierhergekommen. Du bist hierhergekommen, um einen Beitrag zu leisten. Die Welt wäre nicht dieselbe ohne dich. Das gilt für jeden Menschen. Jeder hat eine Gabe, die nur er beherrscht und für die er gemacht wurde. Bist du ernsthaft der Meinung, nicht jeder Mensch wäre was Besonderes? Colette, sieh dir alleine die Anatomie eines Menschen an, wie viel tausend Funktionen der Körper jede Sekunde ohne dein bewusstes Zutun vollbringt. Sieh dir die Menschen an, welch großartige Geschichten sie mitbringen, und sieh dir ihr Potenzial an. Sie könnten die ganze Welt verändern.« Mit großen Gesten wirbelte Tony vor mir herum. »*Du* könntest die Welt verändern«, erklärte er mir.

»Ich?« Erschrocken blickte ich zu ihm hinüber. »Ist das nicht ein wenig verrückt?«

»Das hoffe ich doch. Ich hoffe inständig, dass ich die verrücktesten Seiten von dir kennenlerne und du genau das ins Unternehmen einbringst. Ja, ja, ja«, rief Tony und ich war nicht sicher, ob er jetzt durchdrehte oder er mich einfach nur veralbern wollte. »Du bist ebenso etwas Besonderes wie Felipe, wie Carlos, wie Rico, wie alle. Colette, kennst du Walt Disney, sagt dir Albert Einstein etwas, hast du schon von Keanu Reeves gehört?«

Natürlich hatte ich, die kannte schließlich jeder.

»Glaubst du, sie wussten, wie brillant sie waren, als sie noch nicht berühmt waren?«

Das leuchtete mir ein, aber mich mit solchen Größen zu vergleichen, fand ich dann doch ein wenig seltsam.

»Kannst du dir eine Welt ohne die Disney-Filme vorstellen?« Tony blickte mir in die Augen, ich schüttelte den Kopf.

»Nein, um Himmels willen, nein.«

»Siehst du, was passiert wäre, wenn sich Walt Disney von seiner Vision hätte abbringen lassen? Was glaubst du, wie lange diese berühmten Leute gebraucht haben, um dort zu sein, wo sie heute sind? Das fiel nicht in die Wiege, das mussten sie sich teilweise hart erarbeiten. Das sind interessante Geschichten. Wenn Walt Disney sich beispielsweise als Angestellter hätte kleinreden lassen, wenn er sich ausreden hätte lassen, was er alles und wie er die Welt verändern kann. Glaubst du ernsthaft, der stand vor dem Spiegel, hat sich einen Klaps auf die Schulter gegeben und gesagt, dass er das größte Trickfilmunternehmen der Welt kreieren würde?« Wieder war ich fasziniert vom Feuer in Tonys Augen und den vielschichtigen Themen, die für ihn mit zur Arbeit gehörten.

»Natürlich kommt es auch darauf an, was du produzierst oder verkaufst. Und das sollte ebenso mit Herz gemacht werden und von hoher Qualität sein. Aber zu einem guten Unternehmen gehören vor allem aufmerksame Menschen, die sich selbst lieben und achten, die den Moment genießen und auf ihr Gegenüber eingehen, Partnerschaften eingehen mit allen Anspruchsgruppen und diese ehrlich pflegen, so als müsstest du einen Garten bewirtschaften. Das muss ich als Inhaber vorleben, damit ich andere mit dem anstecken kann, was ich verzapfe. Ich kann nichts von dir verlangen, was ich selbst nicht wahrhaftig vorlebe.

Danach ist es noch viel wichtiger, Freude zu haben. Ohne Freude geht gar nichts, Colette. Es muss Spaß machen. Wenn es keinen Spaß macht, hör auf damit. All die bierernsten Firmen mit ihren aufgeblasenen Geschäftsleitungen, den viel zu eng gebundenen Krawatten … Was soll das Ganze? Wir nehmen uns viel zu ernst. Nimm das Leben nicht zu ernst, du kommst eh nicht lebend raus.« Tony lachte. »Ernsthaft Colette, Freude ist eine wichtige Basis, wenn nicht überhaupt DIE Basis. Wenn du voller Freude arbeitest, wird alles ins Fließen kommen, inklusive dem Geld. Geld folgt der Freude. Aber nicht überall, wo Geld fließt, kommt auch die Freude hin. Du solltest mich schon so gut kennen. Ich will, nein, ich verlange, dass in jeder Situation beide Seiten gewinnen. Das ist mein Anspruch, also auch für die Freude und das Geld. Das geht alles Hand in Hand. Die meisten Firmen machen das nur viel zu kompliziert.«

»Das kann ich schon verstehen, Tony, nur…« Ich blickte ihn unsicher an. »Wie soll das gehen, jeden Tag Freude zu haben?«

»Indem du die Einstellung wählst, du entscheidest, wie du dich fühlst, was du denken und machen willst, Colette. Die meisten Leute da draußen kultivieren ihr Opferdasein täglich aufs Neue. Du entscheidest, wie lange du traurig bist, wie lange du ins Jammern investierst. Du entscheidest ganz allein, ob du jeden Tag aufs Neue erklärst, warum die Vergangenheit immer noch Macht über dich hat. Die Vergangenheit ist nämlich schon vorbei. Das passiert nicht einfach so mit dir. Du entscheidest. Und ganz ehrlich, Colette, du kannst dir gar nicht erlauben, schlechte Laune zu haben oder nicht die Freude zu wählen. Denn alles Andere bringt nur die falschen Schwingungen in dein Leben, mit denen du wieder neuen Mist verursachst und damit nur das in dein Leben ziehen kannst, worüber du sprichst und nachdenkst. Wenn du an diesem Leben ernsthaftes Interesse hast, gibt es keine andere Wahl als die Freude und die Motivation und die Entscheidung, das innere Feuer zu entzünden und zwar jeden Tag. Entweder findest du einen Weg, das zu tun, oder eine Ausrede.

Das Resultat siehst du in deinem Leben, in deinen Beziehungen, in deinen Finanzen und in deiner Gesundheit.«

Langsam nickte ich mit dem Kopf. Natürlich, ich hatte so was auch schon gehört, aber dass ich das von einem Firmenboss zu hören bekam, immer wieder? Ich war nachdenklich geworden.

»Weißt du, Colette, die meisten Unternehmen reduzieren sich auf ihre Produkte und ihre Prozesse. So viele Führungskräfte haben noch nicht verstanden, auf welchem unglaublichen Potenzial sie sitzen. Da haben sie Schätze vor ihren Augen und nutzen sie nicht, weil sie lieber alten Reglementierungen und Firmenabläufen hinterherlaufen, die nicht nur so verstaubt sind, dass man daran ersticken könnte, sondern auch längst nicht mehr zeitgemäß. Das, was wir in den Schulen und in den Firmen predigen, ist aufgebaut auf die Philosophien einer Gesellschaft, in der Menschen Kriegsschauplätze aufgeräumt haben. Sie haben erstmals Firmen und Autos gebaut. Sie haben ganz andere Werte gepflegt und eine andere Weltanschauung. So vieles hat sich in der Zwischenzeit verändert! Das digitale Zeitalter bricht herein und mit ihm eine globale Vernetzung. Wir sehen die Welt heute komplett anders. Da müssen wir auch das Arbeitsumfeld anpassen. Wir haben neue Werte, Wertigkeiten und haben andere Bedürfnisse als die Generationen vor uns. So viel mehr Leichtigkeit, viel mehr Licht und Klarheit, aber auch so viel Kreativität, Liebe und Anerkennung wird freigesetzt und bedingt, dass wir die gesellschaftlichen Strukturen, die Art zu lehren, die Art zu sein anpassen müssen. Es wird Zeit, dass das auch in den Unternehmen Platz findet.«

»Es wäre schön, wenn noch mehr Unternehmen so denken würden wie du.« Das war mein Ernst, es machte so viel Sinn, was Tony sagte.

»Daran arbeiten wir. Vielleicht finden wir sogar einen Weg, wie wir andere Unternehmer, Führungskräfte und Coaches davon überzeugen können, in diese neuen Wertigkeiten zu investieren. Sieh dir LEBEN AG an! Ich bin überzeugt, dass unser Erfolg nicht von ungefähr kommt. Unsere Zusammenarbeit basiert auf dem, was ich dir vorhin gesagt habe.«

»Ja, mir scheint, dass wir uns selber das Leben schwermachen. Ich kannte bisher nur Arbeitsverhältnisse, in denen ich so schnell wie möglich den Tag rumbringen wollte.«

»Siehst du? Und dafür ist doch dein Leben zu schade, dafür bist *du* doch zu schade.«

»Das ist wohl wahr.«

Wir schlenderten durch die Gänge und sahen uns bei den Weinflaschen an, woher sie kamen. Tony erklärte mir, wie er zu den Geschäftsbeziehungen gekommen war, wie die Weine zu ihm gefunden hatten, wie er die Weingüter besuchte und wer die Menschen waren, die die Weine produzierten. Mir fiel auf, dass es nicht nur um Produkte ging, wie er sagte, sondern dass es ihm ein Anliegen war, mir über jedes Weingut zu berichten. Dass dahinter Schicksale standen, Menschenleben, Visionen, Existenzen und sehr viel Wissen und Engagement. Und nebenbei hatte er großen Wert darauf gelegt, dass die Weine aus nachhaltiger Produktion stammten, die Qualität gut war und in einem guten Preisleistungsverhältnis stand. Menschen mussten fair entlohnt werden. Er unterstützte keine Billiganbauten, in denen Arbeitskräfte ausgenutzt wurden. Es machte so viel Freude, von ihm zu lernen, und erstaunlicherweise wusste ich Stunden später noch die meisten Einzelheiten des Gesagten. Viele Etiketten waren mir im Gedächtnis geblieben und obwohl mein Kopf übervoll war, war ich selig berührt, erfüllt von einer selten da gewesenen Zufriedenheit. Die Ansichten von Tony beeindruckten mich, vor allem, weil sie tatsächlich funktionierten. Soweit ich wusste, stand das Unternehmen mit besten Zahlen auf dem Markt.

Nach dem Mittagessen schauten wir uns die Werbeprospekte an, die LEBEN AG herausgab. Die Prospekte hatten diesen Namen gar nicht verdient. Es waren vielmehr Bücher, die auf qualitativ hochwertigem Papier gedruckt worden waren und mit Prägungen der Wappen der Weingüter und hoch aufgelösten Bildern für Aufsehen sorgten.

»Die sind bestimmt ganz schön teuer«, mutmaßte ich, als Tony mir die wertvoll aussehenden Bücher überreichte.

»Ich gebe nichts raus, was ich nicht selber zu Hause aufbewahren würde. Immer alles billig zu machen, gibt nur den Eindruck, selber billig zu sein. Außerdem verkaufen wir mit den Weinen tatsächlich auch Lebensgefühl, Zeit füreinander, kulinarische Raffinesse … Und mal ehrlich: Würdest du dieses Werbematerial einfach wegwerfen?«

Ich erinnerte mich daran, wie ich Prospekte, die ich bekam, manchmal ein paar Tage aufbewahrte und anschließend achtlos wegwarf, anfänglich meist interessiert an den Produkten, die nach kurzer Zeit vergessen waren.

»Tja, und das ist auch klar so. Einerseits hat dich niemand berührt – emotional berührt –, der die Produkte verkauft, und andererseits werden die Prospekte ziemlich lieblos hergestellt. Sie sind ein Mittel zum Zweck. Oft sind die Produkte dahinter keinen Deut besser. Ich mülle dich mit viel Werbematerial zu, damit du möglichst viel und schnell bei mir kaufst, weil ich ganz viel Umsatz brauche, und blende dich mit schönen Bildchen auf massenhaft Flyern. Diese Art zu verkaufen, ist heute Gang und Gäbe. Du spürst die Verzweiflung der Verkäufer regelrecht. Die einen können ihre Bedürftigkeit mit hoch dotierten Schulen und reißerischen Körperspracheseminaren anfänglich gut kaschieren, aber du spürst immer, ob jemand ehrlich hinter dem steht, was er tut. Mal ehrlich: Wunderst du dich heute noch darüber, warum Firmen ihre sogenannten Zahlen nicht erreichen? Alles schnell, schnell, hopp, hopp. Gut Ding will Weile haben, glaub mir. Du spürst, ob derjenige wirklich Feuer und Flamme ist für das, was er macht und was er verkauft. Weißt du, es kommt nicht so sehr darauf an, was du machst und was du verkaufst, sondern WIE du das tust. Das ist das Entscheidende. Auch hier: Ich würde niemals lieblos produzierte Prospekte verteilen. Ich habe diese Weine zu meinem Leben gemacht, ich lebe für diese Firma und ich bin einfach hungrig danach, den Menschen diesen Lifestyle vorstellen zu dürfen. Mit den Weinen habe ich die besten, genialsten und unglaublichsten Menschen an meiner Seite, die diese Leidenschaft teilen. Wie könnte ich so etwas nicht den ganzen Tag machen wollen? Außerdem: Stell dir all die genialen Menschen vor, die mit ihrem ganzen Wesen die Weine produzieren, Weingüter unterhalten und ihre ganze Zeit dafür investieren. Wie willst du das auf billigen Blättern rüberbringen? Mit jedem Gespräch können wir einem Menschen ein Lächeln ins Gesicht zaubern. Ich will, dass meine Verkäufer und auch alle anderen sich für die Kunden Zeit nehmen, dass sie zuhören, dass sie präsent sind, dass sie ihrem Gegenüber wirklich den Spiegel vorhalten und ihm zeigen, wie unglaublich genial derjenige ist. Er soll immer ein gutes Gefühl haben, wenn jemand von LEBEN AG mit ihm Kontakt hatte.«

Ein ehrgeiziges Unterfangen, wie ich fand. Aber nach allem, was ich gehört hatte, konnte ich mir vorstellen, dass jemand wie Tony Leben das wirklich umzusetzen verstand.

»Glaubst du wirklich, dass das mit allen Produkten möglich ist? Ich meine, um auf die Heizkörper zurückzukommen …«, lachte ich.

»Das glaube ich in der Tat. Du wirst lachen, aber wenn wir uns noch vor ein paar Jahren angeschaut haben, wie die Inhaber der einzelnen kleinen Firmen für ihre Unternehmen regelrecht geglüht haben …«, schwärmte Tony. »Es ist so vieles verloren gegangen mit diesen modernen Bunkern, in denen wir arbeiten, als wären wir in Hühnerställen als Masttiere gefangen. Aber ich kenne noch ein paar Kollegen, die so ticken wie ich, und ich achte darauf, dass ich selber auch an Orten oder in Unternehmen einkaufe, die eine ähnliche Philosophie pflegen wie ich. Wir müssen uns zusammentun. Ich meide die großen Einkaufszentren, unterstütze die kleinen, regionalen Läden und die Bauern hier. Sie investieren ihre ganze Existenz in ihre kleinen Unternehmen. Deshalb unterstütze ich sie gerne, damit diese Betriebe und Höfe weiter bestehen.«

»Wir gegen den Rest der Welt?«, wollte ich wissen, und Tony nickte.

»So in etwa, wenn du so willst.«

Er machte eine Pause, sein Gesicht wurde ernst. »Ernsthaft, Colette. Es ist wichtig, dass wir aus der Masse aussteigen, die hirnfrei auf einen Eklat zurast. Ich möchte wirklich Menschen berühren und sie veranlassen, eigene Wege zu gehen, neu zu denken und Mauern einzureißen. Dafür ist es wichtig, ein Vorbild zu sein, und zwar nicht nur ich, sondern jeder von uns in diesem Unternehmen.«

Ich überlegte einen Moment. »Du hast schon so viele Menschen angesteckt. Es werden noch mehr, da bin ich sicher.»

10. Irrtümer / Projektionen

Der späte Nachmittag tauchte den Hang hinter dem Haus in lange Schatten. Langsam wurde der nahende Herbst spürbar. Jeden Morgen war es ein wenig kühler als am Vortag und erstmals säumten helle Laternen am Morgen die Straßen. Valentina und ich bewältigten die Personaladministration und hatten viel zu lachen.

»Musst du nicht langsam nach Hause?«, fragte sie mich und ich schaute auf die Uhr. Schon 18 Uhr, so lange war ich selten bei der Arbeit gewesen, ich musste selbst schmunzeln.

»Es macht so viel Spaß, da will man gar nicht nach Hause.«

Valentina sah mich von der Seite prüfend an. »Das hat nicht zufälligerweise auch noch mit Jürg zu tun, oder?«

Das musste ich verneinen, denn erst jetzt kam mir Jürg in den Sinn. Ich hatte ihn völlig vergessen. Das Thema machte nicht mehr so viel mit mir, wofür ich sehr dankbar war. Ich redete noch kurz mit Valentina darüber, bevor ich mich auf den Heimweg machte. Ein wenig nervös war ich schon, aber lange nicht mehr so durch den Wind wie noch vor ein paar Stunden.

Jürg war zu Hause, hockte vor dem Fernseher und blickte zu mir hoch, als ich zur Türe hereinkam.

»Hallo«, sagte er und ich spürte, wie verunsichert er klang.

»Hallo, hallo«, sagte ich in einem freundlichen Ton, legte meine Tasche an der Garderobe ab und hockte mich zu ihm auf die Couch. Verlegen legte er den Arm um mich. Ich kuschelte mich an ihn, mein Herz raste.

»Wie war dein Tag?«, wollte er wissen und glotzte in den Bildschirm.

»Genial«, gab ich offen zu.

Jürg nickte und wandte mir den Blick zu. »Scheint dir da sehr zu gefallen.«

Nun war es an mir zu nicken. »Ja, es ist völlig anders, als ich das bisher aus anderen Unternehmen kenne. Und es macht unglaublichen Spaß.«

Jürg schaute mich unverwandt an. »Das klingt in der Tat spannend. Ich meine, wenn es sogar Spaß macht zu arbeiten.« Er meinte es wirklich so, wie er es sagte.

»Ich hätte das selber nie für möglich gehalten«, erklärte ich ihm.

»Und was ist an der Stelle so anders?«, wollte er wissen.

»Hm … Das kann ich nicht einfach in zwei Sätzen erklären«, gab ich ihm zu verstehen.

»Okay, und wenn du dir einfach Zeit nimmst, es mir zu erklären?«, fragte er.

Damit hatte ich nun gar nicht gerechnet.

»Klar, gerne«, antwortete ich ihm und Jürg knipste den Fernseher aus. Dann begann ich ihm zu erklären, wie ich mich in der letzten Firma gefühlt hatte, was alles passiert war und wie ich auf LEBEN AG gestoßen war. Zwischendurch machte ich eine Pause, weil es mich verunsicherte, dass er schweigend zuhörte, echtes Interesse bekundete und mir einfach lauschte, egal, wie lange es dauerte. Ich machte mich auf dumme Bemerkungen gefasst, aber sie blieben aus. Ich erzählte ihm voller Inbrunst von LEBEN AG und den Ideen von Tony Leben, davon, wie er die Welt sah und wie die Firma funktionierte.

Nach über einer Stunde, in der nur ich geredet hatte, lehnte Jürg sich zurück. »Wow, ich beneide dich.« Etwas sprachlos und verunsichert blickte ich ihn an. »Ich hab dich noch nie so glücklich gesehen«, sagte er plötzlich, sah mich milde lächelnd an und wirkte irgendwie traurig.

»Ich weiß selber grad nicht, was da mit mir passiert.«

Jürg nickte, dann legte er endlich die Fernbedienung weg, die er die ganze Zeit in Händen gehalten hatte. Eine Weile schwiegen wir.

»Es freut mich, dass du eine so tolle Stelle gefunden hast. Ehrlich.«

Mir wurde bewusst, dass wir eigentlich noch nie ein solches Gespräch geführt hatten und war ein wenig distanziert. Es war schön, sich mit ihm zu unterhalten, aber irgendwie war die Stimmung seltsam aufgeheizt. So ernst und so reif hatte sich Jürg mir noch nie präsentiert und ich war unsicher, ob mir das gefiel.

»Ich hab's versaut, hab ich recht?«, fragte Jürg mich plötzlich.

Wie ein Stromstoß schoss Angst durch meinen Körper, dann atmete ich durch. Ich blickte zu Boden und überlegte einen Moment. »Ich weiß nicht so genau. Ich glaube, es geht nicht so sehr darum, ob und wer etwas versaut hat. Meine Meinung – und diese Erkenntnis habe ich erst jetzt gewonnen – ist, dass wir uns gar nie richtig Zeit füreinander genommen haben, um uns kennenzulernen. Ich denke auch, dass wir uns selbst gar nicht richtig kennen. Vielleicht auch, weil wir nicht wissen, was wir vom Leben, von uns oder vom Anderen überhaupt erwarten.«

Interessiert hörte Jürg zu, gedankenverloren nickte er. »Die Firma macht dich ganz schön klug«, lächelte er.

»Damit könntest du sogar recht haben.« Irritiert starrte ich ihn an. Keine dummen Bemerkungen, keine herablassenden Gesten, einfach nur Jürg. »Weißt du, dass ich gerade bemerke, dass ich's genauso versaut habe?«, sagte ich zu ihm.

»Wieso meinst du?«, wollte Jürg wissen.

»Irgendwie habe ich mir immer nur eine vage Vorstellung gemacht, wie du bist. In unsere Beziehung habe ich mich nie wirklich eingebracht. Ich überlegte nur, was du falsch machst und was du alles *nicht* machst. Insgeheim erwartete ich, dass du mich glücklich machst. Dabei fällt mir auf, dass ich nie richtig mit dir geredet habe. So erwachsen wie gerade eben, meine ich. Und ich war so beschäftigt damit, davon auszugehen, dass du weißt, was ich brauche, dass ich mich wie ein verzogenes Kind aufgeführt habe.«

Einen Moment lang schwieg Jürg. »Wenn ich ehrlich bin, ging es mir doch genauso. Seltsame Geschichte, diese Liebe.« Stille erfüllte das Wohnzimmer, Jürg nahm meine Hand. »Was machen wir denn jetzt damit?«

Ich schüttelte den Kopf. »Es ist eine seltsame Situation, ich weiß grad nicht.«

»Ich bin nicht so gut im Reden«, gab Jürg zu.

»Und? Hast du 'ne Theorie, woher das kommen könnte?«, fragte ich ihn vorsichtig.

»Na ja … Bei uns zu Hause wurde meist geschwiegen. Kann man so was lernen?«

»Ich glaube, wenn man will, kann man alles lernen«, lächelte ich ihn an.

»Da könntest du recht haben, aber ich meine, willst du mich denn überhaupt noch?«

Ich verstand plötzlich, wie unsicher auch Jürg war. Auf diese Frage war ich nicht vorbereitet.

»Ach, Jürg, ich wüsste so gerne eine Antwort darauf. Ich weiß im Moment gar nicht, wo mir der Kopf steht. Es passiert so viel mit mir in der Auseinandersetzung mit dieser Firma, dass ich zuerst selber einmal herausfinden muss, was und wer ich genau bin.« Ich war erstaunt über meine Klarheit und meine Ehrlichkeit.

Jürg wirkte verletzt, aber er nickte mit dem Kopf. »Das ist ein ehrliches Statement.«

»Willst du denn überhaupt noch?«, fragte ich ihn.

»Weißt du, Colette, mir fällt in diesem Gespräch irgendwie auf, dass ich gar nicht wirklich weiß, was Liebe ist. Ich bin beeindruckt, wie du dich veränderst, und ich freue mich für dich, aber ich verliere mich gerade ein wenig. Vielleicht ist es aber auch das, was ich brauche, weil ich mir nie um so was wie den Sinn des Lebens Gedanken gemacht habe. Als du mir vorhin von LEBEN AG erzählt hast und wie dieser Tony Leben so tickt, war ich wirklich eifersüchtig. Aber nicht eifersüchtig, weil du ihn so anhimmelst, sondern weil er dir über dieses Leben so viel beibringt, wovon ich keinen Plan habe. Wenn ich unsere Beziehung ansehe, dann sind da schon Gefühle. Ich hab dich ehrlich gern, aber ich weiß nicht, ob ich dich liebe. Wenn wir schon dabei sind, so ehrlich zu sein, dann würde ich gerne herausfinden, was das eigentlich ist und was ich vom Leben möchte.«

»Es tut trotzdem weh«, sagte ich und Jürg nickte.

»Das tut es. Vielleicht müssen wir noch lernen, dass Liebe und Liebe nicht dasselbe ist.«

»Das könnte gut sein.«

Wir saßen eine Weile da und schwiegen.

»Colette, lass uns was essen gehen, ich lade dich ein.« Jürg erhob sich und hielt mir die Hand hin. »Vielleicht müssen wir uns zusammenraufen und als Freunde neue Wege gehen.«

Ich blickte zu ihm hoch und nickte.

Dann machten wir uns auf in ein Lokal, in dem wir beide noch nie gewesen waren. Mir fiel auf, dass wir ganz anders miteinander umgingen. Wir nahmen uns Zeit, auf den Anderen einzugehen.

»Ist krass, dass man zuerst eine Krise braucht, um zu erwachen«, meinte Jürg.

»Bereust du, was du vorhin gesagt hast?«, fragte ich nach.

»Nein. Es tut weh, wie sich das alles verändert, und das ist wohl das erste Mal, dass ich das auch formulieren kann. Aber ich sehe selber, dass wir an einem Scheideweg stehen.«

»Vielleicht wird ja doch noch alles gut.«, meinte ich hoffnungsvoll.

»Das wird es bestimmt, aber ob miteinander als Paar weiß ich nicht«, sinnierte Jürg

»Müssen wir das denn heute klären?«, wollte ich wissen.

»Vielleicht nicht heute, aber ich denke, wir müssen uns schon klar darüber werden, was wir voneinander wollen, sonst halten wir den Anderen hin.«

»Das stimmt allerdings auch«, seufzte ich. Irgendwie wollte ich Jürg und irgendwie nicht. Mir lag alles auf dem Magen und doch befreite mich dieses Gespräch mit Jürg aus einem uralten Schmerz.

»Lass uns erst mal einfach den Abend genießen. Heute ist wichtig, dass wir erstmals wirklich ehrlich zueinander sind, egal wie es ausgeht«, schlug Jürg vor und ich stimmte zu.

Der Abend gestaltete sich in der Folge entspannter, Jürg erzählte mir zum ersten Mal von seinen beruflichen Projekten, von den Trainingsfortschritten und von den Motorradfreunden. So ausgelassen und redselig hatte ich ihn noch nie erlebt, doch ich bemerkte, dass er ganz andere Vorstellung vom Leben hatte als ich. Nach ein paar Gläsern Wein wurde er noch offener und schwärmte von Motorradtrips, die er machen wollte, nach Skandinavien beispielsweise. Er träumte seit Jahren davon, die Route 66 in Amerika zu befahren, und irgendwann wollte er einmal einen Camper mieten und ganz Australien bereisen. Normalerweise trank Jürg nur Bier, heute Abend trank er mir zuliebe Wein, aber das sagte ihm eigentlich gar nicht zu. Mit Wein hatte er nichts am Hut. Er erzählte mir davon, dass er gerne in einem Loft mit schwarzen Möbeln wohnen würde. Am liebsten mit dem Motorrad neben dem Bett, in der Nähe der Stadt, wo er nur aus dem Haus purzeln musste, um seine Freunde im Pub zu besuchen. Ich hörte ihm lange zu und mit jedem Satz wurde mir immer klarer, dass ich keine Ahnung hatte, wer Jürg eigentlich war.

»Du bist so still geworden«, sagte er zu mir und ich summte ein zustimmendes »Hm«.

»Mir fällt gerade auf, dass ich dich eigentlich gar nicht kenne«, antwortete ich, hielt mein Weinglas in der Hand und ließ den Wein darin kreisen.

»Wieso meinst du das?«, wollte er wissen.

»Es ist herrlich, wie deine Augen leuchten, wenn du das alles erzählst. Doch all das, was dir gefällt, könnte ich mir im Leben nicht vorstellen.«

Jürg blickte mich an. »Was wäre denn für dich wichtig?«, fragte er mich.

Als Antwort schwärmte ich vom eigenen Haus, das dem Anwesen von LEBEN AG sehr ähnlich war, von einem eigenen, großen Garten und von eigenem Gemüse. Von den Obstbäumen wollte ich selber Wein herstellen. Ich sagte, dass ich lernen wollte, wie man Kräutersalben macht, wie man Erdbeerwein herstellt und wie man Peperoni in Öl legt. Ich erzählte von einer großen Küche, in der ich stundenlang kochen würde und in der ich meine selber eingelegten Obstsorten verarbeiten würde. Vor meinem inneren Auge sah ich einem Tisch, an dem mindestens zehn Leute zum gemeinsamen Essen saßen. Ich erzählte ihm von leer getrunkenen Weinflaschen, von lachenden Menschen, von Grillabenden und von einem Haus, in dem viele Menschen ein- und ausgingen, weil sie zu einer selbst gewählten Familie gehörten. Das Haus müsste in der Landwirtschaftszone liegen, wo einen das Kuhglockengeläut in den Schlaf wiegen würde, wo die Grillen in der Nacht laut zirpten, vielleicht irgendwo Frösche sangen und von wo ich in aller Stille auf den Bodensee blicken konnte. Im Winter sollte da viel Schnee liegen und irgendwann sollten da Katzen zu Hause sein und ein Hund, den ich zur Arbeit mitnahm oder der das Haus bewachte.

»Das klingt sehr schön«, sagte Jürg.

»Klingt es wirklich, aber ist wohl so gar nicht deins, oder?«

Jürg wartete mit einer Antwort. »Ich könnte mir vorstellen, dich zu besuchen, aber so leben könnte ich nicht.«

Am nächsten Morgen war ich früh unterwegs in die Firma. Nur die Wagen der hier wohnenden Parteien standen auf dem Parkplatz, ich war also die Erste. Mein Ankommen zerstörte die idyllische Stille des Morgens und ich schloss die Autotüre so leise wie möglich. Beinahe geisterhaft wirkte der Flur, als ich so früh und alleine zum Personalbüro hinaufschritt. Ich ertappte mich dabei, dass ich auf Zehenspitzen ging, weil mir das Hallen meiner Schritte so laut vorkam. Sonst war das Haus voller Leben und voller Lachen. Das Gespräch gestern mit Jürg hatte mich aufgewühlt. Seltsam befreit war ich, obschon ich nicht wusste, wie ich mit mir umgehen sollte, denn jetzt lag ein Neuanfang vor mir, der mich ängstigte. Also suchte ich Zuflucht an dem einzigen Ort, an dem ich mich wohlfühlte.

Es war noch nicht einmal halb sieben, als ich im Büro ankam und den Computer hochfuhr. Ich legte meine Schlüssel auf den Tisch, darunter meine Tasche und streifte die Schuhe von den Füßen. Dann sah ich mir die Papiere an, die liegen geblieben waren. In wenigen Momenten war ich in der Arbeit drin, erledigte die Anmeldung für eine Grenzgängererlaubnis, erneuerte eine Ausländerbewilligung für einen anderen Mitarbeiter und für die bevorstehenden Messen hatte ich online Bewilligungen beantragt. Dann machte ich mir dazu Notizen und legte sie im Lohnbuchhaltungsordner im jeweiligen Register ab, damit nichts unterging. Die monatlichen Statistiken waren liegen geblieben. Valentina hatte mir in der Theorie erklärt, wie das funktionierte. Also machte ich mich an die Listen, ergänzte die komplex wirkenden Zahlen mit denen des aktuellen Monats. Dann schrieb ich Notizen von ihr ins Reine, in ein Heft, das sie nachher nach Themen sortieren konnte. Schließlich gab es für die Ablage noch einiges zu tun und ich machte mich barfuß daran, den Stapel abzuarbeiten.

Zwischendurch hatte ich das Fenster geöffnet. Von weit her bimmelten Kuhglocken, draußen hörte ich den Brunnen plätschern, ich war im Einklang mit mir. Im Büro des früheren Arbeitgebers war immer ein Radio an gewesen. Hier war es herrlich still, so friedlich, sodass ich kein Bedürfnis nach Berieselung durch einen Radiosender hatte.

»Klopf, klopf«, hörte ich eine bekannte Stimme und Tony Leben stand in der Tür, eingekleidet in Reithosen, Reitstiefeln und einem Poloshirt. »Bist du aus dem Bett gefallen? Ist alles in Ordnung?«

»Du siehst gut aus, das Outfit steht dir. Aber nein, ich bin nicht aus dem Bett gefallen. Ich hatte gestern nur ein langes Gespräch mit Jürg.«

So als wüsste Tony bereits, was ich ihm hätte sagen wollen, nickte er. »Du hast doch mal gesagt, du reitest.«

»Ja, das ist aber eine Weile her.«

»Begleite mich, dann können wir quatschen.«

Ich legte den Locher zur Seite und folgte ihm.

»Meine Frau hat sicher noch irgendwo Reitsachen, die du anziehen kannst, wenn du magst.«

Das war mir recht und so lernte ich Tonys Frau kennen.

»Es ist mir eine Freude, dich endlich kennenzulernen«, sagte Ida, als ich in der Wohnung der Lebens stand. Die Fenster weit offen, den Blick auf den Bodensee gerichtet, bestaunte ich die Wohnung, die freundlicher Zeuge eines warmen Familienumfelds war.

»Verzeih, dass wir uns erst jetzt sehen. Ich war noch in Italien. Eine Freundin will heiraten und hat uns quasi zu Abschiedsferien eingeladen.« Sie lachte herzlich und umarmte mich. Eine nicht ganz schlanke, rothaarige Frau stand vor mir, sie musste etwa gleich alt sein wie ihr Mann. Die ersten Falten zierten ihr Gesicht, insbesondere die Lachfalten um ihre Augen. Sie war mir auf Anhieb sympathisch.

»Aus meiner schlankeren Phase habe ich sicher noch eine Stretch-Jeans und ein Shirt, das du für den Ausritt nehmen kannst, wenn du magst. Isst du nachher mit uns?«

Sie wuselte in die Küche und zeigte auf den Kühlschrank und die Kaffeemaschine.

»Ich möchte euch nicht stören«, sagte ich unsicher.

»Unsinn, du bist herzlich willkommen, dann lerne ich dich besser kennen. Schließlich gehörst du jetzt auch zur Familie«, lachte sie.

»Okay, wenn das für dich okay ist, gerne.«

Und schon war Ida unterwegs nach oben und kehrte kurz darauf mit einigen Kleidern zurück, die ich probieren sollte, um darin auszureiten.

Wenig später marschierte ich mit Tony zu den Stallungen, die ich bis dato noch nicht gesehen hatte. Die Luft war kühl, aber die Sonne erhellte den Hang langsam. In der Nacht hatte es wohl ein wenig geregnet.

»Welche Pferde bist du früher geritten?«, wollte Tony wissen.

»Verschiedene, aber vor allem Friesen. Ich hatte ein Pflegepferd, einen Friesenhengst.«

»Einen Hengst? Du liebe Güte, mir reicht mein Wallach schon«, lachte Tony.

Die Stallungen waren groß, hell und die Pferde konnten selber entscheiden, ob sie sich drinnen oder draußen aufhalten wollten. Vier Tiere weideten draußen auf der großen Koppel, die leicht zur Bodenseeseite abfiel. Hinter uns im Hang die Weinberge und vor uns die Pferde, bemerkte ich, wie sehr es mir hier gefiel. Das Läuten der Kuhglocken drang mir ins Ohr, eine Fliege huschte schnell an uns vorbei. Unter den vier Pferden erkannte ich eine schwarze Stute mit langer Mähne.

»Das ist doch nicht etwa ein Friese?«, fragte ich Tony und der lächelte verschmitzt.

»Doch, deswegen musste ich vorhin so schmunzeln.«

»Wow.«

»Du kannst noch wählen. Sunshine ist mein Wallach, der weiße.« Er zeigte auf einen Schimmel, der im Sonnenlicht beinahe ein wenig die Augen blendete.

»Er ist wunderschön. Wie alt ist der?«

»Oh, Sunshine hätte dem Metzger zugeführt werden sollen. Wir haben ihn im letzten Moment gerettet. Der Herr ist schon rund zehn Jahre alt, also ideal für mich. Ich reite ja noch nicht so lange. Wir nehmen es ganz gerne gemütlich zusammen«, lachte Tony.

Wir schlossen die Stalltür hinter uns und betraten den zur einen Seite offenen Stall, marschierten zu den Pferden auf der

Koppel und Tony rief die vier: »Sunshine, Nemo, Dory, Khaleesi.«

Die Tiere hoben ihren Kopf, Sunshine bewegte sich sofort in unsere Richtung. Tony griff in einen Topf, der am Fenster stand, und nahm Karotten heraus.

»Hier, mein Schöner«, sagte er dem Wallach, reichte ihm mit flacher Hand die Karotte und streichelte seinen Kopf. Kauend kam Sunshine zu mir, schnupperte an mir, während ich ihn am Hals streichelte.

»Das da ist Nemo.« Tony zeigte auf einen braunroten Wallach. »Das da ist Dory.« Dory war eine kleinere Stute mit anthrazit wirkendem Fell. »Und das da ist die stolze Khaleesi.« Er zeigte auf die Friesenstute, die ihren Kopf hob und stolz zu uns herüberblickte.

Ich war auf der Stelle verliebt.

»Deinem Blick nach zu urteilen, wirst du Khaleesi reiten, oder?«

Ich nickte. »Wenn ich darf?«

»Das passt hervorragend, Nemo wird von meinem Sohn Ralph geritten, Dory von meiner Tochter Maddy. Wir hatten uns schon ein wenig Sorgen gemacht, wem wir wohl Khaleesi aufs Auge drücken könnten«, lachte Tony. »Also nur, wenn du willst. Hast du Lust, sie ab und zu zu reiten? Ich meine, wenn die Chemie zwischen euch stimmt?«

Sie stimmte.

Während wir die Tiere versorgten und auch gleich noch die Stallungen ausmisteten, was mit Tony großen Spaß machte, quatschen wir darüber, wie er reiten gelernt hatte, wie oft er schon gestürzt war und was er sonst noch alles mit den Pferden erlebt hatte.

Beide Tiere waren alsbald gestriegelt, gesattelt und wir waren aufgesessen. Tony hatte einen Funksender, mit dem er das große Tor der Koppel öffnete und schloss.

»Das ist ja praktisch«, lachte ich.

»Ja, Reichtum darf auch ein paar unsinnig angenehme Seiten haben«, lachte er und nahm die Zügel in die Hand.

Dann marschierten die beiden Pferde gemütlich nebeneinander her in die Richtung des nahegelegenen Waldes.

»Und nun erzähl, was ist gestern passiert? Ist Jürg ausgeflippt, wie du befürchtet hast?«

»Nein, ganz und gar nicht«, sagte ich und erzählte ihm ausführlich, wie wir gestern erstmals wirklich reden konnten.

Als ich endete, waren wir schon mitten auf einem Waldweg. Zwischen den Bäumen sickerte Sonnenlicht durch, irgendwo klopfte ein Specht, dutzende Vögel sangen um die Wette. Die Ruhe war herrlich. Wir schwiegen einen Moment, hörten uns in aller Demut die Stille an, unter uns die wogenden Bewegungen der Pferde, das Schnauben von Sunshine und das weiche, klopfende Geräusch der Hufe auf dem Waldboden.

»Und warum bist du dann so früh im Büro gewesen?«, wollte Tony schließlich wissen.

»Ich weiß irgendwie nicht, wohin mit mir. Das Gespräch ist gut gelaufen, aber ich hätte das nie für möglich gehalten. So etwas hätte ich früher gebraucht. Ich meine, es wäre schön gewesen, wenn Jürg vorher schon so geredet hätte. Aber dann bin ich wieder traurig, weil er so komplett anders tickt. Kann er nicht einfach gerne so leben, wie ich es möchte?« Die Worte sprudelten nur so aus mir heraus. »Weißt du, es ist so ungerecht, dass das jetzt alles so kommt. Jetzt, wo er endlich so ist, wie ich ihn gerne hätte, da gibt es kein Entkommen. Wir passen nicht zueinander. Weißt du, ich fühle mich so unglaublich wohl bei euch, dass ich eigentlich nur noch mit euch zusammen sein möchte. Aber das ist doof, weil das ja nur ein Arbeitsplatz ist, und ich muss doch lernen, realistisch zu bleiben. Und ich muss doch mein Leben auf die Reihe bekommen. Ach, es ist einfach so viel.«

Tony hob die Hand. »Bitte einmal Luft holen, da wird einem ja schwindlig«, lachte er.

Die Pferde trotteten weiter gemütlich vor sich her, als Tony sagte: »Bei so vielen Themen ist das kein Wunder, dass du durcheinander bist.«

»Ja, aber was soll ich denn machen?« Ich hatte die Zügel losgelassen und Khaleesi hatte sich selbstständig an den Wegesrand begeben, um dort Gras zu fressen. Als ich die Zügel wieder aufnahm, konnte ich sie nicht mehr dazu bewegen weiterzugehen. Also zerrte ich an dem Leder herum, sagte ihr unsanft, sie solle weitergehen und machte mich ganz steif auf dem Pferd.

»Durchatmen, Colette, einfach durchatmen. Wart einen Moment, lass ihr etwas Zeit.«

Ich sah Tony an, entspannte mich, atmete tief durch, bis ich bemerkte, dass Khaleesi ihren Schweif hob und zuerst einmal Kot absetzen musste.

»Siehst du, die Dame möchte auch gerne in Ruhe ihr Geschäft machen«, lachte er. Ich kam mir dumm vor. »Colette, du bist wahnsinnig unruhig, Khaleesi spürt das. Wir haben alle Zeit der Welt. Und jetzt hör dir den Wald an und atme einmal richtig tief durch.«

Ich tat es Tony nach, der die Augen geschlossen hatte, tief ein- und ausatmete. Nach einer Weile öffnete ich die Augen und bemerkte, dass Tony mich beobachtete. »Lust, weiterzureiten?«

Ich nickte. »Sagst du denn gar nichts dazu?«, wollte ich von ihm wissen.

»Doch, wenn du das möchtest.«

»Ja, bitte.«

»Wir neigen dazu, in unangenehmen Situationen zu lange zu warten, bis wir reden oder handeln. Und dann entstehen so viele einzelne Teile, die sich in einem großen Ganzen sammeln. Oft vermischen sich dann noch weitere Probleme, sodass sich alles viel zu groß anfühlt. Dass du gestern mit Jürg reden konntest, hat damit zu tun, dass du dir selbst und ihm endlich Raum gegeben hast. Du hast in den letzten Tagen andere Ideen gehört und deinen Topf angefangen, von altem Gedankengut zu befreien. Jeder hat eine Idee von sich selbst und jeder hat eine Idee von bestimmten Menschen und Dingen. Vor allem, wenn wir diese zu kennen glauben. Wir ahnen oft nicht, wie sehr wir mit unserem Verhalten dazu beitragen und mitverursachen, wie der Andere sich gibt, und halten das dann auch noch für wahr. So was nennen wir dann Wissen. Aber mit Wissen hat das nichts zu tun. Es ist lediglich eine Konditionierung von Ereignissen, die wir für real halten, und schließlich stimmen wir uns mit unserer Energie darauf ein, damit das Leben auf diese vorgefasste Meinung reagieren muss. Wenn wir aufhören, an diese Meinung zu glauben, wenn wir anfangen, neue Fragen zu stellen, verändern sich die Dinge, manchmal sogar sehr schnell. Wir geben uns seit Jahren dieselben Antworten und glauben, sie seien wahr. Das nennen wir dann Realität, insbesondere, weil das Leben immer wieder darauf eintritt und uns beweist, dass es doch wahr sein muss. Dabei ist jeder Moment neu und kann mit keinem alten verglichen werden. Wir glauben aber an diese sogenannten Realitäten, die wir tatsächlich für wahr halten. Dabei haben wir lediglich mit unserem Verhalten, mit unseren Überzeugungen dazu beigetragen, dass sie sich überhaupt formen konnten.«

Ich sah zu Tony hinüber.

»So was kann man nicht mit dem Verstand erfassen, Colette. Wo zu viel Verstand ist, kann sich das Leben nicht entwickeln. Dein echtes Wissen, dein wahres Wesen kann nur von deinem Herzen erfasst werden und darum geht es. Du bist ein ganz spezielles Wesen, wie jeder andere Mensch auch, wie Jürg. Du bist von einer Idee ausgegangen, wie er sein sollte, und mit diesen Projektionen haben sich unterschiedliche Wahrheiten abgespielt, in denen Jürg erstens nicht er selber sein konnte und zweitens du deine bisherigen Dramen nähren konntest. Beides war für diese Zeit für beide Parteien wichtig. Es ist nie ein Fehler passiert. Das ist gar nicht möglich, denn erst durch das Aufdecken dieses sogenannten Fehlers könnt ihr nun wachsen, egal ob zusammen oder alleine. Letztens Endes ist dein Leben DEIN Leben und du bist dir verpflichtet. Du hast also gestern nicht nur einen Menschen befreit, sondern gleich zwei, und damit meine ich nicht alleine das Gespräch. Du hast in Jürg einen Funken entzündet, sich dem Leben und sich selbst gegenüber zu öffnen. Das ist ein großes Geschenk. Ohne den Schmerz, der dazu geführt hat, wäre das nie möglich gewesen. Wir lernen immer erst im Vergleich.«

Was Tony sagte, fühlte sich richtig an.

»Du kannst und wirst nie einen Mann oder einen anderen Menschen ändern. Und das sollst du auch nicht. Aber du kannst und wirst bitteschön an der Idee arbeiten, was du von dir hältst und was du von Anderen hältst. Und gemeinsam können wir den alten Topf leeren, damit Neues hineinfließen kann. Indem du die alten Ideen infrage stellst, kreierst du Raum für Neues, und zwar für Wahrhaftiges. Indem du Fragen stellst und die Antwort offenlässt, kann sich das Leben neu entfalten, dich in einen Fluss mitreißen, der dir die Türen einfach und leicht öffnet, die du brauchst, um dein wahres Selbst zu entfalten und zu leben. Du hast nie die falschen Leute angezogen, Jürg war nie nicht richtig. Es waren deine Schwingungen, deine Entsprechungen, die letzten Endes alles auf den Plan gerufen haben, um dich zu spiegeln. Darin kannst du entweder ein Jammertal sehen und dich beklagen oder dich aufgeregt fragen: ‚Wie um alles in der Welt habe ich das kreiert?'. Dann kannst du nämlich alles neu verursachen, indem du die Fragen stellst und einfach fließen lässt. So kannst du dich in die Richtung verändern, die du aus freien Stücken wählst, und bist nicht mehr länger Opfer der Umstände.«

»Dann habe ich nichts falsch gemacht?«

»Nein, wir können nichts falsch machen, in dem Sinn, den du meinst. Aber wir dürfen Fehler machen, um zu ENTdecken, was wir für uns brauchen. Fehler sind wichtig, Colette. Damit findest du heraus, wie es sich anfühlt, wenn etwas nicht zu dir gehört oder nicht in deinem Leben einen Platz erhalten soll. Oder es hilft dir, etwas als Schatz anzuerkennen, was du bisher nie gewürdigt hast. Fehler zu machen, ist auch im Arbeitsleben äußerst wichtig, um voranzukommen. Leid erschafft immer weiteres Leid, es kann nicht in Fluss kommen. Viele Menschen halten sich und andere in Beziehungen fest, weil sie eine Vorstellung davon haben, wie der andere zu sein hat. Sie nennen das dann Liebe. Und wenn so etwas nach jahrelangem Zweckoptimismus auseinandergeht, machen sie die Liebe für ihr Drama verantwortlich. Dabei war es ihr eigener voller Topf von vorgefassten Meinungen, der Dramen kreiert und Leid verursacht hat. Damit hatte die Liebe gar nichts zu tun. Deswegen ist es auch kompletter Unsinn zu behaupten, dass Frauen gewisse Klischees bedienen oder Männer. Wir haben höchstens gelernt, was die Masse von Frauen oder Männern denkt, und wenn wir diese Klischees immer wieder bedienen, haben wir selber gewählt, an diesen Dramen mitzuwirken und an diesen Klischees festzuhalten.«

»Dann kann Liebe gar nicht wehtun?«

»Nein, kann sie nicht. Dass, was deinen Schmerz ausmacht, hat mit dir zu tun, mit deiner Geschichte, mit deinen Erwartungen, die du auf jemanden projiziert hast. Die Liebe ist einfach nur die Liebe. Sie ist rein und voller Heilung. Sie wird dich auch weitertragen. Liebe *ist* einfach. Sie fragt nicht, es gibt dort kein Schwarz oder Weiß. Die Liebe *ist* einfach und sie ist groß, unendlich groß.«

»Das klingt wie in der Kirche.«

»Das fühlt sich unangenehm an, nicht wahr?«

»Ja, es klingt seltsam«, stimmte ich Tony zu.

»Nun, auch das ist eine vorgefasste Meinung. Siehst du, wir haben in den letzten Jahrzehnten eine Gesellschaft kreiert, die die Liebe darstellt, wie sie nicht ist. Sieh dir all die Schnulzen an, die in Hollywood produziert werden. Ohne Schmerz und Drama würde es nie eine Oscar-Verleihung geben. Hör dir all die Dramen an, die in den Liedern besungen werden. Ohne diesen unendlich bittersüßen Schmerz, den wir mit Liebe verbinden, würde es ganz viele Künste nicht geben. Das mag soweit auch in Ordnung sein, aber sie sagen nichts über die echte Liebe aus. Kunst ist wichtig, um zu wachsen und sich auszudrücken. Es ist jedoch nur die Meinung der Menschen, die mitgeholfen haben, diese Gesellschaft mit ihren Ansichten zu kreieren. Eine davon ist eben diese über die Liebe, verbunden mit Schmerz und Betrug. Die Liebe ist trotzdem einfach nur die Liebe. Sie hat nichts mit den Liedern, den Filmen und dem ganzen Zeugs zu tun. Sie war vor tausenden von Jahren schon rein und wird es immer bleiben. Aber viele gelten als schwache Unternehmer, wenn sie über die Liebe reden. In der Arbeitswelt hat die Liebe nichts zu suchen. Was für ein Blödsinn! Die Liebe gehört in jeden Bereich, in jeden. Die Liebe lässt Dinge erst richtig aufblühen. Wir interpretieren Dinge in Momente hinein wie in fast alles. Wie du in die Beziehung mit Jürg, beispielsweise. Dann bist du enttäuscht. Und das ist gut so, denn enttäuscht zu sein heißt, das Ende einer Täuschung zu sehen. Du hast dich getäuscht, dabei warst du dir noch nicht einmal darüber im Klaren, was du wirklich gebraucht hättest, was du wolltest. Du warst ein bedürftiges Kind auf der Suche nach Liebe und Zugehörigkeit. Dann hast du im See der Singles gefischt und einer hat angebissen. Eine Weile habt ihr euch gegenseitig gefüttert mit den großen Gefühlen des Verliebtseins, dem Sex, all dem Ganzen, bis sich herauskristallisiert hat, dass es nicht unbedingt passen muss, nur weil man im gleichen See schwimmt.« Tony lächelte und ich musste auch schmunzeln. »Doch dann findest du heraus, dass er dich nicht glücklich machen kann, weil er nicht macht, was du erwartest. Abgesehen davon, dass du nicht mal mit ihm darüber geredet hast, was du von ihm erwartet hast, ist viel wichtiger, dass du gar nicht wusstest, was du wirklich brauchtest. Außerdem ist es nicht sein Job, dich glücklich zu machen. Das ist ganz allein dein Job. Und ich denke, du wirst hier lernen, was du wirklich willst und was dich glücklich macht. Es ist wichtig, sich dem zu stellen. Vom bedürftigen Kleinkind kann man nicht erwarten, dass er zu einem wertschätzenden Partner wird, Colette. Das gilt für dich und Jürg und für viele andere auch.«

»Aber ist das nicht ungerecht?« Noch immer waren wir im Wald unterwegs, trotteten auf eine Lichtung zu.

»Lass uns eine kurze Rast machen, okay?« Tony lenkte seinen Wallach zu einer Feuerstelle, wo er absaß und mir half, die Pferde anzubinden. »Das Leben ist nicht ungerecht. Es kann gar nicht ungerecht sein. Das ist nicht möglich. Das Leben ist immer gerecht.«

»Aber …?«, wollte ich ihn unterbrechen, aber er legte liebevoll die Hand auf meine erhobene.

»Moment noch. Colette, du hast Gedanken, Gefühle, einen inneren Dialog, eine Schwingung, die du nach außen trägst. Gedanken, die jeden Tag fast genauso sind wie die von gestern. Dein Gehirn fängt an zu glauben, was es denkt. Darauf reagiert das Leben und es bringt dir immer, wirklich immer die Entsprechung dazu in dein Leben. Viele Menschen verstehen nicht, dass sie ihr Denken und Fühlen zuerst nachhaltig verändern müssen. Auf Veränderung zu hoffen, ohne etwas zu tun, ist wie an einem Hafen darauf zu warten, dass über das Wasser ein Zug fährt, um dich abzuholen. Wenn du dich kleinmachst, musst du Dinge und Menschen anziehen, die das bestätigen oder sich größer machen als du. Es steht auf deiner Stirn: 'Ich bin ein Opfer, bitte macht euch groß, weil ich so klein bin. Ich bin nichts wert, bitte beweist mir das jeden Tag.' Das ist nicht logisch und doch ist es das Logischste, was ich kenne, wenn du dich mit der Balance der Natur auseinandergesetzt hast. Die Schwingungen deiner Gedanken und Gefühle sind heute auch messbar, man kann das längst alles nachweisen. Man kann es auch die spirituellen Gesetze oder das Gesetz der Anziehung nennen. Mir ist es eigentlich egal, wie man es nennt. Ich weiß, dass die Quantenfelder funktionieren. Es funktioniert, ob du daran glaubst oder nicht.«

Ich runzelte die Stirn. Natürlich, davon hatte ich schon gehört, aber ich konnte nicht glauben, dass ich alles selber verursacht haben sollte. Wenn ich da an die letzte Firma dachte …

Nach einer kurzen Pause fuhr Tony fort: »Schau dir einmal die Beziehung zu Jürg an. War es wirklich echte Liebe, die dich zu ihm hingezogen hat? Hast du wirklich ehrliches Interesse daran gehabt, dass er sich so entfalten kann, wie es für ihn wichtig gewesen wäre, ohne dass du deswegen dein eigenes Leben vernachlässigt hast, ohne dein eigenes Wesen auf ihn einzustimmen, mit dem einen oder anderen Hintergedanken? Streng genommen hast du ihn benutzt, deine Freizeit zu füllen, damit du nicht alleine bist. Du hast ihn in deine Projektionen einbezogen, um ihm etwas anzudichten, das er nicht war, nie sein wird. Das hast du nicht absichtlich gemacht und so läuft auch die Schöpfung deines Lebens. Du hast so vieles unbewusst erschaffen, dass du nicht glauben kannst, dass das dein Werk sein soll. Und jetzt willst du keine Verantwortung dafür übernehmen. Es ist einfacher, wenn jemand Anderer der Schuldige ist. Aber das wird dir nur noch mehr von diesen unbewussten Schöpfungen bringen. Du machst dich selbst zum Opfer. Doch es gibt eine gute Nachricht: Du kannst lernen, bewusst zu sein und achtsam zu erschaffen, die Verantwortung übernehmen, selbst kreieren und das anstreben, was du wahrhaftig und wirklich willst. Und so, wie alte Pfade schon ausgeleiert sind, wird es ein paar Bereiche im Leben geben, die sich nicht so schnell ändern lassen. Andere wiederum schon. Du hast es in der Hand, wie dein Leben sich entwickelt. Hör auf, das Opfer zu spielen. Du bist viel zu wertvoll dafür.«

Ich überlegte einen Moment. »Dann bin ich auch selbst schuld daran, wie man mich am letzten Arbeitsplatz behandelt hat?« Mir war etwas flau im Magen.

»Nun, Colette, hier müssen wir ein wenig differenzieren. Wir sind ja nicht ganz allein auf der Welt und das gilt insbesondere für die Arbeitswelt. Unternehmen und Kollektive funktionieren nicht ohne ihre Menschen. Viele unbewusste Schöpfer haben an einem Arbeitsplatz wie deinem letzten jeden Tag miterschaffen, wie sich das entwickelt hat. Aber als Erstes gilt es zu verstehen, dass es nicht um Schuld geht. Es geht um Verantwortung, besser gesagt, um Verantwortlichkeiten. In diesem Wort liegt auch das Wort ‚Antwort'. Das heißt, das Leben antwortet auf dich, deswegen trägst du die Verantwortung für das, wie du dich fühlst. Darauf wiederum kann dein Leben antworten. Wir müssen nicht immer lächelnd durch die Gegend rennen, aber es ist entscheidend, ob wir uns einem Thema stellen oder nicht. Wenn etwas geschieht, was dich traurig oder wütend macht, dann darfst du ja sagen zu der Trauer oder zu der Wut. Das ist menschlich und das ist wichtig. Aber es gibt eine Grenze, in der das Ganze schließlich im selbstinszenierten Drama endet, um es als Krücke zu benutzen, Aufmerksamkeit zu generieren oder ein Habenwollen durchzusetzen.« Soweit konnte ich Tony folgen, das leuchtete mir ein. »Wir haben verlernt, artgerecht zu leben, wenn du so willst.»

11. Artgerechte Haltung des Menschen

»Aber wir sind doch keine Tiere«, sagte ich etwas pikiert zu Tony. Ich mochte ja seine Vergleiche und ich liebte Tiere, aber den Ausdruck »artgerechte Haltung« fand ich etwas heftig.

»Schön, dass du dich darüber aufregst, Colette. Schau, es ist ganz einfach. Wir haben seit dem Aufschwung nach dem Krieg angefangen, uns vollkommen unnatürlich aufzuführen. Wenn du dir die letzten paar tausend Jahre ansiehst, waren die Menschen in ihren Behausungen daheim, meist in mehreren Generationen, also von Kind bis Großeltern oder gar Urgroßeltern. Sie haben Gemüse angepflanzt und sind einer sogenannten redlichen Arbeit nachgegangen, die meist mit ihrem Zuhause in Zusammenhang stand. Sie waren Gemüsebauern und arbeiteten in Stickereien, Bäckereien und so weiter. Zusammenhalt, zusammen arbeiten und gemeinsame Aktivitäten waren die Basis der Gemeinschaft der Menschen. Angefangen vom gemeinsamen Anbau von Gemüse über gemeinsame Jagd, gemeinsam Häuser bauen und unterhalten, gemeinsames Kochen, Essen, auf die Kinder schauen und und und. Es waren überall Gemeinschaften vorhanden, selbst in den besseren Kreisen. Das hat die Sippschaften gestärkt und ihnen Sicherheit gegeben. Es gab keine Wohnblocks, es gab keine Single-Wohnungen und keine Altersheime, in welche man jemanden abschiebt. Insbesondere gab es keine Fabriken, in die Menschen wie Vieh gepfercht wurden. Sie waren alle Familienmitglieder. Es gab für jeden einen wertschätzenden Platz, jeder war wichtig und jeder war Teil dieser Gemeinschaft. Wenn du dir die Bergbauern ansiehst oder gewisse Regionen: Alleine wären Menschen gar nicht lebensfähig gewesen. Auch auf die Plünderungen von früher bezogen: Gemeinschaft bedeutete Überleben. Das ist bis heute in unserem System gespeichert. So wie die Lachse beispielsweise alle zur selben Zeit wissen, wann sie losschwimmen müssen, um zu laichen. Die haben kein Smartphone, das sie daran erinnert. Sag mir jetzt bitte noch einmal, dass das alles weit hergeholt ist, wenn ich von ARTGERECHT spreche. Natürlich war früher nicht alles besser. Es waren harte Zeiten und es gab sicher auch viel Leid. Aber das hatte auch damit zu tun, dass Bildung ein paar Wenigen vorbehalten war, die Politik oder Religion vorschoben, andere zu manipulieren oder sie zu benutzen. Der Mensch musste lernen, mit der Natur zu leben. Viele Gemüsesorten konnten nur saisonal geerntet werden. Die Natur gab den Kreis vor, was es zu essen und zu arbeiten gab. Die Häuser mussten dementsprechend gebaut werden, man musste sich in Kleidung, Arbeit und Zusammenhalt der Jahreszeit anpassen. Es war normal, auf Dinge warten zu müssen, sie erarbeiten zu müssen. Es war nicht immer alles verfügbar. Genau das hat Wertschätzung gebracht. Für etwas zu kämpfen oder zu arbeiten, hat sich gelohnt, hat Sinn gegeben und Freude bereitet. Im Sommer waren meist alle draußen, da gab es viel Arbeit, um im Winter drinnen zu sein, von der Ernte zu leben und so weiter. Du weißt schon, was ich meine.«

»Ja, aber ich möchte nicht mehr so leben. Wenn ich daran denke, wie beispielsweise Frauen behandelt wurden ...«

»Da hast du absolut recht, aber auch das hat mehr mit der Idee von Religion zu tun, die, geschaffen von Menschenhand, so viel Macht bekommen hat. Viele haben mitgemacht, um dieses Bild zu nähren und aufrecht zu erhalten.

Die heutige Zeit hat viele guten Seiten, da hast du recht. Ich möchte die vielen Annehmlichkeiten auch nicht missen. Ich möchte dir das auch nur als eine Art Vergleich vermitteln. Mir geht es mehr darum, dass für den Menschen nicht alles gut ist, was wir uns da reingezogen haben. Ich bin überzeugt, dass die laufende Vereinsamung von heute zu Depressionen und Isolation führt und zu noch viel größeren Problemen. Ich bin überzeugt, dass die meisten Krankheiten, angefangen von Übergewicht bis hin zu Schwersterkrankungen und insbesondere Herzinfarkten, damit zu tun haben. Die Menschen sterben an gebrochenem Herzen. Ich bin überzeugt, dass wir nicht für dieses Bildungssystem gemacht sind, in das so viele kleine Genies hineingehen, um danach an die Norm angepasst zu werden und als Ja-Sager der Masse hinterherzurennen.

Ich bin überzeugt, dass die Art, wie wir in den Unternehmen arbeiten, in die wir morgens reinrennen und aus denen uns abends dann der Arbeitgeber ausspuckt, damit wir noch ein bisschen Freizeit haben, krank macht. Ich bin überzeugt, dass das alles dazu beiträgt, dass wir weit weg sind von einer artgerechten Haltung eines Geschöpfes, das sich selbst als intelligent bezeichnet, das sich aber laufend selbst zerstört. Keine Maus würde sich selbst eine Mausefalle bauen. Menschen haben aber die Atombombe kreiert. Kein Tier würde gewisse künstlich hergestellten Stoffe fressen und meidet diese Nahrungsmittel, wenn sie im Gras herumliegen, während wir jeden Tag literweise künstlich hergestellte Limonaden in uns hineinstopfen, von denen wir wissen, wie ungesund sie sind. Wir sprühen hochgiftige Mittel über die Lebensmittel, die wir essen, und regen uns aber darüber auf, wenn uns jemand den Wert des biologischen Anbaus erklärt. Es gibt sogar Großkonzerne, die verdurstenden Kindern das Wasser wegnehmen, um es ihnen mit einer hohen Rendite wieder verkaufen zu wollen.«

»Das passt so gar nicht zu dem sonnigen Tony Leben, den ich kennengelernt habe«, sagte ich beinahe traurig.

»Doch, das passt sogar sehr. Nur weil ich immer gute Laune habe, muss ich nicht ausblenden, was auf der Welt passiert. Realitäten, die für alle gelten, gibt es nicht, Colette, wir kreieren uns immer eine eigene. Aber ganz viele Leute rennen demselben Unsinn hinterher. Deswegen glauben wir daran, dass es wahr ist, wenn es sich schon tausendfach manifestiert hat. Doch es ist ein Unterschied, ob ich mich oft und intensiv mit den negativen Umständen befasse und mich dauernd im Jammertal befinde oder ob ich irgendwann aufstehe und etwas Neues wage. Zu Letzterem habe ich mich entschlossen, insbesondere um andere Menschen damit zu infizieren. Dazu musste ich auch zuerst herausfinden, welches Konzept ich von mir habe, und ich musste mich meinen Dämonen stellen. Nicht, um gegen sie zu kämpfen, nein, sondern um von ihnen zu lernen. Denn sie haben mir offenbart, wer ich wirklich bin. Wenn du das für dich herausgefunden hast, dann kannst du dieses Leben so richtig rocken. Das verspreche ich dir.«

»Was muss ich dafür tun?«

»Offen sein. Mensch sein.«

Wir zogen weiter, ließen die Pferde traben, für kurze Zeit sogar galoppieren. Ich konnte es noch immer, das machte mich sehr glücklich. Und Tony hatte große Freude, dass er zu Pferde selbst Fortschritte machte. Er meinte, er würde mir abschauen, wie ich ritt. Das würde ihm viel bringen, Lernen käme vom Nachahmen. Danach fragte er mich sogar, ob wir regelmäßig ausreiten wollten, was ich sehr begrüßte.

Ich war schweigsam auf dem Heimweg. Die vielen Informationen bewegten meinen Geist einmal mehr und doch schaffte ich es, bewusst meine Umgebung zu genießen: die Aussicht, den Geruch der Pferde und die Sonne auf meiner Haut. In der einen Woche, in der ich bei LEBEN AG angekommen war, hatte sich mein Leben mehr verändert als in den letzten zehn Jahren zusammen, in denen ich teilweise verkrampft um Veränderung gekämpft hatte.

Als ich Tony in der Folge davon berichtete, meinte dieser nur: »Das ist klar, du hast endlich losgelassen. Und so kann das Leben nun frei fließen.«

»Du meinst, ich habe keine geistige Verstopfung mehr?«, lachte ich.

»Das könnte man auch ganz gut so umschreiben«, lachte Tony zurück.

Als wir im Stall die Pferde absattelten, drängte sich eine Frage in meinen Kopf: »Tony, wie machst du das, dass alle Mitarbeiter so mitmachen? Ich meine, die kommen doch alle aus derselben Gesellschaft mit den vollen Töpfen wie ich. Das ist doch nicht einfach alles Harmonie und Idylle pur. Wie schaffst du das?«

»Das ist eine berechtigte Frage, Colette, und glaub mir, das war nicht von Anfang an so. Ich habe viel falsch gemacht und das war das Beste, was mir passieren konnte. Mir wurde irgendwann klar, dass auch mein Gefäß voll war. Es ging darum herauszufinden, wer *ich* wirklich war. Das klingt immer so einfach. Wir haben verlernt, Dinge einfach zu machen. Als Folge musste ich ganz viele Fehler machen, um mich entwickeln zu können. Vor allem musste ich lernen, all das, was ich über Dinge oder Menschen gelernt hatte, vollständig loszulassen. Ich musste alles auf eine Karte setzen und mich einfach hingeben. Ich musste einfach vertrauen. Etwas Anderes gab es nicht. Natürlich haben die Mitarbeiter dann auch Fehler gemacht. In den Anfangsjahren wurde ich betrogen, manchmal auch belogen. Aber ich habe mich den Dingen gestellt, habe klar aufgedeckt, was los war, und die Menschen, die mit mir hingeschaut haben, sind geblieben. Diejenigen, die lieber in ihren Projektionen bleiben wollten, weil das Leben nur so für sie funktionierte, sind wieder gegangen. So konnte ich meine Vision weitergeben, dass ich Menschen befähigen wollte, dass ich beweisen wollte, dass man ein Unternehmen führen und Menschen eine Arbeitsfläche bieten kann, in der sie es lieben, zur Arbeit zu gehen und sich hingebungsvoll einbringen.«

»Sind heute auch Solche darunter, die dich belogen haben?«, fragte ich interessiert.

»Was geht in deinem Kopf vor, wenn ich sage ‚ja'?«

»Ich würde wissen wollen, wer.«

Tony sah mich intensiv an. »Warum? Um dich vor ihm in Acht zu nehmen?«

»Ich glaube schon, aber ich nehme an, dass das falsch ist.«

»Es ist richtig, weil du gelernt hast, dass deine Welt so funktioniert. Zumindest glaubst du das. Du musst dich immer wieder schützen, weil du dieses Thema nährst. Und das Leben muss dir beweisen, dass du recht hast. Also wirst du Menschen und Situationen begegnen, die dich bestehlen, belügen, manipulieren. Somit hast du wieder einen Grund, dich zu schützen, denn schließlich fühlt sich das für dich real und richtig an.«

Langsam verstand ich, was Tony meinte. »Okay, das heißt also, die stehlen nur, weil ich daran glaube?« Ich war trotzdem konfus.

»Nein, das ist Unfug. Sie stehlen nicht nur, weil du daran glaubst. Es gibt auch in ihrer Geschichte sicherlich irgendwo ein Grund, warum sie so was tun. Aber Fakt ist, es geht dich nichts an. Punkt. Sie haben mich bestohlen, das heißt, das Thema ist zwischen mir und dieser Person. Und zwischen niemandem sonst. Wenn du dir die heutigen Medien ansiehst oder auch wenn du ganz viele Leute beobachtest, wie sehr sie immer wieder Mitleid haben mit dem, was da draußen passiert …«

»Aber Tony, da passieren so viele schrecklichen Dinge«, unterbrach ich ihn.

Tony lächelte. »Warte einen Moment, Colette.« Er machte eine Pause, bis ich mich etwas beruhigt hatte. »Colette, es passieren viele schlimmen Dinge da draußen, ja … Was war zuerst, das Huhn oder das Ei? Einerseits will ich nicht, dass wir zu apathischen und gefühllosen Idioten werden. Aber es ist ein Unterschied, ob du dich in die Dramen anderer Leute hineinziehen lässt. Anteilnehmen ist nicht dasselbe wie Mitleid. Hilft es dem armen Kerl, der angefahren wurde, wenn sich die halbe Ostschweiz an der Story ergötzt? Das ist ein Aufgeilen, Colette, es ist keine ehrliche Anteilnahme. Gott sei Dank hat es ihn getroffen und nicht mich.« Tony hatte theatralisch die Hände in die Luft geworfen. »Colette, es ist schlimm, wenn Kinder missbraucht werden, aber mit den ganzen Berichterstattungen über einen solchen Fall geilen sich die Leute noch mehr daran auf. Es ist ein gefundenes Fressen, mit dem sie ihr eigenes langweiliges Leben aufmöbeln, und sie machen damit die Opfer zu noch größeren Opfern. Sie bekommen ein Feindbild von einem Täter, den sie dann verurteilen können. Wie einfach. Das Kind hat davon gar nichts, höchstens noch weniger Privatsphäre in einer sehr, sehr schwierigen Situation, in der es wertschätzende und aktive positive Unterstützung bräuchte. Die Leute befassen sich nicht respektvoll mit dem Thema, egal wie sehr ein Täter auch verdient hat, bestraft zu werden. Außerdem – je mehr wir davon in Details berichten, desto mehr bringen wir Andere auf dumme Ideen. Zudem nähren wir weiterhin diese Themen, damit sie energetisch noch größer werden können.«

Ich runzelte die Stirn. »Aber wir können doch nicht einfach wegsehen?«

»Das sagt auch keiner. Aber was genau, bitteschön, hilft einem Opfer, wenn es durch die Presse geschleift wird? Glaubst du, das Ganze wird deswegen besser? Schau, Colette, noch nie hatten wir so viel Irrsinn an Informationsflut. Gleichzeitig ist noch nie so viel Blödsinn verzapft worden. Außerdem: Glaube bitte nicht alles, was man dir so unterjubeln will. Bevor du solchen Schwachsinn liest, frage dich, ob das jemandem dient. Die Presse und das Internet sind Meister der Manipulation. Auch hier sind Töpfe übervoll. Wenn ein VW Bus an einer Schule hält und der Fahrer ein Kind anspricht, gibt es genügend Idioten, die den Bus mit Kennzeichen im ganzen Internet verbreiten und Hetze betreiben, weil ihre eigenen kranken, vorgefassten Meinungen schon alles Mögliche hineininterpretieren und damit vielleicht sogar eine Existenz zerstören können. Dabei hat vielleicht nur jemand nach dem Weg gefragt und wollte überhaupt nichts Böses. Aber was meinst du, kann ein Mensch noch von dieser Gesellschaft erwarten, wenn das halbe Internet mit dem Finger und mit dem Unterton des sexuellen Kindesmissbrauchs auf ihn gezeigt hat?« Tony sah mich an. »Colette, hinschauen ja, aber auch hinterfragen und dann Hilfe holen, wenn was ist. Und zwar an den dafür vorgesehenen Stellen. Nicht einfach hirnfrei Sachen verbreiten, die keinen Boden haben.

Colette, ich möchte mit Menschen kein Mitleid haben. Einerseits will ich nicht mitLEIDEN, davon hat der Andere auch nichts. Andererseits ist Mitleid ein arroganter Berater. Du schaust damit auf jemand Anderen herab. Wenn es dich ehrlich betrifft, dann schau, wie du wirklich echt helfen kannst. Sonst lass es einfach sein.

Wir können das Ganze auch noch von einer anderen Seite beleuchten. Viele Menschen sind frustriert, suchen nach Kompensationen, lassen ihren Frust an ihren Nächsten aus, schimpfen und lästern, ändern dabei aber gar nichts. Was glaubst du, wird auf der Welt passieren, wenn so viele Menschen immer wieder nur Negatives in diese Suppe mit reinkippen? Glaubst du wirklich, eine Gesellschaft kann sich auf diese Weise wertschätzend und liebevoll entwickeln? Wir müssen aufhören, den ganzen alten Scheiß von früher wieder und wieder aufzuwärmen. Wir müssen aufhören, die Urteile zu kultivieren und unsere eigene Geschichte aufräumen, sie so schnell als möglich hinter uns lassen. Es verändert sich alles so schnell. Es gibt, Gott sei Dank, so viele Menschen, die sich voller Wertschätzung und Offenheit auf neue Wege begeben. Ich habe beschlossen, mich *dafür* zu entscheiden und das umzusetzen. Deswegen schaue und höre ich keine Nachrichten, deswegen schaue ich nur sehr begrenzt Fernsehen und deswegen suche ich mir sehr genau aus, mit wem ich meine Zeit verbringe. Ich möchte keine Menschen in meinem Leben, die in ihrem eigenen nicht aufräumen. Sie wohnen zwar in herausgeputzten, modernen Einfamilienhäuschen oder Eigentumswohnungen, aber ihren geistigen Schmutz bringen sie bei jedem Besuch mit und werfen ihn dir ungefragt in deine Küche. Dabei gibt es viel, was wir verändern und tun können.

Colette, wir können mit wenig Mitteln anderen eine Freude bereiten und helfen. Ich frage nicht, ob das jemand ist, der das verdient hat oder nicht. Ich möchte hier keine herablassende Aussagen hören über andersartige Menschen, über andere Kulturen oder über andere Religionen. Ich kenne die meisten davon nicht und ich möchte meinen Geist und mein Herz reinhalten, um offen auf diese Menschen zuzugehen. Das ist es, was es ausmacht. Und es macht einen großen Unterschied, Tag für Tag. Wenn du je einen Garten gepflegt hast, dann weißt du, was ich meine. Halte deine Gedanken, deine Gefühle rein, so wie du den Garten immer wieder von Unkraut befreist. Dann wird sich in deinem Leben ein großer Erfolg einstellen. Zudem wirst du aus deinem vollen Herzen schöpfen.«

»Das klingt immer so einfach bei dir.«

»Das ist es eigentlich auch, aber wir haben gelernt, dass vieles, was einfach ist, auch nichts taugt. Wieder so ein alter Zopf. Schneid ihn ab. Mach es einfach einfach.«

Nach der Versorgung der Pferde lud mich Tony in seine Wohnung ein. Dort angekommen, setzte er das Gespräch fort. »Wir haben nicht abschließend behandelt, warum du dir solche Arbeitsplätze reingezogen hast, Colette.«

Ich biss gerade in ein Brötchen am Küchentisch in Tonys Wohnung, während Ida mir Kaffee einschenkte. Also nickte ich.

»Ich glaube, dass du nicht wirklich weißt, wer du bist, und dass du noch nicht erkannt hast, welches Potenzial in dir steckt.« Tony griff nach der Butter und Ida sich ein Croissant.

»Sie hat ein unglaubliches Potenzial, kreativ zu sein«, erklärte Ida. »Und du hast viel Energie, die du nicht umsetzen kannst.«

»Ida ist eine kluge Frau«, lachte Tony.

»Wie meinst du das?«, wollte ich wissen.

»Keine Ahnung, ich folge meinem Herzen. Ich sehe in deinen Augen ein Feuer, das heller brennt als das vieler anderer Menschen, die ich kenne. Aber es ist matt. Du unterdrückst es.«

Die Teenager, die auch im Hause Leben wohnten, waren wohl in der Zwischenzeit schon in die Schule abgehauen, also saßen wir nur zu dritt am Tisch.

»Wie kann ich dieses Feuer entzünden oder, besser gesagt, wieder polieren?«, wollte ich interessiert wissen.

»Indem du loslässt, Colette. Komm hier in der LEBEN AG einfach mal an und höre zu, öffne dein Herz und ich wette, in ein paar Wochen wirst du von den vielen Aha-Erlebnissen erschlagen.« Ida lachte und ich musste ihr recht geben.

»Ich hatte schon jetzt so viele Aha-Erlebnisse in den ersten Tagen.«

»Oh, es werden noch mehr, nur keine Sorge. Du wirst dich in ein paar Wochen selbst nicht mehr wiedererkennen«, drohte sie mir lachend. »Wie war euer Ausritt?«, wollte sie schließlich wissen.

»Du glaubst es nicht, sie ist auf Khaleesi geritten!«, erzählte Tony.

Ida stellte ihre Kaffeetasse abrupt auf den Tisch. Dabei vergoss sie beinahe die darin befindliche braune Flüssigkeit. »Das ist nicht wahr.«

Doch Tony nickte.

»Ich fasse es nicht«, meinte Ida immer noch ungläubig.

Unsicher starrte ich von Tony zu Ida. »Warum? Was ist los?«

»Oh, das ist ein schönes Zeichen. Colette, ich freu mich so. Besuchst du uns jetzt öfters?« Ida war ganz verzückt.

»Gern, aber bitte klärt mich doch auf, was los ist.«

Tony räusperte sich. »Khaleesi hat, seit sie hier ist, kaum auf einen Menschen positiv reagiert. Wir konnten sie kaum striegeln, geschweige denn reiten. Meist haben wir sie am Zügel mitgenommen oder sie einfach auf der Weide gelassen. Aber in ihren und in deinen Augen habe ich es sofort gesehen: Das war Liebe auf den ersten Blick. Ich hätte vor Freude jauchzen können, als ich sah, dass sie sich von dir einfach striegeln und satteln lässt. Mit einer solchen Selbstverständlichkeit kam sie mit und während des ganzen Ausritts war sie die Ruhe selbst. Es war einfach fantastisch.« »Das sind wundervolle Nachrichten.« Ida hatte sich erhoben und umarmte mich.

Ich war etwas schockiert und nicht sicher, was ich da gerade gehört hatte. Es hätte sonst was passieren können. Aber lohnten sich solche negativen Gedanken überhaupt? Es *war* schließlich nichts passiert. Erstaunt stellte ich fest, dass es mir leicht fiel, sie abzuschütteln.

Wir diskutierten noch eine Weile über die Pferde. Tony schwärmte von den edlen Tieren. Es war offenbar ein großer Traum von ihm gewesen, die Pferde ins Haus zu holen. Die Stallungen hatten jahrelang leer gestanden, bis er es sich endlich zugetraut hatte. Die Kinder hatten ihn in seiner Idee bestärkt und ich war gespannt auf die beiden Teenager.

12. Die Kunst der Einfachheit

»Du bist eine Wahnsinnige«, schallte es mir entgegen, als ich kurz nach halb neun ins Büro marschierte, in dem Valentina mir entgegenstrahlte. Tony lief hinter mir und ich hatte für einen kurzen Moment ein schlechtes Gewissen, weil es schon so spät war.

»Was ist los?«, fragte Tony.

»Sie hat die ganzen Statistiken erledigt, die Zahlen alle nachgetragen, alles abgelegt … Oh, und die Bewilligungen ...« Valentina schien ganz aus dem Häuschen zu sein. »Wann hast du das bloß alles gemacht?«

»Ich war früh hier«, erklärte ich unsicher.

»Das sieht nach fünf Uhr morgens aus oder so.«

»Nein, es war halb sieben, aber …«

»Wow«, sagte Valentina. »Sie ist äußerst effizient.«

»Okay, noch was zum Abgewöhnen«, lachte Tony. Schockiert sah ich ihn an. »Ein Scherz, Colette, ein Scherz. Die Effizienz darfst du gerne behalten, aber etwas mehr Humor könnte nicht schaden.«

Spielerisch kniff ich ihn in den Oberarm.

»Ach ja, Rico hat angerufen. Montag ist ideal, 8 Uhr 30. Ist das okay für dich?« Valentina lächelte mich an.

»Klar«, stammelte ich.

»Keine Stöckelschuhe, hat Rico gesagt. Das Boot, du weißt …«

Ich nickte heftig.

»Und wenn du nicht seetauglich bist, würde ich nicht allzu üppig frühstücken«, rief Tony, der sich in sein Büro verkrümelte.

Verwundert blieb ich stehen.

»Wir sehen uns um zehn Uhr draußen, okay?«, rief er hinterher.

»Was ist um zehn Uhr?«, wollte ich von Valentina wissen und drehte mich zu ihr um.

»Wir müssen die Messen besprechen, in gut zwei Wochen geht es los«, beantwortete Tony meine Frage im Gehen.

»Ach ja, die Messen, herrlich«, schwärmte Valentina und lehnte sich in ihrem Stuhl zurück. »Sehr, sehr harte Arbeit, aber macht wirklich Spaß.«

Ich wurde neugierig. »Und da kommen alle?«

»Nicht alle, ein paar Messen finden gleichzeitig statt. Wir möchten möglichst überall präsent sein und den Betrieb hier gleichzeitig aufrecht erhalten. Viele Kunden kommen persönlich auf die Messen, je nach Region, und bringen viel Zeit mit.«

»Ja, schon klar, aber was ist daran so Besonderes?«

Valentina lachte.

»Also, ich weiß schon, dass Zeit kostbar ist, aber die Messen sind doch sehr teuer und aufwendig«, ergänzte ich unsicher.

»Natürlich sind sie das. Aber abgesehen davon, dass die Leute Zeit mitbringen, bringen sie noch was Anderes mit.«

»Kaufkraft?«, vermutete ich.

»Mehr als das. Sie bringen das *Wollen* mit. Sie *wollen* auf diese Messen gehen, sie bezahlen sogar Eintritt für einige davon und verplanen ihre Zeit dafür. Sie wollen dort hingehen. Sie bringen ihre Zeit mit, wenn du so willst auch ihre Kaufkraft. Aber vor allem bringen sie das Wollen mit, sich auf dich einzulassen. Sie möchten die Gelegenheit nutzen, Neues kennenzulernen. Was sie sonst nicht haben, haben sie auf den Messen. Nämlich die Gelegenheit, neue Weine zu kosten und sich auf Emotionen einzulassen. Auf den Messen sind sie locker und sehr privat, ich würde es schon intim nennen. Das öffnet Tür und Tor für die Möglichkeit, dass jeder Kunde das findet, was er wirklich genießen möchte. Glaub mir, das sind nicht nur Weine, dazu gehören auch gute Gespräche und die Präsenz von uns. Wir leben für unsere Produkte, wir lieben sie, wissen alles über die Weingüter, über die

Weine und freuen uns, dort zu sein. Das wiederum gibt dem Kunden das Gefühl, Teil dieser Leidenschaft, dieser Kultur zu sein. Wenn du dir die anderen Stände ansiehst … Ach, die Mitarbeiter dort ziehen meistens eine Schnute oder setzen ein künstliches Lächeln auf. Viele davon sind Zeitarbeiter, die nur für die Messen angeheuert werden. Wie sollen diese Leute Emotionen wecken für das, was sie verkaufen? Wie sollen sie die Stärke eines Teams ausstrahlen, das zusammenhält? Du wirst sehen: An unserem Stand ist es immer voll, das hat schon seinen Grund. Die Messen sind die Königsklassen, wenn du so willst. Und je nach Größe der Messe ist eine entsprechende Anzahl Mitarbeiter von uns vor Ort vertreten. Aber wir wechseln uns ab, das heißt, jeder, der will, geht mit Sicherheit einmal auf eine Messe. Es gibt solche, die dafür regelrecht brennen, andere weniger. Und diejenigen, die sich nicht unbedingt darum reißen, gehen dann halt nur einmal oder konzentrieren sich hier auf die Annahme der Bestellungen.«

Einmal mehr verblüffte mich Tony, der die Sitzung nicht in irgendeinem faden Raum anberaumt hatte, sondern erneut draußen auf der Terrasse, wo wir meistens aßen, wenn die Sonne schien. Im Hintergrund machte Ahmad bereits alles für das anschließende Mittagessen bereit. Tony hatte seinen Laptop dabei und einige Flipcharts aufgestellt. Wir trafen uns pünktlich um zehn Uhr. Valentina hatte mir erklärt, dass es Zeichen von Respekt war, pünktlich zu erscheinen, und wenn unpünktlich, dann lieber zu früh, um beim Einrichten zu helfen. So hatte ich das auch gelernt, damit fühlte ich mich sicher. In früheren Betrieben waren insbesondere Manager bei fast jeder Sitzung zu spät gekommen. Ein »No-Go« wie Valentina fand – und Tony. »Vorbild und vorleben! Wenn ein Manager schon nicht pünktlich sein kann und sich nicht an Regeln hält, warum sollte es ein Mitarbeiter tun?«

»So meine Lieben, guten Morgen«, begrüßte Tony seine Mannschaft. Bekannte Gesichter hatten sich um ihn gereiht. Einige saßen auf der Wiese, andere hatten sich einen Stuhl genommen und Nicky machte Yogaübungen. Den Laptop hatte sich Sandra, eine junge Blondine, die Bestellungen per Telefon entgegennahm, auf die Knie gelegt. Sie lächelte mich freundlich an, als ich mich neben Valentina in ihre Nähe setzte.

»Sandra ist so lieb und hat uns auch für dieses Jahr für die Messen wieder unsere Liste hergerichtet. Wir können also loslassen«, fing Tony das Meeting an.

»Was für eine Liste?«, flüsterte ich zu Valentina.

»Tony, stop, sorry, kannst du Colette noch über die Liste informieren?«, bat Valentina und alle Augen waren auf mich gerichtet.

Mir war das peinlich, am liebsten wäre ich im Boden versunken.

»Ja, so geht das nicht«, lachte Arno vom Innendienst Mitte.

»Guter Input, Colette«, rief Carlo vom Lager.

»Valentina hat natürlich recht. Verzeih, Colette. Die Liste …«, begann Tony. Er nahm Sandra den Laptop ab und zeigte ihn mir. Darin erkannte ich eine Excel-Liste, die unterteilt war in Themen, Zuständigkeiten, Fortschritte, Terminplanung und Zeitfenster. Bei den Excelordnern erkannte ich auch das Vorjahr, das dazu diente, sich Informationen und Erfahrungen vom letzten Jahr zu holen, um das Rad nicht neu erfinden zu müssen. Das Ganze schien sehr durchdacht, es ähnelte meiner To-do-Liste, die ich immer benutzte, damit jeder im Notfall meinen Arbeitsplatz überschauen konnte. Ich nickte und teilte das Tony mit.

»Hervorragend, dann wirst du keine Mühe haben, das zu verstehen. Die Liste dient dazu, dass wir die Organisation so einfach wie möglich machen. Diese Datei ist in dem Laufwerk abgelegt, auf das alle Zugriff haben. Wir pflegen auch nur eine einzelne Liste für alle Messen. Hier wird alles notiert: Wer wofür zuständig ist, was bereits erledigt wurde und was es noch zu erledigen gilt, versehen mit einem Endtermin. Jeder bringt sich mit ein, jede Idee ist willkommen. Es ist ein gemeinsames Werk, das alle gleichermaßen pflegen.«

Tony erklärte im Detail, dass durchgestrichene Worte und grün gefärbte Flächen hießen, dass etwas erledigt war, aber jeder konnte so noch nachvollziehen, was gemeint war. Durch die klaren Strukturen und Verteilung der Aufgaben war schnell klar, dass das ein sehr einfaches und durchdachtes Vorgehen war. Die Verkäufer und Marga, die Kommunikationsfachfrau des Hauses, hatten Informationen zu den bisher bekannten und auch neuen Messen mitgebracht. Dem Datum nach wurden zuerst alle Messetermine notiert, danach die Grundlagen der Organisation: der Aufbauplan, die Anfahrt sowie die Informationen über Anreise und Hotel. In einem zweiten Schritt wurden die Messeorte mit ihren Terminen auf je einer Flipchart aufgezeichnet, sodass jeder dort seinen Input notieren konnte. Abschließend wurde diskutiert, was davon wirklich notwendig war. Als alle sich ausgetauscht hatten, was äußerst diszipliniert und friedlich vonstatten gegangen war, übernahm Sandra die Details dazu in die Liste, ergänzt mit allen Verantwortlichkeiten und Terminen, die gemeinsam erarbeitet worden waren. Völlig selbstverständlich brachte sich jeder ein, ergänzte etwas in der Liste, mischte sich ein, wenn etwas vergessen wurde. Eine so harmonische Zusammenarbeit in einem so großen Team hatte ich noch nie erlebt. Kein Unwort, kein Streit, einfach nur ruhig und gelassen. Vor allem aber ging alles sehr schnell.

Zu meinem Erstaunen waren wir um 11 Uhr 45 so weit, dass wir rund zwölf Messen in weniger als zwei Stunden mit einem detaillierten Plan bis ins Detail geplant hatten, natürlich mit der Vorarbeit von Marga und den Notizen aus den bisherigen Jahren. Die Aufnahme aller Themen und Bedürfnisse war sehr friedlich verlaufen, auch so etwas kannte ich nicht.

»Es ist einfach unglaublich, wie schnell die alle sind«, flüsterte ich Valentina zu.

»Hattest du Spaß?«, wollte sie wissen.

Und wie ich Spaß gehabt hatte! Es hatte mir große Freude bereitet, mich mit den Anderen so reinhängen zu können. Auch die Tatsache, dass ich nicht an einen Bürotisch »gefesselt« war und mich so zeigen konnte, wie ich war, hatte sehr dazu beigetragen, dass meine Informationen Gehör fanden. »Ja, sehr, warum?«

»Weil die Zeit wie im Flug vergeht, wenn man Spaß hat, deswegen machen wir das so. Und du siehst, dass es wirklich funktioniert.«

»Aber glaube ja nicht, dass das von Anfang an so gut funktioniert hat«, lachte Ray dazwischen, von dem ich wusste, dass er im Kanton Graubünden und im Tessin einige Großhotels betreute.

»Nein?«, fragte ich.

»Am Anfang herrschte das Chaos«, lachte er. »Oh, was haben wir alles falsch gemacht, ich kann dir sagen …«

»Und warum klappt es heute so gut?« Ich schaute Ray an. Carlo und Kevin hatten sich zu uns gesellt.

»Wir haben immer schon geplant, aber anfangs vieles nicht bedacht. Dann haben wir die Events durchgezogen und hinterher haben wir eine ehrliche Fehleranalyse gemacht. Was ist genau falsch gelaufen? Dabei ging es nicht darum, wer die Fehler gemacht hatte, sondern wie es zu den Fehler hatte kommen können und wie wir sie künftig würden vermeiden können.«

»Daraus wächst dann Erfahrung und clevere Köpfe haben zudem eine Checkliste gemacht, die sie jedes Jahr mitbringen, so gerät nichts in Vergessenheit.« Carlo klopfte sich an die Stirn. Wir mussten alle lachen.

»Die Liste ist schon ganz schön voll«, mischte sich Tony ein, der sich neben mich setzte.

Sie hatten mich auch für einen Messe-Einsatz eingeplant – natürlich mit meinem Einverständnis – und ich war aufgeregt, dass ich sie begleiten sollte. Vor uns standen Jahresdegustationen von Weinverbänden, Weinmessen, Großveranstaltungen von Genussvereinen und ein paar wenige Regionen, die den Herbst zur Messezeit auf ihren Straßen umfunktioniert hatten. Ich hatte keine Ahnung, ob ich das alles durchhalten würde. Valentina und Tony würden an jeder Messe mindestens einen Tag arbeiten und ich war überzeugt, dass ich es mit ihrer Hilfe sicher auch überstehen würde. Mehr noch: Ich wollte so viel wie möglich an diesen Tagen aufsaugen. Für mich war klar, dass die beiden sich an die Front hängten, um als Vorbild zu agieren. Soweit hatte ich die Philosophie schon verstanden. Außerdem wurde mir auch bewusst, dass ich so meine Kolleginnen und Kollegen besser kennenlernen konnte und am Puls des Geschehens war, um herauszufinden, was der Mitarbeiter in einem solchen Umfeld brauchte. Außerdem war ich auf die Kunden neugierig. Tony hatte mir geraten, die Messen ebenfalls zu nutzen, um die Weine zu verköstigen, denn nirgends gab es eine bessere Gelegenheit, die edlen Tropfen selbst so gut und breit aufgestellt kennenzulernen.

»Aber kein Besäufnis«, lachte Carlo und klopfte mir auf die Schultern.

Gespielt empört schubste ich ihn. »Nie im Leben.«

In der Zwischenzeit hatte Ahmad schon den Grill soweit vorbereitet, dass wir nur noch Fleisch darauf legen mussten. Mit wenigen Handgriffen hatten wir grünen und gemischten Salat vermengt. Wir waren bisher jeden Tag hier draußen gewesen, die frische Luft, die Sonne und die guten Gespräche taten gut. Ich fühlte mich noch immer ein wenig wie in den Ferien. Und ich fühlte mich meinen neuen Kollegen enger verbunden als in früheren Firmen nach Jahren.

Nachdenklich setzte ich mich mit einer Bratwurst und ein wenig grünem Salat auf die Wiese und aß mein Mittagessen.

»Darf ich mich zu dir setzen?«, fragte mich Valentina.

»Klar, gerne sogar. Guten Appetit.«

»Den wünsche ich dir auch.«

Es war still geworden, die meisten kauten ihr Essen, genossen die Mittagszeit. Schließlich sah mich Valentina an. »Du wirkst nachdenklich.«

»Nachdenklich und glücklich. Weißt du, in den fünf Tagen, in denen ich hier bin, habe ich mehr erlebt als in manchen Monaten davor. Und dabei ist alles so einfach.«

Valentina schmunzelte. »Die einfachsten Dinge sind oft die Besten.«

Ich nickte. »Die Tage vergehen zwar wie im Flug, aber ich habe das Gefühl, ich hätte viel mehr Zeit. Es ist seltsam. Ich kann es nicht beschreiben.«

»Ich weiß, was du meinst.«

»Wie kommt so was?«

»Du bist präsenter, bewusster. Das macht sehr viel aus«, erklärte mir Valentina.

»Kann man denn nicht bewusst sein?«

»Natürlich. Wenn du ständig über Dinge nachdenkst, die dich beschäftigen, dann bist du nicht da. Du bist in den Gedanken und verpasst echte Momente. Wenn du dich im Internet oder im Handy verlierst, dann verpasst du gerade das Leben. Wenn du ständig bei deinen Sorgen bist, mit Freunden jammerst, dann bist du mitten in diesen Dramen, nur nicht hier. Wenn du hetzt, wenn du Druck aufbaust und allem hinterherrennst, dann kann sich dein Gehirn nicht fokussieren und nicht konzentrieren. Deswegen gibt es ein altes Sprichwort.«

»Ich brenne darauf, es zu hören«, lachte ich und auch Valentina musste laut lachen.

»Meditiere jeden Tag eine halbe Stunde. Und wenn du keine Zeit hast, mache eine Stunde draus.«

»Das gefällt mir«, schmunzelte ich.

»Sag mal, meditierst du eigentlich?«, wollte Valentina wissen.

»Hab ich noch nie probiert, warum?«

»Wir meditieren jeden Dienstag und Donnerstag vor Arbeitsbeginn«, rief Sandra zu uns herüber.

»Kann ich da einfach mitmachen? Was muss ich tun?«, wollte ich wissen.

»Anwesend sein«, lachte Carlo.

»Und wer kommt alles?«, wollte ich wissen und fast alle streckten ihre Hand in die Höhe. Beinahe erschrocken blickte ich mich um. »Oh …«

Am Nachmittag wurde mir bewusst, dass das Wochenende vor der Tür stand, und mit einem Mal wurde ich traurig. Mitten in den variablen Daten, die wir bereitstellten, um in der kommenden Woche die Lohnverarbeitung für den aktuellen Monat zu starten, blickte Valentina auf.

»Was ist los?«, wollte sie wissen.

»Hast du einen Sensor oder so was? Ich meine, wie kannst du wissen, dass was los ist?« Ich war etwas verblüfft, denn es war wirklich so, als hätte Valentina gespürt, wie ich mit einem Mal traurig geworden war.

»Ja, hab ich, du auch bald«, sagte sie.

War schon klar, was fragte ich auch.

»Früher konnte ich nicht früh genug in den Feierabend oder ins Wochenende abhauen. Ich habe nach den nächsten Ferien gehungert. Und jetzt?«

Valentina grinste breit übers ganze Gesicht. »Ich verstehe, Rudelweh.«

»Hä?«

»Na ja, nicht Heimweh, sondern Rudelweh.«

Ich lachte »Ja, genau.«

»Warum siehst du dir nicht mal die freie Wohnung an, oben im Wohntrakt?«

Einen Moment überlegte ich. »Stimmt, Tony hat gesagt, da wäre noch eine Wohnung frei. Meinst du, ich kann ihn darum bitten?«

»Bestimmt, soll ich ihn anrufen?«, bot Valentina an.

»Schreib ihm doch ′ne E-Mail«, schlug ich vor.

»Tony mag echte Telefonate und echte Gespräche lieber. E-Mails sind nicht so sein Ding. Es geht sehr viel von der persönlichen Kommunikation verloren.«

»Ein interessanter Ansatz«, überlegte ich. E-Mails und Chats waren selbstverständlich geworden, ich nutzte sie oft, aber ich überlegte kaum, weswegen. »Valentina? Kann ich dich was fragen?«

»Natürlich«, entgegnete sie.

»Meinst du, ich hab deswegen keine Freunde, weil ich so viel per E-Mail mache oder kaum rausgehe? Ich meine, ich sitze oft zu Hause und pflege keine persönlichen Kontakte, oder jedenfalls nicht richtig.«

»Oh, das kann man nicht einfach so sagen. Dafür kenne ich dich und deine Geschichte zu wenig. Aber E-Mails und Schriftverkehr verführen ganz gerne zu Missverständnissen, das kann ich dazu sagen. Frag dich doch, warum du so viel schriftlich machst und zu Hause sitzt. Gibt es dafür Gründe? Schreib sie auf und überleg dir die nächsten Wochen, was dazu für Antworten auftauchen. Vielleicht findest du über diese Fragen eine Türe, die sich öffnet.«

Das war in der Tat ein interessanter Ansatz. Darüber wollte ich am Wochenende gerne nachdenken.

Wir beendeten die angefangene Arbeit und danach lief ich hoch zu Tony, der gerade ein Telefongespräch beendet hatte.

»Tony, die Wohnung, die du erwähnt hattest: Ist die immer noch frei?«

»Klar, willst du sie sehen?«

Ich nickte, doch als Tony aufstand, um mir die Wohnung zu zeigen, winkte ich ab. »Hast du vielleicht Morgen Zeit oder stör ich euch da?«

Tony lachte. »Nein, natürlich nicht. Klar, komm doch morgen. Willst du zum Mittagessen kommen? Soweit ich weiß, regnet es morgen. Meine Frau will ihre legendären Spaghetti à la Ida machen. Sie wird sich freuen.«

Und wie ich mich erst freute. Ich war froh, einen Grund gefunden zu haben, morgen hierherzukommen. Ein Lichtblick. Ich verstand die Welt nicht mehr. Nach einer Woche LEBEN AG war ich regelrecht süchtig nach diesem Platz. Am liebsten wäre ich nicht mehr nach Hause gegangen oder nur, um dort meine Sachen zu packen und auf der Stelle hierher zu ziehen.

Den Abend zu Hause gestaltete ich gemütlich. Einer meiner Lieblingsfilme wurde im Fernsehen gezeigt und weil die Sonne sich langsam versteckte und dicken Wolken Platz machte, war es hervorragend, sich mit Popcorn und einem Glas Wein auf dem Sofa zu verschanzen. Als großer Johnny Depp Fan liebte ich jede Folge von »Fluch der Karibik«. Ich konnte beim Teil zwei beinahe Wort für Wort mitsprechen, wenn Captain Jack Sparrow wieder einmal auf der Suche nach seiner Black Pearl in die Irre geführt wurde. Jürg hatte angerufen, er war mit seinen Kollegen unterwegs. Eine seltsame Distanz war entstanden, die auch das gute Gespräch nicht wettmachen konnte. Als es draußen schließlich vollständig dunkel wurde und die Klänge von Hollywood verstummten, stand ich auf und ging auf die Terrasse. Ich fühlte mich alleine, wenngleich ich auch auf eine erfüllte Woche zurückblickte. Sehr ambivalente Gefühlte durchfuhren mich. Ich hockte mich auf das kleine Sofa draußen und starrte in den Himmel. Irgendwann fing es an zu regnen. Ich schnappte mir eine Decke und blieb lange auf der Terrasse, bis ich mich irgendwann hundemüde ins Bett schleppte.

Jürg hatte mir eine Notiz hinterlassen, als ich am Morgen in die Küche kam. Er war mit seinen Freunden unterwegs und würde erst spät nach Hause kommen. Geändert hatte sich nichts. Wehmütig wurde mir klar, wie sehr ich mir etwas vorgemacht hatte. Nur, dass ich das jetzt klarer sah als je zuvor. Aber in den Schmerz mischte sich auch langsam eine Art Leichtigkeit, die sich ein wenig wie Freiheit anfühlte.

Nach dem ersten Kaffee schüttelte ich diese vielen Gedanken von mir ab, die mit dieser Beziehung und mit dieser Wohnung in Verbindung standen. Dann hüpfte ich unter die Dusche und machte mich bereit für die Fahrt zu LEBEN AG. Beinahe schon freudig war ich in einer Zone mit den obligaten erlaubten 50 Stundenkilometern etwas schneller unterwegs und wurde auch prompt geblitzt. Aber nicht einmal das ärgerte mich: Ich freute mich auf Tony und Ida, auf die Pferde und vielleicht würde ja sonst noch jemand von LEBEN AG da sein.

13. Problematisch wird's, wenn du nichts hast

Als ich in Richtung LEBEN AG fuhr, frohlockte mein Herz. Es war zwar trüb draußen und es regnete leicht, doch ich freute mich sehr auf die kommenden Stunden. Bevor ich zu den Lebens hochging, wollte ich noch kurz ins Büro. Ich hatte gestern vergessen, die eine Liste zu komplettieren, die Tony am Montag benötigte. Das war mir heute Morgen in den Sinn gekommen. Etwas unheimlich wirkten die großen Gänge, wenn sie menschenleer waren. Doch als ich in unsere Etage kam, verrieten mir Stimmen aus einem Radio, dass ich nicht alleine war. Jemand guckte aus dem Büro am Ende des Ganges in entgegengesetzter Richtung, in der mein Büro lag.

»Guten Morgen, Colette.«

Ich erkannte zwar das Gesicht, aber der Name wollte mir nicht einfallen.

»Mirco, Buchhaltung«, lachte er.

»Oh, sorry«, seufzte ich, lächelte ihn an und ging auf ihn zu. »Was tust du hier am Samstagmorgen?«, fragte ich ihn und erinnerte mich daran, dass ich ihn in den letzten Tagen nicht sehr oft gesehen hatte.

»Oh, ich bin ein Sonnenkind, musst du wissen. Ich nutze, so weit ich kann, die sonnigen Tage und bin draußen in meinem Garten. Jetzt, wo es regnet, kann ich herrlich aufarbeiten. Einen großen Teil meiner Arbeit konnte ich im Home Office erledigen. Heute bin ich hier für den Rest.«

»Oh, und das geht?«

»Klar, Tony hat sehr gesunde Ansichten, was Fristen und Arbeitsorte angeht. Wir machen den Monatsabschluss gemächlich bis zur Mitte des Monats, nichts mit dritter Arbeitstag und Hetze. Weißt du, dieser Stress aus den Großunternehmen, der macht einen mit der Zeit einfach fertig.«

Ich nickte, das kannte ich nur zu gut. Wir hatten unsere Daten früher auch immer am letzten Arbeitstag einreichen müssen und nach dem ersten Arbeitstag des Folgemonats hatte Ausnahmezustand in den Finanzabteilungen und bei den Managern geherrscht.

»In der Ruhe liegt die Kraft, pflegt Tony zu sagen«, erklärte Mirco.

»Es ist so vieles hier, was anders läuft«, gab ich zu.

»Das ist gut so. Du ahnst nicht, wie lange ich gebraucht habe, um zu kapieren, wie kaputt mein Körper und mein Geist waren. So weit weg vom Menschsein.«

»Wie muss ich mir das vorstellen?«, fragte ich nach.

»Hast du Zeit für einen Kaffee?«

Klar hatte ich, ich war viel zu früh dran.

»Komm, lass uns einen Kaffee trinken«, bat er mich und wir marschierten gemeinsam in das Büro, in dem eine Kaffeemaschine stand. Während Mirco frisches Wasser auffüllte, sagte er: »Als ich vor vier Jahren hierherkam, hatte ich das Gefühl, ich wäre in einer Sekte gelandet.«

So war es mir auch ergangen, ich lachte laut auf. »Oh ja, dieses Gefühl hatte ich auch die ganze Woche.«

»Da siehst du mal, wie krank wir in dieser sogenannten Wirtschaftswelt normiert werden. Das ist mir heute auch klar.« Mirco stellte zwei Tassen bereit, in die bald braune, heiße Flüssigkeit tropfte. »Ich habe mich gestern mit einem ehemaligen Arbeitskollegen getroffen, deswegen bin ich so aufgewühlt. Sorry, dass du das gerade abbekommst. Aber mir wurde einfach bewusst, wie unglaublich dankbar ich bin, dass ich hier arbeiten darf.«

»Das macht doch nichts, mir geht's ja ähnlich.«

»Ich hab mit Steven über Jahre zusammengearbeitet und im Gespräch wurde mir gestern bewusst, wie krank sich dieses System entwickelt hat. Steven ist kurz vor dem Burn-out und diese

Maschinerie hat ihn schon so fest in der Hand, dass er sich gar nicht mehr spürt. Er hat sogar ein schlechtes Gewissen, wenn er nicht voll leistungsfähig ist, und traut sich kaum, sich gegen seinen Chef zu wehren. Er funktioniert in diesem Termin- und Leistungsdruck wie ein eingesperrtes Tier, ohne zu wissen, wo seine Grenzen sind. Es war gestern geradezu erschreckend, das mit anzusehen.«

»Hast du mit ihm reden können?«, fragte ich ihn und nahm die Tasse dampfenden Kaffees von Mirco entgegen.

»Irgendwie schon. Er sagte, ich wäre wie ein Leuchtturm für ihn gewesen. Verstehst du, ich bin das nicht gewohnt. Ich habe wirklich diese vier Jahre gebraucht, um wieder vollständig gesund zu werden. Hätte nie gedacht, dass es so lange braucht, um sich wieder auszubalancieren, und schon vor einem Jahr dachte ich, ich wäre wieder heil, doch dem war nicht so. Das Gespräch gestern hat mich wachgerüttelt.« Mirco war aufgewühlt, das war ihm anzusehen.

»Könnte es nicht sein, dass du Steven mit dem Gespräch gestern einen wirklich guten Dienst erwiesen hast?«

Mirco schaute mich unverwandt an. »Das hat er mir auch gesagt, ja, und ich wurde mir erstmals bewusst, dass ich zu dem Menschen geworden bin, der ich unbewusst immer sein wollte.«

»Ich glaube, du hast soeben einen großen Schlüsselmoment«, sagte ich lächelnd und Mirco nickte.

»Weißt du was? Ich glaube, du hast recht.« Mirco überlegte einen Moment, bevor er fortfuhr. »Es ist wertvoll, sich Zeit lassen zu können, Zeit für die Arbeit und für die Menschen zu haben. Früher hat man mir oft gesagt, ich würde zu viele Fehler machen, aber ich war mir sicher, dass die Teamkonstellation und der Druck mitverantwortlich waren. Das wollte keiner hören. Die Vision meines damaligen Arbeitgebers war ein Nullfehlersystem.«

»Dabei sind Fehler so wichtig, um sich überhaupt entwickeln zu können.«

Mirco nickte mir zu. »Wie wahr. Ich bin vor einem Jahr Vater geworden. Sowohl meine Frau als auch ich üben uns jetzt in der Kunst des Loslassen und in der Kunst des Fehlermachens.« Er lachte laut auf. »Du wirst bei einem Kleinkind sehr gut beobachten können, wie unerlässlich es ist, dass es selber Fehler machen darf, so wie wir Eltern auch. Keiner hat ein Handbuch bekommen, wie das alles geht. Wenn du zu einem Helikoptervater wirst, kann sich der Kleine gar nicht entwickeln und zu einer eigenen Persönlichkeit werden. Und du selber gibst dich auf und reduzierst dich nur noch auf eine Rolle.«

»Das kann ich mir gut vorstellen. Ist es ein Junge oder ein Mädchen?«

»Ein Junge, sein Name ist Colin.« Mirco zückte sein Handy und zeigte mir Fotos von dem kleinen Mann. Untypische Fotos: Ein kleiner Junge, der im Schlamm wühlte und überglücklich einen großen Stein in die Kamera hielt. »Weißt du, ich muss mich manchmal wirklich zurücknehmen. Wir wollen ihm so viel Freiheit und Raum angedeihen lassen, dass wir manchmal dann doch vergessen, dass ein Kind auch Leitplanken braucht und wie sehr er auch lernen muss, Situationen auszuhalten. Aber man kann es wohl nie perfekt machen.«

»Dein Erstes?«

Mirco nickte. »Seit ich bei LEBEN AG arbeite, hat sich mein Leben vollkommen verändert. So gesehen ist der Firmenname nicht nur Kult, sondern steht wirklich für Lebensqualität. Ist schon eindrücklich.«

»Warum, was ist passiert?«

»Ich habe vorher auch in der Buchhaltung gearbeitet. 'Finance', wie das so schön heißt. Muss ja alles englisch sein. Bin nur froh, dass wir hier nicht alles in englischen Worten ausdrücken müssen. Ich war aufstrebend, jung, geldgeil und, sorry, ich sah gut aus …«

»Das tust du heute noch«, lachte ich dazwischen.

Mirco stimmte in mein Lachen ein. »Oh, danke. Aber was ich damit sagen wollte: Ich war ein echtes Ekelpaket, weißt du, so mit geleastem Benz, Boss-Anzug und einem Kilo Gel im Haar, immer eine dicke Lippe und, ja, ich hab auch geliefert. War ja nicht nur alles Gelaber. Ich war um acht Uhr im Büro und blieb meistens bis Mitternacht. Immer gab es ein nächstes Ziel, das es zu erreichen galt, noch mehr, noch mehr, noch mehr. Das neuste Handy, ein größerer Wagen, eine Designerwohnung. Ich hatte ein astronomisch hohes Gehalt, dazwischen Weiterbildung und Netzwerk mit den ganz hohen Tieren. Ich kam mir vor wie Gott. Ich konnte gut reden, auch wenn ich nur im Finanzsektor war. Mir wurde eine große Zukunft vorausgesagt. Aber mit dem Druck und dem ganzen Umfeld konnte ich im Laufe der Zeit nicht mehr umgehen. So musste ich irgendwie eine Fassade aufrecht erhalten, was immer noch mehr Energie gekostet hat. Ich machte viele Fehler und konnte mich nicht mehr konzentrieren.

Irgendwann wurde es mir zu viel. Natürlich war ich Macho genug, um mir das nicht einzugestehen. Ich hatte ja einen Ruf zu verlieren. Was war ich ein großkotziger Typ, Mann, Mann, Mann. Auf jeden Fall: Irgendwann fing ich an mit Alkohol, dann mal da eine Nase voll Kokain und so weiter. Die Frauen lagen mir zu Füßen, aber geblieben ist keine. Dabei dachte ich sogar, so müsste es sein. Ich dachte wirklich, das ist das große Leben. Dann kam der Zusammenbruch.« Ich hörte aufmerksam zu. »Ich brach vor den Augen aller zusammen und das war mein Aus, so dachte ich damals. Heute muss ich sagen: Es war meine Geburt. Aber bis ich mir das eingestehen konnte ... Puh.« Auf Mircos Stirn hatten sich Schweißperlen gebildet, die er sich abwischte. Ich wartete ab, sagte kein Wort, ließ Mirco ein wenig durchatmen. Er blickte aus dem Fenster. »Weißt du, das war eine schwierige Zeit. Zuerst Krankschreibung. Was glaubst du, was in der Firma los war. Anstatt Anteilnahme waren Druck und Lästern angesagt. Das hat mich echt fertiggemacht. Meine sogenannten Freunde, die jeden Mittag mit mir in die teuersten Lokale gegangen sind ... So gut wie keiner hat sich gemeldet. Alles nur Fassade.

Ich war am Nullpunkt meines Lebens. Einzig meine Eltern waren immer für mich da und die hatte ich in den letzten Jahren einfach nur schlecht behandelt. Heute weiß ich, dass ich die liebsten Eltern der Welt habe. Nur Eltern können ein solches Ekel lieben, wenn es das am wenigsten verdient hat. Nach dem Zusammenbruch und der medizinischen Behandlung kam schließlich, als die Sperrfrist abgelaufen war, die Kündigung. Das Arbeitszeugnis war haarsträubend. Doch ich hatte keine Energie, um vor Gericht zu streiten. Ich war fix und fertig. Und ein privates Umfeld? Ich hatte ja keines. Ich war mir immer zu gut gewesen, um mit alten Freunden rumzuhängen, die nur aus Familienvätern und normalen Arbeitern bestanden. Ich war ja was Besseres.«

»Aber du hast was geändert, das zählt.«

»Danke, das sagt Tony auch immer. Du bist eine kluge Frau. Apropos Frau: Ich habe meine dann erst kennengelernt, als ich das Gel aus den Haaren genommen und den Benz zurückgegeben habe. Versteh mich nicht falsch, Geld und Benz sind coole Sachen. Ich fahre heute auch wieder einen großen Benz, aber die Motivation dafür war eine komplett andere. Der Wagen heute ist bezahlt. Ich habe ihn erarbeitet. Die Freude war schließlich groß, als ich ihn mir habe leisten können.«

»Schon klar, vorher hast du das benutzt, um dich größer zu machen, als zu warst. Du hast dich damit geschmückt oder auch dahinter versteckt, wenn man genauer hinsieht«, sagte ich leise.

»Genau«, antwortete Mirco erstaunt. »Ich seh schon, Tony weiß ganz genau, warum er dich eingestellt hat.«

»Meinst du?«

»Natürlich, du hast eine sehr empathische Art und du bist eine sehr reife Persönlichkeit.«

»Ich? Oh mein Gott, davon bin ich weit entfernt.«

»Tja, und da sind wir doch beim Thema. Du hast dich kleingemacht, ich mich groß. Das passt ja wunderbar zusammen.« Wir mussten beide lachen. »Tony hat mich eingestellt, nachdem mich alle Anderen abgelehnt haben. Ich habe heute ein gutes

Gehalt – nicht so wie früher, aber ein wirklich gutes Gehalt. Ich darf mich mit ihm reflektieren und ich fühle mich hier wohl. Ich kann mir nicht vorstellen, von hier wegzugehen. Meine Familie, mein Kind und diese Familie hier, sie bedeuten mein LEBEN.« Mirco machte eine Pause. »Und ich freue mich auf die Messen.«

Erstaunt blickte ich zu ihm auf. »DU gehst auf die Messen?«

»Oh ja, das ist eine willkommene Abwechslung zum Buchhalteralltag. Aber ich wollte eben deswegen hier aufarbeiten und so viel Zeit wie möglich mit Colin und meiner Frau verbringen. Jeder Tag ist kostbar mit ihnen, aber diese Zeit hier genauso. Deswegen ist es so genial, dass ich das verbinden kann, so wie ich will. Das ist Lebensqualität pur. Meine Frau hat auch Verständnis, dass ich mich auf die Messen freue. Dann hat sie Colin wieder ein wenig für sich allein. Weißt du, manchmal ist es ganz gut, wenn man auch mal weg ist. Man kann sich dann auch wieder neu vermissen.«

»Das leuchtet ein. Ich hab vielleicht auch noch falsche Vorstellungen von einer Beziehung.«

»Colette, wir sind Beziehungswesen. Aber das schließt die Beziehung zu sich selbst auch ein. Ich liebe meine Frau und meinen Sohn, diese Arbeit hier, aber manchmal möchte ich auch einfach nur was für mich machen. Das ist nicht schwarz oder weiß oder gegen oder für jemanden. Das ist einfach menschlich. Im Gegenteil, es ist sogar für mich und wird auch meinen Beziehungen wieder dienen.«

Nachdenklich blickte ich Mirco an. »Und wenn man gar nicht weiß, wie man mit sich allein Zeit verbringt?«

»Eine schöne Frage. Eine wichtige Frage, Colette. Es ist ein Lernprozess, oft ist er sehr schmerzhaft. Bei mir war es jedenfalls so. Aber es ist wichtig, sehr, sehr wichtig. Mir hat der Zusammenbruch viel Zeit mit mir alleine beschert. Das war eine schwierige Aufgabe. Dazu kam, dass ich mich so ins Aus manövriert hatte, dass ich mit einem Schlag alle meine Kompensationen losgeworden war. Das exzessive Auftreten, die viele Arbeit, der Alkohol, das Geld: alles weg, mit einem Schlag. Und da war ich dann. So nüchtern, so alleine, so mit gar nichts mehr. Außer der Liebe meiner Eltern und die sah ich nicht einmal in diesem Moment.«

»Was hast du dann gemacht?«

»Gelitten, ich bin wirklich durch die Hölle gegangen. Und da wurde es mir bewusst …«

Fragend schaute ich ihn an. »Was genau wurde dir bewusst?«, wollte ich wissen.

»Problematisch wird's, wenn du nichts hast, Colette, und mir wurde bewusst: Ich hatte nichts, ich war nichts. Leer. Einfach leer. Da gab es niemanden in meinem Leben. Ich wusste nicht, wer ich war, und ich wusste nicht, warum sich jemand mit mir abgeben sollte.« Ich wusste nicht, was ich darauf antworten sollte, also fuhr Mirco fort: »Es war wie eine Torte aus Pappe, die man für Fotoshootings herstellt. Die sind wunderschön und der Guss außen ist echt. Aber innen: hohl. Alles nur Pappe und hohl. Außen hui, innen pfui. Verstehst du? Der Benz, all das außen war zwar echt, aber innen drin sah es grauenvoll aus. Schließlich ist es ein Unterschied, ob der Kuchen echt ist oder nur aus Pappe und hohl.«

»Und jetzt bist du quasi dein eigenes, tolles Backrezept, wenn du soll willst.«

Mirco lachte auf. »Ganz genau, Außen sieht man nicht viel Anderes, aber innen, da habe ich aufgeräumt. Vor allem habe ich kapiert, dass das Seelenleben, das Herz, all das Zwischenmenschliche die Basis überhaupt ist. Zu sich selbst und zu den Anderen. Danach gilt es, diese Beziehungen aufzubauen und zu erhalten.«

Nachdenklich schürzte ich die Lippen. Was hatte ich? Der Vergleich mit der Papptorte hinkte bei mir, ich war nicht mal außen hui, innen sowieso pfui, wie Mirco so schön sagte. Ich hatte ja nichts. Ich hatte nicht wirklich etwas, was mich als Person ausmachte, was ich wirklich an mir kannte und mochte. In mir breitete sich eine Leere aus, die gerade sehr weh tat.

Für einen Moment schwiegen wir, bis ich Mirco ansah. »Meinst du, dass viele Kompensationen daher kommen, dass man selbst nichts ist und nichts hat?«

Mirco lächelte mich an. »Ich bin sogar sehr davon überzeugt, dass dem so ist. Als ich krankgeschrieben war, den Job verlor und damit auch ganz viele materielle Dinge, musste ich lernen, mit mir selbst Zeit zu verbringen. Wenn du dich selbst nicht magst oder, sagen wir mal, wenn du dich selbst gar nicht kennst, wird das schwierig. Vor allem stellst du irgendwann fest, dass das sehr langweilig ist. Oh, was war ich langweilig. Warum also sollte jemand mit dir Zeit verbringen und dich mögen, wenn du das selbst nicht einmal willst? Ich hatte mich ja vorher nur immer darum bemüht, was ich im Außen erleben konnte. Wenn mir jemand von Meditation oder guten Gesprächen erzählte, habe ich überheblich gelacht. Insbesondere das Thema Meditation oder Tai Chi waren ein rotes Tuch für mich. Für mich war das alles Humbug. Irgendwelche Schwächlinge gaben sich damit ab.«

»Tai Chi?«, fragte ich.

»Eine fernöstliche Kunst des Energietrainings«, erklärte mir Mirco und machte mir ein paar Bewegungen vor, die er wie in Zeitlupe demonstrierte.

»Wie hast du Tony Leben gefunden?«, wollte ich wissen und folgte mit den Augen Mircos Bewegungen.

»Ich war in einer Therapie, zu der ich anfangs sehr ungern hinging, aber mit der Zeit wurde es immer besser. Dann bin ich im Wartezimmer über Tony Leben gestolpert.«

»War er auch in Behandlung?«

»Nein, er hat seinen alten Freund besucht, der zufällig mein Arzt war.« Mirco lachte auf. »Tja, was soll ich sagen. Ich dachte auch erst, dass er ein Patient ist, und habe mich auf Anhieb gut mit ihm verstanden. Wir haben über alles Mögliche gequasselt. Also vielmehr ich habe gequasselt und zwar von meiner früheren großkotzigen Art, dass ich mich so verändert hatte und dass mir niemand eine Chance gäbe im Beruf. Ich war so frustriert damals, weil ich so viele Fortschritte gemacht hatte, aber niemand sie sah. Als Tony schließlich an der Reihe war, umarmte der Arzt ihn und als sich die beiden begrüßten, war mir klar, dass er kein Patient war. Aber als er zehn Minuten später wieder aus dem Zimmer des Doktors kam, gab er mir seine Visitenkarte und bat mich, ihm meine Unterlagen zu schicken. Tja, und so kam ich zu LEBEN AG.«

»Tolle Geschichte.«

»Toll, weil Tony vor allem einfach hingehört hat. Er hatte nie Bedenken meinetwegen. Es ist ein großes Geschenk, wenn jemand einfach in dich investiert und dir vertraut, wenn jemand an dich glaubt. Schon alleine deswegen wollte ich ganz auf die Füße kommen. Mein Vater hat nie so in mich investiert und an mich geglaubt, auch wenn er mich immer sehr geliebt hat. Das ist wohl eines der höchsten Gefühle, die du als Mann und Mensch haben kannst.«

»Und dann?«

»Ich habe hier anfangs exzessiv gearbeitet, bis Tony mich gebremst hat. Dann hat er mich Tai Chi gelehrt. Damals war ein fernöstlicher Kollege von ihm hier zu Besuch. Ein Chinese, der kistenweise Wein bei uns bestellt, bei Tony bestellt.« Mirco korrigierte sich lächelnd. »Tai Chi war eine Herausforderung. Alles so langsam zu machen, Achtsamkeit zu üben, die Energie zu fühlen, sie wieder in Fluss bringen. Puh. Das war härter als ein Boxkampft, den ich hätte durchstehen müssen.«

Ich musste schmunzeln.

»Schließlich nahm mich Tony mit auf ein paar Weinreisen. Wir haben oft bis in die Nacht geredet. Aber viel wichtiger als das war, dass Tony mich von Anfang an involviert hat, er hat an mich geglaubt, mir vertraut, auch wenn ich manchmal kurz davor war, ihn zu bescheißen. Aber diese unfassbare Offenheit, diese Ehrlichkeit: Du kannst gar nicht anders, als dich ihm zu stellen und auch bei deinem eigenen Spiegel dann genau hinschauen. Ich habe es ihm sogar gebeichtet, dass ich ihn um ein Haar beschissen hätte.« Mirco war sichtlich bewegt. »Ich bin nicht stolz darauf, Colette, aber um ein Haar hätte ich Geld abgezweigt, weil ich so in der Bredouille war. Aber Gott sei Dank habe ich es nicht getan und ich habe es Tony gebeichtet. Wir haben lange darüber gesprochen. Schließlich hat er sich mit mir hingesetzt und hat einen Schuldentilgungsplan gemacht. Als Starthilfe hat er mir sogar einen Vorschuss gegeben, weil es schon zwei Minuten vor zwölf gewesen war.«

Somit wusste ich also auch, wen Tony gemeint hatte, und ich war froh, dass ich es von Mirco selbst erfahren hatte mit all seinen Hintergrundinformationen, sodass ich nicht auf die Idee kam, irgendein Urteil zu fällen. Ich war nur froh, dass es Mirco heute so gut ging, und ich spürte, wie ich mich ehrlich mit ihm freute.

»Weißt du, Colette, ich habe mir anfangs Gedanken darüber gemacht, wie eine Firma so existieren kann, wenn ein Inhaber sich derart intensiv um seine Mitarbeiter kümmert.«

Ich nickte. »So geht es mir auch.«

»Aber wenn du das eine Weile beobachtest, wirst du erkennen, dass es eigentlich gar keine andere Form von echtem Erfolg gibt, als sich hingebungsvoll einzulassen. Ein Chef muss ein Leuchtturm sein und doch muss er sich zurücknehmen können. Die Mitarbeiter mit all ihrem Wissen und Können müssen im Fokus stehen. Ein Chef muss nicht alles können, aber er muss wissen, wie er alles lenken muss. Genau das kann Tony. Wir alle bringen das Wissen mit, das es zu den einzelnen Fachthemen gibt, und wir sind in der Lage, es anzuwenden und zu verbinden. Wir sind so in der Lage, uns zu entfalten, mitzumischen und uns einzubringen. Wir müssen miteinander lernen können, etwas aufbauen, gemeinsam eine Vision haben.«

»Und es ist so, wie Tony es sagt. Es gibt keine echten Vorbilder mehr, an denen man sich orientieren kann«, mischte ich mich kurz ein.

»Das und auch, dass sich heute niemand mehr verantwortlich fühlt. Als Jugendlicher hörst du von den Eltern, dass sie keine Zeit haben, weil sie arbeiten müssen. Lehrer halten sich raus, weil sie Angst vor den Kultur- und Herkunftsproblemen in der

Familie haben. Der Staat beruft sich auf Gesetz und Datenschutz, sichert sich mit Statistiken, Medizinern und Anwälten ab, und auch im Berufsleben ist einer der beliebtesten Sätze: ‚Dafür bin ich nicht zuständig.' Wie sollen sich junge Menschen so entwickeln und entfalten können?« Mirco machte eine kurze Pause. »Ich meine, schau dir auch die Kinder an, die neben einer Stunde Spaziergang und einer Stunde Sport zugedonnert werden mit Klavierunterricht und ausdrucksvollem Malen. Echtes Kindsein gibt es nur noch auf dem Lande mit aufgeschlagenen Knien, stundenlangen Streifzügen durch den Wald, Bienenstichen, zerkratzten Armen, selbst gebauten Baumhäusern und so weiter.«

Ich musste lachen. So war ich aufgewachsen. Ich erinnerte mich lebhaft an die Streifzüge und an den vielen Unsinn, den wir angestellt hatten. Einmal hatten wir sogar einen gleichaltrigen Jungen an einem selbst gebauten Marterpfahl vergessen, weil wir so vertieft in unser Indianerspiel gewesen waren. Erst als nachts im Dunkeln der Anruf kam und die Mutter nach David fragte, war uns schlagartig bewusst geworden, dass wir den armen Kerl vergessen hatten. Ich schmunzelte und erzählte Mirco von der Geschichte.

»Großartig, herrlich. Das ist eine schöne Geschichte. Vielen Dank«, freute er sich.

»So, und jetzt bedanke ich mich bei dir für den Kaffee und einen so offenen Einblick in deine Geschichte. Für mich wird's Zeit, noch ein wenig nachzuholen, wozu ich gekommen bin. Danach bin ich bei Lebens eingeladen.«

»Ach wie schön, grüß sie alle ganz lieb von mir. Schönes Wochenende, bis bald mal wieder. Vielleicht sehen wir uns ja auch noch auf den Messen. Dann können wir noch ein wenig quasseln.«

»Ja, klar.«

Nachdem wir uns verabschiedet hatten, machte ich mich in meinem Büro an die Arbeit und ergänzte die besagte Liste für Tony. Völlig vertieft rutschte ich in noch weitere Arbeiten. Irgendwann bemerkte ich, dass mich jemand beobachtete. Als ich aufblickte, grinste mich Tony Leben an.

»Was ist denn hier los?«, wollte er wissen.

»Ich habe vergessen, die Monatslisten fertigzustellen, sorry. Deswegen war ich noch kurz hier. Aber es war sehr spannend. Mirco hat mir seine Geschichte erzählt.«

Tony nickte und hockte sich auf die Ecke meines Pultes. »Es ist schon fast Mittag, hast du keinen Hunger?«

Ich blickte auf mein linkes Handgelenk – auf meine Uhr: 11 Uhr 55. »Oh, das habe ich völlig vergessen, sorry.«

»Kein Problem, du kannst dich sofort an den Tisch setzen, Ida hat schon gekocht. Wir warten nur noch, bis die Hauptperson sich am Mittagstisch blicken lässt.»

14. Alles eine Frage der Energie

Das Essen war herrlich, die Gespräche lange und tiefgründig, der Wein grandios. Ich genoss den Mittag bei den Lebens bis in den Nachmittag hinein. Ich lernte Ralph und Maddy kennen, die beiden beinahe erwachsenen Kinder von Tony und Ida. Beide waren, was man wohlerzogen nennt, und der Umgang mit ihren Eltern beeindruckte mich. Ich hatte meine Eltern auch gerne, aber so was wie die Lebens hatte ich nicht. Ich spürte eine Vertrautheit zwischen ihnen und einen Umgangston, den ich in Familien selten hörte. Es war diese Leichtigkeit, die sie ausstrahlte, und die Achtsamkeit, mit der sie miteinander umgingen. Mir wurde schmerzlich bewusst, wie schnell ich durchs Leben sauste und in diesem Tempo oft nur an mich dachte, auch in den Gesprächen mit meinen Eltern und Freunden. Oft ging es um meine Belange, die anderen waren selten wirklich länger als zehn Minuten interessant.

Schließlich verabschiedeten sich die Kids. Der Samstagnachmittag hatte noch andere interessante Geschichten für sie, als mit Erwachsenen rumzuhängen. Ich hing den neuen Eindrücken in meinen Gedanken nach. Ich wollte lernen, achtsamer zu sein und wirklich zuzuhören. Ich wollte lernen, von den Anderen mehr zu erfahren, mehr zu beobachten und ein besserer Gesprächspartner werden.

»Hast du Lust, mit uns spazieren zu gehen?«, fragte mich Ida, als ich ihr mit dem Abräumen des Geschirrs half.

»Klar, gerne.«

»Wir können uns ja davor noch die Wohnung ansehen«, mischte sich Tony ein, was ich freudig bejahte. Gemeinsam trugen wir das schmutzige Geschirr in die Küche, wischten den Tisch sauber und machten uns, nachdem wir die Wohnung besichtigt hatten, schließlich zu einem gemeinsamen Spaziergang auf. Als wir die Weinberge hinter uns gelassen hatten und die ersten Bäume des Waldes erreichten, blieb Ida stehen. »Ist das nicht wunderschön?« Sie blickte hinunter auf den Bodensee.

Der Ausblick war überwältigend. Unter uns die Reben, große und kleine Siedlungen, der große, blaue Bodensee und haufenweise kleine Segelschiffchen auf ihm, als würden Spielzeugboote in einer Badewanne herumtollen.

»Ich bin so dankbar, dass ich hier leben darf«, sagte Ida und legte den Arm um mich. »Gefällt es dir bei uns?«

Ich blickte zu ihr hinüber. »Ja, sehr sogar. Die Firma ist toll, der Umgang ist eine Offenbarung und heute Nachmittag ... Die Wohnung, ja, sie ist wirklich wunderbar. Sie würde mir gefallen. Ich kann nur sagen: vielen, vielen Dank.«

»Das ist fein. Sehr gerne geschehen, Colette. Wir freuen uns, dass du zu uns gefunden hast.«

Sie ließ mich los und wir marschierten weiter in den Wald hinein. Ein paar Vögel waren zu hören, das Gezwitscher erfüllte den Wald, weit weg hämmerte ein Specht, flappende Geräusche von Reihern über uns drangen in mein Ohr. Das Rauschen der Baumwipfel und der moosige Geruch des Waldes ließen mich still werden, Ida und Tony ging es genauso. Für einen Moment gingen wir schweigend weiter. Mir wurde einmal mehr bewusst, wie selten ich zugehört hatte: meinen Gesprächspartnern, dem Wald, den Tieren, mir selbst. Ich war einfach durchs Leben geprescht, besorgt um mein Wohlergehen und um zu überleben. Die bisherigen Anstellungen hatten mehr mit mir angerichtet, als dass mir das bewusst gewesen war. Insbesondere nach dem Gespräch mit Mirco war mir das klar geworden. Vielleicht hatte ich auch mit meiner unbewussten Art dazu beigetragen, dass ich mich immer im gleichen Kreis bewegt hatte.

»Tony, Ida, Colette. Hallo.« Eine bekannte Stimme rief uns entgegen und gleich darauf rannte eine wilde Zoe auf uns zu.

Catinka winkte von Weitem, die Hundeleine in der Hand. »Schön, euch hier zu treffen.« Nach einer innigen Begrüßung erklärte uns Catinka, dass sie mit Zoe auf dem Samstagnachmittagspaziergang war. »Wir sind immer viel unterwegs. Es ist bereichernd, einen Hund zu haben. Außerdem geht man bei jedem Wetter raus. Ich bin viel schlanker geworden, seit ich Zoe habe.« Sie fuhr sich die Hüfte hinunter mit ihrer freien Hand und lachte. »Seid ihr schon lange unterwegs?«, wollte sie von uns wissen.

Tony schüttelte den Kopf. »Gerade erst losgelaufen, willst du uns ein Stück begleiten?«

Catinka nickte. »Gerne, ich bin heute etwas faul gewesen. Normalerweise wandere ich von zu Hause los, aber heute habe ich den Wagen bis zum Parkplatz oben genommen.« Sie zeigte nach oben, wo es scheinbar eine Möglichkeit zu geben schien, das Auto abzustellen.

Ich begrüßte die Hündin und hob ein Stöckchen auf, das ich weit wegwarf. Zoe brachte es mir sofort zurück, sie war für jedes Spiel zu haben. Wir marschierten lange, unterhielten uns über alltägliche Themen und ich spürte, wie der Marsch mir in die Muskeln fuhr. Zwischendurch musste ich stehenbleiben und durchatmen.

Tony lachte. »Den Körper auszupowern, ist ein großes Geschenk.«

»Na ja … Wie ein Geschenk fühlt sich das gerade nicht an«, keuchte ich zurück.

»Dein Kopf ist zu voll, Colette.« Tony blieb neben mir stehen. »Deine ganze Energie ist im Kopf, es dreht sich dort alles. Wieder und wieder.«

»Ja, das Problem habe ich leider schon lange, ich bin ein Kopfmensch.«

»Soso, ein Kopfmensch«, schmunzelte Tony und Catinka und Ida blickten zurück und lächelten Tony an.

»Ja, das ist so«, erklärte ich und verstand nicht, warum die drei mich so ansahen.

»Wenn du meinst«, lächelte Catinka.

»Was?« Ich war wieder stehengeblieben, hielt mir die Hände in die Seite und holte tief Luft. Gott, was war ich außer Form.

»Jeder Mensch ist ein Kopfmensch, Colette. Lass dir nicht einreden, dass das nur bei dir so ist oder es Menschen gibt, die mehr Kopfmenschen sind als andere. Das halte ich für ein Gerücht.« Ida hatte sich zu mir umgedreht. »Energie muss fließen, sowohl im Leben als auch im Körper. Und wenn wir die Energie im Kopf behalten, blockieren wir damit den Fluss.«

»So was wie Tai Chi?«

»Ja, so in der Art. Die fernöstlichen Methoden drehen sich alle um den Fluss der Energie, aber dazu brauchen wir weder Tai Chi noch Feng Shui oder sonst was. Es ist eigentlich klar. Schau dir kleine Kinder an oder Tiere. Sie haben einen natürlichen Drang, sich auszupowern. Aber auch hier sind wir in einer Zeit gelandet, in der wir unsere Köpfe mit Dingen vollstopfen, die unseren Geist verstopfen und den Körper blockieren.«

»Heißt, ich müsste ins Fitnessstudio?« Fragend blickte ich die drei an.

»Das wäre eine Möglichkeit, aber du musst selber entscheiden, ob du Fitnessstudios magst. Ich kann nicht so gut in diesen künstlichen Turnbuden. Schau zurück in die Zeitvor den beiden Weltkriege. Wir haben damals anders gelebt, anders gearbeitet. Da waren Familienverbunde, jeder hatte seine Rolle, weder Kinder noch alte Menschen wurden einfach in irgendwelche Heime oder KITAS abgeschoben. Jeder hatte eine Aufgabe. Jeder wurde gebraucht. Gerade das ist enorm wichtig für den Menschen. Außerdem war die Arbeit eine Herausforderung: Vieles brauchte den vollen Einsatz des Körpers, was wiederum einen gesunden Appetit förderte und starke Muckis.« Tony drückte sich mit der Hand in den Oberarm.

Ida erklärte weiter: »Damals hatte das Essen noch das Prädikat LEBENSMITTEL verdient, heute ist es nur noch Food. Mehr hat vieles von dem, was du im Kaufhaus kaufst, gar nicht mehr als Bewertung verdient. Vieles ist inhaltslos, leer und wie sollst du da bitteschön GENÄHRT sein? Ganz abgesehen von gehaltvolleren Themen, die wir im Gespräch ausgetauscht haben. Dieses Nähren ist eine wichtige Sache. Sowohl natürliches Essen als auch eine natürliche Form der Bewegung, gepaart mit gehaltvollen Gesprächen und einem konstruktiven Umgang mit deinen Menschen und Tieren. Das ist es doch, was das Leben ausmacht.«

»Das macht schon Sinn, aber wie soll ich denn Muckis bekommen, wenn ich durch den Wald laufe?«

»Die Frage ist, ob du überhaupt Muckis haben willst«, lachte Ida.

»Männer vielleicht schon eher«, mischte sich Tony ein. »Ernsthaft, wir müssen auch nicht alle mit 50 so aussehen, als wären wir 20 Jahre alt; das ist nicht zwingend nötig. Okay, ich gebe zu, ich sehe auch gerne gut aus, aber ich bin nicht bereit, mich dafür kaputtzumachen. Man kann auch in Würde altern. Die regelmäßige Bewegung fördert auch die Sauerstoffzufuhr ins Gehirn und in den Körper, was wiederum wie ein Fluss ist. Das bringt die Energie wieder ins Fließen, außerdem kann der Körper mit fleißiger Bewegung auch ausgleichen, was sich da in deinem hübschen Köpfchen alles staut, wenn du so viel nachdenkst. Die Energie rutscht dann quasi wieder in den Körper und kann wieder fließen.«

Wir waren weitermarschiert, Zoe brachte Catinka ein Stöckchen, was sie wieder und wieder in den Wald hineinwarf, und die Hündin brachte es treu zurück. »Ich bin der Meinung, dass wir uns wieder mehr an der Natur orientieren müssen. Natürlich will ich nicht auf mein Smartphone verzichten oder auf mein Cabrio«, erklärte Catinka. »Aber geh einmal nach Österreich in die Ferien oder in den Süden. Die Leute da verstehen noch ein wenig mehr, wie das echte Leben funktioniert. Da muss nicht alles noch effizienter gestaltet werden. Das ist hier eine regelrechte Manie geworden.

Ich erinnere mich, als Fabio, mein Mann, damals in einer Firma angefangen hat. Er war Verkäufer und hatte im ersten Jahr eine Budgetvorgabe von rund 120.000 Franken. Ein ehrgeiziges Ziel, das aber mit den richtigen Werkzeugen zu erreichen war. Aber schon in der Einführungszeit haperte es. Schlechte und unklare Kommunikation innerhalb der Firma, insbesondere vom Management aus und im Besonderen mit seinem Vorgesetzten. Vieles fand, wenn überhaupt, nur noch per E-Mail oder per Skype statt. Persönliche Gespräche wurden bei den Vertriebstagungen abgehalten, wobei das mehr ein Monolog war, entweder durch den Vorgesetzten oder irgendeinen Business-Coach, der tagelang Zahlen und Powerpointfolien präsentierte. Fabio war abends fix und foxi, merken hatte er sich kaum etwas können. Sie haben nichts mehr gemeinsam erarbeitet. Die Verkäufer wurden weder gefragt noch integriert. Dabei sind es doch die Verkäufer, die eine Ahnung vom Verkaufen haben, und nicht die Chef-Etage. Aber das Unternehmen hatte keine Strategie, die Verkäufer wurden nicht informiert und nicht instruiert. Eine Verkaufsstrategie fehlte, wie gesagt, aber mit Ach und Krach schaffte er die Budget-Vorgaben. Das damalige Unternehmen hatte keine eigene Produktion, sondern bezog die Handelsware aus Deutschland. Im zweiten Jahr hatte das Unternehmen dann durch diverse Abgänge die Kunden wild durcheinandergewürfelt den Verkäufern zugeordnet und bei weiteren Abgängen der Kollegen wurde wieder neu gemischt. Die Kunden wussten mittlerweile nicht mehr, an wen sie sich mit ihren Bestellungen und Fragen wirklich wenden mussten. Wie willst du so ein Netzwerk aufbauen und eine Beziehung zu deinem Kunden? Außerdem bekam Fabio eine Budget-Vorgabe von über 250.000 Schweizer Franken. Und das für ein reines Vertriebsunternehmen mit rund 150 Mitarbeitern!

Das ist ein Klassiker dieser Neuzeit. Hier werden nicht nur astronomisch hohe Budget-Vorgaben als Maß der Dinge vorgegeben, sondern auch komplett unnötige. Wozu, bitteschön, braucht ein Unternehmen ein so hohes Budget-Ziel von einem zum anderen Jahr? Die haben ihre Planung nicht im Griff. Schließlich ist ein gesundes, maßvolles Wachstum jedem klar, wenn man Abschreibungen, Neuanschaffungen et cetera anschaut. Aber solche unverhältnismäßigen Aktionen kenne ich zu Genüge, auch aus meiner Karriere. Schließlich hat sich Fabio in dieser Firma fast zum Deppen gemacht, bis er sich nun schließlich selbstständig gemacht hat. Und das mit großem Erfolg.«

»Ich find schön, dass wir in einem reichen Land leben, und es ist herrlich, dass Staat und Gewerbe so viel erreicht haben, aber ich gebe dir recht. Die meisten übertreiben heute einfach, insbesondere im ersten Arbeitsmarkt. Die kriegen den Hals nicht voll genug, wie du so anschaulich beschrieben hast.« Tony nickte ernst. »Es ist schade, dabei ist das einer der Hauptgründe, warum so viele Unternehmen die Krisen der letzten Jahre nicht haben überstehen können. Der künstlich hochgepuschte Verwaltungsapparat mit viel zu vielen und teuren Leuten trägt ebenfalls dazu bei, dass die Kosten in die Höhe schnellen. Mit einem gesunden und maßvollen Wachstum - danke für die schöne Wortwahl, Catinka, - bin ich überzeugt, dass viele Schweizer Unternehmen mit ihren Produktionen niemals hätten ins Ausland abwandern müssen. Dieses Auspressen von Mitarbeitern, während einige in der Chefetage wirklich ihren Hals nicht mehr voll genug kriegen, das widert mich einfach nur an. Ich bin dankbar, dass ich Inhaber und Chef sein darf. Ich habe eine andere Verantwortung und eine andere Präsenzzeit und natürlich ein anderes Risiko. Hierzu darf ich mir ein angemessenes und gutes Gehalt bezahlen lassen von LEBEN AG, aber ich werde mich hüten, das auszunutzen.

Wenn es dem Unternehmen schlechtginge, würde ich sofort auf mein 13. Gehalt verzichten und auf Dinge wie Geschäftswagen und so weiter. Das ist für mich eine zentrale Geschichte, die einen Chef ausmachen. Firmen und Mitarbeiter auszupressen, finde ich das Letzte. Sieh dir die Firmen da draußen an. Außerdem gibt es ein Sprichwort von Robert Bosch, was da heißt: *‚Ich zahle nicht gute Löhne, weil ich viel Geld habe, sondern ich habe viel Geld, weil ich gute Löhne bezahle.‘* Weil ich meine Leute führe, indem ich klare Anweisungen gebe, gemischt mit Freiheit und Entfaltungsmöglichkeit. Ich treffe mich regelmäßig mit einem externen Berater, der mich immer wieder mal auch spiegelt, sowohl in den fachlichen als auch in den menschlichen Themen. Supervision ist das A und O im Leben, nur so kann man an sich arbeiten und gemeinsam wachsen.«

»Supervision? Du?« Ich war wieder stehengeblieben, die Luft war mir schon wieder ausgegangen.

»Ja, Supervision. Das, was ich mit euch mache, wenn du so willst. Sich mit jemandem austauschen, den Spiegel vorgehalten bekommen und sich ehrlich die Meinung sagen. Gerade auch bei Schlüsselpositionen möchte ich zudem wissen, welches Gehalt angemessen ist im Verhältnis zur Belegschaft und zur Unternehmensgröße.«

Ich war beeindruckt. Tony schien sich viele Gedanken zu machen und sehr überlegt vorzugehen. Immer mehr ergab das Bild ein komplettes Puzzle. »Warum können nicht alle so sein wie du«, entfuhr es mir.

Ida lächelte. »Das wäre vielleicht langweilig mit der Zeit, auch wenn ich meinen Tony sehr liebe, so wie er ist.«

»Oh, das wäre bestimmt langweilig, dann wäre die ganze Welt so weise und wir könnten gar nichts Neues lernen«, lachte Catinka und ich stimmte in ihr Lachen ein.

»Colette, jeder Mensch hat viele Talente und viel Potenzial, da wäre es schade, wenn alle wären wie ich. Ich hab genügend Schwächen.«

»Du? Bestimmt nicht.«

»Oh, ich bin kein Heiliger, sachte, sachte.«

»Nein, nicht Heiliger, aber du weißt auf alles eine Antwort.«

Ida lachte: »Nein, das muss ich widerlegen. Wenn ich ihn frage, was ich anziehen soll, dann weiß er genauso wenig wie andere Männer, was er sagen soll. Außerdem kenne ich seinen Blick, wenn ich in einem Kleid einen fetten Hintern habe, und das nehme ich ihm dann genauso übel wie andere Frauen auch.«

Wir lachten gemeinsam über die ganz normalen Alltagsprobleme eines Paares, das für mich alles andere als alltäglich war.

»Im Ernst, Colette, niemand von uns ist perfekt und das wäre auch sehr schade. Es macht das Leben so bunt. Schau dir die Natur an. Kannst du dir vorstellen, dass plötzlich der Fuchs fehlt oder der Specht oder dass es keine Rehe mehr gibt? Selbst die Insekten sind ein wichtiger Bestandteil, jeder hat seine Aufgabe und keiner ist schlechter als der Andere. Wenn du dir das Zusammenspiel hier in der Natur ansiehst, dann weiß jeder genau, was er zu tun hat. Und er ist immer der Beste darin. Selbst tote Tiere sind ein Schatz für Aasfresser. So ergibt alles seinen Sinn. Die Natur ist ein grandioses Spektakel an Perfektion, gerade weil hier niemand perfekt sein muss.

So sollte es auch bei uns sein. Wir streben nur noch danach, perfekter und effizienter zu sein. Dabei machen doch auch ein wenig verrückte Seiten einen Menschen einmalig. Diese Originale, wie man sie aus früheren Geschichten kennt, gibt es nur noch auf dem Lande. In der Stadt werden alle normiert, bloß keine Schwächen mehr haben. Alle rennen der Perfektion hinterher. Wofür? Es ist wichtig zu wachsen und sich auch zu reflektieren, aber es müssen nicht alle gleich sein. Etwas Eigenes zu haben, ein Original zu sein, ist charmant und wichtig.« Tony und ich schauten in den Wald hinein.

Er hatte recht, das fiel mir erst jetzt auf. »Du schaust dir für deine Firma einiges von der Natur ab?«, fragte ich nach.

»Ganz genau, die Natur ist immer der beste Lehrer. Besser kann es dir niemand beibringen.«

Ich nickte gedankenverloren.

»Das fängt schon bei den Kindern an, Colette. Du hast mich vorhin so liebevoll angelächelt und gemeint, wir hätten es so toll in der Familie. Ja, Colette, das haben wir. Aber das ist nicht vom Himmel gefallen. Man muss sich auch nicht immer kleiner machen, als man ist. Man darf seine Stärken kennen. Und wir haben diese Stärke als Paar, Colette. Tony und ich, wir haben sehr an uns gearbeitet und das tun wir noch. Es war uns klar, dass wir uns aus vollem Herzen für eine Familie entscheiden oder gar nicht. Mir war das wichtig. Auf mehreren Hochzeiten zu tanzen,

ist selten gut. Tue Dinge ganz oder lasse sie. Die Natur war ein ganz wichtiger Pate, wenn du so willst. Kindern reicht es nicht, ein paar Stunden draußen zu spielen und ein wenig wandern zu gehen. Kinder müssen sich mit ihren Eltern gemeinsam draußen auspowern, tagelange Wanderungen unternehmen, Staudämme in den Bächen bauen, Lagerfeuer machen, gemeinsam Geschichten erzählen und gemeinsam essen. Sie müssen alle möglichen Tiere kennenlernen, lernen, wie sie ticken und wie man für sie sorgt. Zum Aufwachsen gehört dazu, gemeinsam zu gärtnern von A bis Z, angefangen vom Urbarmachen eines Gartens übers Säen bis hin zur Ernte und zum Verwerten, Einmachen von Gemüse und so weiter. Wir haben unsere gesamte Freizeit in die Kinder investiert und das war die beste Investition unserer Lebenszeit überhaupt. Wir waren als Familie am Abend völlig k. o., aber wir waren glücklich. Gemeinsam haben wir so viel Schönes erlebt, dass unsere Herzen voll von Momenten sind, die wir gemeinsam kreiert haben. Verhaltensauffälligkeiten gab es viele, Gott sei Dank, aber nicht so, wie es heute als Schimpfwort verwendet wird. Die Kinder wissen, wie es sich anfühlt, die Knie aufzuschlagen, Schnecken zu retten oder Tiere beerdigen zu müssen. Sie wissen, wie man sich Wildtieren nähert, sie haben gelernt, Unkraut zu jäten, Kühe zu melken, still zu werden auf dem Gipfel eines Berges und dass man im Haushalt hilft. Wir haben ihnen die Wurzeln gegeben, um sich zu erden, sich niederzulassen, sich einzulassen, Netzwerke zu pflegen und als wertvolle Menschen einen Beitrag in ihrem Leben zu leisten. Wir haben ihnen die Flügel gegeben, damit sie sich entfalten und weiterfliegen können. Das war uns sehr wichtig. Du kannst einem Kind nicht erklären, dass es wehtut, sich die Hände am Feuer zu verbrennen. Hier musst du als Mutter und Elternteil auch lernen, dass Kinder leider Gottes auch fühlen müssen, wie heiß das Feuer tatsächlich ist. Erst dann können sie die Lernerfahrung wirklich abspeichern und daraus ihre Lehren ziehen.«
Ida streichelte Zoe und dann wandte sie sich erneut an mich. »Was für dich gilt, gilt für eine Partnerschaft. Was für eine Part-

nerschaft gilt, gilt für jede Form von Partnerschaft. Was für Partnerschaften gilt, gilt für Unternehmen. Wenn du das Leben echt lebst, in Harmonie mit dem Sein, in Harmonie mit den natürlichen Abläufen, in Harmonie mit dir selbst, wird dir alles gelingen. Alles.«

Ich war stehen geblieben. »Du meinst, das hat alles auch mit der Firmenphilosophie zu tun?«

»Natürlich, auch hier geht es um den Fluss der Energie wie überall im Leben. Es geht immer um den Fluss der Energie. Wenn sie fließen kann, dann wird sie fließen. Wenn sie blockiert, wird sie Stauungen und Blockaden verursachen. Wenn du dir dann anschaust, was wir dagegen alles machen, wird dir vieles klar. Menschen sind Gemeinschaftswesen, wir müssen Dinge gemeinsam tun. Nur so ergeben Dinge auch einen Sinn, der wiederum erklärt, warum wir sie tun sollten. Frage die Menschen bitte heute, warum sie arbeiten gehen. Die Standardantwort kennst du. Aber es ist die falsche Antwort. Sie sollten arbeiten gehen, weil es ihnen Spaß macht, weil sie sich entfalten und einbringen können, weil sie etwas verändern und bewegen können, aber nicht, weil sie müssen oder des Geldes wegen.«

Ich sah sie mit großen Fragezeichen im Gesicht an.

»Krankheiten, Essstörungen, Konflikte, Kriege, die gesamten Probleme in der Wirtschaft. Und Menschen, die mit all ihren blockierten Energien, Krankheiten, Konflikten in einem Unternehmen arbeiten, nehmen jeden Teil dieser Energien ebenso mit in die Firma, also mit in die Firmenenergie.«

»Alles eine Frage der Energie?«

Ida nickte, Tony nickte, Catinka nickte.

»Ist das nicht etwas sehr vereinfacht?«, wollte ich wissen.

»Warum?« Tony sah mich mit ernster Miene an.

»Ich meine, es gibt doch auch Dinge, die nicht einfach so fließen.«

»Wie zum Beispiel?« Tony sah mich noch immer an.

»Ich weiß nicht, keine Ahnung.«

»Schauen wir uns die Natur an, dort fließt alles. Oder?«

»Ja, ich meine nur, wenn ein Tier krank ist …«

»Dann wird es sterben oder von stärkeren Artgenossen gefressen. Und so fließt es wieder.«

»Aber das ist barbarisch.«

»Nein, das ist die Natur. Barbarisch ist nur deine Einstellung dazu, denn du anerkennst die Natur nicht. Die Natur regelt das auf ihre Weise. Die ist nicht gut oder schlecht. Sie ist einfach so, wie sie ist. Und das Tier muss nicht unnötig lange leiden. Es dient zudem als Nahrung für andere Tiere.«

Etwas pikiert blickte ich in die Runde.

»Wir vermenschlichen unsere Tiere gerne, Colette, das mache ich mit Zoe auch. Keine Sorge, aber es macht einen Unterschied, ob ich alles vermenschliche und auf sie beziehe oder ob ich noch die Distanz wiederherstellen kann.«

Zoe blickte mich treuherzig an, so als könnte sie verstehen, worüber wir gerade diskutierten.

»Und zum Beispiel die vielen Unwetter? All die Überschwemmungen?«, wandte ich ein.

»Schau genauer hin, Colette. Flüsse, die begradigt wurden, Flüsse, die ausgetrocknet wurden, um dort Siedlungen zu bauen. Überall haben wir der Natur ins Handwerk gepfuscht. Irgendwann sucht sie sich wieder ihren Lauf. Ein Fluss wird es sich nicht absichtlich schwermachen, um seinen Lauf zu bestimmen. Er wird einfach fließen. Wir aber versuchen oft mit aller Gewalt, uns zu verstellen, es anderen recht zu machen. Bist du einmal mit einem Hund auf eine längere Reise gegangen?« Tony kniete sich zu Zoe herunter. »Wenn Zoe beispielsweise zu viel Aufregung hat, wird ihr übel. Sie wird sich übergeben, wird Durchfall bekommen, ganz einfach. Das kann auf einer längeren Reise schnell passieren. Aber sie wird weder das eine noch das andere krampfhaft zurückhalten. Es ist ihre Natur zu fließen, in einem solchen Fall ist es dann eben nicht so angenehm. Sie käme nie auf die Idee, das zurückzuhalten. Du wirst das vielleicht nicht so toll finden, Durchfall anstelle von festem Kot aufzusammeln, beispielsweise an der Promenade von Salo am Gardasee. Also, es gibt echt Schöneres.«

Catinka verwarf die Hände, als Tony davon erzählte. Sie konnte sich nur zu gut erinnern. »Aber niemand wird das Zoe übelnehmen. Es ist ihre Natur. Wenn du aber uns Menschen anschaust, da sind wir schon wesentlich verkrampfter, wir unterdrücken Bedürfnisse.«

»So langsam verstehe ich, was du meinst.«

»Und deswegen ist Tonys Philosophie auf alle Bereiche anzuwenden.« Ida strahlte ihren Mann an, als hätte sie ihn gerade erst kennengelernt.

»Es ist nicht meine Philosophie, Schatz. Es ist das alte Wissen, wie es alle früher hatten. Wir machen das Leben viel zu kompliziert.«

»Und du meinst, dass das genauso funktioniert wie in der Familie?«, fragte ich nach einer Weile, als wir schon viele Kilometer hinter uns hatten.

Tony nickte. »Jedes Team braucht einen, der das Ganze leitet, da spielt es keine Rolle, ob als Familie oder als Firma. Es spielt sogar keine Rolle, was der Vorgesetzte vermittelt. Wenn er wie ein Leuchtturm, wie ein Fels in der Brandung weiß, wohin er gehen will und leuchtend vorausgeht, wird er ein Team führen können, sie leiten können, für sie sorgen können. Das geht im Guten wie im weniger Guten.

Siehst du, Colette, wir sind teamorientiert, aber jeder hat seinen Platz in der Familie, und das ist wichtig. So wie es sehr oft einen braucht, der die Verantwortung über alles hat, braucht es Menschen, die mit Ideen Andere mitreißen. Es braucht solche, die mit ihrer Beständigkeit für Ruhe sorgen, selbst wenn sie es nicht mögen, wenn sich Dinge verändern. Es braucht stetige Menschen, die mit ihrer Gewissenhaftigkeit und Zuverlässigkeit für ein sauberes Fundament sorgen. Und vielleicht brauchen wir tatsächlich Hierarchien. Wichtig ist aber, dass der Vorgesetzte sein Team leiten kann. Er muss auch die anderen im Team kennen und ihre Aufgaben.

Um es in der Firmensprache zu nennen: Ich als Inhaber und Chef sollte die Arbeiten kennen, die die Leute umzusetzen haben. Deswegen ist es nicht verkehrt, als Chef beispielsweise eine Produktion nicht nur aus dem Vorbeimarschieren zu kennen. Wer selbst einmal Hand angelegt hat, weiß, wie sich seine Mitarbeiter fühlen. Der weiß, wovon er spricht, wenn es um Schnittstellen und Probleme mit seinen Partnern geht, sowohl intern als auch extern. Viele Chefs sind sich dafür zu schade, glauben, sie wären was Besseres. Aber ich sage dir: Anzüge lassen sich reinigen, verschmutzte Gedanken nicht so schnell. Wenn du dich den Mitarbeitern gegenüber auf Augenhöhe zeigst, werden sie dir auch auf Augenhöhe begegnen. Es ist mir wichtig zu wissen, worum sich jeder Einzelne kümmern muss. Deswegen kenne ich so gut wie jede Stelle bei LEBEN AG und habe selbst dort schon mitgearbeitet. Das gilt auch für meine Familie.«

Ich lachte laut auf. »Und wie ist es mit Gebären?«

Tony schmunzelte. »Schlitzohr, hast mich erwischt. Aber ich habe mich so gut wie möglich damals mit Ida auseinandergesetzt, damit ich eine Ahnung bekommen durfte, wie es ihr ging. Ich finde es wichtig, dass jeder aus seiner Rolle das machen kann, was er oder sie für richtig hält. Wir halten die alte Rollentrennung noch für sehr wichtig, wenngleich wir auch sehr modern eingestellt sind. Ich würde meine Frau oder ihre Arbeit zu Hause nie als minderwertig betrachten. Ich denke, hier haben sich viele Frauen selbst entwürdigt. Wenn Ida ihre Karriere hätte leben wollen, hätte ich mich zurückgenommen und wäre Hausmann geworden, ohne Frage. Aber Ida wollte schon seit Teenager-Tagen Mutter werden und sein. Sie wollte sich ganz auf ihre Mutterrolle einlassen.

Ich schätze sehr, was sie für unsere Familie alles getan hat und tut. Ohne sie wären wir nicht halb so gut in unserer Familie. Es macht mir große Freude, jeden Morgen neben ihr zu erwachen. Ich liebe diese Frau von ganzem Herzen, sie ist einfach klasse. Dass sie sich jemanden wie mich ausgesucht hat, haut mich heute noch um. Sie hätte jeden haben können.« Tony gab seiner Ida einen Kuss auf den Mund. »Und sie ist mein bester Freund, seit vielen Jahren. Sie sagt mir knallhart ins Gesicht, wenn ich mich auf Abwegen befinde, ohne mir reinzureden. Sie weiß, wie ich ticke, oft besser als ich.«

»Aber auch dafür habt ihr beide gearbeitet«, mutmaßte ich.

»Richtig, schöne Frau«, lachte Ida. »Wir wollten uns einlassen und wir beide wollten diese Partnerschaft, diese Familie. Natürlich gab es Versuchungen, oh, wo gibt es diese nicht. Und wir haben uns oft auch ziemlich heftig gefetzt.« Etwas verwegen lachte sie mich an. »Aber die Kunst ist, sich immer wieder zusammenzuraufen. Wir haben gemeinsame Ziele, wir kennen die Essenz unserer Partnerschaft. Wir haben sogar Ziele mit unseren Kindern.«

Erstaunt fragte ich nach, worum es sich da handelte. Ida bat mich, zu Hause mit ihr ins Familienbuch zu schauen, sie hätten diese Dinge miteinander ausgearbeitet und schriftlich festgehalten.

»Wer schreibt, der bleibt«, hatte sie lachend gesagt.

15. Wertschätzung kommt von Werten

»Ist das nicht alles ein wenig viel heile Welt?«, fragte ich Tony, als wir im Familienbuch stöberten. In einem teuer aussehenden Heft hatte jeder seine Werte notiert.

»Tja, die Welt da draußen ergötzt sich viel zu sehr am Elend. Da kann ich schon verstehen, dass wir irgendwann langweilig sind und als elend langweilig heile Welt erscheinen müssen.«

»Nein, so meinte ich das nicht.«

»Ist schon gut, Colette, ich nehme dir das nicht krumm. Du hast sogar recht. Glaube mir, es ist nicht so toll, wenn alles in Harmonie ist, jedenfalls für die Welt da draußen. Aber die Leute ticken anders, weil sie ihren Kompensationen hinterherjagen. Für mich ist das mehr als okay. Wenn ich jemandem zu langweilig bin, dann ist das ganz gut so. Glaub mir, dann muss ich mich aber auch nicht mit ihm rumärgern. Das sind Leute, die haben zu jeder Lösung ein Problem.«

Das Wortspiel gefiel mir, ich gluckste laut auf.

»Kennst du deine Werte?«, fragte mich Ida und ich schüttelte den Kopf.

»Wie finde ich das heraus?«

Tony holte ein teuer aussehendes Heft, das dem vor uns sehr ähnlichsah. »Hier, bitteschön.«

Ich bedankte mich und erblickte, dass das Heft komplett leer war.

»Wir können uns in den nächsten Wochen einmal mit einer Liste von Werten und Antiwerten auseinandersetzen. Dann kannst du für dich in aller Ruhe herausfinden, was dir wichtig ist. Fünf Werte und fünf Antiwerte. Wenn du willst, kannst du sie dir sogar auf deine Visitenkarte drucken lassen.«

»Das oder deine drei wichtigsten Wünsche.« Erstaunt blickte ich zu Ida, die sich eingeschaltet hatte.

»Warum sollte ich das tun? Dann fragt mich ja jeder danach.«

»Eben ... Deswegen.« Tony und Ida lachten sich an.

Tony reichte mir seine Visitenkarte. Dort stand: *Tony Leben, Inhaber LEBEN AG*, dann die Adresse, dazu ein Bild vom Anwesen der LEBEN AG. Auf der Rückseite stand: *Meine Werte sind ...* Dazu wurden untereinander fünf Werte aufgeführt, darunter dasselbe mit fünf Antiwerten.

»Ich gebe nicht jedem meine Visitenkarte, musst du wissen. Entweder liegt sie aus wie auf den Messen oder in meinem Büro oder ich gebe sie heraus, wenn man mich danach fragt. Auch schöne Begegnungen müssen nicht zwingend wiederholt werden. Diese Aufzwingerei von Adressen und Verbindungskoordinaten verschmutzt unsere Umwelt ebenso wie schlecht gemachte Werbung.«

Ich betrachtete die Worte, die dort standen. »Und wirst du auf die Werte und Antiwerte angesprochen?«

»Natürlich werde ich das. Oft entstehen die besten Diskussionen daraus. Oft wird auch darüber gesprochen, was das für mein Gegenüber heißt. So lernst du dein Gegenüber sehr schnell und sehr gut kennen. Werte zu haben, diese zu definieren, macht sichtbar, ja. Das kann auch einmal negativ auffallen oder negative Auswirkungen haben. Aber im Normalfall mag man Menschen, die wissen, was sie im Leben wollen. Auch wenn du nicht derselben Meinung bist, weißt du wenigstens, woran du mit diesem Menschen bist. Es gibt nichts Ärgerliches als Menschen, die irgendwie in den Tag reinleben und nicht wissen, wozu ihnen ihr Leben geschenkt wurde.«

»So wie ich zum Beispiel?«, lachte ich.

»Nein, so meinte ich das nicht. Du hast zu uns gefunden. Und was besonders schön ist: Du bist offen. Du hörst dir das an. Wenn etwas für dich stimmt, übernimmst du es. Wenn nicht, hinterfragst du es. Das ist ein großes Geschenk und wir alle können viel von dir lernen.«

»Ich bin eher der Meinung, dass ich von euch lerne.«

»Wachstum findet immer gemeinsam statt. Der Boden und der Samen und die Sonne und das Wasser machen aus, dass eine Blume entsteht. Wenn eines davon fehlt, wird nichts daraus.«

Das leuchtete mir ein.

»Auch wir dürfen uns weiterentwickeln. Wir möchten nicht recht haben, wir möchten fließen, gemeinsam wachsen und einen Nährboden für tolle Arbeitsplätze geben, an denen man sich entfalten kann, zu denen man gerne hingeht und wo man sehr gutes Geld verdient. Dazu noch eine Portion Spaß und das ist schon alles, was man im Leben braucht, oder?«

»Oh, ich finde das sehr viel.«

»Ja und nein. Eigentlich wäre es das Natürlichste auf der Welt! Aber weil wir so weit weg sind von einer menschen- und artgerechten Haltung des Menschen …« Tony lachte laut auf. »… sind wir so erschlagen, wenn sich einer oder eine ganze Firma erlaubt, anders zu sein.«

»Ich habe letzthin folgenden Spruch gehört: Alle wollen individuell sein, aber wehe, einer ist anders.«

Tony grinste mich an. »Du triffst den Nagel auf den Kopf.«

»Sind Werte wirklich so wichtig?«, wollte ich wissen.

Tony überlegte einen Moment. »Wenn du nach Italien willst, stellst du dein Navi ein und gibst ein: Italien ...« Tony betrachtete mich. »Was glaubst du, wird dir das Navi sagen? Oder besser noch: Wohin wird es dich führen?«

»Es wird wohl irgendwann eine Fehlermeldung bringen, weil ich keine Adresse oder einen Ort eingegeben habe.«

Tony nickte. »Ich kenne viele Leute, die sagen, sie möchten gerne einmal reich werden.«

Ich schaute Tony an, dann blickte ich hinüber zu Ida.

»Aber was heißt das? Reich an Gesundheit? Reich an Steinen? Reich an guten Ideen? Reich an einem Zuhause? Was ist reich? Und vor allem: Wie genau definierst du reich? Dein Gehirn hat kein Bild zu reich, wie es beispielsweise zum Wort Auto hat oder Pferd oder Hund. Wenn du dann das Reichsein an Geld meinst, frage ich dich, wie viel willst du haben? Dort fängt das Problem schon an. Erkläre deinem Bewusstsein, wie Gesundheit aussieht. Dazu gibt es keine Verknüpfung. Du weißt, wie sich funktionierende Knie anfühlen, wie sich ein freier Kopf anfühlt oder wie wohl du dich fühlst, wenn deine Verdauung funktioniert, aber Gesundheit …? Dazu gibt es kein Bild, welches das klar ausdrücken kann.

Aber lass uns mal beim Geld bleiben. Viele haben eine sehr schlechte Beziehung zum Geld. Dabei ist es eine Energie wie jede andere auch. Lediglich unsere Herkunft, unsere Prägung, unsere Erfahrungen oder das vorgekaute Wissen unserer Eltern mit ihren Erfahrungen presst uns in eine Schublade, in der wir so oder so über das Geld denken. Und wenn dann noch so schlaue Sachen dazu kommen wie ‚Der großkotzige Typ mit dem gelackten Auto', ‚Die Besseren wohnen hier' oder ‚Nur Idioten fahren Lamborghinis' muss man sich nicht wundern, warum das Geld nicht zu diesen Menschen fließen kann. Wer will schon von anderen so herablassend beurteilt werden. Schließlich ist keiner gerne ein Idiot und so weiter. Da ist das Unterbewusstsein klug genug, um alles daran zu setzen, nicht reich zu werden. Wenn du die Energie zum Geld geklärt hast, mach dir bitte klar, welches dein Wert ist. Wie viel bist du wert im Monat, wie viel möchtest du verdienen, wie viel Geld willst du in drei Jahren haben? Das sind Ziele, damit kannst du mit dem Wert Reichtum auch arbeiten, denn du hast ein messbares Ziel definiert, an dem du dich orientieren kannst und zu dem dein Gehirn auch einen Bezug herstellen kann. So kannst du immer wieder die Zielüberprüfung machen und schauen, ob du auf Kurs bist und nach diesem Wert lebst.« Tony trank einen Schluck Wein, den Ida ihm gereicht hatte. »Es ist ärgerlich, wenn Menschen nichts über ihren eigenen Wert wissen. Jedes Land, jede Gemeinde: Sie alle kennen ihren Wert.

Wenn ein Mensch beispielsweise den Wert Wertschätzung für sich definiert hat wie ich, dann kannst du jeden Tag bei jeder

Handlung überprüfen, ob dein Handeln diesem Wert dient. Gehe ich wertschätzend mit mir um, wenn ich ständig Fast Food esse? Fühle ich mich wertgeschätzt, wenn ich mit Colette spreche oder wie Ida mit mir in der Partnerschaft umgeht? Anhand dieses Wertes kann ich adressieren, wenn mir etwas nicht passt und zwar sehr genau. Ich kann aber auch mich selbst reflektieren und mich wieder auf Kurs bringen. Wenn ich einmal mit jemandem wirklich auf keinen Nenner komme, nach allen Versuchen, dann mache ich mir meine Werte bewusst und weiß, welcher mir wichtige Wert in dieser Verbindung mit Füßen getreten wird. Dann kann ich die Konsequenzen ziehen, was zwei Parteien wieder freilässt.«

»Ist das nicht ein wenig hart?«

»Nein, mit Härte hat das nichts zu tun, eher mit Klarheit. Ich bin immer wieder erstaunt, wie viele meiner alten Klassenkameraden stolz erzählen, dass sie ihre alten Kumpels seit der Schulzeit kennen. Ich war früher auch neidisch darauf, denn langjährige Freundschaften sind viel wert. Aber beim genaueren Hinschauen bemerkte ich, dass es bedürftige Kleinkinder sind, die diese Verbindungen benutzen, um sich hinter dem Rücken des Einen über den Anderen auszulassen. Sie haben nichts von echten Partnerschaften verstanden. Sie treffen sich, weil sie sich schon so lange kennen. Aber nicht selten sind diese Freundschaften mehr oder weniger inhaltlos, nur keiner merkt es … Oder will es bemerken.« Tony machte eine Pause. »Versteh mich nicht falsch, ich muss nicht in jeder Partnerschaft einen besten Freund haben. Wir vermischen oft Emotionen, wo es nichts zu vermischen gibt. Ich habe einen alten Klassenfreund, mit dem mich verbindet, dass wir uns zweimal im Jahr treffen, weil wir uns über Zigarren und Schnaps unterhalten. Wir mögen uns zwar, aber wir sind nicht die besten Freunde. Es ist eher respektvoll, wie wir miteinander umgehen, und wir haben beide ein gutes Netzwerk, aus dem beide Nutzen ziehen. Früher wollten wir auf Gedeih und Verderb gute Freunde sein, bis wir feststellen mussten, dass das nicht geht. Wir wollten jedoch den Geschäftskontakt aufrechterhalten und haben uns offen darüber ausgetauscht. Wir beide waren erleichtert, als wir aufhören konnten, so zu tun als ob.«

»So zu tun als ob?«, hakte ich nach.

»Na ja, wenn so was nicht klar ist, schreibt man sich Kurznachrichten oder so via Handy, tut so, als würde man nett sein und den Kontakt aufrechterhalten, weil man die Geschäftsbeziehung nicht verlieren will. Man heuchelt sich dann irgendwelche freundschaftlichen Interessen vor. Wir sind alle nur Menschen und möchten gemocht werden. Wertschätzung ist aber etwas anderes als Liebe. Wir müssen nicht gleich alle immer lieben.«

Ich überlegte eine Weile. »Das ist ziemlich krass ehrlich.«

»Krass ehrlich ist gut, Colette. Wir verschwenden unsere Zeit, wenn wir Gefühle und Gedanken in eine Sache oder in eine Beziehung hineinprojizieren. So ist es auch mit Rolf. Wir haben klar definiert, dass wir uns zwar leiden können, aber dass wir uns gegenseitig nicht so wichtig sind, ständig miteinander Zeit verbringen zu wollen. Für einen guten Schwatz, ein gutes Essen und für gute Geschäfte ist es uns das wert, dass wir uns zweimal im Jahr treffen. Keine überhöflichen Nachrichten vor- oder nachher. Einfach ein respektvoller Umgang miteinander mit dem Fokus auf gute Geschäfte. Zack, das ist alles.«

»Aber warum sollte das so schwierig sein?«, wollte ich wissen.

»Rolf war einer meiner besten Freunde in Schultagen. Wir hatten in jungen Jahren verzweifelt versucht da anzuknüpfen, wo wir in der Schule aufgehört hatten. Aber das hat einfach nicht geklappt. Ich bin froh, so konnten wir ehrlich miteinander reden. Es stiehlt seine und meine Zeit, wenn wir nicht ehrlich zueinander sind.«

»Und Zeit und Aufmerksamkeit ist die kostbarste Währung, wie mein neuer Chef mich gelehrt hat«, lachte ich.

»Werte sind wichtig, um deine Wertschätzung dir gegenüber zu definieren. Du machst dein Leben sichtbarer, machst deinen Erfolg planbar und es hilft dir, dich darauf zu konzentrieren, was du willst. Vorausgesetzt, du weißt, was du willst. Ich finde es immer schlimm, wenn Menschen einfach ein Leben lang wünschen und tausend Ideen haben, egal was sie sehen oder hören, und letzten Endes all ihre Energie in die hohle Tasche ihrer unklaren Wünsche investieren. Irgendein Wunsch ist immer da, aber kein echtes Ziel, worauf sie sich zubewegen können. Du bist aus irgendeinem Grund hier auf der Welt. Dieses Leben wurde dir zu Ehren geschenkt. Mach was draus, schau, wo du hinwillst, und dann hol es dir.«

»Danke«, hörte ich mich sagen und blätterte in dem leeren Heft.

»Am besten schreibst du dir die nächsten Tage einfach mal alles auf, was dir in den Sinn kommt. So eine Art Brainstorming. Mach Unterteilungen, sodass du alles aufschreiben kannst, was dir Freude macht, was dich zum Singen bringt. In einer anderen Rubrik schreibst du auf, was dich verletzt hat, was dich ärgert, was du nicht oder nicht mehr erleben möchtest. In einer weiteren Rubrik schreibst du auf, was du alles machen oder besitzen möchtest, egal, ob es realisierbar ist oder nicht in deinen Augen. So als gäbe es eine Zauberfee. Es muss kurz und knackig sein, es darf nicht negativ formuliert sein. Schreib so viel auf, wie du kannst, trage das Heft bei dir. Wenn du mit den anderen Menschen von LEBEN AG zu tun hast, mach dir Notizen, was sie gesagt oder getan haben, was dich inspiriert, und trage das Heft in den nächsten Wochen bei dir. Danach schauen wir weiter, wie wir die Werte herauskitzeln können, damit du deinen Lebensplan erschaffst, mit dem du alle deine Wünsche und Ziele erreichen wirst. Wir werden noch viel mehr mit diesem Heft arbeiten können, aber erst mal die Wünsche und Ziele.«

»Alle?«, vergewisserte ich mich.

»Alle!«, bekräftigte Tony.

Nach einer Weile schrieb ich die ersten Notizen in mein Heft und blickte auf. »Ich denke, ich hätte vielleicht früher in den Anstellungen erkannt, dass ich mir eine neue Stelle suchen muss, wenn ich wirklich Werte gehabt hätte, nach denen ich lebe.«

»Oder du hättest früher angefangen, jemandem zu sagen, dass er diesen Wert verletzt und das geklärt werden muss. Doch bedenke, dass auch viele Menschen Werte haben oder auch Unternehmen, aber wirklich eine Ahnung davon haben sie nicht. Wir bilden Führungskräfte aus, die nichts von Führen verstehen. Die ständigen Reorganisationen sind ebenso schlimm wie die Ziellosigkeit, die Nichtentscheider und das ewige Blabla. Früher war nicht alles besser, nein, aber viele patriarchisch geführten Betriebe haben lange gut funktioniert. Da war einer da vorne und hat geführt, hat sich gekümmert, war vielleicht nicht immer einfach, aber daran hatte man sich orientieren können. Es brauchte auch keine seitenlangen Regelwerke, sondern höchstens mal eine Sonderregelung. Es war viel Arbeit, teilweise sehr streng, aber viel Freiheit, sich entfalten zu können und nicht diese ständige Dauerbelastung, die von einem erwartet wird, selbst wenn der Vertrag auf 8,5 Stunden lautet.

Warum machen wir Verträge, wenn der Arbeitgeber dir ständig einredet, du solltest froh darüber sein – selbst wenn er ständig deine Werte verletzt? Nur weil er dir deinen Arbeitsplatz sichert? Abgesehen davon, dass er das eben nicht tut, ist das ohnehin Bullshit. Wenn alle Mitarbeiter gleichzeitig gehen würden, kann der Arbeitgeber sich seine Vorschriften sonst wohin schmieren. Wir lügen die Arbeitnehmer täglich an und wundern uns darüber, warum wir die Vorschriften brauchen, die bestätigen, dass uns die eigenen Mitarbeiter ständig bescheißen. Und was tut die Geschäftsleitungsebene? Sie belügen sich selber und die Mitarbeiter jeden Tag aufs Neue. Sie sagen dir, wie es sein muss. Und doch könnte es auch ganz anders sein. Aber zurück zu den Werten. Werte helfen dir, dich auf Kurs zu bringen, dich deinen Zielen nahe zu bringen.«

Nachdenklich blickte ich aus dem Fenster. »Wir sind einfach zu ungenau«, flüsterte ich.

»Ja, da hast du vollkommen recht. Wir gehen immer davon aus, dass wir dann schon wissen, was wir wollen. Dass es doch irgendwie klar ist, was man sich so wünscht. Aber frag auf der

Straße einen Menschen nach seinen größten drei Wünschen im Leben. Jeder Wunsch ist ein Wort oder eine kurze knackige Ausdrucksweise. Du wirst von zehn Leuten nicht acht finden, die das können. Wir dümpeln einfach so vor uns hin.«

Am Hinterkopf kratzend, sagte ich: »Ich werde irgendwann im Lotto gewinnen, dabei habe ich seit fünf Jahren nicht mehr mitgespielt.«

»So ungefähr …«, lachte Ida und schenkte uns Wein nach.

»Ich denke, auch Jürg und mir hätten für unsere Beziehung solche Werte gutgetan oder die Sache mit der Essenz.«

»Das kannst du doch immer noch. Wer sagt, dass du nicht weiter mit ihm eine Beziehung haben kannst. Vielleicht anders, als du denkst, aber schreib einmal auf, was er für dich ist und was du von ihm erwartest. Das Resultat wird dich erstaunen.«

So war es in der Tat. Trotz noch vorhandenen Schmetterlingen im Bauch war mir klar geworden, dass ich Jürg mit Abenteuern verband, mit Aufregung, weil ich mich ständig über ihn aufregte, wenn er nicht da war. Ein seltsames Gefühl beschlich mich, als ich herausfand, dass ich mich langweilig fand und mir mit Jürg an meiner Seite verwegener vorkan, ohne etwas dafür tun zu müssen, ohne mich aus meiner Komfortzone herausbewegen zu müssen. Nur weil Jürg manchmal ein Macho war und diese typischen Sportarten ausübte, die ihn klischeehaft zum Mann machten.

Als ich das niedergeschrieben hatte, starrte ich die Worte an. Ich war mir selbst auf den Leim gegangen. Selbst wenn Jürg, wenn er zu Hause war, mehr oder weniger nur schlief, hatte ich in meinem Kopf irgendeine Projektion zurechtgebogen, die gar nicht stimmte. Das erkannte ich allerdings erst jetzt.

»Abenteuer und verwegen sein, das könnte etwas sein, das dich nährt. Schreib es auf. Es gibt vielleicht auch Dinge, die abenteuerlich und verwegen sein können, ohne dass du gleich so gefährliche Dinge wie Indiana Jones machen musst«, regte Tony an.

Also notierte ich das in die Rubrik der Dinge, die mir möglicherweise gefallen könnten. Als ich damit fertig war, sagte mir Tony: »Schreib bei den Dingen, die du nicht magst, wie du dich am letzten Arbeitsplatz behandelt gefühlt hast.«

Ich blätterte weiter nach hinten und schrieb auf: Manipulation, Unehrlichkeit, Abschieberitis, Desinteresse, Boshaftigkeit, Dummheit.

»Das ist sehr interessant. Weißt du, ich weißt das alles ja irgendwie im Kopf, aber wenn es da so vor mir steht ...«

»Das meinte ich. Es macht sehr viel mehr mit dir, wenn du es aufschreiben und hinsehen musst.«

»Das stimmt allerdings«, sagte ich nachdenklich.

Jetzt, wo das alles auf Papier vor mir lag, konnte ich kaum fassen, wie lange ich gebraucht hatte, mich für eine neue Stelle zu entscheiden.

»Ich habe noch immer ein solches Heft, Colette, und Ida auch. Wir verbrauchen jährlich einige dieser Hefte. Auch eine große Anzahl an LEBEN-Mitarbeitern machen das wie wir. Es ist eine Art Tagebuch und Wachstumshilfe in einem, wenn du so willst. Manchmal reden wir auch miteinander darüber. Es gibt ja auch Zeiten, wo man sich selbst ein wenig bescheißt oder man das Bedürfnis hat, von außen einen Input zu bekommen. Das ist sehr hilfreich und macht außerdem Spaß.«

»Tony, du hast von der Essenz in einer Beziehung gesprochen. Ich verstehe den Unterschied nicht zwischen Wert, Ziel und Essenz.«

Tony nickte. »Okay, das kann ich gut verstehen. Also nehmen wir ein Beispiel, das macht es einfacher. Nehmen wir die Zusammenarbeit mit Valentina. Unser gemeinsamer Wert ist Hingabe. Alles, was wir in unserer Verbindung tun, tun wir mit Hingabe, selbst wenn wir streiten. Wir geben uns dem Fluss hin, der uns in diesem Thema trägt. Jeder muss sich offen zeigen können, okay?«

Ich nickte.

»Unser gemeinsames Ziel ist es, LEBEN AG zu DEM Unternehmen zu machen, das wie ein Fels in der Brandung dafür steht, dass Mitarbeiter gerne dort arbeiten. Denn nur so können wir gemeinsam die Kunden begeistern. Das bemerkst du an der Fluktuationsrate, die gleich null ist, an der Kundenzufriedenheit sowie an der Stabilität der Finanzen des Unternehmens. Das ist sogar messbar.«

Auch das verstand ich, also nickte ich erneut.

»Die Essenz dieser Beziehung ist schonungslose Ehrlichkeit, die uns beide schmerzt. Doch sie bringt uns weiter, weil ich mit Valentina so offen und ehrlich reden kann wie mit kaum jemand anderem. Sie kann mich mit Dingen konfrontieren, wie sonst keiner. Auch mit Ida bin ich offen und ehrlich, dennoch gibt es Momente, da ist unsere Partnerschaft von romantischen Gefühlen gefärbt, aus denen man sich nicht immer klar herausnehmen kann. Wir sind alle nur Menschen. Mit Valentina kann ich aber so knallhart ehrlich sein, dass es manchmal wirklich weh tut.«

»Bei dir scheint aber alles so einfach zu sein.«

»Das war es nicht immer«, erklärte mir Tony. »Wenn du erst einmal wirklich angefangen hast, dem Fluss des Lebens zu folgen, und keine Angst hast, dich den Altlasten zu stellen, dann wird es immer leichter und flüssiger. Du wirst es sehen. Aller Anfang war auch bei mir schwer«, lachte Tony.

»Das war wohl das Schwierigste«, mischte sich Ida ein. »Wenn du dich aufmachst und mit so viel Freude und Hingabe all das Neue ausprobierst und wenn dich dann immer mal wieder dein altes Leben einholt. Mann, habe ich geflucht«, entgegnete Ida.

»Oh ja, Ida konnte vielleicht fluchen, ich sage dir …«

»Du und fluchen?« Ich konnte es kaum glauben, Ida war die Ruhe in Person, sie war die Liebenswürdigkeit in Person.

»Nur weil ich heute so ausgeglichen und harmonisch wirke, heißt das nicht, dass nicht ein Vulkan in mir lebt«, schmunzelte sie.

»Der Vulkan schläft nur«, zog Tony sie auf. Nach einem Moment der Stille fuhr er fort: »Weißt du, es ist einfach wichtig, dass du beginnst, auch wenn du manchen Rückschlag haben wirst. Mach einfach weiter und wenn du Hilfe brauchst, sind wir alle da. Schau dir diese Worte an: Wert, Wertschätzung und Wertschöpfung. Ich meine, Wertschöpfung entsteht durch Wertschätzung. Nimm die Worte bitte mal auseinander. Ich gebe jemandem oder etwas einen bestimmten Wert, ich kann diesen Wert schätzen und damit kann ich diesen Wert auch schöpfen. Das funktioniert buchstäblich so.«

Mir wurde bewusst, wie wenig ich mich mit solchen Dingen bisher beschäftigt hatte, oder wenigstens nicht nachhaltig. Es gab schon einzelne Themen, die ich gestreift hatte. Einzelne Bücher standen bei mir zu Hause im Regal, meist nach 20 oder 30 Seiten zur Seite gelegt.

»Colette, tue Dinge ganz oder lasse sie. Lass dich darauf ein, ganz, mit allem und mit allen Konsequenzen. Es lohnt sich wirklich.«

Wir schauten uns die alten Hefte der Familie Leben an. Interessiert konnte ich eine Entwicklung feststellen, in der ich mich selbst wiederfand. Am Anfang waren die Einträge einfach und unsicher, so als hätte ich sie selbst geschrieben.

»Darf ich dich etwas fragen?« Ich blickte zu Tony auf. »Warum gibst du dich so mit mir ab?«

Tony schaute verblüfft zu seiner Frau. »Ich bin nicht sicher, ob ich deinen Ton richtig deuten kann.«

»Na ja, ich meine, ich bin ja nur eine einfache Sachbearbeiterin. Du bist ein Chef, ein Firmeninhaber. Du könntest dich doch mit allen möglichen großen Tieren treffen und so weiter.«

»Oh Liebes«, Ida stand auf und kam zu mir. »Ich glaube, wir müssen uns nochmals über die zwei echten Währungen dieses Lebens unterhalten, meinst du nicht, Schatz?«

Ida setzte sich neben mich auf den Boden und legte die Hefte zur Seite.

16. Die wertvollsten zwei Währungen

»Es tut mir beinahe ein wenig weh, wenn du so etwas sagst«, meinte Ida und Tony holte eine Packung Cracker.

Er lehnte sich zu mir. »Ich möchte dir was sagen zu den sogenannt großen Tieren. Wir leben in einer Welt, die den Status quo als *das* Maß der Dinge ansieht. Ärzte werden nach Tarifen bezahlt, wir gehen hin, wenn wir krank sind. Jede Minute wird verrechnet und jeder Arzt muss seine Zeit nach der Währung Geld richten. Für Operationen werden sie ebenso bezahlt wie für den Verkauf von Pharmaprodukten. In Asien gibt es Regionen, in denen beispielsweise die Ärzte nach dem Maß der Anzahl gesunder Menschen in einem Dorf bezahlt werden. Ist es Zufall, dass die Menschen dort wesentlich gesünder sind?

Die Pharmaindustrie erzielt jedes Jahr Reingewinne in astronomischer Höhe von über 10 Milliarden Euro. Zufall, dass wir die höchsten Krankheitszahlen haben? Versteh mich nicht falsch, ich bin froh, dass wir Ärzte haben. Die Medizin ist auf einem genialen Stand, insbesondere bei der Unfallmedizin und Chirurgie. Aber die Triebkraft ist die Falsche. Geld ist eine wichtige Währung, ich liebe Geld und es ist herrlich, mit Karte überall zu bezahlen und sich vieles leisten zu können. Dieser Tausch ist sicher interessant, aber wir haben die Balance verloren.

Schau dir einmal an, was diese sogenannte Betriebswirtschaft mit unserem System macht! Wir schicken Menschen in Aus- und Weiterbildungen, die in der Theorie Dinge lernen, die sie in der Praxis niemals umsetzen können. Fachlich sind die höchstdotierten Führungskräfte mit astronomisch hohen Gehältern in Positionen, in denen sie ihr Metier beherrschen, solange es nach betriebswirtschaftlichen Vorgaben geht. Sobald links oder rechts etwas anderes passiert, sind sie überfordert. Schau dir die Selbstmorde von weltbekannten CEOs an. Geh ins Rotlichtmilieu. Die Studios von Dominas quellen über. Ihre Hauptkunden sind die sogenannt hohen Tiere, die du vorhin erwähnt hast. Sie können mit dem Druck nicht umgehen, den man ihnen auferlegt, denn das lernt man in keiner Schule. Über Menschenschicksale zu entscheiden, über Leichen zu gehen, fühlt sich bis zu einem gewissen Punkt vielleicht sogar cool an. Du hast mit Mirco gesprochen. Aber selbst der abgebrühteste Typ begegnet sich irgendwann selbst. Glaub mir, jeder bezahlt diese Rechnung früher oder später - jeder.

Dieses System hat Konsequenzen für uns alle. Wir lassen Firmen von diesen Menschen führen, die keine Ahnung von den Grundbedürfnissen des Menschen haben, selbst wenn sie es irgendwo im Nebenfach Kommunikation hatten. Zwei, drei Pyramiden, welches die Motivatoren und welches die Hygienefaktoren sind, das war es. Verkäufer werden nach Umsätzen bezahlt, egal wie sich der Kunde letztendlich fühlt. Statistiken zufolge ist der Endkunde heute so unzufrieden wie nie zuvor. Die Devise lautet: Hauptsache viel verkaufen. Insbesondere vor Jahresabschlüssen schnellen die Verkäufe noch in die Höhe. Unverhältnismäßige Rabatte werden abgegeben, Kunden hinterfragen nicht einmal mehr, warum das ganze Jahr ein Artikel so und so viel gekostet hat und kurz vor dem Jahresabschluss plötzlich mit 70 Prozent Rabatt erhältlich ist?

Irgendwann sollte man doch auch Eins und Eins zusammenzählen können. So etwas geht einfach nicht auf. Wenn du dann die großen Organisationen anschaust, die neben einer Landesorganisation auch noch Regionen oder *Areas* haben, in denen sie wieder völlig überzahlte und – sorry – unnötige Fachleute einstellen, die wieder ein astronomisch hohes Gehalt beziehen, wundert man sich, wenn der kleine Mann an der Maschine ausgepresst mit Burn-out zu Hause bleibt. Das geht nicht auf, Colette. Wir setzen auf das falsche Pferd. Wenn du so willst, ist dieser

Gaul schon lange tot. Wir müssen umdenken. Die Kunden, die von diesen Verkäufern betreut werden, waren noch nie so schlecht beraten und fühlen sich alleine gelassen. Anstatt das Problem an der Wurzel zu packen und die Verkäufer menschlich zu behandeln, sie auszusbilden und sie in ihren Stärken zu stärken sowie ihnen Raum zu geben, sich dem Kunden anzunähern, kreieren wir neue Jobs. Wir bauen von den Verkäufern unabhängige Reklamationsabteilungen auf, damit mindestens vier Personen involviert werden, die weder vom Fall noch vom Produkt eine Ahnung haben, der Kunde aber möglichst oft weiterverbunden wird, bis er völlig die Nerven verliert.

Ich frage mich manchmal wirklich, wie so viele Menschen derart blind sein können. Ich war schon immer ein Querschläger, aber mit den vielen Titeln, die man heute trägt, und dem ganzen, aufgeblasenen Verwaltungsapparat müssen sich die Leute ihre Daseinsberechtigung oft wirklich schönreden. Deswegen ist das Wichtigtun auch so wichtig. Viel Schein und wenig echtes Sein.

Es kann schon Angst machen, wenn man Jahre in einen Titel investiert hat, um dann festzustellen, dass man damit letzten Endes doch auch nur ein Mensch ist. Und dieser Mensch bleibt auf der Strecke. Wir alle zahlen diesen Preis, denn es sind Menschen, die Kunden sind, und es sind dieselben Menschen, die ebenso Arbeitnehmer sind. Das kann man nicht voneinander trennen. Weil A nicht weiß, was B tut, ist es niemandem wirklich bewusst, dass wir diesen Preis bezahlen, wir alle. Wir bescheißen uns selbst. Abgesehen von unnatürlichen Arbeitszeiten und Arbeitsplätzen in künstlich belüfteten Büros, die alle gleich aussehen, jagen wir dem Umsatz hinterher. Jede Rendite ist wichtig, aber der Mensch bleibt auf der Strecke. Sollte jemand ein Burn-out haben, wissen die Kollegen mit ihren bösen Kommentaren natürlich besser, wie es dem Kollegen geht, als der besagte Kollege selbst. Warum das Ganze? Weil auch sie dem schnöden Mammon verfallen sind. Alle jagen sie in dieselbe Richtung und keiner fragt: ‚Wohin gehen wir eigentlich?' Vielleicht wäre es sinnvoll, sich das einmal zu fragen.

Ich möchte, dass meine Kunden und meine Mitarbeiter wissen, warum sie hier arbeiten, warum sie hier kaufen. Ich möchte die Leute so behandeln, wie ich selbst gerne behandelt werden möchte. Glaubst du ernsthaft, dass ich mit hohlen Krawattenverschnitten lieber an einem inhaltslosen Blabla teilnehme, als mit dir über das echte Leben zu philosophieren? Du hast so viel Neues in die Firma gebracht! Unsere Pferde lieben dich, deine Kollegen lieben dich, wir lieben dich. Die Zeit mit dir ist kostbar und genau das möchte ich jedem meiner Mitarbeiter vermitteln. Hier ist keineswegs *jeder* jederzeit willkommen.

Es ist auch nicht so, dass *nur du* heute Nachmittag eingeladen wurdest, Colette. Meine Leute wissen, dass sie jederzeit hier willkommen sind. Wir haben laufend regelmäßigen Kontakt untereinander. Die Familie ist mittlerweile schon groß geworden, darum haben alle auch immer irgendwie miteinander zu tun. Die Währungen Aufmerksamkeit und Zeit sind und bleiben die wertvollsten überhaupt. Nur weil alle anderen Unternehmen noch immer nicht aufgewacht sind mitsamt ihrer hochdotierten CEOs und wie sie alle heißen, heißt das nicht, dass ich hirnfrei hinterherlaufen muss. Glaube mir, in wenigen Jahren werden wahrscheinlich alle zurückfinden zum wertschätzenden und menschorientierten Vorgehen in Unternehmen.« Tony machte eine Pause. »Es ärgert mich, dass die Menschen, die sich als Vorgesetzte, Manager, CEOs und Inhaber bezeichnen, noch immer nicht angefangen haben, wirklich nachzudenken. Rendite ist alles, Umsatz und noch höhere Budgets. Dabei gehen die Menschen kaputt. Schau dir die Firmen an. Du weißt selbst, wie sich das anfühlt. Die Gier nach noch mehr lässt sie ihren Mitarbeitern hier erzählen, sie wären selbst schuld an den Krisen, weil sie im Ausland einkaufen. Dabei wissen wir alle, wenn wir ehrlich sind, dass wir insbesondere in der Schweiz einfach angeschwindelt werden, weil es einfacher ist, hier teurere Produkte zu verkaufen. Es ist offiziell bekannt, dass der Schweizer dumm genug ist, bis zu 70 Prozent mehr zu bezahlen als der Nachbar.

Aber diese Rechnung geht irgendwann nicht mehr auf. Die Leute lassen sich nicht mehr für dumm verkaufen und holen sich die Dinge im benachbarten Ausland. Die Frau an der Maschine, die Frau an der Kasse, der Mann in der Nachtschicht, das sind nicht diejenigen, die aufgrund der höheren Preise hier in der Schweiz mehr Geld bekommen. Es sind auch nicht die Grenzen oder die hohen Produktionskosten. Das ist alles Lug und Betrug. Es sind die überreichen Leute, die ihre Gier nicht befriedigen können, wenn sie funktionierende Abteilungen mit überzogenen Budgets schlechtreden und dies zum Anlass nehmen, um die Menschen zu entlassen. Die ihre Artikel in Billigländern produzieren lassen, während in ihrem Code of Conduct steht, dass sie keine Kinderarbeit unterstützen, aber genau jene in den armen Ländern für sie an der Maschine stehen. Die Artikel werden dann in die Schweiz gefahren, hier zusammengebaut, um sie dann als Schweizer Qualitätsware zu verkaufen. Colette, wer so mit der Wirtschaft umgeht, mit seinen Mitarbeitern, mit seinen Kunden, der braucht sich nicht zu wundern, wenn er noch mehr Gesetze braucht, noch mehr Überwachung, denn dieses Misstrauen ist die einzige Basis, die sie für ihre Zusammenarbeit haben. Das wiederum braucht mehr Controller und die sind teuer, auch das Geld will erarbeitet sein. Wer sich und das Leben so bescheißt und mit Füßen tritt, den muss das Leben mit Mitarbeitern strafen, die sie ebenso bescheißen. Die müssen zwingend Kunden anziehen, die sie bescheißen, die alles an Rabatten rausholen, sie gegen andere Konkurrenten ausspielen und so weiter. Das ist nicht die Wirtschaftskrise, das ist nicht der Mitarbeiter, der zu wenig arbeitet und zu viel verdient. Diese Probleme sind längst hausgemacht. Wir haben sie einfach kultiviert und reden sie noch immer schön. Noch nie waren so viele Menschen krank, fallen aus dem System, weil ihre Seelen, ihre Körper ‚Nein' sagen zu dieser modernen Sklaverei. Viele haben noch nicht kapiert, dass inhaltsloses Essen und inhaltsloses Privatleben nur dazu führt, dass sie dem inhaltslosen Job nachrennen, in der Hoffnung, der höhere Lohn gäbe ihnen den Inhalt, den sie verzweifelt suchen. Aber das ist ein Trugschluss. Oder bist du irgendwann in diesen Unternehmen wirklich glücklich gewesen? Vor allem, hast du mit dem höheren Gehalt wirklich etwas angefangen, dass dich tiefglücklich macht? Hast du dich irgendwo wirklich entfalten, mitreden, mitmischen dürfen?«

Ich schüttelte den Kopf.

»Nein, Geld ist nicht schlecht. Man kann damit sehr viele tolle Sachen machen, und wenn du das höhere Gehalt zur Seite gelegt hättest, hättest du vielleicht sogar damit einen Traum erfüllt. Fakt ist aber, dass man uns zu Maschinen erzieht, die in dieser Wirtschaft funktionieren. Wir brauchen uns nicht über Legebatterien bei Hühnern aufzuregen oder über die Massentierhaltung. Wir sind selbst Teil davon. Viele laufen den alltäglichen Versuchungen hinterher, anstatt irgendwann einmal die Welt anzuhalten und zu fragen, was hier eigentlich läuft.«

Ich kniff die Augen zusammen.

»Ich habe nichts gegen gebildete Menschen, ich liebe sie sogar. Aber neben der Bildung des Intellekts sollte auch das Herz gereift sein, Colette. Viele von diesen sogenannten hohen Tieren haben außer Betriebswirtschaft und hohlen Theorien nichts im Kopf und noch viel weniger im Herzen. Ein Inhaber, ein sogenannter CEO, muss hinter seinem Team stehen, er muss hinter seinem Team gehen. Er muss sich zurücknehmen können, wenn sein Team sich entfaltet. Die Leute im Team, das sind die Profis. Ich weiß nur, wie ich das Ganze anführe, aber für die echte Arbeit, für all das, was es im Alltag braucht, da gibt es euch mit all eurem brillanten Wissen, mit euren Eigenheiten. Damit könnt ihr euch einbringen und gemeinsam eine Arbeitswelt erschaffen, in der es Spaß macht zu arbeiten. Aber schön ist, dass mich früher alle ausgelacht haben mit meinem Gedankengut. Ha, was musste ich mir anhören. Doch schau genau hin: Mein Unternehmen läuft, es läuft besser denn je und ich stehe mit meiner LEBEN-Familie besser da als je zuvor. Vor allem habe ich eine treue Kundschaft, die bei uns einkaufen WILL und nicht muss. Wir haben nicht mal eine Reklamationsabteilung. Wozu auch? Wenn es etwas zu beanstanden gibt, dann soll der Kunde sich mit seinem Ansprechpartner in Verbindung setzen, denn dieser kennt den Kunden, seine Vorlieben, seine Art und weiß, was er ihm verkauft hat. Es ist noch keinem Verkäufer ein Zacken aus der Krone gebrochen, wenn er sich dafür eingesetzt hat, dass der Kunde zur Zufriedenheit bedient wird. Das fördert auch die Bindung zum Verkäufer. Ich will nicht, dass nette, hübsche, junge Fräuleins an einer Hotline Reklamationen entgegennehmen. Was soll das? Ich frage mich ernsthaft, ob diese Leute irgendwann mal ansatzweise eine Ahnung gehabt haben, wie diese Welt funktioniert. Ich bin so überheblich und glaube es zu wissen.

Wenn du doch bei Rico Wein kaufst, den du probiert hast, du überzeugt warst, alles stimmte … Du weißt schon. Und jetzt hat ein Wein Zapfen, nein, sagen wir, mehrere Flaschen haben Zapfen. Da ist es doch mehr als logisch, dass du Rico anrufst und nicht irgendein Fräulein XY. Es ist Ricos Aufgabe und nicht die von jemand anderem, dass er sich darum persönlich kümmert. Ja, das ist manchmal unangenehm, aber nur so kann er eine echte Kundenbindung aufbauen. Wir sind schließlich auch froh, wenn wir wissen, wenn etwas mit dem Wein nicht in Ordnung ist. So kann auch ich mit dem Weingut verhandeln und sie wissen lassen, in welcher Produktion vielleicht noch mehrere Weine Zapfen aufweisen könnten. Bevor noch mehrere davon ausgeliefert werden, kann das getestet werden. Vielleicht können so weitere unzufriedene Abläufe vermieden werden. Wäre doch eine Möglichkeit, oder?

Nein, heute betrachten wir jeden Fehler als Riesensache. Daran werden wir gemessen, ja, unsere gesamte Existenz hängt daran. Weil das so ist, versuchen wir nicht mehr zu Fehlern zu stehen, sondern sie abzuschieben, jemand anderem in die Schuhe zu schieben, sodass man selbst besser dasteht. Das wiederum verhindert, dass ein Lernprozess stattfinden kann. Es geht nur ums Vertuschen und ums Überleben. Wie krank ist das, bitteschön?«

Ich musste tief durchatmen. »Tja, ich habe bisher nur solche Arbeitsplätze vorgefunden.«

»Und? Hast du dich irgendwo wirklich wohlgefühlt? Hast du dich wirklich entfalten können? Hat irgendjemand deine Stärken, dein Potenzial, dein Wesen erkannt und das für den Unternehmensfluss genutzt? Hast du irgendwann mal vor lauter Motivation und Hingabe die Zeit vergessen? Konntest du Erfolgserlebnis über Erfolgserlebnis generieren? Nicht wirklich, oder?«

Ich schüttelte den Kopf.

»Siehst du und das meine ich. Erfolg ist machbar, nachhaltig machbar, und das mache ich. Ich beweise allen, wie erfolgreich dieses Unternehmen ist, gerade weil ich komplett anders denke und vorgehe. Weil ich wirklich auf die Währung MENSCH setze, mit allen Konsequenzen. Das bedeutet, dass es eben neben mir nicht so viele hohe Tiere gibt, die es dann eben auch nicht braucht, weil ich dynamische Teams habe, die selbst Ideen haben und umsetzen. Das Team ist der eigentliche Leader, um es mit diesem neuenglischen Wort zu sagen. Aber das Team muss allen Raum haben, den es braucht. Nur so kann eine Firma sich richtig erfolgreich entfalten und positionieren. Das kann dem einen oder anderen Führungshengst Angst machen. Ist schon klar. Aber würdest du einen Löwen in ein Becken mit Eisbrocken und kaltem Wasser stecken oder eine Giraffe in ein steiniges Loch mit lauter blutigen Fleischresten am Boden?«

Ich hatte gerade etwas Mühe, den Gedankengängen von Tony zu folgen, aber als mir klar wurde, was er damit meinte, schüttelte ich vehement den Kopf.

»Siehst du und genau das tun wir mit unserer Wirtschaft, mit unserer Gesellschaft. Wir stecken Menschen in artfremde Situationen und erklären ihnen danach auch noch, dass sie schuld sind, wenn sie sich schlecht fühlen, wenn sie nicht funktionieren, wenn sie krank werden oder nicht die Ziele erreichen, die wir ihnen hingeknallt haben.«

»Du denkst sehr radikal.«

»Das ist nicht radikal, Colette, es ist die einzig wahre Denkweise. Ich meine nicht, alles bis ins kleinste Detail zu wissen, da kann ich ebenso falsch liegen. Aber es geht darum, dass der Mensch im Mittelpunkt steht. Entfaltung ist wichtig für den Menschen, angenommen und geliebt werden, sich verstanden fühlen. Das sind Fakten, das ist das Wissen darüber, wie wir Menschen ticken. Dass diese Führungshengste, die auf Profit ausgebildet werden, als hätten sie alle eine Hirnwäsche bekommen, Angst haben, Gefühle zu zeigen, ist mir schon klar. Aber es gibt keinen anderen Weg, als den Weg der Menschlichkeit. Radikale und bedingungslose Menschlichkeit. Es gibt keinen. Colette, jedes einzelne Menschenleben ist kostbar und, hey, schau dir das an. Mit dir sind es 122 Personen, die mir ihr Leben anvertrauen. Wer wäre ich, wenn ich nicht alles daran setzen würde, um ihnen die Plattform zu bieten, die sie verdienen, um sich wirklich entfalten zu können. Das Geniale daran ist ja auch noch, dass sie nicht nur sich entfalten können, sondern diese gesamte Firma vorwärtsbringen, Freunde finden und ein gesundes Netzwerk pflegen.

Wir tun etwas für die Umwelt, indem wir Weingüter aussuchen, die nachhaltig arbeiten, wir unterstützen die Kunden und die Lieferanten. Rundherum ist es ein mehr als stimmiges Paket und das Prinzip ist eigentlich so einfach wie die Menschheit selbst. Aber es wird schlechtgeredet, es wird kompliziert geredet. Es tut mir weh, wenn jemand wie du neu in die Firma kommt und ich wirklich Überzeugungsarbeit leisten muss, damit man LEBEN AG vertraut, weil die Hirnwäsche schon so weit fortgeschritten ist, dass man lieber einem komplett aus dem Ruder gelaufenen System vertraut als einer einfach gesund fließenden Unternehmung, die nichts Anderes als die Natürlichkeit des Seins, die Prinzipien des Lebens, verstanden hat.«

»Es tut mir leid, ich wollte nicht …«

Tony hob die Hand. »Du wirst dich jetzt nicht entschuldigen, das war kein Vorwurf. Ich werde nicht müde werden, jedem zu zeigen und zu beweisen, dass dieses Prinzip, mit Menschen zu arbeiten, sie an die Spitze zu stellen, das Richtige ist. Colette, und ich hoffe, ich habe dich an meiner Seite dabei. Dazu sind keine großen Worte notwendig. Dazu ist die tägliche Tat das einzig Wahre. Wir müssen jeden Tag in jeder Handlung immer wieder und wieder vorleben, dass es funktioniert, und wir können immer noch mehr Menschen damit anstecken. Ich weiß es. Ich weiß es einfach. Schau, wir alle sind Teil dieser Erde, jeder einzelne von uns, und jeder hat mit größter Wahrscheinlichkeit irgendwo einen Arbeitgeber. Also sollten wir doch alles daran setzen, dass diese Menschen gerne arbeiten. Wir können gar nicht anders, als gerne arbeiten. Arbeit MUSS Freude machen.«

»Weißt du jetzt, warum ich diesen brillanten Mann geheiratet habe?«, lachte Ida.

»Ich könnte ihm stundenlang zuhören«, erklärte ich.

»Weißt du, Colette, sowohl Politiker als auch wir Firmeninhaber und Manager haben eines vergessen: Wir sind es, die den Menschen dienen sollten, und nicht umgekehrt. Aber irgendwo ist etwas mächtig schiefgelaufen. Ich bin sehr dankbar, dass ich LEBEN AG und meinen Mitarbeitern demütig dienen kann. Deswegen brauche ich nicht auf die Knie zu fallen, aber ich habe das Geld und die Macht dazu, euch zu dienen und euch damit die Plattform zu geben, damit ihr eure Brillanz entfalten könnt. Auf diese Weise können alle gewinnen. Es ist doch eigentlich alles ganz einfach. Ich möchte, dass du dir dessen bewusst wirst, Colette. Selbst wenn du hier einmal weggehen solltest, versprich mir, dass du wirklich Zeit und Aufmerksamkeit als deine kostbarste Währung akzeptierst, jeden Tag aufs Neue. Du musst dir über deinen Wert klar werden. Deswegen auch das Heft. Lass dich nicht kleinmachen, kleinreden oder in eine Ecke drängen. Sei wild und laut, sei du selbst. Nicht jeder hat gute Inputs für dich, auch wenn sie manchmal gut klingen. Selbst wenn ich etwas sage, überdenke es gut, ob es für dich stimmt. Ich will, dass du auch mir einmal sagst, wenn ich falsch liege. Erhebe mich nicht auf ein Podest, da gehöre ich nicht hin. Da will ich auch nicht sein, denn dann verpasse ich ganz viele tolle Momente im

Kreis meiner Mitarbeiter und Freunde. Wir benötigen nicht noch mehr von diesen Ausbildungen, noch nicht einmal mehr die handelsüblichen. Wir brauchen mehr Artisten, Künstler, Querdenker, Piraten, Helden und Verrückte. Schau, wo uns die sogenannt Gelehrten und Gebildeten hingebracht haben? Ich weiß nicht, ob ich das wirklich als hohes Tier, wie du es nanntest, bezeichnen kann. Denn ein hohes Tier wäre ein echtes Vorbild. Würde er seine Leute benachteiligen? Nein, Colette, das sind keine hohen Tiere, das sind Menschen, die hoffentlich noch erwachen dürfen. Ich würde zu gerne Coachings für solche CEOs und Manager geben, das würde mich sehr, sehr reizen. Stell dir vor, wie wir die Unternehmen verändern könnten.«

Tony war aufgestanden und hatte sich ans Fenster gestellt.

»Wieso machst du's nicht?«, fragte ich ihn und er drehte sich um.

»Kennst du die Geschichte vom Fischer und vom Millionär?«

Ich schüttelte den Kopf.

»Die ganze Geschichte ist von Heinrich Böll. Du kannst sie mal googeln. Ich erzähle dir nur die Kurzform. Es handelt sich um die Begegnung von einem Fischer und einem Millionär: Im Hafen irgendwo in Europa sitzt ein Fischer neben seinem Fischerboot und genießt die Sonne und das süße Nichtstun. Als ein gut angezogener Mann vorbeispaziert, kommen die beiden ins Gespräch. Der Tourist will wissen, ob es ein guter Tag ist für eine ertragreiche Fischertour, und der Fischer teilt ihm mit, dass er gut gefangen habe, er sei am Morgen rausgefahren. Der Millionär erklärt dem Fischer, dass er noch mehr Fische fangen würde, wenn er mehr als einmal pro Tag rausfahren und fischen würde. Dann würde er mehr verdienen, könnte sich dann ein größeres Boot kaufen, um mehr rauszufahren, um dann wieder mehr zu fischen und so weiter. Er geht dann noch weiter, was er alles mit dem Fisch machen könnte. Er könnte eine ganze Fabrik erbauen und so weiter. Der Fischer hört ihm geduldig zu und fragt ihn dann, warum er das alles machen sollte. Als der Millionär ihm antwortet, damit er in der Sonne das süße Nichtstun genießen könne, lächelt der Fischer und teilt seinem Gesprächspartner mit, dass er das doch schon längst tue.«

Tony trank von seinem Wein. »Also so in etwa ging die Geschichte.«

»Ich versteh schon, was du meinst. Ich find es auch gut, dass du dich auf deine Firma konzentrierst. Aber vielleicht kommt irgendwann der Tag, wo wir das alles so gut im Griff haben, dass du tatsächlich Coachings geben kannst. Ich denke, wer ein solches Talent geschenkt bekommen hat, hat es nicht umsonst bekommen. Vielleicht ist es genau *deine* Gabe, das anderen Menschen auch zu vermitteln. Ich meine, außerhalb dieser Firma …«

Ein Moment des Schweigens entstand, bis Ida das Wort ergriff. »Colette schlägt dich mit deinen eigenen Waffen, Schatz. Ich muss sagen, sie hat recht.«

Tony sah uns beide verblüfft an. »Ich weiß nicht. Ich bin immer noch der Meinung, dass man seine Energie auf eine Sache konzentrieren soll und dann dabei bleiben sollte. Zu viele Dinge verderben die Qualität jeder einzelnen Sache.«

»Da stimme ich dir zu, aber warum machst du nicht den Bock zum Gärtner?«, fragte ich ihn.

»Wie meinst du das?«

»Nun, das Anwesen ist groß. Warum verbindest du nicht den Genuss des Weins, die Firmenphilosophie und Coachings in einem? Schließlich ist das Anwesen, die Firma, alles eine einzige Philosophie und der Erfolg gibt dir mehr als recht. Wenn du das zum Erlebniscoaching machst, brauchst du dich nicht weniger um uns zu kümmern, kannst aber dein Wissen an Führungskräfte weitergeben, die echtes Interesse haben. Du machst das nur für solche, die ehrliches Interesse zeigen. Also du vergibst dir nichts. Wenn niemand Interesse hat, dann war es das, und wenn doch, bestimmst du Zeit und Dauer. Also kannst du nichts verlieren und hast für alles genügend Zeit und Raum.«

Tony kratzte sich am Hinterkopf. »Du bist wirklich genial, sag mal, woher hast du diese Idee?«

»Sie ist mir spontan in den Sinn gekommen. Ich höre dir gerne stundenlang zu und ich bemerke, wie ich alleine durch die Anwesenheit und durchs Zuhören bei LEBEN AG schon so viel verstanden und umgesetzt habe. Ich konnte meinen Kollegen sogar schon helfen. Es ist grandios. Ich meine, gerade weil so viele Unternehmen auf dem Holzweg sind, denke ich, ist es geradezu eine Pflicht von dir, sie aufzuwecken.«

»Tja, um es mit den Worten von Roger Federer zu sagen: ‚*Es ist nett, wichtig zu sein, aber es ist noch wichtiger, nett zu sein.*' Das wäre doch genial, wenn du beides unter einen Hut bringen könntest«, ergänzte Ida.

17. Falsche Bescheidenheit

Am Sonntag war ich müde, lag lange im Bett und war komplett groggy. Ich hatte tief und fest wie ein Murmeltier geschlafen, aber ich war noch immer hundemüde. Dabei hätte ich voller Energie sein müssen. Die erste Woche bei LEBEN AG hatte ich hinter mir. Ich fühlte mich erfüllt und genährt, wie Tony so schön sagte. Und ich war glücklich. Ich konnte es nicht erklären, aber ich war so richtig glücklich. Eigentlich hatte ich vorher gar nicht wirklich gewusst, wie sich das anfühlte. Doch da waren auch viele Eindrücke, Informationen und viel Neues, was es galt, zu verarbeiten. Auf den Montag freute ich mich wie ein Honigkuchenpferd. Ich sollte ihn mit Rico verbringen. Auf diesen außergewöhnlichen Mann war ich sehr gespannt. Mir fiel ein, dass ich mich bei einem Neustart an einer neuen Arbeitsstelle noch nie so positiv angeregt gefühlt hatte. Tausend Gedanken schossen mir durch den Kopf. Vielleicht war ich deswegen auch so müde.

Erst gegen Mittag stand ich auf und traf Jürg vor dem Fernseher an.

»Du bist ja eine Schlafmütze, so lange hast du noch nie geschlafen.« Er schaute sich irgendeinen Trickfilm an, den ich schon zu kennen glaubte.

Den Nachmittag verbrachte ich im Bett. Ich hatte eines meiner alten Bücher hervorgekramt. Wenn Aufmerksamkeit schon eine wertvolle Währung war, wollte ich sie weise investieren und ein Buch über Spiritualität in der Wirtschaftswelt kam mir gerade sehr klug vor.

Seltsamerweise war ich nervös, als ich zu Bett ging, so als hätte ich Morgen ein Rendezvous. In der Nacht schlief ich unruhig.

Am nächsten Morgen machte ich mich zurecht und fuhr zum Hafen in Horn, wo Ricos Schiff lag. Tony hatte mir ein Foto von ihm gezeigt und da war er dann tatsächlich auch. Braungebrannt, in weißen, kurzen Hosen, mit nacktem Oberkörper und dunklen Haaren. Seine Augen funkelten mich in einem wilden Grün an.

»Colette, bist du das?«, fragte er mich.

Ich nickte und nahm seine Hand, die er mir anbot, um aufs Schiff zu gelangen.

»DAS ist dein Boot?«, wollte ich wissen und schaute mich neugierig um. Ich kam mir vor wie in einer Dokumentation über die Reichen und Schönen dieser Erde. Das Boot war eines der größten im Hafen.

»Das ist eine Riva 20 Corsaro«, sagte er mit rollendem R.

»Aha«, entgegnete ich. »Keine Ahnung, sorry, ich kenne mich damit nicht aus.«

»Kein Problem, schöne Frau, komm an Board und fühl dich wohl. Boote sind meine Leidenschaft. Die muss nicht jeder teilen. Hauptsache, du fühlst dich auf meiner Riva wohl. Herzlich willkommen an Board.«

»Oh, ich würde gerne mehr darüber erfahren, ich finde Boote richtig toll.«

Rico half mir, meine Sachen zu verstauen, und bat mich, mich hinzusetzen. Ich sollte es mir bequem machen, den Rest würde er erledigen. Die Leinen, bis auf eine, hatte er offenbar schon vorher losgemacht. Wie aufmerksam.

Er startete die Motoren. Ein Handgriff, um die letzte Leine zu lösen, dann setzte er sich hinter das Steuerrad. Während er das riesige Teil aus dem Hafen steuerte, erklärte er mir: »Riva ist ein italienischer Motorboothersteller. Die Boote aus diesem Stall gelten als extrem hochwertig. Böse Zungen behaupten auch, es wäre der Rolls Royce unter den Booten. Sie stehen seit den 50er Jahren für Luxus und in vielen alten Spielfilmen mit Sophia Loren und Gary Grant siehst du die alten klassischen Mahagoni-Boote von Riva. Ich bin total verliebt in diese Teile. Magst du alte Filme?«

»Oh ja, und wie. Marlene Dietrich, Liz Taylor …«

»Dann werden wir uns sowieso gut verstehen.«

Wir brausten mit hoher Geschwindigkeit über den Bodensee, bis Rico eine Bucht gefunden hatte, wo er vor Anker ging. Er hatte mich gebeten, sitzen zu bleiben, als Gentleman würde er alles machen, damit ich mich an Board wohlfühlte. Schließlich hielt er mir wieder galant die Hand hin und wir gingen zum hinteren Teil des Schiffes, auf dem eine größere Fläche zum Sonnenbaden einlud.

»Ich hab uns Hühnchenbrust mitgenommen, etwas Salat, Wein ist im Kühlschrank und davor eine Antipasti-Platte. Aber ich habe auch Eis da, wenn du was Süßes möchtest.«

»Oh mein Gott, ich werde noch fett an Board«, lachte ich.

»Aber woher, an einer Frau muss was dran sein, Liebes. Solche Hungerhaken kann ja kein Mann ernsthaft wollen, oder?«

»Du bist ganz schön gerissen, aber ich bin gewarnt, Tony hat mir schon erzählt, wie gut du bist.«

Rico erwiderte nichts, er schmunzelte nur. Dann zog er sich die Hose aus und setzte sich in Badehose neben mich. Etwas unsicher entledigte ich mich meiner Kleidung. In weiser Voraussicht hatte ich meine Badekleidung darunter angezogen.

»Colette, warum kommst du auf die Idee, vor mir gewarnt sein zu müssen?«

»Na ja, weil du …« Ich wusste keine Antwort, aber irgendwie war mir Rico nicht geheuer. Das teure Boot, der sonnengebräunte Teint, seine offene Art. Ich war durcheinander.

»Colette, ich beiße nicht.«

Etwas beschämt blickte ich auf den See hinaus.

»Ich mach uns erst mal 'n Kaffee, wenn das recht ist.«

Herrlicher Kaffeeduft stieg mir wenig später in die Nase, der sich mit den Aromen des Sees vermischte.

»Jetzt atme erst einmal tief durch, okay?« Er reichte mir einen Kaffee in einer kunstvoll bemalten Tasse, die sehr edel aussah. »Bitte, Colette, fühl dich hier wie zu Hause. Ich freue mich, dass wir heute den ganzen Tag Zeit haben, um uns näher kennenzulernen, und damit ich dir die Kunden der LEBEN AG näherbringen darf. Morgen geht es dann weiter mit dem Kennenlernen der Weingüter und der einzelnen Weine. Es ist noch nicht sicher, ob Tony das übernimmt oder ich. Wollen wir starten?«

Ich nickte und schlürfte an meinem Kaffee.

»Also, Colette, herzlich willkommen nochmals bei LEBEN AG und herzlich willkommen hier auf meinem Boot. Ich habe das Boot ‚Freiheit' genannt und sie ist so etwas wie meine große Liebe.« Er lachte laut und strich liebevoll über die Reling. »Mach es dir einfach bequem. Wenn du etwas brauchst, lass es mich wissen. Ich mag es gerne unkompliziert.«

Irgendwie beruhigten mich die Worte von Rico. Das große Boot, all das edle Zeugs, es passte irgendwie nicht zu diesem jungen Mann, der vor mir hockte und die Beine von sich streckte.

»Also, wie du weißt, bin ich Rico, Nachname Fascero, unschwer zu erkennen, dass ich italienische Wurzeln habe. In ein paar Wochen werde ich 31 Jahre alt und ich liebe und lebe für LEBEN AG. La mia famiglia lebt in Italien sowie meine Mama und meine Nonna. Aber mein Vater ist leider früh gestorben. Meine zwei Schwestern leben in der Nähe von Florenz und Venedig. Ich besuche sie, so oft es geht und so oft ich Lust habe. Ich bin Patenonkel von meinem Neffen Adriano. Meine Schwester Natalia in Florenz ist eine hervorragende Mutter und eine störrische Frau.« Wieder lachte er laut auf. »Sie hat ihren Mann vertrieben, damit ziehe ich sie jedenfalls auf. Nein, im Ernst, sie ist klasse, aber sie ist eine starke Frau. Nicht alle Italiener, die sie gedatet hat, konnten damit umgehen. Nun ist sie alleinerziehende Mutter, aber als selbstständige Anwältin ist das kein Problem. Meine andere Schwester Floriana lebt mit ihrem Mann und zwei Töchtern in Venedig. Ich mag Venedig, ich liebe es, sie dort zu besuchen, aber ich könnte in dieser Stadt nicht leben. Meine Mutter lebt mit meiner Nonna auf einem kleinen Anwesen in der Nähe von Volterra, das liegt in der Toscana. Vielleicht werde ich irgendwann dorthin zurückkehren, wie sie es getan hat, denn meine Familie kommt ursprünglich von dort.

Ich bin in der Schweiz geboren. Meine Eltern kamen damals als Gastarbeiter in die Schweiz, mein Padre hat für uns schwer gearbeitet. Nach dem Tod meines Vaters ist meine Mutter in die Heimat zurückgekehrt und meine Schwestern gingen mit. Ich wollte hierbleiben. Aber wer weiß, irgendwann werde ich womöglich Oliven verkaufen und in der Toskana Wein anbauen.« Die Offenheit von Rico ließ mich durchatmen. Er hatte eine so leichte Art, sich auszudrücken, es machte großen Spaß ihm zuzuhören.

»Und du? Woher kommst du? Erzähl mir ein bisschen von dir, bitte.«

Ich hockte mich gerade hin. Schon lange hatte ich nichts mehr von zu Hause erzählt. Irgendwie fand ich meine Familie unspektakulär und langweilig. »Ich heiße Colette Freiburghaus und komme hier aus der Ostschweiz. Ich bin in Freidorf aufgewachsen, eine sehr ländliche Gegend. Meine Großeltern hatten ein großes Haus mit riesigem Garten. Ich habe es geliebt, sie zu besuchen. Dort durfte ich Kind sein, laut und wild. Da gab es viele Tiere und es gab immer etwas zu tun. Meine Eltern haben das Haus nach dem Tod meiner Großeltern vermietet. Verkaufen wollte es meine Mutter nicht, sie hängt noch immer daran. Deswegen sind wir auch nie aus dieser Gegend weggezogen. Zuerst haben wir im Haus mitgewohnt, bis mein Vater meinte, wir sollten eigenständig sein. Also haben wir uns eine Wohnung in Arbon gesucht, als ich noch klein war, und da bin ich dann auch den Rest meiner Kindheit aufgewachsen. Ich war zwar jede freie Minute bei meinen Großeltern, weil sie so viel Zeit für mich hatten.« Dann machte ich eine Pause. »Aber auch weil meine Eltern so viel arbeiten mussten, um diese Wohnung überhaupt finanzieren zu können.« Ich spürte Ricos Blick auf mir ruhen, aber er sagte kein Wort. »Ich habe einen älteren Bruder, aber der lebt in

Bern. Ich sehe ihn kaum. Wir haben selten Kontakt. Er kommt auch kaum in die Ostschweiz. Keine Ahnung, aber er verhält sich so, als würde er gar nicht zur Familie gehören.«

»Okay, Colette, darf ich fragen, wie und wo du heute lebst? Hast du Haustiere? Was sind deine Hobbys?«

Einen Moment überlegte ich. »Ich wohne noch mit meinem Freund zusammen. Oder wie soll ich sagen? Wir sind gerade dabei, uns zu trennen.« Dann stockte ich.

Waren wir das wirklich? Jürg war soweit weggerückt in den letzten Stunden, dass ich gar nicht mehr wirklich wusste, was los war. »Keine Ahnung, seit ich bei LEBEN AG bin, ist alles durcheinander, auch das mit Jürg. Sorry, aber ich denke, ich werde mich wohnlich verändern oder zumindest, was Jürg angeht.« Rico hörte mir gespannt zu. »Haustiere nein, und Hobbys? Ach, Rico, ich hatte mich so auf Jürg fixiert. Ich muss erst mal klar werden, was jetzt alles passiert, und herausfinden, wer ich bin. Tony und meine neuen Kollegen haben alles auf den Kopf gestellt.«

Rico lächelte. »Klingt interessant. Wie geht es dir dabei?«

»Ich kann nicht sagen, dass es mir schlecht geht. Aber es ist so viel Neues, es fühlt sich unsicher an. Ich bin manchmal nicht sicher, ob das alles real ist.«

»Und ob du dem überhaupt vertrauen kannst.«

»Genau. Es ist so konträr zu dem, was ich bisher gelernt habe.«

»Das ist leider bei vielen Menschen so. Aber, Colette, ein Vorschlag: Wenn es dir hilft zu reden ... Oder wenn du einfach mal jemanden brauchst für einen Tapetenwechsel und du glaubst, es würde dir guttun, mit mir zu reden oder auf dem Boot zu sein, dann lass es mich wissen. Hier ist meine Nummer.« Er reichte mir seine Visitenkarte, auf der sein Name und die Telefonnummer standen – inklusive privater Adresse und E-Mail-Adresse.

Als ich sie umdrehte, entdeckte ich die fünf Werte: Unabhängigkeit, Liebe, Achtsamkeit, Aufrichtigkeit, Demut. Und fünf Antiwerte: Fremdbestimmung, Unterdrückung, Desinteresse, Manipulation und Respektlosigkeit. Interessiert schaute ich mir die Karte noch einmal von vorne bis hinten an.

»Tony hat dir sicher schon davon erzählt«, mutmaßte Rico und ich nickte.

»Warum deine Privatadresse?«

»Weil ich immer am LEBEN bin«, lachte Rico. »Außerdem: La mia casa è la tua casa. Ich gebe meine Visitenkarte niemandem, den ich nicht auch zu Hause gerne empfangen würde. So einfach ist das.«

Da war es wieder, dieses Gefühl der Leichtigkeit, der Selbstverständlichkeit, mit der die Leute von LEBEN AG gestikulierten, sich ausdrückten.

»Möchtest du noch mehr von mir wissen?«, fragte ich unsicher.

»Ich möchte alles von dir wissen, aber vielleicht machen wir das Ganze etwas lockerer. Ich möchte dich nicht in eine Ecke drängen. Ich sehe, dass du sehr viel mit dir auszutragen hast, was du selbst mit dir klären musst.«

»Wie meinst du das?«, wollte ich wissen.

»Nun, ich bin ein guter Beobachter und es ist im Moment offensichtlich, wie sehr du in einem Prozess bist, etwas Altes hinter dir zu lassen. Soll ich schonungslos offen sein? Oder möchtest du es lieber häppchenweise?«

Ich lächelte. »Nein, bitte schonungslos. Ich denke, deswegen hat mich Tony auch hierhergeschickt und mir den Tag auf dem Boot geschenkt.«

»Oh, diesen Tag schenke ich mir ganz alleine. Heute gehört die Zeit mit dir ganz mir und das ist großartig. Was glaubst du, was wir heute für einen Spaß haben werden! Versprochen.« Rico rückte ein wenig näher. »Okay, Colette Freiburghaus, ich sage dir jetzt, was ich sehe, und nichts davon ist persönlich gemeint, um dich zu verletzen. Es ist nur, was ich wahrnehme und was meine Interpretation dessen ist, okay?« Ich nickte und Rico legte los. »Die Häutchen an deinen Fingern und die Fingernägel sind alle angeknabbert. Das sagt mir, dass du sehr unruhig bist und versuchst einen inneren Druck abzubauen. Da ist etwas, das dich beschäftigt und dich nicht zur Ruhe kommen lässt. Deine Haut ist sehr schlaff geworden, beinahe schon schal, auch wenn hier draußen die Sonne scheint und ich weiß, dass Tony oft mit euch draußen ist. Es ist, als ob du deine eigenen Farben verloren hast und nach ihnen suchst, deswegen trägt die Haut dieses Bild auch nach außen. Die schwarzen Ringe unter deinen Augen sagen mir, dass Nierenthemen noch offen sind. Das heißt, du trinkst zu wenig Wasser, bist übersäuert und trägst Beziehungsthemen mit dir aus. Okay, du kannst jetzt sagen, das weiß ich, weil du mir davon erzählt hast, aber ich sehe das auch an den schwarzen Ringen unter deinen Augen. Außerdem entzieht der ständige Gedankensturm dir biochemische Stoffe, die das Ganze nach außen hin sichtbar machen. Es muss wohl einiges geben, das dich schon länger beschäftigt, als gerade nur die Sache mit deinem Freund.

Deine Füße sind, mit Verlaub, nicht gepflegt wie die einer Frau, die sich selbst gerne hat und in sich ruht. Die Hornhaut erzählt davon, dass du schon länger mit deinen Gefühlen beschäftigt bist und deine Welt um dich herum vor lauter Kummer vergisst. Und ich sehe den Kummer in deinem Gesicht, deine Gesichtszüge hängen und ich sehe, dass da früher viel gelacht wurde. Die Lachfältchen um die Augen herum erzählen mir, dass du ein fröhlicher Mensch warst, aber die Hautfarbe im Gesicht und die Mimik berichten mir von den Sorgen der letzten Jahre. Dein Lidstrich ist verschmiert, deine Haare sind struppig. Wahrscheinlich bist du auch unausgeglichen, teilweise beinahe ein wenig ungeduldig mit dir oder anderen. Du trinkst viel zu viel Kaffee und Wein, das würde dann auch auf Leberthemen hinweisen.

Deine Kleidung ist völlig ausgetragen. Ich weiß nicht, wann du das letzte Mal shoppen warst. Du hältst sehr wenig von dir, machst dich klein und auch wie du hier auf dem Boot herumschleichst, erinnerst Du mich mehr an ein Mädchen, das man kleingeschrien hat als an eine Frau, die mit beiden Beinen im Leben steht. Soll ich fortfahren?«

»Hat Tony dir das alles erzählt?«, wollte ich von Rico wissen. Ich war mir nicht sicher, ob ich verblüfft oder gekränkt reagieren sollte. So als hätte man mich seelisch ausgezogen und auf dem Tisch serviert, so kam ich mir in etwa vor. Irgendwie war ich fasziniert und irgendwie ärgerte ich mich gerade sehr.

»Nein, Tony hat mir gar nichts über dich erzählt, nur dass du unser neuer Sonnenschein in der Personalabteilung bist. Im Moment scheint die Sonne aber noch nicht wirklich wieder, wenn ich ehrlich sein darf. Und das tut mir weh, das zu sagen.«

»Das wird wohl auch eine schlechte Visitenkarte für die Firma sein, oder?«, sagte ich unsicher.

»Vergiss die Firma mal für einen Moment, Colette. Es geht im Moment mal gerade nur um dich. Ich glaube, es war wirklich höchste Eisenbahn, dass du zu uns gekommen bist. Du bist eine wunderschöne, geniale Frau, ein wertvoller Mensch. Wir müssen schauen, dass du erkennst, wer du wirklich bist, und das dann nach außen tragen. Aber keine Sorge, das bekommen wir hin.«

»Ach, ich bin einfach dankbar, dass ich bei LEBEN AG sein darf.«

»Colette, LEBEN AG beherbergt keine grauen Mäuse, die sich Tony dankbar vor die Füße werfen. Das will keiner von uns, am wenigsten Tony selbst.«

»Was soll ich dann tun?«

»Zuallererst musst du aufhören zu lügen.«

Ich schaute Rico pikiert an. »Ich lüge nicht.«

»Colette, doch, das tust du. Du weißt es nur noch nicht.«

»Wie soll ich das bitteschön verstehen?«

»Colette, falsche Bescheidenheit ist die höchste Form der Lüge, mit der wir uns selbst bescheißen. Ebenso wie das Kleinmachen. Damit ist jetzt Schluss. Ich möchte, dass du lernst, über dich hinauszuwachsen. Du sollst dich bitte groß machen, blühen, nach außen scheinen, wie wundervoll du bist. Du sollst bitte laut sein, wild sein und dein wahres Wesen nach außen kehren. Alle Farben, die dir deine Seele zur Verfügung stellt, sollen einen geradezu blenden, wenn man dir begegnet. Kennst du die Rede von Nelson Mandela, als er sagt: ‚*Unsere tiefste Angst ist nicht, unzulänglich zu sein. Unsere tiefste Angst ist es, unermesslich machtvoll zu sein.'* Es ist das Licht, das wir fürchten, nicht unsere Dunkelheit. In seiner Rede, nachdem er jahrelang zu Unrecht im Gefängnis war, erzählt er davon, dass es nichts mit Erleuchtung zu tun hat, wenn du dich kleinmachst, dass dich dein Schöpfer nicht gemacht hat, um dich verunsichert zu zeigen. Er erzählt davon, dass du geboren wurdest, um Herrlichkeit zu verkörpern, und zwar jeder von uns. Egal, ob er schön aussieht und reich ist oder aber in den Slums von Brasilien wohnt. Egal, ob du dick und alt oder ob du ein süßes kleines Mädchen bist. Diese Herrlichkeit wohnt in jedem von uns, auch in dem Typen, der dir mit seinem alten Auto direkt vor die Nase fährt. Diese Herrlichkeit steckt in der Nachbarin, die dich ärgert, und sie steckt sogar in den bösen Menschen, die wir verurteilen, weil sie sich an den Schwachen dieser Erde vergreifen.

Weißt du, es ist die Aufgabe von jedem von uns, diese Herrlichkeit endlich zu zeigen, zu leben, geradezu herauszuschreien. Wir müssen uns und alle anderen von der Angst befreien, nicht gut genug zu sein. Wir müssen diese Ängste hinter uns lassen. Wir leben in einer Gesellschaft, die mit deinen Ängsten Geschäfte macht, und das darf nicht sein. So wie Tony ein Unternehmen führt, in dem jeder so sein darf, wie er kann und will, so sehr sind wir, die in diesem Unternehmen arbeiten, geradezu verpflichtet, andere Menschen mit dieser Philosophie anzustecken und ihnen vor Augen zu führen, dass sie die Angst hinter sich lassen müssen.« Rico schaute mich feierlich an. »Ja, Colette, es gibt so etwas wie den heiligen Zweck deiner Existenz. Wir vergessen das gerne oder befassen uns gar nie damit. Das ist noch schlimmer. Wir glauben, dass wir auf die Erde kommen und dann irgendwie 80 Jahre hier absitzen, zur Schule gehen, einen Beruf erlernen, heiraten, Kinder bekommen, ein Häuschen haben, einen Hund, Rente und dann ab in die Horizontale.« Rico blickte auf den See hinaus. »Glaubst du wirklich, dass derjenige, der dich erschaffen hat, egal wie du ihn nennst, ernsthaft so was mit dir vorhat? Ich meine, glaubst du nicht, dass es einen Sinn gibt, warum du hier bist? Warum sonst bist du denn dann hier?

Ich kann mir nicht vorstellen, dass die Natur einen solchen Fehler begehen würde.«

Die Sonne blendete mich, ich kniff ein Auge zusammen, als ich ihn ansah. »Heilige Existenz?«

»Ja, Colette, wenn du dir die unglaublichen Abläufe der Natur ansiehst, die ist voller Wunder. Glaubst du wirklich, du wärst hier gelandet, einfach so, ohne Grund?«

Ich legte den Kopf schief und blickte ihn an.

»Colette, ich glaube, nein, ich weiß, dass es den heiligen Zweck der Existenz gibt. Jemand hat dir das Leben geschenkt, ein Leben zu deinen Ehren. Ein Leben zu deiner Freude. Mit wie viel Würde, Respekt und Dankbarkeit hast du bisher dieses Geschenk behandelt?«

Mit der rechten Hand fuhr ich mir über das Gesicht, Rico brachte mich zum Nachdenken, wie letzte Woche so viele andere Menschen bei LEBEN AG auch. »Wohl nicht allzu sehr.«

Rico nickte, als hätte er die Antwort bereits gewusst. »Möchtest du nicht anfangen damit? Kann es denn auch sein, dass LEBEN AG aus irgendeinem Grund deinen Weg gekreuzt hat? Vielleicht hat alles seinen Sinn? Wäre das grundsätzlich möglich?«

Nach einer Weile sagte ich: »Vielleicht hast du sogar Recht.« Wenn ich so darüber nachdachte, dann machte das wirklich Sinn.

»Collette, du bist hierhergekommen, weil DU etwas zu geben hast, was niemand sonst kann oder hat. Das ist kein Zufall, dass du hier lebst. Es ist kein Zufall, dass du auf der Erde bist. Wenn Menschen immer noch glauben, sie wären halt einfach so auf der Welt, bin ich immer noch fassungslos ob so viel Naivität. Seit mehr als 2000 Jahren berichten alle möglichen Religionen, Wissenschaftler, Gurus und wie sie alle heißen von der Herrlichkeit des Lebens, von der Gabe, die du als Individuum hierher trägst, und was tun wir? Wir schalten den nächsten Krimi ein und klammern uns an Geschichten, die wir als Realität bezeichnen, träumen aber gleichzeitig von einem großen tollen Leben voller wunderbaren Menschen, viel Geld und gefüllten Tagen voller Harmonie. Kleinen Kindern erzählen wir Märchen vor dem Zubettgehen, damit wir ihnen im Teenageralter den Glauben an Wunder nehmen können. Alle rennen in die Kinos, um sich die neusten Fantasygeschichten anzusehen, aber an die Kraft des eigenen Superhelden, des eigenen Peter Pans in dir glaubst du schon lange nicht mehr. Wir erheben Politiker mit welker Gesichtsmimik zu denen, die Länder, die Völker führen, dabei ist es so still und dunkel in deren Herzen wie im Rattenloch der englischen Kanalisation. Wir verdammen Kinder, ihre Natürlichkeit zu unterdrücken, leise zu sein und sich anzupassen. Wir pressen sie in Schubladen, dabei müssten wir ihnen zusehen, von ihnen lernen und sie nachahmen, damit wir endlich verstehen, wie das Leben funktioniert. Die Tiere werden in Massenhaltungen nur noch für den Zweck der Tötung am künstlichen Leben erhalten. Mit künstlichen Prozessen wird die Effizienz der Milch- und Fleischwirtschaft um jeden Preis erhöht. Viele saftige Wiesen, auf denen vorher Kühe geweidet haben, müssen heute künstlich gemäht werden, weil die Kuhglocken vielen Anwohnern zu laut geworden sind. Doch ihren eigenen Lärm, den werden sie nicht los. Egal, wie sehr sie ihn mit Extremsport, Medikamenten oder anderen Kompensationen zukleistern. Er holt sie immer wieder ein, bis sie sich ihm annehmen und zuhören, was das Herz zu sagen hat. Der Lärm wird sich im Außen immer stärker zeigen, bis du verstanden hast, dass du still werden musst, dein inneres Licht finden und dir selbst zuhören musst, bis dein Herz dich führen kann. Das kann dir kein Arzt abnehmen, das kann dir kein Politiker abnehmen und das kann dir auch kein so großes Boot wie das hier abnehmen.«

Andächtig folgte ich den Ausführungen von Rico. Tony hatte schon sehr ähnlich geredet. Das Ganze noch einmal mit anderen Worten zu hören tat gut. Tatsächlich war ich still geworden. Seit ich bei LEBEN AG arbeitete, passierte so viel mit mir, dass ich aufgehört hatte, derart viel zu reden, wie ich es früher getan hatte. Ich war still geworden, und in mir war ein Raum entstanden, der diese Stille stützte. Und von dieser Stille sprach Rico, zumindest hatte ich das Gefühl, dass ich eine Ahnung hatte, wovon er redete.

»Lass dir Zeit, Colette. Erst einmal gilt es, deinen Verstand auszuschalten, denn er ist zuweilen ein sehr guter Wächter, wenn das Leben sich ernsthaft einschleichen will.«

»Wie bist du zu diesen Erkenntnissen gekommen?«

»Oh, das war ein steiniger Weg, Colette. Als junger Mann habe ich gemerkt, dass die herkömmlichen Berufsbildungen nichts für mich waren. Egal, welchen Test ich beim Berufsberater machte, egal, welchen Beruf ich anschaute, nichts sagte mir zu. Meine Mutter ist beinahe an mir verzweifelt. In der Schule hatte ich nur gute Noten, weil ich tolle Lehrer hatte, die es verstanden, den Unterricht interessant zu gestalten. Ihnen habe ich es zu verdanken, dass ich mit den besten Noten durch die Schulzeit ging. Ich habe nie Hausaufgaben gemacht. Ich habe den Lehrern während des Unterrichts an ihren Lippen gehangen. Es war unglaublich interessant.« Rico lebte mit seinen Erzählungen mit, schmückte aus, es war fantastisch, ihm zuzuhören. »Meine Mutter war verzweifelt. Sie hätte sich eine solide Ausbildung für mich gewünscht, doch irgendwie hat sie auch verstanden, dass mein Herz frei sein musste. Also habe ich angefangen, als Kellner zu arbeiten, später als DJ. Damals hatte ich noch keine Ahnung, warum ich überall gut ankam. Die Arbeitgeber hatten mich gerne, die Discos und Lokale waren immer voll, wenn ich da war.« Er rückte das Badetuch etwas gerade, auf dem wir beide saßen. »Kommst du mit ins Wasser? Dann erzähl ich dort weiter.« Er erhob sich und stieg langsam die Treppe hinunter, die ins Wasser führte, und ich folgte ihm.

»Und dann? Los, erzähl, ich möchte mehr hören«, zog ich ihn auf.

Rico lachte und ließ sich ins Wasser plumpsen. »Dann gingen die Probleme los«, lachte er. Verständnislos sah ich ihn an, während ich auf der Treppe hockte und die Füße ins Wasser baumeln ließ. »Tja, im Club, in dem ich gearbeitet habe, war ein Typ, der mich ansprach und mir einen Job anbot. Er war von einer Versicherung und stellte mir in Aussicht, dass ich mit meiner aufmerksamen Art viel Geld verdienen würde. Er hatte gerade eine Ausbildung hinter sich, in der es um Verkaufspsychologie ging. Ich habe mich damals blenden lassen, so jung wie ich war. Also habe ich den Job angenommen, habe viel Umsatz gemacht, habe mir von ihm alles über Verkaufspsychologie erklären lassen. Laut ihm hatte ich schon alle natürlichen Voraussetzungen dafür, was er in einer Schule extra hatte lernen müssen.

Was soll ich sagen?«, Rico schwamm vor mir hin und her. »Die Regeln der Firma, all der Papierkram, das war nichts für mich. Ich bin nach zwei Jahren rausgeflogen. Mein Selbstbewusstsein war auf dem Nullpunkt, ich verstand die Welt nicht mehr. Was früher so einfach gegangen war, wurde plötzlich zur Krücke. Ich verlor die Freude am Sein. Bei der nächsten Stelle dann ein ähnlicher Ablauf, aber dort hat mich jemand anderes abgeworben, weil er glaubte, mich zähmen zu können, wie er das damals genannt hat.«

»Muss man dich denn zähmen?«, wandte ich ein.

»So ein Blödsinn, ich ticke einfach anders und das hat damals niemand erkannt. Ich konnte mich nicht verbiegen. Ich habe es versucht, aber es ist mir nicht gelungen. Ich habe darunter sehr gelitten. Das hat mich dazu bewogen, mich noch mehr mit Menschen auseinanderzusetzen, angefangen von der Verkaufspsychologie über NLP bis hin zu Gesichtsdiagnostik und so weiter. Lange Rede, kurzer Sinn: Ich hab mich in diesen Anstellungen nicht wohlgefühlt, aber selbstständig machen wollte ich mich auch nicht.«

»Und dann kam Tony.«

»Ja, dann kam Tony, aber ich war schon ziemlich am Nullpunkt. Ich war völlig verunsichert. Weißt du, was ich früher als frei fließend erlebt habe, wurde künstlich in einen Kanal gepresst. Ich habe mich nicht nur unwohl gefühlt. Ich bin daran fast zerbrochen. Egal, was ich nachher gemacht habe, es gelang mir nur halb.«

»Aber du hattest doch gute Umsatzzahlen, oder?«

»Das ist ja das Schlimme. Trotz allem hatte ich hohe Umsätze, die Kunden kauften gerne bei mir. Ich kann mit Menschen umgehen, das weiß ich, aber mein eigenes Leid, damit konnte ich nicht umgehen, und das wollte ich die Kunden nicht spüren lassen. Umso schlimmer lenkte ich den Druck innerlich gegen mich selbst. Aber ganz ehrlich, Colette, ich kam mir vor wie im Gefängnis. Wenn du meine Lebensphilosophien kennst und danach auch lebst, dann kannst du nicht um neun Uhr am Montagmorgen bei jemandem reinspazieren und ihm irgendwas andrehen wollen. So funktioniert das nicht.«

»Erfahre ich heute was über deine Lebensphilosophien?«

»Wenn du das willst, gerne, aber ich hab da keine Powerpointpräsentation oder so, es ist vielmehr ein Bericht aus Erfahrungen, von denen du das mitnimmst, was dich berührt.«

Gespannt schaute ich Rico an. Darauf hatte ich mich in den letzten Tagen besonders gefreut.

18. Verkaufst du schon, oder bettelst du noch?

»Nehmen wir als Beispiel gerade diesen Fall: neun Uhr am Montagmorgen und der Termin bei einem Kunden. Die übliche Philosophie eines Unternehmens ist es, dass es einen Verkäufer anstellt, der ihre Produkte verkaufen soll, okay?«, begann Rico.

»Okay.« Soweit konnte ich folgen.

»In diesem Unternehmen möchten sie strukturiert vorgehen, haben für alles irgendwelche Prozesse, Qualitätsmanagements und so weiter. Na ja, weil das offenbar einmal früher funktioniert hat, weiß der Geier, woher sie diese Theorie haben. Trotz ganz vieler Checklisten und Sitzungen reden sie aber dann doch nicht miteinander, wie die Praxis gerne zeigt. Eine echte Ahnung, wer der Kunde wirklich ist, wer der Mitarbeiter ist, das haben sie nicht.« Ich rutschte etwas näher ans Wasser und Rico fuhr fort: »Nun wird es eine Stellenbeschreibung geben, was der Verkäufer alles mitbringen soll, möglichst auch noch eine Grundausbildung in dieser Materie, bla bla bla. Dann gibt es Regeln für diese Verkäufer wie zum Beispiel, dass sie zehn Termine pro Woche mit Kunden vereinbaren müssen, um das Ganze irgendwie plan- und messbar zu machen. Sie bekommen Budgetvorgaben von sagen wir einmal 120.000 Franken, erfüllbar innerhalb eines Geschäftsjahres. So können sie wie gesagt messen, wie der Geschäftsverlauf aussehen sollte, und so erzählen sie sich selbst, könnten sie Arbeitsplätze sichern, Investitionen planen und so weiter. Aber weiter ... Es gibt dann auch ein Spesenreglement, das besagt, dass man für das Mittagessen 25 Franken pro Tag bekommt, aber nur, wenn du die Belege im Original vorweist, und nur, wenn du den ganzen Tag außer Haus warst. Denn weil dein

Arbeitgeber noch etwas für die Miete des Home Offices bezahlt, könntest du ja sonst auch zu Hause essen.«

»So etwas kenne ich von den Unternehmen, in denen ich gearbeitet haben, ja.«

»Möglicherweise haben sie dir auch einen Geschäftswagen gegeben, einen Norm-Kombi soundso, denn in der Mitarbeiterklasse Verkauf hast du Anspruch auf Kombi in einer vorgeschriebenen Größenordnung. Das darf drin sein, dieses nicht … Du weißt schon.«

Ich nickte.

»So, und jetzt sag mir, was diesen Verkäufer von einem unter Drogen gesetzten Löwen in der Manege unterscheidet, der wegen der Peitsche, mit der man ihn sonst schlagen würde, brav Männchen macht?«

Ich schmunzelte: »Interessanter Vergleich.«

»Wichtiger Vergleich, Colette, insbesondere, wenn du beispielsweise Luxusbäder verkaufen möchtest wie ich damals. Ein Löwe sollte wie ein Löwe brüllen und nicht wie ein Schaf meckern.«

»Das hat was.«

»Stell dir weiter vor, du bist ein stolzer Hotelbesitzer, ein stolzer Mann, du hast es zu etwas gebracht, du bist wer, besitzt zwei Hotels, eines davon mit Spa und Gourmet-Tempel. Du bist stolz auf deine Leistung, bildest dir etwas auf deine Hotels und deine Karriere ein. Kannst du mir folgen?«

»Ja. Okay.«

»Dass ich mit einem Billig-Kombi vorfahren muss, damit kann ich ja noch leben, aber dass die Fahrzeuge so leblos, normiert und nichtssagend daherkommen … Was genau soll das für eine Visitenkarte für den Betrieb sein? Es muss kein großes, luxuriöses Auto sein, aber auch Autos gehören zu einer Person oder eben nicht. Sie kleiden dich oder eben nicht. Was genau möchtest oder, besser gesagt, KANNST du mit so einem Wagen noch ausdrücken? Persönlichkeit? Visitenkarte des Unternehmens? Interessant auch, dass die Chefetage, die sich so gut wie nie direkt beim Kunden blicken lässt, die tollsten Wagen fährt. Fällt dir was auf? Ich find es ziemlich seltsam. Abgesehen davon, dass das Verhältnis zum Kunden nicht stimmt, sagt es mehr über die Menschen aus, die die Firma leiten und was sie von ihren Mitarbeitern halten und letzten Endes, wie wichtig ihnen der Kunde wirklich ist. Es geht nämlich zuallererst um sie und nicht um den Kunden, sonst wäre ihnen das schon lange aufgefallen. Abgesehen vom Sitzkomfort, Klimaanlage et cetera.

Ein Außendienstmitarbeiter macht so viele Kilometer pro Tag mit den langen Fahrten, da sollte er einen richtig guten Wagen bekommen. Das ist eines seiner wichtigsten Werkzeuge. Er kommt in einem guten Wagen ausgeruht beim Kunden an, kann sich konzentrieren, ist erfrischt, hat ein gutes Gefühl, kann gut und sicher von A nach B reisen. Wenn du mal ein paar Monate jeden Tag acht Stunden im Auto warst, weißt du, wovon ich rede. Darüber hinaus ist er die Visitenkarte des Hauses, mehr als der Chef selbst. Den Außendienstler sieht man beim Kunden, wie er auf dem Parkplatz vorfährt, wie er wegfährt, wie er aus dem Auto steigt, wie er ins Auto steigt. Und so weiter.«

»Daran habe ich noch gar nicht gedacht.«

»Du und ganz viele Geschäftsführer auch nicht. Aber lass uns weiter in die Theorie abtauchen. Wenn du es richtig machst, hast du dir einen wichtigen Termin über Mittag ergattert: Du kannst also den Kunden zum Essen einladen. Gratuliere, du bist schon ziemlich weit gekommen, denn dieser Termin ist weitaus wichtiger als einer um neun Uhr morgens. Nun das nächste Hindernis. Du hast ein Budget von 25 Franken, dasselbe für den Kunden, wir erinnern uns an das Spesenreglement. Wo bitteschön kann ich mit einem Kunden für 25 Franken essen gehen, um mich A als Visitenkarte zu verkaufen und B ein wenig kultiviert zu unterhalten? Außerdem habe ich in diesem Fall hier einen Kunden vor mir, der mit sehr hohen Erwartungen an ein Essen an mich herantritt. Nicht, weil er überheblich oder was Besseres ist, nein, er hat das Kulinarische zu seinem Tagesgeschäft gemacht, zu seinem Leben, zu seiner Existenz. Viele solcher Geschäftspartner, auch wenn sie kein eigenes Hotel besitzen, legen Wert auf ein gutes Ambiente während des Essens und auf ein gutes Essen. Schließlich wohnt die Seele in diesem Körper und sollte sich gut fühlen. Da legen manche Wert auf gutes Essen. Außerdem macht es mehr Spaß als irgendeine Mensa-Pampe.

In dem Lokal, wo du mit dem Kunden hingehen willst, sollte es ruhiger sein als im Büro, dort sollte nachhaltig und gesund gekocht werden. Das ist auch meine Wertschätzung als Außendienstler meinem Kunden gegenüber, verstehst du? Bekomme ich das in einem Selbstbedienungsrestaurant? Ich bitte dich. Schließlich geht Liebe durch den Magen, auch die Liebe zum Kunden. Was glaubst du, wie lächerlich ich mich mit einem solchen Budget und einem solchen Auftritt mache? Es ist geradezu peinlich, einen Kunden in ein solches Restaurant einladen zu müssen. Er sieht sofort, wie viel er der Firma als Kunde wert ist. Ist das eine Basis, um dem Kunden dann Luxusbäder verkaufen zu können? Ich bitte dich. Stell dir alleine vor, welche Energie du als Verkäufer an diesem Mittagstermin verzweifelt versuchst herzustellen. Wenn hier ein gutes Netzwerk, ein gutes Gespräch entstehen könnte, dann wäre eine langjährige und interessante Zusammenarbeit möglich. Aber dazu müsstest du authentisch sein und aus dem Vollen schöpfen können. Allein das Ambiente in einem guten Lokal ist eine wichtige Komponente, um sich fallenlassen zu können, warum sich beide Gesprächspartner offen und gelassen geben. Gerade bei einem so stolzen Kunden solltest du auch als stolzer Mann mit ihm reden können. Der Löwe, du erinnerst dich. Die Energie, die du ausstrahlst, ist wichtig. Machst du als stolzer Mann gerne Geschäfte mit einem anderen stolzen Mann oder mit einem Außendienstler, der verzweifelt versucht seine Aufgaben gegenüber dem Arbeitgeber zu erfüllen? Horch in dich hinein! Ein stolzer Mann. Wenn du mal auf einem Basar im Orient warst, wirst du eins zu eins sehen, was ich meine. Dort brüllen Löwen noch wie Löwen und nicht wie hungrige Ziegen.« Rico machte eine Pause und schwamm weiter. »Doch die meisten Unternehmen kastrieren ihre Außendienstmitarbeiter buchstäblich. Von einem stolzen Mann habe ich da bisher wenig gesehen. Sie sind die Lakaien der Firma. Wenn es beim Kunden aber um ganz hohe Tiere geht, fährt auch gerne der Chef selbst vor, weil der Kunde wichtig ist und viel Umsatz machen könnte.

Was ist das bitte für eine Philosophie? Ein CEO, ein Inhaber hat das Unternehmen zu führen. Das Verkaufen sollte er seinen Verkäufern überlassen. Du kastrierst deinen Mitarbeiter gleich zweimal, weil du nicht nur eine Zweiklassengesellschaft im doppelten Sinne lebst, sondern du entziehst dem Mitarbeiter auch noch die Befähigung, dass er diesen Kunden selbst optimal betreuen könnte. Was soll ich als Kunde von so einer Firma halten und von seinem künftigen Partner, dem Verkäufer zweiten Ranges?«

»Verstehe, falsche Bescheidenheit und mangelnde Wertschätzung gehen Hand in Hand.«

»Es ist die Bevormundung eines erwachsenen Mannes. All diese Vorschriften kastrieren ihn: Wann er wie und wo womit vorzufahren, zu essen und abzurechnen hat. Das ist geradezu lächerlich. Schließlich ist er der Verkaufsfachmann. Aber es geht noch weiter.«

»Okay, ich bin ganz Ohr.« Ich fand Ricos Ausführungen hochinteressant.

»Nun hat dieser besagte Hoteldirektor vielleicht ein schlechtes Wochenende hinter sich. Die Wochenendvertretung hat ihn im Stich gelassen, Streit mit seiner Frau, viel Stress und kaum Erholung. Nehmen wir an, dass du eben nicht den Mittagstermin ergattern konntest, sondern nur den ‚Neun-Uhr-Morgens-Termin'. Du weißt also, dass du ins Büro gehst und da wartet morgens um neun Uhr ein Verkaufsaußendienstmitarbeiter auf dich. Was ist die Erwartungshaltung? Was will der wohl? Der will mir was verkaufen, der kommt nicht einfach zum Kaffeetrinken. Es liegt also schon in der Luft, dass der Verkäufer mir möglicherweise meine Zeit stiehlt. Ich werde möglicherweise freundlich bleiben, ihn abfertigen, denn ich will nichts kaufen und schon gar nicht von einem Bittsteller. Ich bin ein viel beschäftigter Mann, meine Zeit ist kostbar. Außerdem habe ich heute sowieso schlechte Laune. Vielleicht ist der Typ gerade recht, um meine schlechte Laune an ihm auszulassen.« Rico sah mich an. »Spürst du die Energie, die vom Hoteldirektor ausgeht? Es ist ein bisschen wie die Anrufe von den Versicherungen und Krankenkassen, die dir abends auf die Nerven gehen, wenn du in die Energie des Verkäufers hineinfühlst, oder?«

»Krass, das stimmt«, antwortete ich.

»Sag, Colette, glaubst du, dass aufgrund einer solchen Basis eine langjährige und nachhaltige Zusammenarbeit entstehen kann? Der Verkäufer verkauft nicht, er bettelt. Alles in seinem Leben ist von diesem Verkaufen abhängig. Du spürst unterschwellig die Verzweiflung dieses Bittstellers.«

»Und was ist die Lösung?«

»Die Lösung?«

»Ja«, sagte ich.

»Die Lösung ist, dass du dich in den Menschen dir gegenüber hineinversetzt, dich fragst, was braucht er, was will er und wie will er behandelt werden. Du musst ihn lesen können, insbesondere wo er als Mensch heute und jetzt gerade steht. Dann kannst du so auf ihn zugehen, damit er den Raum bekommt, sich dir zu öffnen. Es ist seine Bühne, es ist seine Zeit. Also halte ihm den Spiegel hin und zeige ihm, was er Geniales erschaffen hat mit den Hotels, mit dem Spa, mit dem Gourmet-Tempel. Dieser Mann hat eine Geschichte, möglicherweise erzählt er sie dir schon mit seinen Kleidern, was er trägt, und wie er es trägt, welchen Schmuck er trägt, welches Parfum. Raucht er? Wenn ja, was? Zigarre könnte auf einen Genießer hindeuten, Zigarette vielleicht eher auf einen Freigeist. Was hat er für eine Frisur, welchen Wagen fährt er? Du beobachtest einfach alles und das muss in einem regelmäßigen Kontakt entstehen, in dem du ihm *begegnest*. Und du musst zuhören, du hörst einfach alles, was er sagt. Da geht es noch nicht ansatzweise ums Verkaufen, sondern um das Entstehen einer Partnerschaft. Du bist Part dieser Verbindung.« Rico betonte das Wort »begegnen« so, dass ich nachfragte.

»Du wirst ihn treffen, mit ihm essen gehen, aber du wirst ihm nichts verkaufen, nichts von deinen Produkten erzählen, gar nichts. Du wirst dich einfach zurücknehmen und ihm die Bühne überlassen. Und das machst du vorzugsweise dann, wenn er wirklich Zeit hat, am Wochenende, am Abend, wann auch immer. Wir vergessen, dass wir hier einem Menschen gegenübersitzen. Einem Menschen, der Gefühle hat, eine Geschichte mitbringt, und, und, und. Verstehst du jetzt, warum das mit diesen strukturierten Prozessen in einem Unternehmen gar nicht funktionieren kann? Ähnliches gilt auch für andere Positionen und Abteilungen. Wir könnten uns hier stundenlang darüber unterhalten. Stell dir auch vor, dass die meisten Verkäufer einen Basislohn bekommen und den Rest erarbeiten müssen. Das nennt man dann Provision oder Bonus. Wie soll ein Mensch sich ehrlich auf den Kunden konzentrieren können, ihn ehrlich abholen können, wenn er ständig um die Existenz kämpfen muss? Bonus ist gut und recht, aber das müssen faire Grundbedingungen sein, die eine gute Existenzgrundlage voraussetzen. Und was für den Verkauf gilt, gilt auch für alle anderen. Außerdem, ganz ehrlich, Colette, wenn mir am Montagmorgen um neun Uhr irgendein Verkäufer, egal welcher, was verkaufen wollen würde, würde ich ihn möglicherweise eigenhändig aus dem Büro werfen lassen. Ein Montagmorgen ist kein guter Termine, um zu betteln.« Rico lachte und tauchte kurz darauf unter, schwamm ein paar Züge und tauchte wieder auf. »Ist das nicht herrlich hier?«

Ich ließ meine Füße immer noch im Wasser baumeln.

»Willst du nicht auch hereinkommen?«

Ich überlegte einen Moment, bis ich schließlich auch ins Wasser glitt. »Aber das dauert doch ewig, bis du dann was verkaufst. Das kann sich ja keiner leisten.«

»Das täuscht, Colette, meistens geht es viel schneller, als du denkst, denn dein Gegenüber spürt, mit welcher Absicht du dich mit ihm triffst oder eben mit welcher Absichtslosigkeit. Ein bisschen tricksen tun wir ja doch auch noch.«

»Aha, wusst' ich's doch«, lachte ich.

Rico schmunzelte. »Ein paar Tricks sind schon dabei, aber sie sind nicht unehrlich, das ist ein großer Unterschied.«

»Und wie geht ehrlich tricksen?«

»Nun, wenn ich mich mit einem solchen Hoteldirektor treffe, passe ich mich ein wenig an, so, dass ich mich selbst nicht verstellen muss, aber ich schaffe eine Begegnung, in der sich mein Gegenüber wohlfühlt. Anzug, Auto, Schmuck sind dezenter als das meines Gegenübers, aber ungefähr auf seinem Level. Wenn ich einen Inhaber einer handwerklichen Firma treffe, der möglicherweise ein hemdsärmeliger Typ ist, passe ich mich dort ein wenig an, weil ich möglicherweise in den Augen meines Kunden zu dick auftragen würde, wenn ich mit Armani-Anzug und Goldkette bei ihm vorfahre.«

»Aber dann spielst du ja doch eine Rolle.«

»Wir alle spielen Rollen, jeden Tag, Colette. Die Frage ist nur, wie weit du dich und deine Seele verkaufst. Für mich hat das mehr mit Respekt zu tun als mit einem Rollenspiel. Ich möchte meinem Gegenüber einen Raum schaffen, in dem er sich wohlfühlt. Wohlverstanden nur, wenn ich auch solche handelsüblichen Termine habe, wie man sie von den Verkäufern kennt. Wenn ich in meiner Freizeit unterwegs bin – und das macht die Hauptzeit meiner Arbeit aus –, dann trage ich das, mit dem ich mich wohlfühle. Das kommt immer am besten an, denn ich bin glaubwürdig, weil ich ich selber bin. Da verzeiht man dir auch ein für einen so jungen Kerl wie mich etwas zu großes Boot.«

»Und warum arbeitest du in deiner Freizeit?«

»Weil ich den besten Beruf der Welt habe und weil ich davon nicht genug bekommen kann.«

»Wie muss ich mir das vorstellen?«

»Zuallererst musst du verstehen, dass es keine Jobs gibt, keine Arbeitsstellen und all das. Wenn du immer noch an Jobs glaubst, verschwendest du deine Lebenszeit. Such dir deine Berufung.

Wie es das Wort schon sagt, kommt es von Beruf. Fühl einmal hinein in das Wort Berufung.«

»Ich bin berufen worden, jemand hat mich auserwählt.«

»Klingt doch spannend. Jemand hat dich berufen. Du bist auserwählt worden«, schwärmte Rico.

»Das klingt in der Tat viel besser.«

»Und wenn du berufen wurdest, sag, kannst du diese Berufung limitieren von acht bis zwölf und von 13 bis 17 Uhr? Bist du abends zu Hause dann nicht mehr berufen?«

Ich schwamm zur Badeleiter des Bootes zurück. »Wow, das stimmt.«

»Diese Berufung küsst dich, wann immer es Zeit und Raum dazu gibt. Als jemand, der berufen wurde, verstehst du auch, was alles dazu gehört. Diese Stellenbeschreibung kannst du nirgends niederschreiben. So viel Papier gibt es nicht.«

»Warum?«, lachte ich. »Erzähl.«

»Die Berufung und du, ihr seid eins, ihr seid wie ein Liebespaar. Sie hat sich dir verschenkt und du zollst ihr Respekt, Liebe, Hingabe. Das fängt damit an, dass du an dir arbeitest und keine Zeit im Jammertal über Andere verlierst. Du vergleichst dich nicht, mit niemandem, aber du arbeitest daran, dass du heute besser bist als gestern. Es fängt damit an, dass du dich achtsam behandelst, deinen Körper pflegst, ihn gut ernährst, ausreichend schläfst und liebevoll mit dir und deinem Körper umgehst. Es geht darum, dass du deine Gedanken, dein Herz und deine Gespräche sauber hältst und wenn dir das nicht gelingt, übst du dich darin, das wieder in Ordnung zu bringen. Es geht darum, dass du so mit dir umgehst, als wärst du dir der liebste Mensch auf Erden, sodass du selbst mit dir gerne Zeit verbringst und alle anderen Menschen werden dasselbe tun. Das alles gehört zur Berufung und das fühlt sich doch nicht an wie Arbeiten im herkömmlichen Sinne. Das kann sehr entspannend sein. Im Außen geht es um schlichtweg jeden Menschen, jedes Tier, denn alles könnte mit deiner Berufung in Zusammenhang stehen. Das Kind, das sein Knie aufgeschlagen hat: Nimm dir Zeit, seine

Mutter könnte ein wichtiger Teil und eine Bereicherung in deinem Netzwerk sein, in dem deine Berufung ausgelebt werden soll. Der Hund, der dich liebevoll anhechelt: Nimm dir Zeit und sprich mit seinem Herrchen. Tue das alles ohne Absicht. Sei präsent, sei bei diesen Menschen, bei diesen Tieren. Nimm dir die Zeit, um ihnen zuzuhören, bringe ihnen echtes Interesse entgegen, genieße den Tag, erlebe die Freude in diesen Begegnungen. Sie sind alles Geschenke. Dann – zeige dich ihnen, verschenke dich ihnen ganz. Sei du selbst und lass sie teilhaben an der Selbstachtung, die du lebst. Sag ihnen, wer du bist und wo du zu finden bist. Du wirst wie eine Sonne scheinen und du wirst sie anziehen wie das Licht die Motten. Abgesehen von dem, was du verkaufst, bringst du so viel mehr in ihr Leben als nur den Verkauf einer Sache. Du wirst sehen, sie werden sich auch dir verschenken. Du lebst für das, was du verkaufst. Ich trinke diese Weine, ich erzähle über sie, aber immer ohne Absicht. Ich befasse mich mit ihnen, ich weiß alles über sie, weil ich von diesen Produkten überzeugt bin und sie mein Leben bereichern. Ich kenne alle Mitarbeiter, die bei LEBEN AG arbeiten. Ich kenne die Inhaber und Kollegen der Weingüter, ich kenne ihre Traubensorten, ihre Art, den Wein anzubauen, ihre Spezialitäten, wo die Güter gelagert werden und wo sie sie und wie sie sie verkaufen. Ich kenne ihre Geschichte, ich kenne ihre Probleme. Und dann wird sich das Ganze wie Magie verbinden.«

Rico hatte begeistert gesprochen, jedes Wort war wie Honig aus seinem Mund geflossen, er strahlte wie ein Dirigent, der sein Orchester durch ein klassisches Konzert geleitet hatte. Ich war begeistert.

»Das ist faszinierend«, sagte ich.

»Aber?«, fragte Rico nach und lächelte mich an.

»Das klingt sehr aufwendig.«

»Hm … Das ist es nicht unbedingt. Beobachte die Menschen, wie viel Zeit sie unbewusst in Dinge investieren, ins Warten an der Bushaltestelle, ins Hineinschauen ins Handy, in die Zeitung, in den Fernseher, ins Tagträumen, auf der Suche nach den Kleidern und so weiter. Werde dir klar darüber, was du möchtest, und dann folge den gelben Steinen, wie im Zauberer von Oz.« Rico fing an, »follow the yellow big road« zu singen aus dem Film, den ich über alles liebte. »Anstelle von negativen Nachrichten höre ich mir Podcasts über Weine an, anstelle von Zeitungen lese ich die Geschichten dieser Weingüter. Anstelle von Handyspielen telefoniere ich lieber mit Menschen und anstatt fernzusehen, gehe ich hinaus, begegne Menschen und merke mir, wer sie sind.

Ich lese Bücher über Menschen und Weine. Im Auto höre ich mir Hörbücher über das positive Denken an. Das kannst du trainieren. Wenn du dich selbst aufgeräumt hast, ist Platz für die Geschichten der anderen Menschen. Wenn du ständig mit deinem Chaos im Kopf beschäftigt bist, bist du immer damit beschäftigt, mit dem inneren Durcheinander klarzukommen. Du verlierst dich. Wenn aber Ordnung herrscht im Kopf, dann haben ganz viele Gäste Platz«, lachte er. »Du kannst zuhören, die tollen Geschichten, all die fantastischen Menschen. Sie offenbaren sich dir, sie öffnen sich dir. Sie erzählen dir ihre Geschichten, ist das nicht toll?«

»Ich höre dir unendlich gerne zu. Kann ich so was lernen?«

»Natürlich kannst du das. Fang am besten sofort an. Du kannst mich immer anrufen, wenn du denkst, ich kann dir einen wertvollen Hinweis geben. Aber, Colette, ruf mich auch an bei jedem Erfolg, den du hast auf diesem Weg. Feiere diese Erfolge, es sind wertvolle Meilensteine auf dem Weg zu deiner Berufung. Wir müssen wieder mehr zelebrieren, vor allem Erfolge. Gib dem Leben die Möglichkeit zu fließen. Wir haben verlernt, dem Leben das Steuer in die Hand zu geben.«

»Wie meinst du das?«

»Nun, ich glaube nicht, dass du im Personalwesen arbeiten wirst. Lange, meine ich.«

»Aber ich liebe es, bei LEBEN AG zu arbeiten.«

»Das ist auch in Ordnung, aber dein Feuer in den Augen: Wenn das wieder erwacht ist, wirst du noch irgendwas Anderes machen. Glaub mir. Ich spüre das. Du gehörst nicht hinter einen Schreibtisch.«

»Was soll ich denn dann machen?«

»Abwarten, Colette, zuerst dein hübsches Köpfchen reinigen, dann fließen lassen. Am besten legst du das zur Seite, was ich gesagt habe. Sonst verkopfst du dich zu sehr darauf. Genieß die Zeit. Lerne Personalwesen, wenn es das zu lernen gilt. Das wird dich auf deinem Weg unterstützen, und mach deine Arbeit so gut und herzlich, wie es geht. Dann wird alles in Fluss kommen; wirst sehen. Das Leben entscheidet selbst, wann und welche neuen Türen es öffnen will. Du musst nur den Weg dazu bereiten, in dem du die Gedanken und Gefühle sauber hältst. Nicht darüber nachdenken.«

Natürlich ließ mir die Aussage von Rico keine Ruhe. Aber nachdem ich zweimal nachgefragt hatte, wies er mich sanft, aber bestimmt darauf hin, dass es nichts nützen würde, so was zu forcieren. Das müsste entstehen. Rico war noch charismatischer als Tony, aber ich fühlte mich bei ihm enorm wohl. Mir fiel auf, dass er sehr konkret und klar kommunizierte, Verallgemeinerungen benutzte er kaum. Auch in seinen Handlungen war er klar und konkret. Man würde immer im Vergleich lernen, hatte ich gelernt, das stimmte. Mir wurde bewusst, wie einfach und klar das bei Rico aussah, und ich machte mir das Leben möglicherweise schwerer als nötig.

»Klar zu kommunizieren, bedeutet auch Klarheit im Leben, Klarheit im Kopf. Klarheit bringt dich deinen Zielen näher, Klarheit lässt dich auf das konzentrieren, was dir wichtig ist«, hatte Rico gesagt, während er später am Tisch die Antipasti-Platte aufgetischt und einen Wein geöffnet hatte.

»Kann man denn immer gut drauf sein? Ich meine, so wie du vor Energie strotzt?«

»Colette, das ist eine Wahl. Du wählst jeden Morgen, wie du drauf sein möchtest. Selbst, wenn du glaubst, dass das nicht wahr ist, dann wählst du unbewusst, alle aufkommenden Situationen und Energien anzunehmen. Dann REAGIERST du auf Situationen und agierst nicht aus deiner Absicht heraus. Selbst wenn du einmal traurig bist oder wütend, dann bitte genieß die Trauer, genieß die Wut, nimm sie wertschätzend an, durchlebe sie und lass sie fließen. Wir sind Menschen und solche Gefühle gehören zu unserem Menschsein. Du aber selbst bestimmst, wie lange du traurig oder wütend bist. Nicht die Wut oder die Trauer oder die Situation haben Macht über dich, sondern du hast selbst in der Hand, wie du das regelst.«

»Mir fällt auf, dass du fast keine englischen Wörter benutzt. Hat das einen Grund?«

»Ja und nein. Mir geht dieses Verenglischen ziemlich auf die Nerven. Ich mag Englisch sehr, ich mag die Engländer und ich mag die Amerikaner. Aber hier alles wild durcheinanderzumischen, weil es so modern ist, alles zu verenglischen, nervt mich. Außerdem gibt es beispielsweise ältere Menschen, die nicht verstehen, was wir sagen wollen, wenn wir uns nicht mehr vernünftig artikulieren können. Deutsch ist eine schöne Sprache. Es ist die Sprache der Poeten, nutze sie. Außerdem ist sie deine Muttersprache. Etwas in Muttersprache zu denken, zu artikulieren, ist mit deinen Schwingungen simultan. Etwas in anderen Sprachen halbwegs auszudrücken, verschmutzt nur dein Gehirn. Dieses Verenglischen ist eine Krankheit der Neuzeit für Leute, sich wichtig zu machen. Ich mag die deutsche Sprache und auch aus Respekt vor ihr möchte ich mich möglichst klar ausdrücken.«

Das hatte was. Ich war trotz der vielen Informationen viel klarer im Kopf. »Mir fällt grad auf, dass auch Tony kaum englische Ausdrucke verwendet.«

»Wir vermeiden das generell. Wir wissen alle um die Schwingung der Sprache, in der wir leben.«

»Es ist unglaublich, worauf ihr alle achtet.«

»Du achtest immer auf so viele Dinge, es geht gar nicht anders, Colette. Aber viele Menschen haben sich dazu entschieden, das sehr unbewusst zu tun. Daran haben viele Verkaufspsychologen und Marketingpsychologen ihre wahre Freude, denn mit dieser Unbewusstheit bist du empfänglich für ihre Psychospielchen. Jedes Kaufhaus, jede Internetplattform, jeder Online-Shop ist so aufgebaut, dass du in deiner unbewussten Art anfällig bist, dich zu Dingen verleiten zu lassen, die du gar nicht willst. Das alles hat System. Also kläre deine Gedanken, deinen Geist, deine Worte, und dann wirst du feststellen, dass auch das Leben auf all das reagieren wird. Du wirst dich noch wundern«, lachte er. »Es ist ein Umdenken, gib dir am Anfang die Zeit, da das Energie kostet. Du wirst oft müde sein, das ist in Ordnung. Manchmal wirst du viel mehr Hunger haben. Diese Denkprozesse sind wahre Kohlenhydratkiller. Das ist alles in Ordnung. Du begibst dich auf eine neue und interessante Reise, die es lohnt zu genießen. Du bist wirklich klasse, Colette. Danke, dass ich den Tag mit dir verbringen kann, auch wenn ich die ganze Zeit rede«, lachte er.

Schließlich wollte Rico wissen, wie es mir früher im Beruf ergangen war, und ich erzählte ihm von den Erlebnissen. Verständnisvoll und angeregt hörte er zu und stellte viele Fragen. Ich fühlte mich bei ihm sehr aufgehoben, verstanden, angenommen. Ich hätte ihm alles erzählt, wenn er danach gefragt hätte. Tony hatte nicht übertrieben, Rico war ein ganz spezieller Typ Mensch, der allein mit seiner Aufmerksamkeit und Gabe, zuzuhören, so viel im Gegenüber auslöste.

»Was meintest du damit, dass Bescheidenheit eine Lüge ist«, wollte ich schließlich wissen, als es schon nach 16 Uhr war und wir immer noch in der Bucht ankerten und redeten.

»Demut und Bescheidenheit sind Tugenden, die hier in der Gesellschaft sehr starke Emotionen auslösen. Ich mag Demut und Bescheidenheit, aber sie sollen echt sein. Tony hat dir sicher schon erzählt, dass jeder seine Rechnung zu begleichen hat, insbesondere wenn er unehrlich zu sich und seinem Umfeld ist. Dann wird auch das Leben unehrlich zu demjenigen sein. Die Natur, das Universum, Gott, egal, wie du es nennen willst, sucht sich immer einen Ausgleich. Wenn du dich kleinmachst, wirst du jemanden in dein Leben ziehen, der sich größer machen muss.«

»So wie ich in den früheren Anstellungen?«

»Das ist gut möglich. Wenn Menschen sich bescheiden geben, tun sie das oft, um sich kleinzumachen, und nicht, um bescheiden zu sein. Aber sie erwarten dafür von ihrem Gegenüber, dass dieser das verharmlost und sie wieder groß redet. Das ist nicht ehrlich. Damit belügst du dich selbst und dein Gegenüber. Dasselbe ist mit Demut der Fall. Eigentlich mit jeder Emotion, wenn du so willst.«

»Aber es ist doch löblich, wenn jemand nicht prahlt oder so ein Großkotz ist.«

»Wer definiert, was prahlen ist und was ein ehrlicher Rückblick ist, was jemand getan oder aufgebaut hat? Wenn jemand wirklich was KANN, dann darf er davon doch auch erzählen. Warum sollte er sich sonst damit beschäftigen?«

Ich hatte keine Antwort darauf.

»Weißt du Colette, eines der größten Probleme der Menschen ist es, ständig alles zu bewerten und etwas in Dinge oder Situationen hineinzuprojizieren. Meist sind diese Projektionen mehr von der eigenen Geschichte gefärbt als von dem Betroffenen selbst. Jede Sache kann man von so vielen Seiten beleuchten, dass man dutzende Meinungen dazu haben könnte. Aber Meinungen sind nicht wichtig. Meinungen sind Bewertungen und sie sind nicht wichtig. Auch was ich sage, ist letztlich nur eine Ansicht, und bitte prüfe, ob sie für dich stimmt. Du allein kannst für dich herausfinden, was für dich stimmt und was nicht. Das kann niemand sonst. Hier gibt es kein Falsch und kein Richtig.«

Wir diskutierten noch ein wenig über diesen Tag. Wie ich es von Valentina gelernt hatte, wiederholte ich vieles, was ich gehört hatte, und Rico freute sich sehr darüber, dass so viel hängen geblieben war. Auf dem Weg zurück in den Hafen fühlte ich mich gut, ich fühlte mich frei und angekommen. Ich konnte Rico helfen, das Boot festzumachen, und er lud mich ins Fontana in Goldach zum gemeinsamen Abendessen ein. Die Gartenterrasse war herrlich, das Essen fantastisch. Rico hatte diese Leichtigkeit, die man kaum beschreiben kann. Er plapperte während des ganzen Essens über die Weingüter, erklärte mir, wer zu wem gehörte und welche Weine sie anbauten. Dann berichtete er mir im Detail über seine Kunden. Dabei beschrieb er mir die Menschen sehr genau, ohne ihre privaten Themen auszuplaudern, denn das war ihm sehr wichtig. Die Privatsphäre eines Menschen wollte er unbedingt wahren, denn wie sonst sollte ihm ein Kunde oder Partner, wie er es nannte, weiter vertrauen. Mit dem Trick, dass auch er mich alle zehn Minuten fragte, was ich noch wusste, blieb viel hängen. Ich hatte nach so wenigen Tagen schon das Gefühl, ein vollwertiges Mitglied von LEBEN AG zu sein und etwas zu können.

Als ich schließlich zu Hause ankam, war ich körperlich ausgepowert vom Schwimmen und seelisch ausgepowert von den vielen Inputs, aber ich war erfüllt und genährt. Mir kam wieder Tony in den Sinn. Heute Abend hatte ich mir sogar keinen Kopf gemacht, ob ich abends noch Nudeln gegessen hatte, die ich mir sonst verkniff, um nicht zuzunehmen. Das hatte ich völlig vergessen.

Jürg schnarchte auf der Couch. Ich machte mich also leise auf den Weg ins Bett, wo ich sofort ins Koma fiel und bis zum nächsten Morgen durchschlief.

19. Erste Wahl – deine Wahl

»Buongiorno«, flötete mir Valentina entgegen, die aussah, als würde sie für die Mailänder Modenschau laufen. Mit einem cremefarbenen Etuikleid, einem Blazer im gleichen Ton, einem goldenen Löwen um den Hals und cremefarbenen Stilettos stöckelte sie ins Büro und stellte mir eine große, luxuriös aussehende Papiertasche auf den Tisch.

»Bitteschön, ich konnte einfach nicht widerstehen.« Sie kicherte und verschwand in ihrem Büro.

»Wir haben Yoga verpasst«, rief ich ihr hinterher.

»DU hast Yoga verpasst«, korrigierte sie mich lächelnd.

Neugierig erhob ich mich und lief in ihr Büro. »Du warst schon beim Yoga? So?« Ich schaute sie von oben bis unten an.

»Ich habe mich vor und nach dem Yoga umgezogen. Was sagt man dazu?«, lachte sie mich an.

»Ah ja, klar«, schmunzelte ich. So müde wie ich war, war ich darauf gar nicht gekommen.

»Hast du schon einen Blick in die Tüte geworfen?«

»Nein, warte.« Ich lief zurück in mein Büro, das offen zu Valentinas war. »Oh mein Gott«, entfuhr es mir. Als ich den teuer aussehenden Stoff aus der Modetasche herauszog, hielt ich ein schwarzes Etuikleid in Händen.

»Da ist noch mehr.« Valentina stand im Türrahmen.

»Stöckelschuhe?«

»Probier' sie an.«

»Aber ich kann doch damit überhaupt nicht richtig gehen.«

»Abwarten.« Sie machte die Türe zu. »Los, probier's an.«

»Woher weißt du?« Ich war ganz von der Rolle.

»Du hast mal erwähnt, dass du keine wirklich schönen Sachen mehr zum Anziehen hast und dass du am liebsten so rumlaufen würdest wie ich.«

»Ja, aber …«

»Nichts aber, das ist ja nicht dasselbe wie meines. Ich dachte, das könnte gut zu dir passen. Los, komm schon, probier's an«, bettelte sie.

Sie hielt den Türknauf zu, während ich mich umzog. Als ich das Etuikleid angezogen hatte, machte sie den Reißverschluss ganz zu und ich entnahm der Tüte die Schuhe. Am Tisch festhaltend, schlüpfte ich in die schwarzen Stöckelschuhe.

»Wow, du siehst umwerfend aus.«

Just in diesem Moment klopfte es an die Tür und Valentina öffnete sie.

»Wen haben wir denn da?«, hörte ich Rico sagen. Er stand mit Tony im Büro.

»Wow, du siehst unglaublich aus.« Tony musterte mich anerkennend.

»Aber das steht mir doch nicht, das sieht viel zu edel aus.«

»Colette, bitte schau dich im Spiegel an«, sagte Valentina sanft und schubste mich zum Spiegel an der Wand. Als ich dort hineinblickte, sah ich eine völlig fremde Person, die mir sehr gefiel.

»Ein Friseurtermin könnte sicher noch ein wenig mehr Frische ins Gesicht zurückzaubern, was meinst du?« Valentina hielt mir die Haare ein wenig hoch und ich musste lächeln. Dann drehte ich mich um und umarmte Valentina stürmisch. »Danke danke, danke, danke.«

Sie hielt mich für einen Augenblick fest.

»Aber, aber, das ist doch viel zu teuer.« Ich löste mich aus der Umarmung und zeigte auf die Tüte, die ich sonst nur aus Filmen kannte, wenn die Reichen und Schönen einkaufen gingen.

»Das ist meine Sache«, erklärte Valentina.

Als ich nochmals etwas sagen wollte, erinnerte mich Rico: »Bescheidenheit ist die höchste Form der Lüge, Colette. Valentina ist erwachsen genug, um zu wissen, wem sie was und wie oft schenken möchte. Das Leben schenkt dir gerade Designerklamotten und du sagst bitte ja dazu. E basta. Valentina hat schon so viel davon, sie ist wahrscheinlich glücklich, wenn sie endlich ein Opfer gefunden hat, für das sie einkaufen kann«, grinste Rico.

»Wahrscheinlich«, bestätigte Tony. »Ganz ehrlich, Colette, du siehst unglaublich attraktiv und vor allem frisch aus. Fühlst du dich denn wohl darin? Das ist sehr wichtig, bevor du etwas anziehst, in dem du dich verkleidet fühlst.«

Ich musste nicht lange überlegen. Trotz ein paar Kilos zuviel machte das Etuikleid schlank und ich fühlte mich fraulich und wohl darin.

»Valentina weiß schon, wie man Kleider für jemanden aussucht. Sie hätte besser Modedesignerin werden sollen.«

»Oder Stilberaterin«, lachte Tony als Antwort auf Ricos Bemerkung.

Unsicher kratzte ich mich an der Stirn. »Nochmals vielen Dank, Valentina.«

»Das ist sehr gerne geschehen. Aber sag, wir haben dich heute beim Yoga vermisst.«

»Ich hab´s vergessen. Gestern war ich so müde von dem Tag auf See, da bin ich abends sofort eingeschlafen.«

»Die Seeluft ist eben gesund«, erklärte Rico.

»Was steht heute an?«, wollte Valentina wissen.

»Wann machst du diesen Monat den Lohnlauf? Früher als sonst wegen der Messen, nicht wahr?«

Valentina nickte. »Richtig, wir sollten spätestens morgen damit anfangen können, sonst bekommen wir Terminkollisionen. Am zwölften September ist bereits schon die erste Messe bei einem privaten Weinclub in Riva San Vitale.« Valentina zupfte an meinem Etuikleid herum, damit es perfekt saß.

»Okay, dann schauen wir uns heute zu dritt die Weine und Weingüter an. Das wird wahrscheinlich den ganzen Tag dauern. Und morgen hast du Colette dann ganz für dich. Wer ist nächste Woche bei der Messe vom zwölften September dabei?« Tony blickte von Rico zu Valentina und zurück.

Valentina gab ihm die gewünschte Auskunft: »Maria ist dabei, du, Rico, Colette, Mirco, Felipe, Susanna, Markus und ich. Der Plan mit den Aufteilungen, wer an welchem Tag arbeitet, ist in unserer Liste festgehalten. Die Zimmer sind gebucht.«

»Sehr schön, da freuen wir uns. Das ist mir die allerliebste Messe. Aber das darf ich nicht laut sagen«, lachte Tony.

»Warum, was ist speziell an ihr?«, wollte ich wissen.

»Es sind Weinliebhaber, die sich in einer kleinen Pension in Riva San Vitale treffen. Kennst du das Dorf? Es liegt am untersten Zipfel vom Lago di Lugano. Die Aussicht von der Pension auf den See und die Berge ist bombastisch. Dieser Weinclub besteht aus Stammkunden von uns. Viele davon besitzen Ferienhäuser oder -wohnungen im Tessin und verbinden die kleine, private Messe mit einem Herbsturlaub im Ticino. Die kleine Pension ist keineswegs wirklich klein, aber sie ist privat. Du wirst sie nirgends im Internet finden. Sie funktioniert nur auf der Basis von Empfehlungen. Es sind gerade einmal acht Zimmer und sechs Ferienwohnungen, die zum Anwesen gehören. Es ist ein wenig versteckt, aber unmittelbar am See. Das heißt, das Haupthaus ist auf der gegenüberliegenden Straßenseite mit den Zimmern, die Ferienwohnungen sind direkt am See. Es ist herrlich, einfach unglaublich schön da. Du wirst es mögen.«

»Nur auf der Basis von Empfehlungen?«

»Ja, bei Graziella gibt es keine Internetseite, es gibt kein WLAN, es ist einfach Ruhe pur. Du wirst dich während der Messe so erholen wie noch nie. Sie ist oft ausgebucht, aber sie nimmt immer nur so viele Kunden an, wie sie will. Die Lebensqualität steht bei ihr an oberster Stelle.«

»So wie beim Fischer und dem Millionär?«, fragte ich und Tony blickte Rico an. Beide schmunzelten. »Etwa so. Ganz genau.«

In meinem neuen Kleid kam ich mir vor wie neu geboren. Wie viel so ein neues Kleid ausmachte, war mir gar nicht bewusst gewesen, insbesondere weil es sehr gut verarbeitetes Material war. Ich konnte mich nicht daran erinnern, je einen solchen Stoff gefühlt zu haben.

»Colette, was du trägst und machst, sollte immer die erste Wahl sein. In jungen Jahren habe ich auch diese üblichen Billigkleider getragen, weil ich dachte, ich hätte zu wenig Geld. Die billigen Sachen verlieren schnell ihre Farbe und ihren Tragekomfort. Innerhalb von einem halben Jahr oder einem Jahr musst du dir neue Kleider kaufen, weil sie einfach nicht mehr sitzen, die Nähte ausfransen und die Farben verwelken. Da nützen auch keine teuer inszenierten Waschmittel, die höchstens von diesen Billigproduktionen gesponsort werden. Aber mal ehrlich, wenn du ein Shirt kaufst, wo glaubst du, wurde es produziert? Und auf welche Kosten? Kennst du die Bilder von den Fabriken in Bangladesch, die eingestürzt und in denen Mitarbeiterinnen zu Tode gekommen sind? Ich konnte die Bilder nicht mehr aus dem Kopf bekommen. Ich achte, soweit ich das kann, woher die Sachen kommen. Soweit das eben heute möglich ist, aber ich bin einfach der Meinung, dass wir eine Verantwortung mittragen. Ich musste lernen, dass ich lieber weniger kaufe, dafür jeden oder jeden zweiten Monat etwas, das wirklich sitzt, gute Qualität und einen hochwertigen Stoff hat. Ich gebe viel Geld für Kleider aus, aber ich besitze sie dafür jahrelang. Und so haben sich die Investitionen gelohnt. Dasselbe gilt übrigens für die Schuhe.«

Das Thema mit den Schuhen war mir peinlich, hatte ich doch immer einigermaßen schöne Schuhe, aber meistens mieften meine Füße darin.

»Wenn du echtes Leder kaufst, halten die Schuhe lange und du kannst gesund darin schwitzen, ohne unangenehmen Gerüche«, erklärte Valentina weiter.

»So etwas kann ich mir im Moment nicht leisten.«

»Das dachte ich auch, Colette, aber ernsthaft: Leiste dir alle zwei, drei Monate mal *ein* Stück, das etwas hochwertiger ist. Einmal ein Kleid, einmal einen Pulli, einmal ein paar Schuhe. So wird das Shopping zu einem schönen Erlebnis und du freust dich mehrmals im Jahr, wenn du etwas wirklich Tolles für dich gekauft hast. Und zwar was wirklich Hochwertiges. Ich hatte mein Aha-Erlebnis mit meiner Tasche.«

»Das ist auch eine teure Marke, oder?«

»Ich bin kein Marken-Fan, wenn du das meinst, und da gibt es auch Gauner unter ihnen, nur so am Rande. Einige sogenannten teuren Labels produzieren ebenso in den ärmsten Ländern und nutzen die Arbeitskräfte dort aus. Das finde ich dann noch schlimmer. Aber meine Tasche wird in der Schweiz produziert. Es gibt eine Manufaktur in der Nähe von Zürich. Dort werden die Taschen in einem Familienunternehmen von Hand hergestellt. Die Taschen sind zeitlos schön, von hochwertiger Qualität. Teuer, ja, aber sehr hochwertig. Du wirst sie jahrelang tragen, das verspreche ich dir. Du wirst keine Kopien von diesen Taschen auf den Märkten finden. Ich habe mir so eine geleistet. Die erste hatte ich online aus zweiter Hand ersteigert, aber das Gefühl, Colette, das Gefühl … Früher habe ich zu meinen Sachen nur mittelmäßig Sorge getragen. Mit dem Erhalt dieser Tasche habe ich irgendwie verstanden, dass ich mir den Wert gebe, mir etwas Außergewöhnliches zu leisten, weil *ich* außergewöhnlich bin. Ich habe auf die Tasche geachtet, als wäre sie mein Augapfel. Ich meine, so etwas muss man nicht übertreiben, aber in der Sache selbst habe ich verstanden, wie lieblos ich früher mit meinen Dingen umgegangen bin. Die Tasche habe ich gut behandelt und dann folgte eine außergewöhnliche Sonnenbrille. Da dann dasselbe. Wieder hatte ich verstanden, dass ich die Sonnenbrillen früher achtlos in die Tasche geworfen hatte. Sie zerkratzten, irgendwann fielen sie auseinander oder ich verlor sie. Alle paar Monate musste ich mir für wenig Geld eine neue kaufen und bildete mir ein, dass ich mir eine ‚richtige' Sonnenbrille nicht leisten könnte. Zähl das mal über zwei Jahre zusammen und du hast die sogenannte teure Brille längst amortisiert.

Damit, dass ich sorgsam die erste Wahl getroffen hatte und mir diese Sonnenbrille leistete, wurde mir bewusst, dass die Dinge, mit denen du dich umgibst, auch ein Spiegel dessen sind, wie du mit dir umgehst. Mir wurde bewusst, dass ich ebenso achtlos mit mir umging. Irgendwie legte ich die Sonnenbrille ab diesem Tag immer sorgsam in die schöne Hülle, die mitgeliefert worden war. Alleine dieser Akt, das Herausnehmen der Brille, das Aufsetzen der Brille, aber auch das Tragen derselben und letztlich der Akt, dass du wieder die Hülle herausnimmst, die Brille achtsam ablegst und sie dort verstaust, war so was wie eine kleine Achtsamkeitsübung. Mir wurde bewusst, wie viel Geld ich gespart hatte für diese Brille und welchen Wert sie mir bedeutete, einerseits geldmäßig, aber auch ideell. Ich fühlte mich wertgeschätzt, wenn ich sie trug, weil ich mir selbst was Gutes getan hatte. Weißt du, es gibt natürlich auch diejenigen, die alle teuren Sachen kaufen und anhäufen, sich wenig dabei denken und es nur konsumieren.«

»Aber das wäre dasselbe, wie damals beim Alkohol: Du konsumierst und kompensierst.«

»Ganz genau, gut erkannt. Aber so war es eben nicht. Auch das kann man lernen: zu genießen wie das Weintrinken. In mir hat das damals etwas ausgelöst. Versteh mich bitte richtig. Jeder Mensch ist wertvoll und einzigartig, auch wenn er in Leggins und ausgeleiertem T-Shirt herumläuft. Aber …« Valentina sah mich lange an. »Wie fühlst DU dich darin? Mir war und ist es das einfach wert, dass ich mir ein hochwertiges Produkt für meine Duschpflege kaufe, für meine Kosmetik, für meine Körperpflege. Ich habe gewählt: Die erste Wahl soll es bei der Bettwäsche, bei der Kleiderwahl und auch beim Parfum sein. Weißt du, warum?«

»Weil es dir ein gutes Gefühl gibt?«

»Ja. Und noch viel mehr. Wenn ich mir Dinge erarbeite, sie nicht einfach konsumiere, sondern auf sie mit Freude hinarbeite, dann freue ich mich auf sie. Ich genieße sie und ich gebe mir den Wert der ersten Wahl. Ich bin immer erste Wahl. Ich gönne mir erste Wahl und damit gebe ich mir ein Gefühl der Wertschätzung. Ich schlafe anders, ich dusche anders, ich schminke mich anders, ich ziehe mich anders an und ich gehe ganz anders durch den Tag. Ich fühle mich wie die erste Wahl, wie die beste Version meines Selbst. Ich unterstütze zudem die nachhaltigen Unternehmen, die das alles sorgsam herstellen. und tue noch was Gutes damit. Ganz ehrlich: Bin ich mir das nicht schuldig? Ich meine, wenn wir wissen, dass dieses Leben uns geschenkt wurde, um es richtig zu leben und auszukosten? Ist da nicht jeder Tag der beste? Nicht so wie früher, wo man Sonntags- und Werktagsgeschirr hatte und nur der Sonntag wertvoll war als Ruhe- und Familientag? Ich möchte mein bestes Parfum jeden Tag tragen, ich möchte mich jeden Tag wertvoll fühlen und das ausstrahlen. Damit kann ich anderen auch eine Freude machen. Und mir und meinem Leben auch. Es trägt dazu bei, dass ich mich gut fühle. Das wiederum hilft, dass ich mich gesund und wohl fühle. Das wiederum löst aus, wie ich meinen Mitmenschen begegne, die wiederum auf meine Energie reagieren. Wie glaubst du, wird das Leben darauf reagieren, wenn ich mich acht- und respektvoll behandle, wenn ich mir selbst die erste Wahl bin und mich mit wenigen, aber qualitativ hochstehenden Dingen umgebe, die wiederum die erste Wahl sind? Es ist eine Kettenreaktion. Das Leben muss darauf in derselben Weise reagieren, wie ich sie aussende. Immer. Auch wenn du nicht daran glaubst. Deswegen habe ich mich für diesen Weg entschieden, damit ich bewusst lebe und bewusst verursache, was ich erlebt haben möchte.«

Ich lehnte mich an den Rand meines Pultes und seufzte tief. »Aber wenn man sich das nicht leisten kann?«

»Beginne mit kleinen Dingen. Anstatt dreimal die Woche das Billigfleisch zu kaufen, das auf Kosten der Tiere mit viel Leid verbunden ist, gönne dir einmal die Woche das Fleisch vom Biobauern, der die Tiere mit Achtung behandelt. Anstelle von drei Billig-T-Shirts gönne dir eines in guter Qualität. Ich kann nicht für Menschen sprechen, die wirklich arm sind. Das steht mir auch nicht zu, darüber möchte ich nicht urteilen. Aber es löst ihr Problem auch nicht, wenn ich eine Meinung habe. Verstehst du? Du musst für dich und dein Leben eine Lösung finden. Ich denke, sich Input von anderen zu holen, macht doch Sinn, oder? Wie fühlst du dich in diesem Etuikleid?«

»Ich fühle mich herrlich. Es ist schon so, wie du sagst. Ich konnte dir gut folgen. Ich meinte ja nur, weil es eben auch arme Menschen gibt.«

»Das ist richtig und hierzu kann ich mich nur wiederholen. Ich kann und möchte dazu keine Meinung haben, weil es ihnen nicht hilft, wenn ich etwas dazu sage. Reden alleine hilft nicht. Wenn es dich bewegt, dass es arme Menschen gibt, dann tu etwas dagegen. Ansonsten schweigen wir lieber, denn sonst betreibe ich geistige Umweltverschmutzung. Alle glauben, zu allem eine Meinung haben zu müssen. Ich kann Verantwortung und Achtung für mich übernehmen und dazu einen wichtigen Beitrag leisten, wie es mir geht, denn dann kann ich mein Umfeld damit anstecken und dort Gutes tun. Wenn ich die Gelegenheit bekomme, jemand anderem eine Freude zu machen, dann tue ich das. Ich habe übrigens selbst jemanden in der Familie, dem es finanziell nicht so gut geht. Wenn ich meine Kleider ausmiste, fahre ich zu ihr und gebe ihr die Kleider. Und zwar packe ich die Kleider nicht einfach in einen Sack, sondern ich wasche und bügle sie vorher, packe sie in Geschenkpapier und fahre mit einer Torte zu ihr. Ich möchte ihr eine richtige Freude bereiten. Es ist für sie wie Weihnachten und ich weiß, wie viel Freude ich dann in ihr Haus bringe. Es ist ein sehr spezieller Tag für uns beide und das mache ich alle zwei Jahre einmal.«

»Wow, das klingt klasse.«

»Wenn du schenken willst, zelebriere es und tue es aus freien Stücken. Auch hier muss es die erste Wahl sein. Schenke nie, weil jemand bedürftig ist, denn dann setzt du den Anderen herab und das wäre nicht in Ordnung. Schenke mit großem Herzen und schenke dann, wenn du willst. Ein Geschenk ist frei, selbst wenn dein Gegenüber es weiterverschenken oder wegwerfen will. Wenn du das Geschenk geschenkt hast, gehört es nicht mehr dir, weder physisch noch energetisch. Du darfst dafür nichts erwarten.«

»Interessanter Ansatz, ein guter Input, vielen Dank. Ich möchte mir das zu Herzen nehmen, was du gesagt über Anschaffungen von persönlichen Dingen hast. Das ist ein wertvoller Input. Alleine wenn ich spüre, wie ich mich in diesem Kleid fühle, ist es eine ganz andere Energie.«

»Siehst du? Ich freue mich sehr, dass es dir gefällt.«

»Der Friseur, der Friseur«, grinste Rico dazwischen.

Die Herren hatten schweigend zugehört.

»Schön, dass du mir das wieder einmal in Erinnerung gerufen hast, Valentina«, sagte Rico und umarmte Valentina. »Manchmal vergessen wir, wie gut wir es haben. Ich möchte auch so was ins Leben rufen mit den Geschenken.«

»Lass uns im Team darüber sprechen, vielleicht gibt es da noch ganz andere gute Ideen«, meinte Tony.

»Eine klasse Idee.« Ich nickte aufgeregt.

Ich bekam richtig Auftrieb von diesen Menschen um mich herum. Mir fiel ein, dass ich mich fühlte, als würde ich sie schon ewig kennen, so vertraut waren sie mir schon.

»Super, da mache ich gerne mit. Aber mal ehrlich, erst mal möchte ich einen Friseur der ersten Wahl finden, um das da«, ich deutete auf meine struppigen Haare, »zu bändigen.«

Tony und Rico starrten Valentina an. »Sie ist die Richtige dafür, sie hatte die richtigen Kontakte«, flüsterte Tony.

»Certo, ich mache einen Termin. Wir werden deinen Haaren Wellness gönnen«, lachte sie und stöckelte aus dem Zimmer, um zu telefonieren.

»Und wir werden uns nun auch um die Arbeit kümmern. Heute geht es um die Weine und die Weingüter. Andiamo.« Rico hakte sich bei mir unter und gemeinsam marschierten wir schnatternd in den Weinkeller.

20. Seelenlosigkeit

Die wunderschönen Werbebücher von LEBEN AG lagen auf dem großen Eichenfass, das umgedreht dastand und als Tisch funktionierte. Rico und Tony erklärten mir am Morgen anhand dieser hochwertig gedruckten Werbeprospekte alles über die Weingüter. Dabei lernte ich unglaublich viel über die Länder, über die Menschen und über die Geschichten. Es war faszinierend und spannender als ein Film. Da gab es zum Beispiel Hintergrundinformationen zu Argentinien. Dass dort hauptsächlich Monokulturen angebaut werden, was ich mir nie hätte träumen lassen. Ich hörte von Firmenbossen, die alles hingeworfen hatten, um Winzer in der Steiermark zu werden. Ich erfuhr von Familienbetrieben in Italien, die neben dem Weinbau ihre Oliven von Hand pflückten und von Hand pressten. Es war erstaunlich, was die beiden über die Weine wussten: An welchen Hängen ihre Trauben reiften, welche anderen Pflanzen neben den Reben wuchsen, um so die Insekten von den Reben fernzuhalten und um so biologisch nachhaltig mit Mutter Natur im Einklang zu arbeiten. Die Stunden verflogen nur so, der Mittag wurde dementsprechend kurz, weil es mich selbst wieder in den Keller zog und ich mehr hören wollte von den Geschichten rund um die Weine, die LEBEN AG verkaufte. Noch nie hatte sich jemand so ins Zeug gelegt, um mir das nahe zu bringen, was ein Unternehmen verkaufte, noch nie hatte ich zu spüren bekommen, wie Inhaber und Mitarbeiter für das brannten, was sie taten. In mir war ein Feuer entfacht worden.

»Es ist wunderbar, dass ihr euch so viel Zeit für mich nehmt. Warum ist es so wichtig, dass ich im Personalwesen auch soviel über die Weine weiß? Ist es, damit ich an den Messen Auskunft geben kann?«

»Das ist *ein* Faktor, der mitspielt. Aber es geht um viel mehr. Schau dir die Unternehmen da draußen an. Wie viele Betriebe haben wirklich noch eine Seele? Es sind seelenlose Wesen geworden, sowohl die Betriebe selbst als auch die Menschen, die darin arbeiten. Schau dir die Wirtschaft an, geh shoppen oder ruf eine Hotline zu einem irgendeinem Thema an. Es sind so viele Menschen seelenlos geworden. Sie leben seelenlos und verrichten ihre Arbeit seelenlos. Die Billigkleider, die Valentina erwähnt hat. Konsum, Unterhaltung, Konsum, Unterhaltung. Bitte gib mir was, damit ich mich unterhalten kann, ich muss kompensieren, ich muss unterhalten werden. Die Seele verkümmert. Das Essen, was wir essen, ist ebenso seelenlos wie die Kleider, die wir tragen oder die Arbeit, die wir verrichten. Seelenlose Wesen produzieren seelenloses Essen und seelenlose Produkte für andere seelenlose Wesen. Wundert es da jemanden, dass die Seelen erkranken? Wenn etwas nicht genährt wird, verkümmert es. Der Körper ist nur die Sprache der Seele. Wir haben noch nicht verstanden, wie groß die Zusammenhänge sind. Dein Körper besteht ebenso aus Energie und Information wie deine Seele, wie alles um dich herum. Alles reagiert auf alles, erinnerst du dich?«

»Quantenphysik und die Geschichte mit der Maus.«

»Ein guter Input, vielen Dank. Du musst dich und deine Seele mit etwas füttern, das dich nährt. Es muss Tiefgang haben, Seele eben. Das gilt für dich, der Umgang mit dir selbst, deinem Essen, deiner Arbeit, alles. Ich möchte, dass LEBEN AG eine Seele hat, denn wir alle geben unser Feuer hinein. Du verbringst hier mehr Zeit als mit einem Partner. Diese Seele behandeln wir alle achtsam. Wenn fremde Menschen zu uns kommen, sagen sie innerhalb von wenigen Minuten, dass uns etwas ganz Eigenes umgibt. Alle, die uns besuchen, kommen wieder, weil wir etwas ganz Spezielles ausstrahlen. Viele können es nicht beschreiben, aber sie fühlen sich wohl und frei bei uns. Ganz seltsam. Aber ganz ehrlich, Colette, so seltsam ist es nicht.«

Rico legte Tony seine Hand auf den Arm. »Sie spüren die Seelenlosigkeit in dieser Gesellschaft und wir haben SEELE. Wir pflegen das, wir kultivieren und zelebrieren es. Wir tun Dinge, die einen Sinn haben. Deswegen ist es so wichtig, dich vollständig zu integrieren. Dieser Arbeitsplatz hier ist nicht nur ein Job, er nährt dich und deine Seele. Deswegen fühlst du dich hier so wohl. Deswegen fühlen sich alle wohl, die uns auch nur für einen Tag besuchen. Wir gehen in die Tiefe und nähren die Seele vom Grund des Bodens her. Du bist ein Teil dieses Teams, erinnere dich an den Baum da draußen, der wie du hier wächst. Alles hat auf alles eine Wechselwirkung, auch dieses Team, insbesondere seit du da bist. Du bist ein Teil dieser Wechselwirkung, Teil der LEBEN AG. Und da alles in dieser Firma SEELE hat, muss es auch achtsam behandelt werden.

Jeder Wein hat Seele, wurde achtsam hergestellt. Jedes Weingut, das mit uns zusammenarbeitet, hat SEELE und verdient deine Aufmerksamkeit, so wie jeder Kunde, jeder Mitarbeiter, jede Geschichte, jede Abteilung, unser Haus, alles. Wenn du LEBEN AG verstehen willst, sofern das überhaupt mit dem Verstand möglich ist, musst du alles kennen, damit sich die Seele dieses Unternehmens auch dir erschließen kann. Du wirst später bei der Rekrutierung spüren, wenn du jemandem begegnest, ob er geeignet ist, bei uns zu arbeiten. Ob er beispielsweise die Energie für den Verkauf hat oder nicht. Du kannst einen Verkäufer nicht aufgrund einer Stellenbeschreibung einstellen. Das ist Kosmetik an der Oberfläche. Eine Ausbildung kann dir keine Seele geben, das ist nicht möglich. Jemand IST ein Verkäufer oder nicht. Das hat er im Blut, das hat er in seiner Seele, so wie jemand eine Firma leiten muss oder für die Buchhaltung geeignet ist. Es ist das innere Feuer, das sich dir offenbaren wird, damit du siehst, wo derjenige hingehört. Dabei ist es Tony völlig egal, ob derjenige auch die Ausbildung dazu hat. Das ist alles erlernbar. Wenn du brennst, wenn du dieses Feuer in den Augen hast für diesen einen Platz, den nur du ausfüllen kannst, wirst du dort hineinpassen wie das letzte Puzzle-Teil, und es wird passen, für alle. Und du wirst Erfolg haben, weil dieses Puzzle-Teil Auswirkung auf die anderen hat. Es wird für alle stimmig sein. Wenn es das nicht ist, ist es nicht das Richtige.«

»Das fühlt sich sehr stimmig an.«

Tony öffnete einen Rotwein aus der Steiermark, einen Blauburgunder, Jahrgang 2008, der im Barrique-Fass gereift war. Nachdem es nun schon 16 Uhr war, kamen wir zum philosophischen Teil des Tages, was mir noch besser gefiel, als die Weine und Weingüter kennenzulernen.

»Hast du dich schon einmal gefragt, warum es seit ein paar Jahren immer mehr Depressionen, Burn-out und Boreouts gibt?«, fragte er mich.

»Ja, ich hab viele Sendungen darüber geschaut. Ich war ja in der letzten Firma auch kurz davor auszubrennen.«

»Die Krankheit ist schlimm. Ich weiß von Mirco, was er durchgemacht hat. Aber ich glaube, es liegt auch daran, dass wir so unnatürlich leben. Einerseits können wir alles zu jeder Zeit und in Hülle und Fülle kaufen. Wir müssen uns kaum mehr etwas erarbeiten, wir müssen uns auch auf nichts mehr vorbereiten oder freuen. Es ist alles da zu jeder Zeit. Ich beobachte das viel an Kindern. Sie lernen nicht mehr, Dinge auszuhalten oder sich auf Dinge vorzubereiten und zu freuen oder sich abzugrenzen, zu erfahren, wenn etwas nicht so funktioniert, wie sie es wollten. Es ist alles verfügbar und ich behaupte, das ist für die Seele nicht gut. Diese Vorfreude, die sich hinziehen kann, die ist wichtig. So entsteht der Wert zu etwas, Wertschätzung, wenn du dich ein paar Monate beispielsweise auf ein Fahrrad freuen musst. Diese Erfahrungen lassen dich reifen und das Fahrrad wird lange einen großen Wert für dich haben. Aber heute kannst du alles sofort haben, auch wenn du kein Geld hast. Kredite sind schnell zur Hand. Wenn du aber etwas mit Freude erarbeiten und ersparen musst, hat es doch einen ganz anderen Wert.

Ich weiß noch, wie ich als junger Mann die Serie ‚Dallas' geliebt habe. Die lief immer am Dienstagabend. Wir hatten noch keinen Videorekorder. Wir haben sogar die Treffen unter Jungs abgesagt, nur damit wir um 21 Uhr zu Hause ‚Dallas' schauen konnten. Wir haben uns die ganze Woche darauf gefreut und den Rest der Woche darüber gesprochen. Schau dir an, was heute im Fernsehen läuft. Du hast über 600 Sender, die meisten davon Schrott. Dutzende von Serien, teilweise gleichzeitig auf allen Kanälen. Und wenn du sie verpasst hast, kannst du sie aufnehmen, streamen, was auch immer. Wozu also noch sich freuen? Dabei ist Freude einer der wertvollsten und wichtigsten Wegbegleiter überhaupt. Sie setzt die wichtigsten Energien frei, um Dinge in Fluss zu bringen.

Dasselbe ist mit den Esswaren. Heute gibt es Erdbeeren das ganze Jahr über. Wozu? Du wirst in der Schweiz andere saisonale Gemüse ernten als in Kalifornien oder in Schweden. Das hat auch seinen Sinn. Diese Pflanzen wachsen und reifen in diesen Ländern, weil Mutter Natur dir wichtige Vitamine zukommen lässt, die du für die jeweilige Jahreszeit in diesem Land benötigst. Was für einen Sinn macht es also, Erdbeeren und Zitronen einzufliegen? Vom ökologischen Wahnsinn mal abgesehen. Unlängst hat einer mal einen Witz darüber gemacht, dass die Banane auf dem Tisch mehr Flugmeilen hat als er selbst. Und wenn wir uns dann noch ansehen, wie viele landwirtschaftliche Betriebe hier in der Schweiz eingehen ... Das ist traurig. Sehr viel trauriger ist aber die mangelnde Wertschätzung, die wir für die uns umgebenden Dinge empfinden.«

Darüber hatte ich auch schon mit meiner Mutter gesprochen.

»Viele der Mediziner sind sich nicht darüber im Klaren, was dieses Ausgebranntsein überhaupt darstellt. Manche Schulmediziner anerkennen das Burn-out heute noch nicht einmal als Krankheit«, teilte Rico mit. »Und die Therapien können dementsprechend auch eher das Gegenteil anrichten als helfen. Eine Auszeit kann bei jemandem mit einer Depression weitaus mehr Schaden anrichten, als bei jemandem, der ausgebrannt ist. Wieder anders liegt es bei der Diagnose Bore-out, das heißt, wenn sich jemand so langweilt, dass seine Seele davon krank wird und er das aus Existenzgründen am Arbeitsplatz versteckt. Da viele

Mediziner das noch nicht auseinandergenommen haben, gibt es leider viele, die für diese drei Krankheiten ein und dieselbe Therapie verordnen, was keineswegs klug ist. Wenn wir ehrlich sind, dreht sich alles immer nur um dasselbe.«

»Achtsamkeit, Selbstachtung, Nahrung der Seele und Liebe, Liebe, Liebe und nochmals Liebe«, sagte ich.

Rico und Tony sahen mich an. »Gut erkannt, meine Liebe. Wir dürfen andere noch ein wenig mehr damit konfrontieren, dass man das Wort Liebe auch in der Wirtschaftswelt mehr und offen aussprechen darf. In einer Zeit wie dieser ist es für mich nicht nachvollziehbar, warum dieses wichtige Gefühle in den Unternehmen noch immer einen beinahe schmutzigen Nebeneffekt auslöst. Es ist geradezu lächerlich, dass Firmenbosse Gespräche über Liebe als esoterisch oder unter der Gürtellinie abtun.« Tony schüttelte ungläubig den Kopf.

»Tun sie das?«, fragte ich.

»Und wie! Erklär einmal einem sogenannten CEO«, er sprach das englische Wort auffällig laut aus, »er solle seine Mitarbeiter und sich selbst zuerst einmal *lieben*. Dann weißt du, wovon ich rede.«

»Auch hier fehlt Seele«, mischte sich Rico lächelnd ein. »In jedem Ding wohnt Seele inne. Du kannst es auch als Energie bezeichnen, aber es ist eben nicht dasselbe. Wenn du dir anschaust, mit wie viel Aufwand, Liebe und Hingabe dieser Wein beispielsweise produziert worden ist … Ich kenne Thomas, der dieses Weingut leitet, gut. Die Jahre, in denen er Tag für Tag die Reben wie seinen Augapfel hütet, täglich das Wetter beobachtet, seine Rebenkinder hütet und pflegt wie seine eigenen. Dann die Ernte, in der die Menschen zusammenkommen, sich treffen, ihre Zeit teilweise bis in die Nacht miteinander verbringen, essen, lachen, arbeiten – all die Energie dieser Tage und Jahre liegt in diesem Wein. Die Art, wie der Wein dann produziert wird, wie viele Jahre er Tag um Tag im Fass liegt, Thomas sich um ihn kümmert wie um den Kokon einer Raupe, bis schließlich der Schmetterling Wein daraus entsteht. Thomas, der mit viel Achtung und Liebe dann die Flaschen aussucht, die Etiketten von einem Künstler malen lässt. Bis die Flaschen abgefüllt sind und er das Produkt in Händen hält, das er dann auf die Reise schickt. All das macht er, damit schließlich die Weine uns zur Freude auf dem Tisch landen. Es vergehen Jahre, bis Geld zurück zu ihm fließt, damit er davon leben kann. Aber dieses Geld ist voll von den guten Energien, die er in dem ganzen Prozess vorher hat einfließen lassen. Das fühlt sich auch ganz anders an, als bei diesen herz- und seelenlosen Großproduktionen. Ich finde, das schmeckst du auch im Wein. Du nimmst all diese Energie, diese Seele in deinen Körper auf, was wiederum auf dein Körpergefühl Auswirkung hat. Außerdem …«, Tony unterbrach seinen Vortrag einen Moment, um das Glas in der Hand sanft und aufmerksam kreisen zu lassen und den Wein zu betrachten, an ihm zu riechen und einen kleinen Schluck zu trinken. »Du solltest die Gegend da sehen. Thomas hat aus einem alten Weingut einen Schatz gemacht. Er hat dem ganzen Gebiet Seele eingehaucht. Es ist unglaublich da.

Bitte koste den Wein! Du nimmst all diese Herrlichkeiten mit einem Schluck in dich auf. Danke, Thomas, dass du deine Vision mit uns hier teilst, dass wir das hier trinken dürfen. Es ist einfach nur genial.« Tony füllte die Gläser und schob jedem eines zu.

Tony hatte mir beigebracht, wie man den Wein degustierte. Dabei ließ ich den Wein im Glas kreisen, roch an dem teuren Weinglas und nahm einen Schluck in den Mund, ließ ihn durch den Mund fließen, ohne hinunterzuschlucken, damit sich die Aromen entfalten konnten.

Als ich den Wein schließlich hinunterschluckte, hatte ich die Augen geschlossen und sah im Inneren Bilder eines Weingutes in der Steiermark, einen Mittfünfziger, der in grüner Schürze auf einem Traktor Reben auf den Hof fuhr, und eine Menge von Menschen, die dort bereits den Wein stampften.

»Kennst du den Film Ratatouille?«, fragte mich Rico und ich öffnete die Augen.

»Den Trickfilm? Ja, wieso?«

»Erinnerst du dich an die Szene beinahe am Schluss, wo der Kritiker das Ratatouille isst, sich mit all seinen Gedanken und Gefühlen in die Kindheit zurückversetzt und feststellt, dass er das beste Ratatouille seines Lebens verspeist?«

»Oh ja, genau, Emotionen.«

»Emotionen sind beim Verkaufen wichtig, heißt es bei der Verkaufspsychologie, aber ich sage, Emotionen müssen wir wecken, nicht als Verkäufer, sondern weil wir die Seele eines Unternehmens erfasst haben. Außerdem: Was möchten alle Menschen? Liebe? So wie im Film geht es um die Gefühle, die die Großmutter mit ihrem Essen bei diesem Mann ausgelöst hat, als er noch Kind war. Und was ist das? Vertrautheit, Geborgenheit, Liebe, Angenommensein. Das ist eigentlich schon das ganze Geheimnis unseres Lebens. Das gilt auch für den Verkauf oder dort ganz besonders. Wie wir uns fühlen, strahlen wir aus. Deswegen habe ich mir so viel Mühe gegeben, meine Partner auszusuchen. So gut wie alle Weingüter, die mich beliefern, haben eine ähnliche Philosophie. Außerdem sind mir ein biologischer, nachhaltiger Anbau und Produktion sehr wichtig. Wir müssen Verantwortung für diesen Planeten, für die Erde übernehmen. Ich bin heute noch überzeugt, dass dies das beste Rezept überhaupt für ein Unternehmen ist. Nur so kann es leben und gedeihen.«

»Die meisten Unternehmen haben kein Herz und sind nur auf schnellen Profit aus«, erklärte ich, während ich weiter an dem Wein kostete.

»Ich bin nach wie vor der Meinung, dass wir gutes Geld verdienen dürfen. Es sollen aber auch alle davon profitieren, denn alle helfen mit, dies zu realisieren. Auch muss es im Verhältnis stehen. LEBEN AG steht seit zehn Jahren mehr als gesund da und entwickelt sich prächtig.«

»Und, Tony, ich denke, es macht viel aus, auch kostenmäßig, dass wir so wenig Personalwechsel haben. Deswegen ist es uns allen auch so wichtig, dass wir uns viel Zeit nehmen mit einem Neuzugang.« Rico prostete mir zu.

»Ich bin dankbar, dass ich hier gelandet bin. Zudem bin ich sehr dankbar, dass sich alle so viel Zeit nehmen.«

»Ich bin aber der Meinung, dass du nicht lange im Personalwesen tätig sein wirst. Vielleicht hat sich da Tony doch einmal geirrt.« Rico schaute Tony an, um ihm zu entlocken, was er dazu antworten würde. Dieser schmunzelte aber nur seltsam. »Du heckst doch was aus. Komm, ich kenne dich.«

»Wir werden sehen«, war alles, was er dazu sagte. Ich sah ihn fragend an. »Die Dinge entwickeln sich genau so, wie sie müssen«, sagte er. »Und damit ist diese Diskussion zu Ende, meine Lieben.« Nur Tony schaffte es stets, einen nett in die Schranken zu weisen.

»Was ist eigentlich mit deiner Wohnsituation?«, wollte Tony schließlich wissen.

»Ich weiß nicht, ich müsste mit Jürg nochmals reden.«

»Würde dir die Wohnung denn gefallen hier?«

»Die Wohnung ist klasse. Kann ich sie mir denn leisten?«, erkundigte ich mich zweifelnd.

»Die Wohnung kostet inklusive aller Nebenkosten vierzehnhundert Franken. Das inkludiert Strom, Wasser, Garage und Holz für den Schwedenofen.«

»Oh, mit Holz, das hast du mir verheimlicht«, stupste Rico ihn an.

»Du bist ja fremdgegangen«, lachte Tony zurück.

»Warum, was ist los?«

»Rico hat weiter unten ein Haus gebaut. Er wollte nicht mehr bei uns bleiben«, kicherte Tony. »Nun zu dir, Frau Freiburghaus. Überleg dir doch bitte, ob das was ist für dich. Es hat noch jemand anderes Interesse, der aber nicht bei LEBEN AG arbeitet, und du hättest damit Vorrang. Ich würde gerne bis Ende des Monats der Fairness halber Bescheid geben können.«

Ich nickte, gleichzeitig versetzte mir das einen Stromstoß in der Magengegend.

Wir probierten noch einen zweiten Wein aus dem Weingut von Thomas und Rico schwärmte von seinem letzten Besuch. »Was der aus dem ganzen Anwesen gemacht hat, Respekt. Außerdem pflegt er eine sehr ähnliche Philosophie wie Tony, nur immer das Beste für sich und die Mitarbeiter.«

»So wie beim Kaffee«, entgegnete dieser.

»Warum beim Kaffee?«, fragte ich überrascht.

»Du weißt doch, dass alle Mitarbeiter umsonst Kaffee und andere Getränke nehmen können«, versicherte sich Rico.

»Ja, das ist klasse, haben wir irgendwo eine Kasse, wo wir sammeln können so wie beim Mittagessen?«, wollte ich wissen, aber Tony schüttelte den Kopf.

»Nein, das ist mein Geschenk an euch. Kostet ja nicht die Welt, aber mir ist wichtig, dass der Kaffee erste Wahl ist, Topqualität. Ich würde nie etwas an euch weitergeben, was ich nicht selbst gern trinke.«

»Der Kaffee kommt von einer Schweizer Rösterei hier in der Ostschweiz. Die haben eigene Plantagen in Südamerika und die arbeiten mit ein paar Familien zusammen, die sie gut bezahlen, versichern et cetera. Sie rösten den Kaffee schließlich hier in der Schweiz nach einem speziellen und aufwendigen Verfahren«, brachte sich Rico ein.

»Klingt teuer«, sagte ich.

»Na ja, es ist nicht die günstigste Variante, Kaffee einzukaufen«, lachte Tony.

»Du weißt, falsche Bescheidenheit ist die höchste Form der Lüge«, zog ich Tony auf und der lachte.

»Das stimmt, verzeih. Es ist so, der Kaffee ist teuer, aber das ist es mir wert. Ich mag guten Kaffee. Ich finde, Nahrungsmittel generell dürfen eine gute Qualität haben. Schließlich geht das dann in deinen Körper, den du den ganzen Tag mit dir rum trägst.«

»Das hat was«, dachte ich laut nach.

»Es ist mit allem so. Tony legt sehr großen Wert auf qualitativ gute Produkte.«

Tony nickte nachdenklich. »Am Anfang von LEBEN AG hatten wir kaum Geld. Manchmal bin ich fast an meiner eigenen Philosophie verzweifelt, sage ich dir. Aber schließlich war ich überzeugt davon, dass das Geld der Freude folgt und nicht umgekehrt. Ich habe damals alles riskiert und schau dich um, es hat sich gelohnt.«

»Alles ist hochwertig?«, wollte ich wissen.

Tony nickte. »Ja, die Einrichtungsgegenstände, aber auch, wenn Reparaturen anstehen. Da berücksichtige ich die regionalen Partner hier aus dem Dorf. Eine langjährige Zusammenarbeit verbindet und ermöglicht beiden Seiten, einmal vor- und nachzugeben, auch preislich. Man kennt sich, man vertraut sich, das ist Gold wert. In Notfällen stehen die auch fast zu jeder Zeit auf der Matte. Alte Schule halt, aber ich halte viel davon. Hat sich immer bewährt. Außerdem zollst du damit dir und deinen Mitarbeitern wieder Respekt. Wenn ich etwas von mir halten will, sollte ich das auch mit den Mitarbeitern tun.«

»Deswegen auch die einseitigen Verträge oder Regeln?«

»Colette, ich hole Menschen zu LEBEN AG, mit denen ich mich sehr ausgedehnt auseinandersetze, damit eine familiäre und konstruktive Atmosphäre entsteht und gelebt wird. Das möchte ich gerne weitergeben und auch täglich umsetzen. Wozu brauche ich dann noch Verbote, seitenweise Regelwerke und Anordnungen? Für Notfälle gibt es den Gesetzgeber. Ich habe gelernt zu vertrauen. Zuerst dir selbst, dann deinem Umfeld.«

»Wirst du da nicht auch gerne mal als naiv bezeichnet?«

»Oh, das hat mich am Anfang gestört, heute lächle ich milde darüber. Mein Unternehmen ist seit vielen Jahren erfolgreich, steht stark wie ein Baum in der Wirtschaft und hat einen ausgezeichneten Namen. Das Wichtigste aber ist: Sowohl Mitarbeiter als auch Kunden sind sehr zufrieden. Muss ich mich ernsthaft damit auseinandersetzen, was andere Leute über mich denken oder von mir halten? Ich sehe mir lieber an, was diese Meckerer selbst geschaffen haben, welches Gedankengut sie pflegen, wie ihre Familien aussehen. Ich werde darüber dennoch nicht urteilen, aber es gibt mir einen Hinweis darauf, mit welchen Menschen ich mich dann wirklich umgeben und mit wem ich meine

Zeit verbringen möchte. Du kannst es nicht allen recht machen und das musst du auch nicht.«

Ich kniff die Lippen zusammen. Da war was Wahres dran. »Vielleicht habe ich mir immer zu sehr darüber Gedanken gemacht, was andere über mich denken.«

»Achte genau darauf, mit wem du deine Zeit verbringst. Und diese Verbindungen sollen gepflegt werden. Wenn ich sage, dass meine Partnerschaft wichtig ist, nützt es nichts, darüber auch nur zu reden. Dann musst du Zeit und Energie in diese Partnerschaft investieren. Wenn du ein guter Vater sein willst, hilft es nichts, wenn du nur davon erzählst, aber immer später nach Hause kommst. Du musst schon die richtigen Prioritäten setzen und dir die Zeit nehmen, mit den Kindern verbunden zu sein, täglich mit ihnen zu spielen, bei ihren Fußballturnieren anwesend zu sein und ihnen zuhören. Sei dabei, wenn sie aufwachsen. All die schönen Profile in den sozialen Netzwerken, wo die Kinder dann doch letztendlich so oft alleine sind: Davon halte ich nichts. Entscheide dich für etwas und stehe dafür ein – oder lasse es.«

»Bist du in den sozialen Netzwerken nicht zu finden?«

»Ich ziehe es vor, persönliche Kontakte zu knüpfen und aufrechtzuerhalten. Schließlich ging das vor zehn Jahren auch, warum sollte sich das heute ändern? Außerdem, Colette, sich manchmal ein wenig rar zu machen, schadet oft gar nicht. Auch bei Männern.« Er zwinkerte mir zu. Mit schief gelegtem Kopf sah ich ihn an. »So, jetzt wird es aber Zeit. Ich glaube, Valentina möchte dich noch sehen.«

Als wir die Gänge entlangschlenderten, lachten wir und plauderten noch ein wenig über den Tag. Die Stimmung war entspannt und gelassen. Im Büro angekommen, kam mir Valentina entgegen. »Entweder heute Abend noch zum Friseur oder am Freitagmorgen. Wenn heute Abend, dann musst du dich sputen, ich bin dahin unterwegs.«

Da musste ich nicht lange überlegen. Ich schnappte mir meine Sachen, verabschiedete mich von den beiden Herren und ging mit Valentina zum Hof.

»Brauchst du deinen Wagen zuhause, oder sollen wir meinen nehmen? Dann setze ich dich nachher zuhause ab und hole dich morgen wieder ab.«

»Wird dir das nicht zuviel?«

»Ach wo, ich geh nachher eh noch nach St. Gallen zu einer Lesung.«

Anerkennend sah ich sie von der Seite an. »Was für eine Lesung?«

»Es ist eigentlich Poetry Slam in einer Bar in St. Gallen. Ich würde dich ja bitten mitzukommen, aber ich habe da jemanden kennengelernt.«

»Ohooo«, sagte ich und Valentina lächelte verlegen.

»Er ist Spanier. Himmel, meine Mutter würde sich im Grabe umdrehen.« Sie lachte und sah mich schmunzelnd an. »Er heißt José, ist hier aufgewachsen und er hat, bitte lach nicht …« Sie wartete einen Augenblick.

»Hat er was mit Wein zu tun?«, fragte ich neugierig nach und Valentina nickte heftig. »Oh mein Gott, das passt ja«, rief ich, und Valentina konnte ihr Lachen kaum mehr zurückhalten. »Weiß Tony…?«

Valentina schüttelte den Kopf. »Nein, du bist die Erste. Ich habe ihn erst letzte Woche kennengelernt, es ist noch ganz frisch. Wir gehen heute erst zum zweiten Mal aus. Drück mir die Daumen.»

21. Ein Engel im Himmel fällt niemandem auf

»Klar doch, mach ich gerne. Aber nur, wenn du mir hinterher alles erzählst«, strahlte ich Valentina an.

»Alles? Na ja, nicht ganz alles, aber vieles«, entgegnete sie mir.

»Natürlich.«

»Also, er hat eine kleine Apérobar mit Weinhandel.«

»Wie passend«, grinste ich.

»Nicht wahr?«

»Aber irgendwas ist doch?«, fragte ich.

»Du hast schon sehr feine Antennen entwickelt«, sagte Valentina und wurde für einen Moment still. »Ich weiß einfach nicht, wie das ausgehen soll.«

»Warum meinst du?«

»Na ja, was ist, wenn ...« Valentina brach ab.

»Was?«

»Der Weinhandel, der ist im Tessin und die Apérobar ist hier. Er ist nur ab und zu in der Ostschweiz, die meiste Zeit ist er im Tessin und seine Nichte betreibt die Apérobar hier.«

»Ja, und?« Ich wusste gerade nicht, worum sich Valentina Sorgen machte.

»Wenn es so gut ist ... Ich habe Angst, dass ich danach dann LEBEN AG verliere.«

»Warum solltest du uns verlieren?«

»Wenn wir uns so gut verstehen, dass ich mit ihm ins Tessin gehen will? Und dann? Dann werde ich euch verlieren, und ... «

»Stopp«, sagte ich laut und deutlich. »Stopp, Valentina, jetzt hörst du mir bitte mal zu. Wie war das mit all den guten Ratschlägen von wegen fließen lassen und in der Ruhe liegt die

Kraft? Nun wenden wir mal schön das Gelernte an. Du machst einen Schritt zurück und blickst aus der Distanz auf die Situation. Du lernst einen tollen Mann kennen. Wahrscheinlich knistert es bei ihm genauso wie bei dir. Das ist einfach nur wundervoll und herrlich. Dann nimmst du dir bitte einfach Zeit und lässt dich fallen, ihn kennenzulernen. Einen Schritt nach dem anderen.«

Valentina hatte den Wagen an einer Waldlichtung angehalten und hörte mir andächtig zu.

»Erst dann machen wir uns Gedanken, wie es weitergeht. Und selbst wenn, Valentina, das Tessin ist in drei Stunden erreichbar. Du machst noch viel anderes für LEBEN AG und es gibt sicher eine Lösung. Du könntest immer noch Teilzeit für Tony arbeiten und im Tessin für gute Energie sorgen, die Philosophie von Tony dorthin tragen. Außerdem, das mit dem Weinhandel: Vielleicht ist dein José ja genauso offen für die Philosophie von Tony und sie könnten wunderbar zusammenarbeiten. Vielleicht eröffnest du eine LEBEN-Bar im Tessin und machst noch kleine Bar-Coachings mit dem Gedankengut von LEBEN AG. Eins nach dem anderen, vielleicht ist es genau das, was du brauchst, was wir alle brauchen. Vielleicht ist es genau das Richtige. In erster Linie muss es für dich stimmen und dann gibt es sicher auch eine Win-Win-Situationen, wie Tony so schön sagt. Du wirst sehen, es wird alles genau richtig in Fluss kommen, wenn es sein muss.«

Valentina sah mich von der Seite an, schwieg mich an. Dann – plötzlich – fiel sie mir um den Hals.

»Du bist großartig, weißt du das? Vielen Dank. Deine Gedankengänge sind herrlich. Siehst du und schon sind wir dankbar, dass du zu uns gekommen bist und nicht umgekehrt.«

Es machte mich froh, dass ich Valentina unterstützen konnte, und ich spürte, dass die letzten Tage irgendetwas von mir freigelegt hatten, was bisher irgendwo im Verborgenen vor sich dahinvegetiert hatte. Ich fühlte mich kraftvoll, und ich freute mich ehrlich für Valentina. Ich meinte, was ich sagte.

»Langsam lerne ich eine Colette kennen, die mir richtig gut gefällt«, sagte ich zu Valentina.

»Das kann ich mir gut vorstellen. Wenn der Lärm von der schnellen Welt da draußen abklingt, kommen wir unserem Innersten näher und brauchen die vielen Kompensationen nicht mehr. Das ist ein wertvoller Vorgang, genieße es. Tony hat die Gabe, diesen Kern in einem Menschen schon zu erspüren und zu sehen, bevor jemand anderes das tut, am wenigsten du selbst. Er hat wirklich ein Händchen dafür. Er hätte dich auch eingestellt, wenn du nicht mal das Zehnfingersystem gekonnt hättest. Von dem Moment an, wo er die Bewerbung in Händen hielt, war für ihn klar, dass du zu uns gehörst.«

»Echt?« Ich war beeindruckt.

»Wie gesagt, Tony hat das Gespür für Menschen. Er sucht sich immer die Richtigen aus.« Valentina schaute aus dem Fenster, das Cabrioverdeck war offen, ein sanfter Wind umspielte unsere Haare. »Lass uns weiterfahren, ja? Vielen Dank, Colette, das war wirklich hilfreich. Ich mache mir zu viele Sorgen. Du hast recht, einen Schritt nach dem anderen. Aber weißt du, LEBEN AG ist mir so wichtig, dass … «

»Nein, wir fokussieren uns jetzt nicht auf Dinge, die wir nicht wollen. Das hast du mir selbst beigebracht.«

»Okay.« Valentina war sehr leise geworden.

»Außerdem, Valentina, hast du in deinem Leben Tony getroffen und so viele andere Menschen. Es geht gar nicht mehr anders, als dass das Leben nur noch solche tollen Menschen für dich parat hält. Glaub mir. Du hast all das, was du mir in den letzten Tagen beigebracht hast, was uns Tony beigebracht hat, umgesetzt und es wird sich noch viel mehr Gutes zeigen. Du wirst tolle Menschen treffen, auch außerhalb von LEBEN AG, wenn es denn nötig sein sollte.«

Valentina schaute mich schweigend von der Seite an. »Du hast recht, herrje, du hast recht. Sie schlägt mich mit meinen eigenen Waffen«, lachte sie schließlich wieder und ich war glücklich, dass Valentina wieder »die Alte« war.

Beim Friseur hatten wir Glück. Auch ohne Voranmeldung war es möglich, dass wir zu zweit drankamen. Valentina ließ sich den Haaransatz nachfärben. Bei mir gab es eine dunklere Haarfarbe und einen frischen Haarschnitt. Als die nette Dame aus dem Salon mir die Haare geföhnt hatte, erkannte ich mich kaum im Spiegel wieder.

»Neue Kleider, neue Frisur, du siehst richtig frisch aus.«

»Nicht nur das, auch neues Innenleben«, lachte ich und klopfte auf meine Herzgegend.

»Das stimmt, das steht dir besonders gut. Es freut mich so sehr, dass du bei uns bist. Es ist herrlich, mit dir Zeit zu verbringen. Du bist wirklich eine Bereicherung. Auch die anderen aus dem Team haben dich gerne. Du bist goldrichtig bei uns.«

»Dankeschön, ich fühle mich auch wirklich wohl bei euch.«

»Bei uns, nicht bei euch. Du gehörst auch dazu.«

Wir beide lachten laut und die anderen Damen im Salon sahen zu uns herüber.

»Magst du Make-up oder möchtest du keines tragen?«, fragte mich Valentina schließlich.

»Doch, ich mag das schon, nur kann ich damit nicht so gut umgehen.«

»Okay, ich bring dir morgen was mit. Dann probieren wir das aus, bevor wir mit der Lohnbuchhaltung loslegen, okay?«

»Ja, gerne.«

»Und übermorgen ist dann Yoga angesagt, nicht vergessen.«

»Alles klar.«

»So, und jetzt setze ich dich zu Hause ab, dann fahre ich nach St. Gallen.«

»Ich bin in Gedanken bei dir. Es wird alles gut gehen, wirst sehen.«

Als ich zu Hause durch die Tür hineinspazierte, hörte ich Jürg in der Küche singen. »Jürg?«, fragte ich.

»Ich bin in der Küche«, rief er mir gut gelaunt entgegen. Ich tippelte also in die Küche und Jürg drehte sich um.

»Wow, wer sind Sie denn?«, fragte er, mich von unten bis oben musternd.

»Gestatten, mein Name ist Colette, wohnen Sie hier?«

»Oh, verzeihen Sie, ja, ich wohne hier und Sie?«

»Ich auch noch im Moment«, entfuhr es mir.

»Im Moment noch?«, fragte Jürg nach und ich legte die Tasche auf den Tisch.

»Jürg, können wir reden?«, fragte ich ernst und er nickte.

»Klar, ich hab gekocht. Magst du mitessen?«

»Gerne, ich zieh mir nur kurz die Schuhe aus.«

Jürg hatte Gulasch gekocht, hervorragendes Gulasch, musste ich gestehen.

»Ich hab mir die Wohnung auf dem Gut angesehen.«

»Und du möchtest dorthin ziehen. Ist das gut, wenn man so nahe am Arbeitsplatz wohnt?«, fragte Jürg vorsichtig.

»Keine Ahnung, ich fühle mich auf jeden Fall sehr wohl dort.«

Jürg aß von seinem Gulasch, nickte und meinte: »Wie schnell willst du denn weg? Weißt du, ich habe nämlich ähnliche Pläne.«

Neugierig hockte ich mich näher an den Tisch.

»Zwei Freunde wollen eine WG gründen. Ich versteh mich sehr gut mit denen. Wir müssen nur noch eine geeignete Wohnung finden.«

»Warum nehmt ihr nicht diese hier?«, fragte ich.

Jürg hielt inne, legte den Löffel nieder. »Oh mein Gott, siehst du, daran habe ich noch gar nicht gedacht. Ich bin ein Schussel.« Er klopfte sich mit der flachen Hand auf die Stirn. »Wäre es dir denn recht?«

»Es wäre sogar sehr gut, denn die Wohnung auf dem Gut ist bereits frei. Aber wenn du das mit der WG hier doch nicht willst ..., ich meine, wenn du was anderes suchen willst, dann sage ich Tony, dass ich mich an die ordentliche Kündigungsfrist halten möchte, damit du nicht alleine dastehst.«

»Danke, das ist sehr lieb von dir.«

»Nicht lieb, Jürg, es ist einfach anständig. Du hast mich immer anständig behandelt.«

»Nicht immer, aber ich habe viel durch dich gelernt. Ich werde mir bei einer neuen Freundin sicher auch mehr Zeit nehmen, sie ehrlich kennenzulernen, Fragen zu stellen ... Vielleicht kann ich dann mal deine Hilfe brauchen. So was wie eine Supervision.«

Ich stimmte in sein Lachen ein.

»Nein, im Ernst, Colette, du hast dich sehr verändert. Ich ziehe meinen Hut vor dir und vielleicht bin ich wirklich eines Tages froh um einen guten Rat.«

Damit war das Gespräch mehr oder weniger beendet, welches um den Umzug ging. Jürg rief seine Freunde an und machte ihnen den Vorschlag mit der Wohnung. Die beiden waren begeistert und fanden die Idee gut. So fiel mir ein Stein vom Herzen, denn nun konnte ich mit gutem Gewissen ausziehen und die Wohnung auf dem Gut nehmen, ohne dass ich das Gefühl hatte, Jürg im Stich zu lassen.

Bevor ich ins Bett ging, zog ich mein Heft hervor, das ich von Tony bekommen hatte, und ließ Revue passieren, was ich dort schon alles notiert hatte. Da war eine Bestandesaufnahme meiner Gefühlslage, meiner Ansichten, meiner derzeitigen Lebenssituation. Ich fand auf weiteren Seiten die Inputs, die ich mir selber notiert hatte, um niederzuschreiben, was mir im Leben alles Spaß machte. Außerdem notierte ich mir Menschen und Situationen, mit denen ich mich sehr unwohl gefühlt hatte und welche ich nicht mehr erleben wollte. Tony hatte mitgeholfen, klar zu formulieren, was ich in solchen Situationen sagen konnte, um mich selbst besser zu positionieren und nicht unbewusst in eine der »alten« Fallen zu tappen.

Am nächsten Morgen holte mich Valentina ab. Sie war aufgedreht und lachte übers ganze Gesicht. Ihre Augen sahen etwas müde aus und als ich erfuhr, dass sie seit langer Zeit die Nacht nicht mehr alleine verbracht hatte, wusste ich auch, warum. Der Morgen ging schnell vorbei. Valentina erzählte mir von ihrem José. Sie strahlte über das ganze Gesicht. Die Lohnbuchhaltung ging besser von der Hand, als ich gedacht hatte. Valentina war ein Profi. Sie wusste so vieles über die Gesetzeslage und über die ganzen Details, die beim Verarbeiten des Gehalts wichtig waren. In meinem Buch über die fachlichen Details notierte ich mir fleißig die Unregelmäßigkeiten, die es zu beachten galt. Mit ihrer Art, Wissen zu vermitteln, konnte ich die Informationen schnell und einfach aufnehmen. Ich hatte das Gefühl, kaum im Büro angekommen zu sein, da war es schon Mittag. In der Essenspause ging es ein wenig drunter und drüber: Die letzten Vorbereitungen für die Messe standen ins Haus. Im Keller, in der Logistik waren für die ersten Termine Paletten hergerichtet worden, die LKWs würden sie am Nachmittag abholen. Im Gegensatz zu früheren, ähnlichen Anlässen in anderen Firmen war diese Aufregung hier von einer Heiterkeit und Leichtigkeit begleitet. Nicht dieses schwere Herumwuseln von Menschen, die ständig gestresst waren. Hier bekam das Wort Stress eine neue Bedeutung, wie mir auch Tony erklärte. Schließlich sei ein positiver Anreiz für unser Gehirn sehr wirksam und gut.

Auch wir waren gefordert. Alle packten wir mit an, inklusive Tony Leben, der an vorderster Front stand, um beim Beladen zu helfen. In einem schmutzigen Hemd und verschwitzt. Er war sich nicht zu schade, mit ganzem Körpereinsatz anzupacken. Wir hatten dennoch Zeit für lustige Sprüche und genossen das gemeinsame Anpacken als Team sehr. Mir fiel auf, dass ich so etwas in der Geschäftswelt noch nie erlebt hatte, höchstens vielleicht früher einmal in der Schule. Sich gemeinsam für eine Sache zu engagieren, buchstäblich mit dem ganzen Körper dafür einzustehen, machte Freude und schweißte offensichtlich zusammen.

Am Abend spürte ich die körperliche Arbeit in allen Gliedern. Tony schmunzelte, als er mich fragte, ob ich zum Ausreiten mitkommen wollte. Das wiederum wollte ich. Es machte auch großen Spaß. Aber nach einem sehr langen Ausritt konnte ich kaum mehr vom Pferd steigen.

»Den Körper auszupowern, macht Gedanken leise«, meinte Tony zu mir.

»Das stimmt allerdings. Ich konnte am Nachmittag und am Abend über gar nichts nachdenken.«

»Worüber wolltest du denn nachdenken?«

»Na ja, Jürg hat eine gute Lösung gefunden wegen der Wohnung. Meinst du, es wäre möglich, dass ich schon bald in die Wohnung hier ziehen könnte?«

»Deswegen hattest du so viele Gedanken im Kopf?«

»Nein, deswegen nicht, aber ich kann keine Ablöse zahlen. Ich weiß nicht, wie ich das machen soll.«

»Was für eine Ablöse?«

»Na ja, die Mietkaution, die man zahlen muss, wenn man irgendwo eine Wohnung mietet.«

»So etwas habe ich noch nie verlangt. Damit werde ich auch nicht anfangen, schließlich suche ich mir meine Leute immer sehr sorgsam aus. Das schließt auch Mieter ein. Siehst du, jetzt hast du dir umsonst Sorgen gemacht.«

Wir standen im Stall und ich hatte gerade die Mistgabel in der Hand. »So was Blödes aber auch«, schmunzelte ich. »Immer noch so viel Altlasten«, murmelte ich.

»Das wird noch eine Weile dauern, Colette, sei nicht so streng mit dir. Wann soll es denn mit dem Umzug losgehen?«

»Weiß nicht, vielleicht nach den Messen?«

»Die dauern aber bis in den November, da musst du lange warten«, grinste Tony. »Willst du nicht vorher schon umziehen? Wir bekommen das hin, Colette, ganz bestimmt.«

Ich sah ihn lange an. »Meinst du?«

»Klar, wir sind ja viele, die mit anpacken können.«

»Ich kann doch nicht in der Firma fragen«, wehrte ich ab.

»Warum nicht? Die Anderen fragen ja auch, wenn sie Hilfe brauchen. Viele Hände helfen viel und schnell, das geht wunderbar. Außerdem hast du heute gesehen, wie so etwas den Zusammenhalt fördert. Wenn jemand umzieht, dann helfen alle mit, die Lust und Zeit haben. Das geht immer fix wie die Feuerwehr bei uns. Bedingung ist natürlich, dass du dich auch mal revanchierst und bei Kollegen hilfst, wenn Not am Mann oder an der Frau ist«, erklärte mir Tony.

Etwas fassungslos sah ich ihn an. »Meinst du das im Ernst?«

»Klar, sehe ich aus, als würde ich Scherze machen?« Tony grinste, als er den Pferdemist auf die Stallkarre lud. »Colette, durchatmen. Wir sind ein wenig anders, und das ist gut so.« Damit verschwand er mit dem Pferdemist nach draußen. Ich stand noch immer im offenen Stall, Khaleesi drehte sich gerade von mir weg, als Tony wieder dahermarschiert kam. »Wenn dir 10 bis 15 Leute helfen, was meinst du, wie schnell das geht.«

»So viele Sachen habe ich möglicherweise nicht einmal, dass zehn Leute helfen müssten«, lachte ich ihm entgegen.

»Siehste, umso besser.«

»Ich muss überhaupt schauen, was ich mitnehmen kann. Es gehört ja mehr oder weniger alles Jürg.«

Tony stellte die Garette in die Ecke, wo ihr Platz war. »Wenn du etwas brauchst, lass es uns wissen. Jeder hat mit Sicherheit noch irgendetwas zu Hause stehen, was er nicht braucht. Ist vielleicht nicht erste Wahl, die ich sonst predige, aber es könnte eine tolle erste Wohnung ergeben. Wenn du dir dann jeden Monat etwas zusammensparst, kannst du das laufend gegen Dinge austauschen, die du wirklich willst.«

Ich schwieg. Die Lösung war perfekt, aber ich traute mich nicht, das laut zu sagen. Tony hatte auch dafür ein Gespür.

»Colette, nicht kleinmachen. Jeder von uns hatte harte Zeiten und konnte sich dieses oder jenes nicht leisten, was er gebraucht hätte. Dazu sind wir eben viele. Wir helfen einander. Bitte gib mir dein Okay, dass wir das morgen Mittag besprechen können. Mach dir das Leben nicht unnötig schwer. Jeder gibt von Herzen gern, wenn er was geben kann. Glaub mir. Wir regeln Dinge auf diese Weise.«

»Ich habe immer noch das Gefühl, dass ich in einer Sekte gelandet bin oder gleich aufwache und alles nur ein Traum war.« Etwas verlegen lächelte ich Tony an, der mich an der Schulter packte.

»Komm, lass uns ein Glas Wein trinken, bevor du nach Hause gehst. Ich weiß, wir sind ein bisschen schräg, aber das macht Spaß. Du wirst dich auch noch daran gewöhnen. Schließlich fallen Engel im Himmel nicht auf. Deswegen haben wir uns entschlossen, hier unten ein wenig durch die Gegend zu fliegen. Aber nein, im Ernst, Colette: Engel fallen im Himmel niemandem auf. Man muss sich unterscheiden von den Anderen.«

Am nächsten Mittag, zwischen Herumwuseln für die Messen und Personaladministration, machte Tony am Mittag Ernst und bat die Anwesenden kurz um ihr Gehör. Er erklärte in kurzen Worten, dass ich die Wohnung auf dem Gut beziehen würde und kaum Möbel hätte.

Felipe rief: »Das ist gut, dann müssen wir nicht so viele Möbel auf einmal schleppen.« Er lachte mich herzlich an. »Ein Scherz, Colette, ein Scherz, ich habe noch ein Schlafzimmer mit einer Gesundheitsmatratze, was ich nur für Gäste brauche. Das kann ich dir leihen. Leider kann ich es dir nicht schenken, aber bis nächsten Sommer kann ich es dir leihen. Meine Eltern kommen erst dann wieder zu Besuch. Und du hast eine gute Matratze. Das ist wichtig für einen erholsamen Schlaf. Ich leihe dir das gerne, das ist schnell von A nach B gebracht, okay?«

Ich nickte dankbar. »Das ist sehr lieb, vielen Dank.«

Catinka wandte sich an mich. »Meine Eltern richten sich gerade die Küche neu ein. Wenn du möchtest, kann ich dir das Geschirr und das Besteck von ihnen geben. Es ist noch gut erhalten, aber nach 20 Jahren wollten sie endlich mal was Neues.«

Und Angelina wandte sich an mich. »Ich bin grad mit meinem Freund zusammengezogen. Er wohnt im Appenzellerland. Ich kann meine zwei großen Schränke nicht mehr gebrauchen, die Zimmer in diesen Häusern sind viel niedriger gebaut. Es wäre mir eine Freude, wenn sie bei dir einen guten neuen Platz finden würden.«

Und so fanden sich Möbel und Habseligkeiten, die ich fast alle geschenkt bekommen sollte. Termine wurden eilig vereinbart, wann was genau wo abgeholt und hierhergebracht werden sollte. Ich konnte kaum fassen, was in einer Mittagspause von 45 Minuten organisiert wurde, dass ich den Tränen nahe auf der Terrasse stand.

Valentina nahm mich in den Arm. »Nicht weinen, Colette, wir halten hier zusammen. Und du wirst dich sicher auch mal revanchieren können. Einfach annehmen. Okay?«

So einfach war das nicht mit dem Annehmen, aber auch Rico, der heute wieder da war, erinnerte mich daran, dass dieses Annehmen auch etwas damit zu tun hatte, dass das Leben auf meine neue Energie reagierte und ich mich nicht weiter kleinmachen sollte.

»Es ist doch so«, sagte er. »Die Leute haben in dieser Gesellschaft so oft gut erhaltene Dinge, die sie vielleicht sogar wegschmeißen müssten. Also entsteht hier wieder eine Situation, in der beide gewinnen. Ist doch gut, oder?«

Langsam aber sicher verstand ich dieses Teamding wirklich, was Tony mir so oft erklärt hatte. Meine neuen Arbeitskollegen oder vielmehr Familienmitglieder halfen mir mit einer Selbstverständlichkeit, die ich so nicht kannte. Das machte mich glücklich. Doch gleichzeitig war ich traurig, dass nicht mehr Leute so miteinander umgehen konnten. Mit jeder Stunde, die ich bei LEBEN AG verbrachte, wurde mir klarer, dass das hier echtes Leben war. Vielleicht sogar eine Art echtes Leben, wonach sich der Mensch als solches überhaupt sehnte.

22. Das Neue braucht Freunde

Das Yoga vom Morgen, an dem ich erstmals teilgenommen hatte, hatte ich beinahe schon wieder vergessen, so aufgewühlt war ich noch von den Ereignissen der Mittagspause. Freundschaft, Unterstützung und Zusammenhalt in dieser äußerst großzügigen Form waren mir bisher fremd gewesen.

Als wir am Freitagnachmittag schließlich noch die restlichen Paletten vor der Messe zusammenpackten, sprach ich Valentina erneut darauf an.

»Du weißt, dass wir teamorientierte Wesen sind. Es läge eigentlich in unserer Natur, sich gegenseitig zu unterstützen. Aber da wir immer mehr getrennt voneinander agieren und leben, wird es schwierig, das wieder als normal zu erachten. Wir entfernen uns immer mehr vom Menschsein. Sieh dir allein die Familienbilder an. Mehrere Generationen haben früher zusammengelebt und das über Jahrhunderte. Heute werden Kinder in Tagesstätten abgeschoben, sogar Hunde werden in Horte für Hunde abgeschoben und die Alten stecken wir in Alten- und Pflegeheime. Dann rennen wir der nächsten Ausbildung nach, um uns mehr von dem verführerischen Stoff zu kaufen, den wir glauben, brauchen zu müssen. Das Ganze verkleiden wir dann im Thema Selbstverwirklichung und beschmutzen sogar noch das Wort der Freiheit damit. Aber wir puschen alles künstlich hoch. Keiner mehr hat Zeit, weder für sich noch für andere. Ich meine, so richtig Zeit. Jeder betet dieses Mantra ‚Ich habe keine Zeit' täglich vor sich her. Wer sich trifft, hat nur eine halbe Stunde, weil neben den ganzen Meetings die Englischstunde wartet, der neuste Aerobic-Kurs und die hippste Bar, zwischendurch wird der nächste

Workshop reingeschoben. Am Wochenende dann gekünstelt Termine mit den Kindern, am liebsten ab in die großen Shoppingcenter, um die Kinder loszuwerden. Am Sonntag k.o. vor dem Fernseher und am Montag auf, wieder durch denselben Stress. Alles mit dem Smartphone fotografiert, aber keiner ist wirklich anwesend bei all den Aktivitäten. Hauptsache, die Fotos belegen, was ich alles erlebt habe, und Hauptsache, ich bekomme viele ‚likes' dafür. Wir sind so gestresst vom Gestresstsein, dass wir nicht einmal mehr bemerken, dass mehr als 80 Prozent von dem, was uns hochschaukelt, nicht nur hausgemacht ist, sondern auch noch völlig unnötig. Und warum das Ganze? Weil wir innen hohl geworden sind. Wer sind wir denn noch ohne das alles?«

Ich schaute hinüber zu Valentina.

»Versteh mich richtig. Ich mag Geld, ich mag schöne Kleider, aber nicht um jeden Preis. Ich habe mich letzthin mit einem Freund getroffen. Er hat eine eigene Firma, ist immer an drei Telefonen gleichzeitig. Ich hasse es, wenn er ständig am Smartphone hängt, wenn wir essen gehen. Es fühlt sich so an, als wenn du alleine am Tisch sitzen würdest. Nein, warte, es fühlt sich noch schlimmer an. Er stellt dich einfach aufs Abstellgleis. Eigentlich kein schlechter Kerl, aber dieses Ding mit dem Handy ist dermaßen respektlos! Er bemerkt es nicht einmal mehr. Er ist ja so beschäftigt, all die vielen Kunden, der Stress, du weißt schon. Und ich hasse es, dass er mich immer wieder unterbricht, weil seine Freundin anruft oder weil der nächste Kunde an der anderen Leitung ist. Das ist einfach respektlos und frech. Sorry, aber mit seiner Freundin kann er nachher wieder telefonieren. Wenn ich mit jemandem spreche, gebe ich ihm die ganze Aufmerksamkeit. Alles andere ist lächerlich. Also habe ich ihm gesagt, dass ich keinen Bock mehr habe, mit ihm essen zu gehen. Und weißt du was?«

»Nein, was?«

»Es geht mir seither viel besser. Er ist so unbewusst geworden. Er rennt jedem seiner Geschäfte hinterher wie ein Sklave, der durch die Wüste gepeitscht wird. Aber alle paar Monate läuft ihm ein Mitarbeiter weg. Als ich ihm vorgeschlagen habe, jemanden mit Berufserfahrung einzustellen, hat er mit den Worten abgewehrt: ‚zu teuer'. Aber was er da veranstaltet mit den ständigen Wechseln und den jungen Dingern, die keine Ahnung von Menschen und vom Geschäft haben, davon hat er wohl noch nichts bemerkt. Zudem ist er nicht in der Lage, ihnen das beizubringen. Sie sollen schon pfannenfertig in die Firma eintreten, möglichst mit wenig Gehalt.

Er war einmal ein begabter, intelligenter Typ. Jetzt ist er einfach nur noch ein Schatten seiner selbst, rennt all den Dingen hinterher, von denen er sich eingeredet hat, sie wären wichtig. Es ist traurig. Aber er ist immer noch am Überlegen, warum ich mich nicht mehr mit ihm treffen will. Ach, Colette, diese Welt da draußen ist wirklich verrückt geworden. Mein Leben ist mir einfach zu schade, mich derart abzuhetzen. Ich arbeite gerne und ich arbeite gerne viel. Aber ich habe hier die Möglichkeit, auch auf meine Bedürfnisse als Mensch einzugehen. Und das ist bei LEBEN AG möglich und damit Lebensqualität pur.«

Der restliche Tag wurde nicht so hektisch wie befürchtet. Im Gegenteil: Wir hatten sogar am frühen Abend Zeit für einen gemeinsamen Grillplausch, mit dem wir die Messevorbereitung ausklingen ließen. Ich spürte allerdings beinahe jeden Knochen. Wir alle waren schon sehr gespannt auf die kommenden Wochen und wir waren optimal vorbereitet. Ein so eingespieltes Team war mir neu, jeder Handgriff saß und ich wurde schnell Teil dieses Teams. Weil alles so gut klappte, war es einfach für mich, in meine neue Rolle hineinzugleiten. Bis in die Nacht hinein blieben die meisten, nur ein paar wenige hatten sich früh verabschiedet. Es war eine laue Herbstnacht und ich war glücklich, als ich nach Hause fuhr.

Sogar zu Hause war es angenehm. Am Wochenende hatte ich viel Zeit für mich. Mit Jürg konnte ich klären, was ich mitnehmen konnte und was er behalten würde. Wir verstanden uns gut, konnten uns lange unterhalten und am Samstagabend hockten wir sogar gemeinsam vor der Glotze.

Am Montagmorgen ging es los. Um 5 Uhr 30 saß ich im Auto von Tony Leben, zusammen mit Rico, Mirco und Valentina. Das Gepäck war im Kofferraum des SUV verstaut und Valentina hatte Getränke organisiert. Angeschnallt und mit guter Hintergrundmusik ging es im Dunkeln los in Richtung Tessin. Die Lichter der Straßen zogen an mir vorbei, während der Tag sich langsam einschlich und die Helligkeit mitbrachte, die bald darauf die Sonne an den Himmel schob. Mit einer ausgedehnten Frühstückspause in einer Autobahnraststätte kamen wir schließlich um halb zehn in Riva San Vitale an. Die Pension von Graziella lag an einem Ort, der kaum idyllischer hätte sein können. Tony parkte den Wagen und streckte sich erst einmal ausgiebig. Als wir die Koffer auspackten, sah ich mich um.

»Ich bin im Himmel«, rief ich und Rico lachte.

»Es ist wirklich paradiesisch hier, das muss ich zugeben.« Er half mir, obwohl er mit seinem eigenen Gepäck genug zu tun hatte.

»Schau da drüben, siehst du die Boote?«

Natürlich, Rico hatte zuerst die Schiffe entdeckt. Ich musste schmunzeln, während er seinen Hals reckte, um genauer sehen zu können, um was für Boote es sich handelte.

Ich hatte zugestimmt, ein Zimmer mit Valentina zu teilen. Tony hatte ein Einzelzimmer, Rico und Mirco hatten sich für ein gemeinsames Doppelzimmer entschieden. Graziella begrüßte uns herzlich, gab uns die Schlüssel und zeigte uns unsere Zimmer. Schade, dass die Zimmer nicht direkt am See waren wie die Ferienwohnungen, aber die Aussicht war dennoch atemberaubend. Auf der Terrasse wehte eine kühle Brise, während der Herbsttag noch immer hohe Temperaturen bereithielt. Die Luft war klar und rundherum war es beinahe mucksmäuschenstill. Die Zimmer waren einfach und sauber und ich konnte mich nicht sattsehen am Ausblick auf den See. Valentina hängte ihre

Kleider fein säuberlich an Kleiderbügel und räumte Unterwäsche und Schuhe in den Schrank. Dabei summte sie eine Melodie.

»Wir bleiben nur drei Tage«, brachte ich an, aber Valentina lächelte.

»Ich bin gerne klar, auch an Orten wie diesen. Es gibt mir ein heimisches Gefühl. Probier es doch auch mal aus. Ich fühle mich wohler, wenn ich die Kleider aus dem Schrank herausnehme als aus dem Koffer.«

Ich rutschte vom Bett, von wo aus ich ihr zugesehen hatte, und folgte ihrer freundlichen Aufforderung. Ihr gleichtuend, brachte ich meine Kleider ebenfalls fein säuberlich in den Schrank und packte meine persönlichen Sachen ins Badezimmer. Valentina hatte ihre Kosmetiktasche bereits ausgeräumt. Die Döschen und Tigelchen gefielen mir, sie sahen alle so edel aus. »Du hast ja viele Sachen«, meint ich und musterte die Produkte.

»Es ist wichtig, sich gut abzuschminken, sich zu reinigen, auch am Morgen. Und es ist wichtig, dass du keine Billigprodukte verwendest für so etwas Wichtiges wie dein Gesicht. Du hast nur eines.«

»Autsch«, sagte ich und fühlte mich ertappt.

Valentina betrachtete meine Sachen, dann lächelte sie. »Benutz einfach meine Sachen mit. Hier: Wattepads gibt's auch genug. Wir schauen uns das mal an, wenn wir wieder zu Hause sind. Schließlich müssen wir erst einmal wissen, was für ein Hauttyp du bist. Erst dann kann ich dir etwas auf lange Sicht empfehlen. Okay?«

Ich nickte und folgte Valentina, als wir uns schließlich aufmachten, um uns mit den Anderen zu treffen. Graziella hatte einen Willkommenstrunk vorbereitet. Auf einer großen Terrasse mit Seeblick begrüßte sie uns. Fruchtig süße Drinks wurden gereicht, Grillgeruch schlich sich in meine Nase und ein langer Tisch stand einladend bereit, darauf volle Teller mit Leckereien aus der Gegend.

Graziella war mir auf Anhieb sympathisch, eine Italienerin mit Herz, die mit Akzent auch Deutsch sprach. Sie freute sich, mich kennenzulernen, die Anderen kannte sie ja schon. Sie zeigte mir das Anwesen. Ich war beeindruckt, wie groß und weitläufig das alles war. Auch die Halle, in der die Messe stattfand, besuchten wir. Insgesamt fünf Weingüter aus Italien, drei aus Frankreich und zwei Weinhandlungen aus Österreich und der Schweiz hatten sich für rund eine Woche angekündigt.

Nachmittag und Abend verliefen friedlich, die Zeit schien kaum vorbeizugehen, aber in einem positiven Sinne. Je bewusster ich wurde, desto mehr Zeit schien ich zu haben. Wir richteten uns nach dem Essen in der Halle fertig ein und machten uns startklar für den Messebeginn am nächsten Morgen. Danach war freie Zeit angesagt. Die einen nutzten sie zum Baden oder Spazierengehen oder Rumliegen auf der Wiese. Valentina lag in einem teuer aussehenden Badeanzug in der Sonne und hörte Musik, las in einer Frauenzeitschrift und hatte die Beine auf dem Liegestuhl übereinandergeschlagen. Mit einem Fuß wippte sie im Takt zur Musik, während ich sie beobachtete. Vor mir lag mein Heft mit all den Notizen über Stärken und Schwächen. Ich hatte hineingeschrieben, wenn mir was aufgefallen war, was mir besonders gefiel oder eben nicht. Das Notizheft füllte sich, als Tony sich neben mich setzte.

»Ist alles in Ordnung bei dir? Du wirkst niedergeschlagen.«

»Ich bin nur müde«, entgegnete ich.

»Wirklich?«, fragte Tony nach und schaute auf das Heft. »Du bist ganz schön fleißig.«

»Schau es dir nur an, kein Problem. Es tut gut, sich das von der Seele zu schreiben. Das hätte ich nicht gedacht. Vor allem die Stärken und was ich im Leben will.« Ich schüttelte den Kopf. »Was ich wollen könnte im Leben. Ich hab ja tausend Ideen«, lachte ich.

»Und das ist gut so. Erst mal alles von der Seele schreiben, auch alles, was dir Spaß machen könnte. Im Lauf der Zeit werden wir herausfiltern, was es wirklich ausmacht. Sich für diesen Prozess Zeit zu lassen, hat Klasse und wird dir Qualität bringen.«

Ich nickte bejahend. »Tony?«, fragte ich.

»Ja.«

»Ich bin etwas melancholisch.«

»Weswegen?«, wollte er wissen.

»Na ja, jetzt habe ich sogar Rudelweh, wenn ihr hier seid.«

Tony grinste. »Der größte Teil des Rudels ist nicht hier, Colette. Vielleicht hast du deswegen Rudelweh.«

»Meinst du? Ich dachte, es ist mehr so eine Art, na ja ...«, mir wollte kein passendes Wort einfallen. »Irgendwie … Wie soll ich sagen. Ich denke eher, es ist so, dass ich gar nicht richtig glauben kann, dass das Leben sich so gut anfühlen kann. Ich habe Angst, dass ich aufwache und alles ist vorbei.«

»Das kann ich gut verstehen, aber es ist wichtig, dass du mit deinen Gedanken im Moment bleibst. Konzentriere dich darauf, was jetzt gerade passiert, dann kannst du nicht in diese Melancholie abrutschen. Irgendwann wird es wirklich vorbei sein, spätestens wenn wir sterben, aber bis dahin gibt es noch ganz viel Leben. Deswegen ist es wichtig, im Hier und Jetzt zu sein.«

»Aber wenn ich euch einmal verliere?«

»Nicht heute, Colette. Außerdem hast du schon einmal einen solchen Arbeitsplatz gefunden. Da wirst du in der Lage sein, wieder einen solchen zu finden oder einen noch besseren.«

»Du weißt, dass das nicht möglich ist.«

»Danke für die Blumen, aber doch, es ist möglich. Klammer dich nicht an etwas. Du bist hier so lange willkommen, wie du willst. Wenn du willst, auch bis du 90 Jahre alt bist. Aber lass das Leben fließen. Es gibt noch so vieles, was auf dich wartet. Und vorher kannst du fleißig bei uns mitwirken. Das Leben ist wundervoll, Colette. Genieß es und genieß den Moment, bleib immer im Jetzt. Deine Kollegen schwärmen von dir, weißt du das? Ich wollte sowieso noch mit dir nach den ersten Tagen reden. Abholen, ob es dir immer noch gefällt, aber die Frage hast du mir nun ja beantwortet.«

»Ich fühle mich sehr wohl bei LEBEN AG.«

»Und LEBEN AG fühlt sich sehr wohl mit dir. Du bist sehr beliebt, alle fühlen sich wohl mit dir und können sich kaum vorstellen, dass du erst seit Kurzem bei uns bist. Auch der Baum, den wir gepflanzt haben, wächst überdurchschnittlich schnell. Du integrierst dich wirklich sehr gut. Valentina hat mir erzählt, dass du schon fast alles selbstständig machen kannst. Und das in so kurzer Zeit. Das ist erstaunlich. Gratulation.«

»Sie nimmt sich auch viel Zeit und hat eine klare Art, mir ihr Wissen zu vermitteln.«

»Toll, dann sind wir ja doch sehr effizient«, zog mich Tony auf.

Ich schubste ihn an der Schulter. »Aber klar doch, Herr Chef.« Dann wurde ich wieder ernst. »Aber im Ernst, Tony. Ich hab echt Angst, euch zu verlieren.«

»Das ist menschlich, gerade wenn du vorher viel Schmerz und Leere erlitten hast. Wenn du dann etwas gefunden hast, was dich nährt, versuchst du es festzuhalten. Nur: Wir können nichts festhalten, alles ist im Fluss. Aber sei unbesorgt, es ist alles gut, so wie es ist. Es fühlt sich vieles für dich neu an. Und das Neue braucht Freunde.«

»Das Neue braucht Freunde?«

»Ja, deine alten Muster und Gefühle müssen sich auch daran gewöhnen, dass sie nicht mehr in ständiger Angst leben müssen. Gib allen Anteilen von dir ein wenig mehr Zeit. Versuch es mit Methoden, die dir guttun. Manchmal hilft eine Meditation, manchmal joggen, manchmal Bäume umarmen. Ich habe keine Ahnung. Das Neue braucht Freunde. Mache Dinge neu, mache sie anders. Vor allem mache so viel du kannst von den Dingen, die dir Freude machen, die dich nähren. Versuch, alte Verhaltensmuster, die dir nicht guttun, nicht mehr zu kultivieren. Wenn du noch mehr tolle Veränderungen erleben möchtest, dann erlaube dir, neue Wege zu gehen, auch wenn sie manchmal Angst machen. Rede mit der Angst, lass nicht zu, dass sie das Ruder übernimmt. Du bist der Chef in deinem Leben.«

Er las in meinem Heft, sorgfältig blätterte er Seite um Seite, sagte kein Wort und hatte einen Ausdruck von Güte im Gesicht.

»Danke für dieses Vertrauen, dass ich mir das ansehen durfte, Colette. Ich bin beeindruckt. Du hast ein großes Herz und bist sehr clever. Ich wette, in wenigen Wochen wirst du mir meine eigenen Werte um die Ohren hauen«, lächelte er.

Ich beobachtete ihn, wie er zu Valentina hinüberblickte. Dann schaute er wieder zu mir und schob mir das Heft entgegen. »Das ist tolle Arbeit, mach weiter so.«

»Rico meinte, ich würde nicht im Personalbüro bleiben«, sagte ich mit einem Mal.

Tony lächelte. »Wer weiß schon, wofür er berufen wurde.«

»Aber ich habe Angst ...«

»Colette, erlaube deinen Ängsten nicht, dich zu beherrschen. Fühle sie und lass sie dann gehen. Wer weiß, wozu du berufen bist. Ich habe meine Berufung in LEBEN AG gefunden, das ist meine Geschichte. Deine Berufung wird sich noch zeigen. Vielleicht ist es im Personalbüro, vielleicht irgendwo ganz anders. Dieses Heft hier wird dir helfen herauszufinden, wo du dich umsehen sollst. Aber es wird dir die Berufung, deine Gabe nicht offenbaren, *sie* wird *dich* finden. Und du wirst ihr folgen.«

»Wird mir gefallen, wozu ich berufen bin?«, wollte ich unsicher wissen.

»Mir Sicherheit. Deine Berufung geht ebenso nach dem Grundsatz wie ich.«

»Und der lautet?«

»Mach nur, was dir Freude macht. Das ist das Allerwichtigste im Leben. Mach nur, was dir Spaß macht.«

»Das kann man doch nicht immer.«

»Doch, genau genommen kann man das, wir haben es nur verlernt. Du kannst dich auch entscheiden, Spaß an dem zu haben, was du tust. Es gibt nämlich genau in diesem Moment hunderttausende Menschen, die verhungern, im Krieg um ihr Leben bangen oder gefoltert werden. Glaubst du nicht, auch aus Respekt gegenüber solchen Schicksalen, wir sollten unsere Leben etwas bewusster leben und auch Freude mehr Raum in unserem Sein geben?«

Tony war aufgestanden und ich blickte zu ihm hoch. »Magst du mich begleiten, ich möchte ein wenig spazieren gehen. Riva San Vitale ist wunderschön.« Also erhob ich mich, nickte und schlenderte mit ihm los.

»*Das Neue braucht Freunde.* Der Spruch gefällt mir. So etwas könnte ich mir im neuen Wohnzimmer über die Wand malen.«

»Die Idee gefällt mir. Ich helfe dir dabei.«

»Würde dich das nicht stören?«

»Nein, ganz und gar nicht. Gestalte deine eigenen vier Wände, wie du möchtest. Was hat Jürg gesagt?«

»Er hat ein paar kleine Haushaltssachen, die er mir geben kann. Aber weil ich so großzügig beschenkt werde von euch, kann er das meiste behalten und für die WG nutzen. Das ist auch gut so.«

»Was meinte er denn zu einem Termin?«

»Einer der Kollegen kann schon relativ schnell einziehen, also könnte ich im Oktober schon kommen, wenn dir das recht ist. Dann hat er jemanden, der ihm mit der monatlichen Miete hilft, und ab November zieht dann der dritte Kollege ein. Die haben das offenbar schon so besprochen.«

»Du siehst aber nicht sehr glücklich aus«, bemerkte Tony, als er meine Miene sah.

»Ich habe davor schon lange alleine gelebt. Ich habe mit Jürg gehofft, das würde sich endlich ändern.«

»Erinnere dich: Das Neue braucht Freunde. Du bist gerade dabei, dich komplett zu verändern. Wer weiß, welchen tollen Männern du noch begegnest. Gerade weil du dich so veränderst, wird das Leben wohl ganz andere Herren der Schöpfung auf den Platz befehlen, du wirst sehen.«

Ich presste die Lippen zusammen und blinzelte Tony an. »Das könnte gut möglich sein.«

»Bis dahin musst du eben zu uns hochkommen. Du kannst dich mit zu uns auf die Couch kuscheln.« Tony legte den Arm um mich. »Liebe Grüße übrigens noch von Ida. An alle, ich werde sie den Anderen auch noch ausrichten. Sie ist ganz froh, dass sie mich mal los ist.« Er lachte übers ganze Gesicht.

»Warum?«

»Auch eine Frau braucht einmal richtig Zeit für sich. Die Kinder sind diese Woche auch kaum zuhause, also kann sie sich richtig Zeit nehmen für alle ihre Unternehmungen. Treffen mit Freundinnen, ihren Hobbys nachgehen, einfach das, worauf sie Lust hat.«

»Du liebst sie sehr.«

»Ja, das tue ich, auch nach all den Jahren, noch immer. Sie ist meine Frau, meine Geliebte, mein bester Freund, mein schärfster Kritiker und meine ganz persönliche Nervensäge.«

»Wir Frauen sind keine Nervensägen«, erboste ich mich im Scherz.

»Doch, das seid ihr manchmal, und ganz besonders meine Ida.« Tony bot mir seinen Arm an. Ich hakte mich bei ihm unter und musste lachen.

»Ich möchte nachher noch kurz telefonieren, schauen, wie es im Büro gegangen ist. Kommst du mit?«, fragte Tony.

»Kann ich dir helfen?«

»Wenn du Zeit hast, gerne, vielleicht gibt es noch ein paar Kleinigkeiten zu erledigen, bevor wir zum Abendessen gehen. Mach dich darauf gefasst, Graziella wird uns mästen wollen.«

Als wir zurückkamen, lehnte Rico in einem Stuhl, auf dem Tisch ein Rotweinglas. Er telefonierte lautstark in Italienisch. Als er uns sah, beendete er das Telefonat.

»Es ist alles in Ordnung. Du kannst morgen übernehmen.« Rico lachte und klopfte auf den Stuhl neben dem seinen, auf dem ich Platz nahm.

Tony freute sich. »Super, vielen Dank, das du mir das abgenommen hast.«

»Müssen wir noch was erledigen?«, fragte ich Rico, als ich verstand, dass er soeben Tony Arbeit abgenommen hatte.

»Nein, ist alles in trockenen Tüchern. Passt alles. Wir sollen uns hier gut auf den morgigen Tag vorbereiten. Es wird ein anstrengender Tag.« Rico erhob sich. »Ich komme gleich wieder, ich werde mit Graziella den Wein für heute Abend aussuchen.« Damit entfernte er sich aus unserem Blickfeld.

»Stört dich das nicht, dass Rico deine Arbeit übernommen hat? Ich meine, du bist doch der Chef.«

»Das ist richtig und das ist eine Tatsache, die ich nur sehr selten betonen muss. Als ein sogenannter Chef macht es mir Freude, anderen zu zeigen, wie es geht, sie zu stärken und sie zu fördern. Es ist nicht an mir, sie kleinzuhalten oder neidisch zu sein, weil sie was besser könnten als ich. Nein, Colette, es stört mich nicht. Im Gegenteil: Es ist sehr aufmerksam von Rico, mir das abzunehmen. Auch bin ich stolz darauf, dass wir so gut zusammengearbeitet haben, dass er irgendwann sogar vielleicht die Firma übernehmen oder was Eigenes in der Art aufbauen könnte. Er macht hervorragende Arbeit und manche Kunden betreut er besser als alle Anderen. Ich muss mich nicht in den Vordergrund drängen.«

Wieder meldete sich meine Magengrube, ich hatte Angst, dass alles auseinanderfallen könnte.

»Kultiviere nicht deine Angst, Colette. Wer Menschen liebt, muss loslassen können. Und Rico wird heute und morgen nirgendwo hingehen«, lachte Tony. »Er ist glücklich, wenn er so viel Freiheiten genießen kann, und ich bin dankbar, dass er bei uns ist und unsere Kunden verzaubert. Du wirst ihn morgen erleben.«

Der Abend war lustig, Graziella und ihr Mann wussten Geschichten zu erzählen, die an die Lachmuskeln gingen. Wir aßen und tranken viel, um ehrlich zu sein, viel zu viel, doch es machte einen Heidenspaß. Wir saßen lange draußen, tranken Wein und philosophierten unter den Sternen bei einem lauen Herbstwind, der über den See wehte. Ich fiel nach Mitternacht todmüde ins Bett, randvoll mit gutem Essen, einem kleinen Schwips und beseelt von dem Abend im Kreis mit lieben Menschen. Ich kam nicht einmal dazu, mich noch mit Valentina zu unterhalten, so schnell war ich im Land der Träume.

Irgendetwas piepte in mein Ohr, langsam verabschiedete sich der Schlaf aus meinem Bewusstsein und ich realisierte, dass es der Wecker war, der wohl schon länger klingelte. So tief hatte ich noch nie geschlafen, dass ich meinen Wecker nicht beim ersten Klingeln gehört hätte. Noch etwas zerknautscht setzte ich mich auf und blickte aus dem Fenster. Valentina hörte ich im Badezimmer singen, daneben brummelte eine dunkle Stimme einen italienischen Schlager aus dem Radio, der ihr offenbar sehr gefiel. Müde erhob ich mich aus dem Bett – es war gerade mal halb sieben Uhr morgens –, dann tappte ich zur Balkontüre und öffnete sie. Draußen war es kühl geworden. Ich stellte mich auf den Balkon und blickte auf den See hinaus. Die Aussicht war atemberaubend, im Hintergrund erhoben sich Berge, alles lag noch friedlich und still da.

Um Punkt acht Uhr war auch ich im Frühstücksraum, wo wir uns mit den Anderen trafen. Ob man gut geschlafen hätte, wie es einem ginge, Smalltalk am Morgen. Tony machte seinem Namen alle Ehre und war schon wieder voller Leben, während Rico wahrscheinlich noch etwas Entfaltungsmöglichkeiten brauchte. Er beteuerte, dass er nach zwei bis drei Kaffees wieder etwas lebendiger wirken würde. Graziella hatte ein üppiges Frühstücksbuffet gezaubert: Brötchen in allen Variationen, Brotaufstriche, Konfitüren, Honig, Rührei und Speck, gekochte Eier, Früchte, Joghurt, Müsli, Kuchen, belegte Brote, Fleisch in großer Auswahl, Käse, saure Gurken, verschiedene Gemüse, Kaffee und Tee.

Erfrischend war, dass ich gestern Abend und heute Morgen kein einziges Smartphone auf den Tischen entdeckt hatte, als wir aßen. Es war herrlich, welche Gespräche so entstehen konnten. Ich erinnerte mich dunkel an die Jahre vor der Erfahrung der mobilen Telefone und musste schmunzeln. Die Lebensqualität echter Gespräche kehrte offenbar wieder in unsere Gesellschaft zurück, wenigstens in die von LEBEN AG. Erst nach dem Essen klinkte sich Tony aus, weil er eine wichtige E-Mail von Igor auf sein Handy erhalten hatte, das auch ohne WLAN funktionierte. Der taube Verkäufer war bei dieser Messe nicht dabei, weil er einen Großauftrag an Land gezogen hatte. Er würde erst an den nächsten Messen teilnehmen, was ich sehr bedauerte. Zu gerne hätte ich ihn in Aktion erlebt.

Rund 40 Minuten später waren wir in der Halle, in der bereits reges Treiben herrschte. Blumen wurden in große Vasen gesteckt, eine junge Dame half ihrem älteren Kollegen mit der Krawatte. Italienische Worte gingen im Hintergrundlärm unter, Gläser wurden poliert, Weinflaschen entkorkt. Valentina hatte mir zu Hause schon gezeigt, wie wir arbeiten würden, und ich machte mich hinter dem Tresen von LEBEN AG sofort ans Werk, holte mir Bestellformulare und Schreiber. Schließlich wurde ich doch noch unruhig, bevor die Messe um neun Uhr eröffnet wurde.

»Tony«, flüsterte ich ihm zu und zupfte an seinem Hemd. »Wie soll ich sein, ich meine, ich weiß nicht, ob ich Profi genug bin.«

Tony lächelte charmant und kam näher. »Sei einfach so, wie du dir vorstellst, dass der Andere in dieser Rolle sein sollte.«

Einen Moment überlegte ich, dann entschloss ich mich zu entspannen. »Okay.«

Und schon öffnete Graziella selbst die Türe als Zeichen, dass die Messe nun offiziell eröffnet war. Zu meinem Erstaunen strömten dutzende Leute in die Halle. Wo kamen die alle her? Valentina klärte mich auf, dass diese kleine Messe der Höhepunkt vieler privater Weinliebhaber sei. Ich hatte ja schon im Vorfeld erfahren, dass einige hier und zu dieser Zeit Ferien machten.

Die ersten Kunden schlenderten schon auf unseren Stand zu. Rico begrüßte auch bereits die ersten Gesichter, die er kannte. Ich konnte kaum wegsehen, denn Rico war der eigentliche Gastgeber dieser Messe. Er umarmte die Menschen; sie rissen sich beinahe darum, wer als Erster bei ihm war und ihn begrüßen konnte. Seine offene Körperhaltung schloss all die Menschen, die zu ihm kamen, regelrecht ein. Er lachte über das ganze Gesicht, kannte jeden Namen, hatte Augen für jedes Detail. Ich war in seine Nähe gehuscht, um ihm zuzuhören, ihn zu beobachten. Für eine Weile vergaß ich sogar, dass ich hätte arbeiten sollen. Rico fiel einfach alles auf, von den neuen Schuhen über die dunklere Haarfarbe bei Frauen, die neue Uhr bei einem Stammkunden, und er erinnerte sich an alle Geschichten, die die Leute ihm beim letzten Mal erzählt hatten. Er war wie eine wohlriechende Blume, zu der alle Bienen strömten – ich war fasziniert. Und nichts, aber auch gar nichts, schien gekünstelt oder aufgesetzt oder einstudiert. Rico war echt, seine Art, auf die Menschen einzugehen, war derart herzlich, dass ich aufseufzte.

»Was ist los?«, fragte mich Valentina, die gerade Gläser ins Gebinde stellte, um sie zum Waschen mitzugeben. Die ersten Gäste hatten schon Wein probiert und sich verabschiedet. »Verliebst du dich gerade in Rico?«, schmunzelte sie.

»Nein, das nicht. Herrje, der ist viel zu jung für mich. Aber es ist unfassbar, wie er ist. Oder sehe nur ich das?«

»Nein, du siehst das schon richtig, Colette, Rico ist ein Menschenfreund. Ich denke, ein anderes Wort gibt es dafür einfach nicht. Er liebt sie alle und sie lieben ihn.«

»Wie kann man so voller, voller ....«, ich suchte nach einem geeigneten Wort.

»Authentizität«, half mir Valentina.

»Ja, aber auch ...«, ich suchte weiter, »... Leben.« Das war das Wort, was mir gefehlt hatte. »Er ist so voller Leben. Das haben sonst nur kleine Kinder und Tiere. Sie haben keine Scheu, zeigen sich so, wie sie sind, und sind einfach hungrig auf das Leben.«

»So sollte es doch auch sein, oder?« Valentina schnappte sich frische Gläser und stellte sie auf den Tresen. »Wir alle haben gelernt, wieder so echt zu sein. Du bist ja auch auf bestem Weg.«

»Ja schon, aber doch nicht so wie Rico«, schwärmte ich.

»Am besten fängst du gar nicht erst an, dich mit Anderen zu vergleichen, oder hörst wieder auf damit. Es gibt immer jemanden, der schöner, älter, schlanker, besser, bla bla bla, ist. Du bist das Original. Keiner ist wie du und du wirst sehen: Du hast genauso ein Talent wie Rico, aber vielleicht an einem anderen Ort. Vielleicht ist es nicht so spektakulär wie seines, aber nicht minder wertvoll oder wichtig. Außerdem ...«, Valentina zwinkerte mir zu. »Wenn wir alle so wie Rico wären, das wäre doch auch wieder langweilig, oder?«

Unsicher stand ich hinter dem Tresen, als die ersten Gäste zu mir kamen. Nach ein paar ersten Patzern entschloss ich mich, einfach zu sagen, dass ich neu in der Firma war und in der Personalabteilung arbeitete. Die Reaktion war verblüffend. Anstatt dass die Leute zu Tony oder Valentina oder zu Rico gegangen wären, nickten sie verständnisvoll und halfen im Gegenzug mir, die Weine kennenzulernen und was ich über sie erzählen konnte. Dabei zeigten sie mir, worauf ich achten sollte beim Weinausschenken, beim Entkorken und was sie als Kunde gerne von einer Person hätten, die sie beriet.

»Siehst du, es geht ganz einfach«, flüsterte Tony mir im Vorbeigehen zu, als er hinter mir durchhuschte.

»Du hast die besten Kunden der Welt.«

»Ich weiß«, lächelte er. Dann blieb er kurz stehen. »Nein, es geht nicht darum. Du bist echt, Colette, du gibst dich natürlich und offen. Das schätzen Menschen. Und du spielst keine Fachspezialistin, die du nicht bist. Darin kann sich jeder Mensch wiederfinden, denn es würde ihm an deiner Stelle ganz genauso gehen. Also gehen sie den Weg mit dir gemeinsam. So außergewöhnlich ist das nicht, glaube mir. Wir alle haben so gelernt. Außerdem – der Wein ist eine Sache. Aber freundlich zu sein, Mensch zu sein, dafür brauchst du keine Schule, dafür musst du nichts über Wein wissen. Messen, Verkaufen … All das hat damit zu tun. Erlaube dir einfach, du selbst zu sein, dann fühlen sich die Menschen bei dir wohl. Wenn dann das Produkt auch noch stimmt, kaufen sie bei dir, weil sie spüren, dass du echt bist und auch sie sich nicht verstellen müssen. Ist dir schon mal aufgefallen, dass dir die Leute die privatesten Dinge erzählen?«

Das war mir in der Tat aufgefallen. Indem mir die Kunden Tipps gaben, erzählten sie mir von ihren Erlebnissen und wie sie dazu gekommen waren.

»Siehst du und dann weißt du, dass du alles richtig gemacht hast.« Er schleppte leere Gläser in einem Gebinde zum anderen

Ende des Standes, während ich mich weiter um meine neuen Kunden kümmerte.

»Colette, kannst du mir bitte den Blauburgunder aus dem Burgenland öffnen, den da ganz links oben?« Rico stand auf der anderen Seite des Tresens, als die Leute sich verabschiedet hatten, die gerade bei mir gewesen waren. Sie hatten sogar Wein bestellt, aber ich kam nicht dazu, das Formular genau anzusehen.

»Klar, mach ich sofort.« Ich drehte mich um und holte den besagten Wein.

»Darf ich dir Ludwig und Vanessa vorstellen?«

Ein älterer Herr stand mit einer jungen Frau vor mir. Ich reichte beiden freundlich die Hand, lächelte sie an und stellte ihnen frische Gläser hin. Noch bevor ich mir irgendwelche Urteile erlaubte, atmete ich einmal tief durch und sagte mir, dass ich diese Menschen einfach nur kennenlernen wollte, ohne sie zu bewerten.

»Du machst das schon hervorragend«, erklärte Rico und Ludwig ergänzte: »Rico war so nett und hat uns erzählt, dass Sie neu zu LEBEN AG gestoßen sind und im Personalbüro sind. Es ist sehr bewegend, dass Sie schon zu einer Messe mitkommen. Ich freue mich sehr, Sie kennenzulernen.« Der alte Mann mit dunkler rauchiger Stimme lächelte charmant. Er war äußerst gut angezogen, und ich war mir sicher, dass er älter war, als er aussah.

»Ich hoffe, ich mache nicht allzu viel falsch«, lächelte ich zurück.

»Es ist noch keine Meisterin vom Himmel gefallen«, sagte die junge Frau.

»Das ist allerdings wahr«, bestätigte ich. So wie ich es gelernt hatte, goss ich den beiden Gästen Wein zur Degustation ein und wartete, bis sie gekostet hatten.

»Haben Sie diesen Wein auch schon gekostet?«, fragte mich Ludwig.

»Oh ja, ich habe davon sogar schon zu viel getrunken«, lachte ich. »Dank Rico darf ich so viele tolle Weine kennenlernen, aber der hier, der ist wirklich hervorragend.«

»Das freut mich«, sagte Ludwig und ich wunderte mich ein wenig.

»Du solltest sie aufklären«, lachte Vanessa dazwischen, die meinen verwirrten Gesichtsausdruck wohl bemerkt haben musste.

»Oh, verzeihen Sie, aber natürlich. Wissen Sie, wir sind vor Jahren in die Steiermark ausgewandert. Die Liebe, die Liebe, Sie wissen schon. Und das ist einer meiner Weine, die wir herstellen. Oder vielmehr«, er legte den Arm um Vanessa, »meine wunderschöne und begabte Tochter. Sie ist unser Weinspezialist heute auf dem Gut.«

Erleichtert atmete ich auf. Ich war froh, dass ich meine alten Bewertungssysteme auf »aus« gestellt und mir nicht eingebildet hatte, dass das seine Geliebte war. Ich schüttelte den Kopf und lächelte in mich hinein. Ich war wirklich in einer seltsamen Welt zuhause gewesen.

»Das ist IHR Wein? Oh, dann muss ich mich bei Ihnen bedanken. Der Wein ist Weltklasse«, sagte ich.

In der Folge entstand ein aufregendes Gespräch, insbesondere mit Vanessa. Wir unterhielten uns ausgedehnt über die Vorgänge des Weinbaus. Ich sog alles auf, was sie mir dazu erzählte.

23. Systemik – deine Energie verändert alles

Der Tag flog nur so dahin. Ich hatte das Gefühl, dass die Messe gerade erst begonnen hatte und schon war es nach 13 Uhr. Wir hatten uns entschieden, lediglich kleine Pausen zwischendurch zu machen. Wir wollten vorwärtskommen und wir brannten regelrecht für die Besucher auf der Messe. Graziella sorgte für Proviant, doch mein Magen war noch vom Frühstück gefüllt. Es gefiel mir, zwischendurch an den Leuten vorbeizuspazieren, Wortfetzen von Gesprächen aufzunehmen, Menschen und ihre Körpersprache zu beobachten und Teil dieses pulsierenden Stroms zu sein. Die Menschen waren offen, gelöst, hatten Zeit für Gespräche und ich stellte fest, dass sie sich »einließen«. Rico kam mir in den Sinn, als er mir die Kunst des Verkaufens erklärt hatte.

»Du wirkst nachdenklich«, meinte Valentina, als es schließlich nach 16 Uhr war. Die Messe dauerte bis 18 Uhr.

»Meine Füße tun mir weh«, sagte ich wortkarg und drückte mein Kreuz durch.

»Deine Füße und es sind sehr viele Informationen, die du aufnimmst. So viele Menschen mit ihren Gesprächen, Ansprüchen und jeder bringt seine eigene Energie mit in diesen Raum. Mit jedem, der neu dazustößt oder geht, verändert sich die Systemik.«

»Davon hast du schon mal gesprochen. Was hat es mit dieser Systemik auf sich?«

»Jeder Mensch ist ein System und mit jedem Menschen zusammen ist er wieder ein eigenes, neues System. So ist jede Gruppe, jede Familie ein System. Jeder hat zu jedem eine Wechselwirkung, meist geprägt von seiner eigenen Herkunft, von seinen Erfahrungen und seiner Geschichte.«

»Das, was Tony mir schon erklärt hat. Ich muss die Reise immer von mir aus beginnen. Meine Kommunikation ist immer gefärbt von meiner Geschichte und ich trage sie auch in jedes Gespräch und in jede Situation mit. So ist es wohl auch mit der Energie, die ich in ein System trage.«

»Ganz genau. Und hier entsteht die Wechselwirkung. Jeder hat auf jeden eine Wechselwirkung. Die wird aber verändert, sobald Energie dazu fließt oder wegfällt.«

»Beispiel?«

»Beispiel, okay. Stell dir vor, ein junges Paar, das verliebt ist, heiratet. Sie genießen die Zeit zusammen und schmieden Pläne. Dann wird die Frau schwanger und schon verändert sich die gesamte Energie, auch wenn das kleine Menschlein noch gar nicht da ist. Alles dreht sich in der Schwangerschaft schon um das Kind. Stell dir weiter vor, wie sich die Energie wieder verändert, wenn das Kind dann da ist. In jeder Hinsicht hat es eine Auswirkung auf den Mann, die Frau und das Kind selbst. Alles, was bisher eine eigene Dynamik hatte, wird sich verändern. Nichts ist, wie es vorher war. Stell dir weiter vor, das zweite Kind kommt. Auch hier wieder verändert sich die Wechselwirkung bei allen vier Beteiligten, wenn wir nur einmal von dem System innerhalb dieser Familie reden. Natürlich hat es immer auch eine Wechselwirkung auf die Außenstehenden, Familie, Freunde, Nachbarn und so weiter.«

»Das ist höchst spannend, daran habe ich noch gar nie gedacht.«

»So ist es auch bei Teams. In einem Unternehmen beispielsweise verändert sich die Energie eines Teams, wenn jemand Neues dazustößt. Nehmen wir an, es ist ein Frauenteam von vier Frauen, eine fünfte kommt dazu. Das verändert einfach alles. Oder stell dir vor, ein Mann kommt ins Team oder umgekehrt. Die Art, wie die Leute zu einander stehen, verändert sich. Kannst du es fühlen, wie sich die Energie verändert? Die Menschen fangen an, sich je nach dem, wie sich die Energie verändert, wie sich die Systemik verändert, unter Umständen vielleicht komplett anders zu verhalten als vorher, auch in bekannten Situationen, auch den ihnen bekannten Menschen gegenüber.«

»Das ist sehr eindrücklich«, gab ich zu.

»Tja und hier haben einige Unternehmen oft Probleme. Beispiel: Ein Team von zwei Frauen und zwei Männern bilden ein Verkaufsteam, ihnen steht ein Vorgesetzter vor. Nehmen wir einmal an, es ist ein eher kameradschaftlicher Vorgesetzter, der sich nicht unbedingt immer durchsetzen kann, okay?«

»Okay.«

»Nun stellst du im Personalbüro immer wieder fest, dass immer wieder dieselbe Stelle frei wird, das heißt, immer der Mann geht, der in der Wechselwirkung mit den beiden Frauen zusammenarbeitet, quasi immer die gleiche Position. Der zweite Mann hat in diesem Beispiel nur indirekt mit den beiden Frauen im Verkauf zu tun. Und es ist immer der Platz des Mannes, der kündigt oder gekündigt wird, und so weiter. Es kommt immer ein Mann, es wird auch wieder ein Mann gesucht, um ihn dort zu platzieren, und so weiter. Alle zwei Jahre gibt es wieder ähnliche Probleme wie mit dem Vorgänger und letzten Endes sieht es nach kurzer Zeit wie früher aus. Die betroffene Person kündigt oder wird gekündigt. Dasselbe Muster, wieder und wieder und immer liegt der Fokus nur auf dieser Person auf dieser bestimmten Position. Viele Vorgesetzte und Personaler suchen das Problem immer bei diesem Mann oder an diesem Platz, aber sie beachten dabei die Systemik nicht. Es ist ganz wichtig, die Wechselwirkung in einem Team zu beobachten und zu analysieren. Wenn sie nämlich genau hinschauen, werden sie feststellen, dass möglicherweise eine der beiden Frauen eine graue Eminenz ist. Sie ist die heimliche Chefin der Abteilung, vor der vielleicht sogar der Vorgesetzte kuscht. Nur so als Beispiel. Diese dominante Energie setzt sich über Regeln hinweg, weist auch den Vorgesetzten in Grenzen und erlaubt es sich, dass durch ihr Verhalten kein neuer Kollege wirklich Fuß fassen kann. Wenn du dann das

Benehmen der zweiten Frau des Teams beleuchtest, wirst du feststellen, dass diese entweder mithilft oder sich komplett raushält.«

»Müsste man so eine Frau nicht kündigen?«

»Das wäre eine Variante oder aber den Vorgesetzten stärken, um hier Grenzen zu setzen und klar zu führen. Besser noch wäre es, die Mitarbeiterin, also den Störenfried, klar mit dem Sachverhalt zu konfrontieren. Um dann mit ihr zu ergründen, welches ihre Motive sind, überhaupt in diesem Team zu arbeiten. Entweder hat sie keine eigenen wirklichen Werte und Ziele, auf die sie hinarbeiten kann – sowohl privat als auch beruflich – oder aber sie muss wirklich erkennen, dass sie am falschen Ort ist. Es gibt noch eine dritte und sehr interessante Variante. Du kannst prüfen, ob sie das Potenzial zur Führungskraft hat. Wenn du das feststellst und es dir gelingt, diese Person in dieser neuen Rolle zu begleiten, wirst du wahre Wunder erleben.«

»So eine würdest du noch fördern?«

»Ja, das würde ich. Viele Leithammel, wie ich sie gerne nenne, sind unglücklich, wenn sie nicht an der Spitze laufen können. Aber dazu benötigen sie zuerst das emotionale und fachliche Rüstzeug. Die meisten wissen noch nicht einmal etwas von ihren Führungsqualitäten. Aber wenn sie im Team mitlaufen, können sie dort unerkannt mehr Schaden anrichten als unterstützen. Führungseigenschaften lernt man selten an den großen Hochschulen. Sie glauben das nur immer wieder. Wahre Führungspersönlichkeiten tragen das schon in sich.«

»Hm … Das macht irgendwie Sinn.«

»Das macht Sinn und es funktioniert auch. Aber zurück zur Systemik. Beobachte einmal die Männer. Wenn sie mit ihren Partnerinnen unterwegs sind, spürst du genau, ob sie authentische sein dürfen oder nicht. Oft siehst du sogar die Systemik in diesen Beziehungen glasklar. Wer hat die Hosen an, wer lässt sich kleinmachen und so weiter. Ich mag solche Messen. Ich lerne sehr viel über den Menschen, indem ich einfach nur beobachte.« Das war mir ähnlich ergangen, das konnte ich gut nachvollziehen.

Wir kamen nicht dazu, weiter zu plaudern, weil schon die nächsten Gäste unsere Aufmerksamkeit forderten. Kaum hatte ich mich wieder in die Arbeit gekniet, war es auch schon 18 Uhr 30, als die letzten Gäste aus der Halle spazierten. Ich konnte kaum mehr stehen, die Füße taten mir weh, mein Kreuz schrie mir den Schmerz entgegen und mein Rücken fühlte sich an, als wäre ein LKW darübergefahren.

»Geht es?«, fragte mich Tony, der gesehen hatte, dass mir das Gehen schwerfiel.

»Ich habe das unterschätzt.«

»Das tun wir alle, glaub mir. Ich hab auch wieder Rückenschmerzen.«

»Am besten machst du ein Basenbad, das entspannt die Muskeln.«

Valentina hatte mir ein Bad eingelassen und hochwertiges Basenpulver ins Wasser gemischt. Ich lag für lange Zeit in der Wanne. Es war so erholsam, dass ich nicht mehr raussteigen wollte. Am Abend schlief ich beinahe am Tisch ein, ich war so müde, dass ich mich kaum auf den Beinen halten konnte. Deswegen wunderte sich auch niemand darüber, dass ich früh schlafen ging und wahrscheinlich schon schlief, bevor ich mich überhaupt zudecken konnte.

Der nächste Morgen war wie ein Hammer. Ich spürte an Orten Muskeln, an denen ich nicht einmal gewusst hatte, dass ich dort Muskeln hatte. Mein Körper war ein einziger Schmerz. Nur mit viel Kraftanstrengung kam ich aus dem Bett. Auch unter der Dusche konnte ich mich kaum vernünftig bewegen und zum Frühstücksraum brauchte ich dreimal länger als Valentina.

»Das sieht nicht gut aus«, meinte sie und wollte mich stützen, aber ich schickte sie voraus. Als ich schließlich bei den Anderen ankam und mehrere Sekunden brauchte, um mich hinsetzen zu können, sagte Tony: »Ich glaube, du machst heute besser eine Pause.«

»Kommt nicht in Frage, ich will heute mit euch arbeiten.«

»Du kannst kaum stehen.«

»Na und? Irgendwie bringe ich das schon fertig«, teilte ich mit. »Kannst du mir vielleicht was zum Frühstück holen?«, bat ich Valentina und Rico grinste.

»Wir holen dir einen Barhocker, dann kannst du dich etwas hinter dem Tresen entlasten. Das sieht kein Mensch. Sonst können wir dich morgen hier reinfahren, glaub mir. Du musst ein bisschen auf uns hören.«

Ich gab nach, ich bemerkte ja selbst, dass Rico recht hatte. Die Variante mit dem Barhocker gefiel mir, aber ich hatte unterschätzt, wie sehr eine Messe einen menschlichen Organismus fordern konnte. Ich drückte beständig mein Kreuz durch, in der Hoffnung auf Entlastung, dann ließ ich den Kopf kreisen, weil der ganze Nacken schmerzte. Es gab wenig Linderung der Schmerzen und mit jeder Stunde bemerkte ich, wie ich die Systemik des Teams am Tresen sehr negativ vergiftete.

Nach dem Mittag kam Tony wieder zu mir, wie alle anderen auch. Es war rührend, wie sie sich um mich kümmerten, anstatt mehr um die Kunden. Ich spürte selbst, dass ich zum Blocker geworden war. Die Geschäfte liefen zwar gut, aber lange nicht mehr so flüssig wie gestern. Das Gespräch gestern über die Systemik war eine gute Gelegenheit gewesen, um heute in diese Wechselwirkung mit den Anderen hineinzuspüren und ungern musste ich zugeben, dass ich heute das Problem war. Als Tony neben mir stand und mir den Rücken ein wenig massierte, erzählte ich ihm von meinen Erkenntnissen.

»Ich bin froh, dass du es einsiehst. Es ist tatsächlich so, dass wir alle angespannt sind und uns um dich Sorgen machen. Es geht nicht einmal um die Kunden, Colette. Du hast gestern wirklich gute Arbeit geleistet und eine Messe fordert viel von einem ab. Du hast zudem noch eine Geschichte vom letzten Arbeitsplatz und von zu Hause zu verarbeiten. Ruh dich aus, geh ins

Bett oder in die Badewanne. Wir schauen nach Messeschluss nach dir, okay?«

Ungern und etwas unglücklich humpelte ich in mein Zimmer, machte mir wirklich noch ein Bad, legte mich hinein. Und später ging ich schließlich ins Bett. Valentina hatte mir noch eine Salbe von Graziella besorgt. Eine Kräutersalbe von irgendeinem Kloster, die die Wärme im Körper neu ins Fließen bringen sollte. Die Salbe roch angenehm und sie heizte meinen Körper richtig auf. Ich wusste nicht, wie lange ich geschlafen hatte, aber es war schon beinahe dunkel draußen, als ich bemerkte, dass Valentina auf der Terrasse mit Rico, Tony und Mirco stand.

»Wie lange seid ihr denn schon hier?«, wollte ich wissen, und die Silhouetten im Dunkeln drehten sich um.

»Wie geht es dir?«, wollte Tony wissen und kam ins Zimmer. Als ich mich aufsetzte, bemerkte ich, dass die Salbe ihre Wirkung gezeigt hatte. Die Schmerzen waren um ein Vielfaches zurückgegangen.

»Besser«, sagte ich.

»Bist du fit fürs Abendessen oder sollen wir das Essen hier raufbringen?«

»Ich will nicht alleine essen.«

»Oh, das würdest du nicht, wir würden mit dir essen.«

»Nein, ich möchte nicht, dass ihr so viel Aufwand für mich betreiben müsst.«

»Colette, falsche Bescheidenheit ist die höchste Form der Lüge. Was würdest du MIR sagen, wenn ich an deiner Stelle wäre«, sagte Rico.

Ich lachte. »Du hast recht, danke fürs Erinnern.«

»Oh, danke fürs Beherzigen.«

»Aber im Ernst, ich möchte noch ein wenig unter die Leute. Danke, dass ich mich ausruhen konnte. Das war wirklich nötig.«

»Die Kunden haben schon nach dir gefragt«, munterte mich Tony auf.

»Echt?«

»Ja, da war unter anderem auch ein Pärchen, das du gestern beraten hattest. Die wollen morgen wiederkommen, um ihre Bestellung aufzugeben. Sie möchten das bei dir persönlich tun.«

»Oh, das wäre doch nicht nötig gewesen.«

»Doch, doch, schließlich bekommt jeder noch eine Provision auf die Bestellungen, die bei ihm aufgegeben wurden.«

»Ehrlich?«

»Das hatte ich dir doch erzählt, Colette«, mischte sich Valentina ein.

»Stimmt, da war was«, lachte ich.

Daran hatte ich nicht gedacht, aber das war mir auch nicht so wichtig. Ich konnte hier übernachten, hatte tolle Menschen um mich herum. Was wollte ich mehr?

Das Abendessen war genauso erholsam und lustig wie am gestrigen Abend, auch diese Nacht schlief ich sehr gut. Der nächste Tag brachte viele Kunden, viel Hektik, viele Gespräche und ganz viel Neues. Mein Körper hatte sich noch nicht vollständig erholt, aber es ging mir besser. Die Salbe hatte ich über Nacht und am Morgen nochmals benutzt, um vorzubeugen, was auch tatsächlich half. Aber nichtsdestotrotz war ich abends hundemüde und früh im Bett. Das Pärchen war wirklich zurückgekommen und hatte eine größere Bestellung bei mir aufgegeben. Ich konnte überhaupt auf einige Bestellungen blicken, die ich abgeschlossen hatte, und das machte mich mächtig stolz. Die Woche mit unermesslich vielen Eindrücken ging dem Ende zu, als wir uns schließlich beim Zusammenpacken wiederfanden. Diesmal gab es weniger zu Verladen, denn die Weine waren zum Großteil leer getrunken, das Altglas entsorgt. LEBEN AG hatte einmal mehr mehr Bestellungen abschließen können als die Mitstreiter an der Messe. Unser Stand war beinahe immer voll gewesen, wir waren stets umringt von vielen Menschen. Selbst die Leute von den anderen Ständen waren oft bei uns und hielten Konversation, genossen die Energie bei uns. Das war auch mir aufgefallen.

Auf dem Heimweg im Auto fielen mir die Augen zu, ich war fix und fertig. Doch auf eine gute Weise war ich ausgepowert, hatte die ganze Woche gar keine Zeit gehabt, mir über irgendwelche Dinge Sorgen zu machen. Weder über den Umzug, noch übers Geld oder die alte Firma hatte ich nachdenken können, es ging mir einfach nur gut. Ich fühlte mich satt im Herzen, satt in der Seele und freute mich auf einen entspannten Sonntag, an dem ich meine Glieder nochmals auskurieren wollte. Rückblickend auf die erste Messe musste ich den Hut ziehen vor all den Menschen, die an solchen Events arbeiten. Der Kraftaufwand für den Körper war enorm, ich hatte das völlig unterschätzt. Aber das enge Zusammensein mit den Anderen hatte mir gutgetan.

24. Der Blickwinkel verändert alles

Eigentlich hätte ich es wissen wollen. Ich hatte es mir nicht nehmen lassen, auch an der nächsten Messe dabei zu sein. Trotz der Wundersalbe aus dem Kloster hatte ich auch hier Schwierigkeiten mit Füßen, Rücken und Nacken, aber hielt tapfer die ganze Zeit durch. Dabei blühte ich trotz Schmerzen richtig hinter dem Tresen auf. Neben den unterschiedlichen Weinen fing ich an, über Gerichte mit den Kunden zu philosophieren, die zu den edlen Tropfen passen könnten. Auch dieses Mal bekam ich wieder neue Anregungen von den Kunden und wir sinnierten gemeinsam über die Zutaten für mögliche Gerichte.

Am dritten Abend lachte Tony beim Abendessen über den Tisch. »Colette verführt alle unsere Kunden zum Essen. Zwei wollen sich schon zu einem Kochkurs anmelden. Sogar Igor interessiert sich plötzlich fürs Kochen.«

Ich musste schmunzeln.

Tony wollte dann wissen: »Was war das wegen dem Olivenöl? Das habe ich nicht mitbekommen.«

»Also, wenn wir ein hochwertiges Olivenöl finden könnten, das in Italien handgepresst wird, könnten wir verschiedene Kräuter mit dem Olivenöl verfeinern. Wenn das richtig gelagert wird, dann kann sich das Aroma so richtig entfalten. Damit zu kochen und auf die Gerichte abgestimmt einzusetzen, wird das Essen veredeln«, erklärte ich.

»Oh, das klingt lecker, Colette«, meinte Rico.

»Hast du nicht mal was von deiner Großmutter erzählt, was sie alles gemacht hat?«, wollte Tony wissen.

Ich erinnerte mich an sie. »Ja, sie hat mir das mal gezeigt, als ich klein war. Konfitüren, Gemüse einmachen, Liköre, Sirup, alles Mögliche.«

Igor mischte sich in Gebärdensprache ein. Seine Verkaufskünste hatten mich heute in seinen Bann gezogen.

Valentina übersetzte: »Igor meint, dass Rico doch Verwandte in der Toscana hat. Vielleicht können wir das Olivenöl dort anfragen. Oder bei dem einen Weingut, wie heißen die nochmals?«

Tony überlegte, aber bevor er antworten konnte, sagte Rico: »Ich kann meine Mutter fragen, wenn du willst.«

Ich nickte.

»Ich liebe so was«, schwärmte Valentina.

»Weißt du noch, wie das alles geht mit dem Einmachen?«, wollte Mirco wissen, aber ich schüttelte den Kopf.

»Wenn ich meine Mutter frage, könnte sie mir vielleicht die alten Ordner von meiner Großmutter geben. Ihre Mutter war eine Italienerin. Sie hat viele alte Rezepte.«

»Das sind mehrere Ordner?«, wollte Tony wissen und ich nickte. »Das klingt interessant«, meinte er.

Wir fachsimpelten noch ein wenig über die Zubereitung von Gerichten, der Herbst bot viel Schmackhaftes, das auch zu Diskussionen anregte, allem voran der Kürbis.

»Ahmad hat Kürbisse gepflanzt«, brachte Valentina den Vorschlag.

»Ahmad und Kürbisse?«, fragte ich ungläubig.

»Ich habe mich belehren lassen, dass es in Afghanistan Kürbisse gibt. Wohl andere Sorten, aber Ahmad wollte unbedingt Kürbisse anpflanzen. Sie sind nahrhaft, gesund, haben viele Vitamine und du kannst beinahe alles aus ihnen zaubern. Die wachsen hinten, in der Nähe vom Mistaufen.«

»Da sind optimale Bedingungen für die Dinger«, lachte Mirco.

»Man kann mit Kürbissen tausend Sachen machen«, erklärte ich.

»Besprich dich doch mal mit Ahmad. Vielleicht könnte man so was wie eine Herbstaktion machen. Kürbisse und Wein, vielleicht gibt es so was«, forderte mich Tony auf.

»Eine gute Idee, das mache ich gerne«, und schon ratterte es in meinem Kopf. Ich dachte an all die Kürbisrezepte von meiner Großmutter. Sie hatte mir ihre uralten Rezepte vermacht, die Ordner würden bald zerfallen, aber irgendwo in einer Schachtel mussten sie noch sein. Mit jeder Minute, in der ich darüber nachdachte, erinnerte ich mich mehr und mehr an die Dinge, die meine Großmutter mir damals beigebracht hatte. Valentina und Tony sahen sich verstohlen an.

Die Woche hatte es in sich, die Messe forderte mich, aber irgendwie war es körperlich nicht mehr so schlimm. Vor allem Mirco und Igor entlasteten mich sehr, gaben mir aber großzügig einen Teil ihrer Bestellungen ab. Ich hatte schon ganz viele Ideen im Kopf und alles drehte sich um das Thema Kürbis, sodass ich den Schmerz gar nicht mehr richtig mitbekam.

Zu Hause konfrontierte mich Jürg mit meinem Umzug. Die ersten Umzugskartons des neuen Mieters standen schon im Flur, als ich am Freitagabend nach Hause kam. Die Messe ging noch bis Sonntag, aber ich hatte mich nur bis Freitag »verpflichtet«, sodass ich mich übers Wochenende eigentlich hätte erholen wollen.

Doch erstens kommt es anders und zweitens als man denkt. Valentina und Mirco waren ebenfalls mit nach Hause gekommen, während Rico, Igor und Tony noch bis Sonntag geblieben waren. Ich rief also Valentina an und teilte ihr mit, dass ich in der Bredouille war, weil Jürg, ohne es mit mir abgesprochen zu haben, bereits zugesagt hatte, dass sein Kollege schon dieses Wochenende einziehen würde. Er hatte gemeint, dass das kein Problem wäre, aber mir war überhaupt nicht wohl bei dem Gedanken. Noch schmerzgeplagt von der Messe, wagte ich mich dennoch am Samstag an den überstürzten Umzug, zu dem Valentina und ich doch ein paar LEBEN-Kollegen hatten auftreiben können. Ich staunte über die Spontanität und die Hilfe meiner Kollegen.

Es gab nicht allzu viel umzuziehen, weil vieles mehrheitlich Jürg gehörte. Wir hatten in der Eile alles in große Kartons und Taschen gepackt. Das Meiste nicht einmal vor Bruch geschützt. Aber seltsamerweise ging auch nichts kaputt. Meine neuen Kollegen wuselten neben mir herum, nahmen meine Anweisungen entgegen, schnappten sich die Kartons und die Taschen, stopfte ihre Autos voll und fuhren hoch zum Gut, wo ich erstaunt feststellte, dass zwei Schränke schon drinstanden und weitere Heinzelmännchen das Bett soeben zusammenbauten. Auch die versprochenen Leihgaben und Geschenke fanden bis zum Mittag fast alle den Weg in die neue Wohnung. Etwas beschämt stellte ich fest, dass ich für das Mittagessen nichts organisiert hatte. Das wurde mir erst klar, als mein Magen um halb zwölf knurrte, doch dann stand plötzlich Ida in der Tür. »So, meine Lieben, wer hat Hunger?«

Ida, die gute Seele, hatte von Valentina von dem überstürzten Umzug erfahren und kurzerhand im Innenhof einen Spaghettiplausch organisiert, Ahmad hatte ihr geholfen, alles vorzubereiten.

Nachdem wir uns die Bäuche vollgeschlagen hatten, ging ich zu Ida und umarmte sie kurzerhand.

»Oh, womit habe ich das verdient?«, fragte sie und ihre Designerbrille verrutschte.

»Das fragst du noch? Ich danke dir und Tony von ganzem Herzen.«

»Das ist doch selbstverständlich.«

»Nein, das ist es ganz und gar nicht.«

»Colette, wir halten hier zusammen. Das Schöne ist, hier haben auch nicht alle so übervolle Terminkalender, um sich ständig bestätigen zu müssen, was sie doch für ein tolles Leben haben. Wir lassen das mit dem Bestätigen weg und haben einfach ein tolles Leben. Aber das bedingt, dass jeder für jeden einsteht.«

»Das ist schön, ich danke dir.«

Am Nachmittag wuselten wieder alle in meiner Wohnung herum, es wurde gehämmert, zusammengebaut und die Frauen hatten mir mit einem wunderbaren Flair fürs Schöne aus den vielen Geschenken eine heimelige Küche eingerichtet, in die ich spätnachmittags kam und Tränen in den Augen hatte. Kaffee-Bilder zierten die Wand und die vielen bunten, zusammengewürfelten Dinge ergaben ein richtig heimisches Bild.

»Ich glaube, ich hätte nicht mal mit viel Geld so viel Schönes zusammenstellen können«, sagte ich.

»Vielleicht musst du halt das eine oder andere mit der Zeit austauschen, aber so für den Anfang …«, sagte Angelina und brachte ein Bild in die richtige Position.

»Nein, ich glaube nicht. Das hier sind mehr als die tollsten Möbel der Welt. Ihr seid wirklich toll, vielen Dank. Bessere Möbel und eine schönere Einrichtung kann es nicht geben«, lachte ich und fiel den Kolleginnen um den Hals.

Erst jetzt bemerkte ich, dass mein Körper sich wieder meldete. Ich würde wohl gut schlafen in dieser Nacht. Wieder spürte ich jedes meiner Glieder, aber die LEBEN AG wollte noch nicht ruhen.

»Kommt, lasst uns noch ein wenig zusammensitzen«, forderte Felipe, rannte die Treppe hinunter und holte seine Gitarre.

»Eine gute Idee, Ahmad, hast du noch irgendwo Wasser?« Bruno, ein Kollege, der etwas weiter weg wohnte von der Firma, sauste zu Ahmad, um mit ihm zusammen Wasser zu holen. Ahmad hatte liebenswürdigerweise auch mitgeholfen und als Bruno wiederkam, hatte Ahmad ebenfalls Wasserflaschen in der Hand.

»Ahmad hat gesagt, dass er gehen muss, ist das okay für dich?«

»Ob das okay ist? Ahmad das war so toll, dass du geholfen hast«, sagte ich zu ihm und er lachte übers ganze Gesicht.

»Gehst du zu deinen Freunden?«

Er nickte heftig. »Wir habe Fußballspiel heute, müsse gewinne.«

»Du spielst Fußball?«

»Ja, neue Mannschaft von Rorschach ist Mannschaft für alle Nationen. Private Mannschaft, spiele heute gegen andere.« Er schaute sich lachend um.

»Das möchte ich sehen«, sagte ich zu ihm.

»Eine gute Idee, kommt, lasst uns mitgehen. Ahmad, können wir mitkommen? Wir wollen dich anfeuern?«

Unsicher schaute er uns an. »Anfeuern?«

»Das ist etwas Gutes, das sagt man bei uns so, wenn du deine eigenen Fans mitbringst«, erklärte ihm Valentina.

»Oh«, sagte er nur und nickte heftig.

Und dann erlebten wir einen Ahmad, der mit den wohl schnellsten Beinen, die ich je gesehen hatte, über den Fußballplatz in Steinach stürmte und vier Tore schoss für seine Mannschaft. Die Freizeitmannschaft bestand zur Hälfte aus Schweizern, der Rest war bunt zusammengewürfelt aus Italien bis Afghanistan. Wir alle hatten uns die Zeit genommen, um Ahmad Beifall zu klatschen und ihn anzufeuern, was ihm noch mehr Aufwind gab.

»Sind Sie mit Ahmad hier?«, fragte ein älterer Herr, der offenbar zum Team gehören musste.

»Ja, wir sind seine Arbeitskollegen«, erklärte Valentina.

»Das ist ja klasse, normalerweise kommt nur Herr Leben oder seine Frau, manchmal auch die Kinder. Das tut ihm richtig gut, dass Sie hier sind.«

Valentina und ich schauten uns an, Tony war öfters mit Ahmad bei seinen Matches?

»Das ist einfach Tony«, sagte Valentina. »Er redet eben nicht nur, er handelt und das gefällt mir an diesem Mann.«

Ahmad strahlte, nicht nur wegen seiner vier Tore. Er war stolz, dass wir ihn begleitet hatten, und schnell machte es die Runde, dass *seine* Arbeitskollegen hier waren. Ich war zu Tränen gerührt.

»Gott, was sind wir nur verwöhnt«, sagte ich leise zu Mirco.

»Gell, ich hab grad auch gedacht, wie einfach es ist, einen Menschen glücklich zu machen. Schau ihn an, wie er strahlt. Und das nach allem, was er erdulden musste. Ich glaube, wir sollten ihn etwas mehr integrieren, was meint ihr?«

Die Anderen nickten.

»Das ist eine gute Idee, wir fragen ihn mal nach seinem Spielplan«, erklärte Bruno.

Ahmad war fassungslos, als wir ihm vorschlugen, er sollte mit uns zum Essen mitkommen und wir würden gerne seinen Spielplan sehen, damit wir uns öfters die Spiele ansehen konnten.

Der ältere Herr hatte zugehört und gesellte sich zu uns. »Wissen Sie, das ist echte Integration. Es ist wichtig, dass die Menschen aus den Flüchtlingsgebieten Sport machen können, unter unsere Kultur kommen, und dass Ahmad so tolle Kollegen hat, Hut ab, das ist wirklich ein tolles Beispiel. Die Menschen aus den Kriegsgebieten brauchen nicht immer nur Therapien. Sport heilt viele Wunden und bringt viele Menschen zusammen. Es wäre so wichtig, wenn die Regierung die Kosten für die Sportvereine bezahlen würden. Aber Gott sei Dank hat Ahmad ja Herrn Leben, der das für ihn übernimmt. Ich find es klasse, dass Sie alle hier sind.«

Wir waren fest entschlossen, Ahmad mehr in unser Arbeitsleben zu integrieren. Bruno versprach uns, den Spielplan zu kopieren, damit wir uns absprechen konnten.

Abends hockten wir dann auf der Terrasse, auf der wir auch sonst über Mittag die Zeit verbrachten. Es war einfach zu schön hier. Ahmad war überglücklich, half uns mit dem Grill, und Felipe stimmte Lieder an, die wir alle noch aus der Schulzeit mehr oder weniger kannten. Ein paar modernere Lieder stimmte er auch an und so sangen wir bis tief in die Nacht hinein. Erst nach Mitternacht kam ich in meine eigene kleine Wohnung. Überall standen noch Kartons. Benutzte Gläser räumte ich in die Spüle. Die Lampen hatten sie Gott sei Dank schon aufgehängt, sodass ich Licht hatte. Nachdem ich unter die Dusche gehuscht war, hatte ich zwei Kerzen angezündet, die Fenster zur Seeseite geöffnet und mir eine Flasche Wein aufgemacht, die mir Valentina zum Einzug geschenkt hatte. Ich saß auf einem der Stühle, die bunt zusammengewürfelt als Geschenk in die Wohnung gefunden hatten und war einfach glücklich. Müde und sehr glücklich. Wenn mir vor ein paar Wochen jemand erzählt hätte, wie Glück sich anfühlte, dann hätte ich es nicht besser beschreiben können als dieses Gefühl.

Sonntagmorgen – erwachen in meiner neuen Wohnung. Eigentlich hätte es so schön sein können, aber ich fühlte mich gerädert. Die letzten Tage waren wohl etwas viel gewesen für mich. Gegen zehn Uhr erst stand ich auf, eine Seltenheit bei mir. Normalerweise war ich um sieben Uhr schon aus dem Bett gefallen, selbst an Sonntagen. Auf Arbeitstier programmiert, hatte ich mir einreden lassen, dass ich ein Frühaufsteher war. Ob das wohl wirklich wahr war? Es gefiel mir, heute herumzutrödeln, und entgegen der Befürchtung, dass ich mich alleine fühlen würde, genoss ich die Zeit für mich. Es gab viel zu Verarbeiten, und schließlich nahm ich mein Heft, hockte mich in die Küche, von wo aus ich auf den Bodensee blicken konnte und schrieb wie eine Wilde drauflos.

Gegen elf Uhr klopfte es leise an der Türe. Ich schob das Heft zur Seite und ging zur Türe. Als ich sie öffnete, stand Ahmad vor mir. Unbeholfen streckte er mir einen Strauß voller Sonnenblumen entgegen.

»Du hast *mir* geholfen gestern, Ahmad, schon vergessen? Dafür brauchst du mir nichts schenken.«

Er lächelte mich an. »Danke für gestern, das war so schön.«

»Möchtest du reinkommen?«

»Oh nein, ist nicht gut.«

»Warum ist das nicht gut?«

»Frau ohne Mann sollte keinen Mann in Wohnung nehmen, wenn alleine.«

»Ah okay«, ich verstand.

»Ich lerne viel hier in Schweiz, aber viel ist neu, bitte um Verzeihung.«

»Das ist völlig in Ordnung, Ahmad. Die Blumen sind wundervoll, vielen Dank. Möchtest du einen Spaziergang machen? Wäre das in Ordnung?«

Ahmad überlegte einen Moment. »Ich glaube schon«, sagte er unsicher.

»Ich brauche noch zwei Minuten, willst du unten auf mich warten?«

Er nickte und schlenderte die Treppe hinunter, während ich die Türe schloss und mich kurz fertig machte.

Ahmad führte mich auf einen ganz anderen Pfad, als den, den ich von den bisherigen Spaziergängen kannte. Es waren kleine Wanderpfade, die auf die andere Seite führten. Ahmad erzählte mir von seiner Heimat, wie sehr er seine Familie vermisste, aber auch, dass er in der Schweiz ein neues Zuhause gefunden hatte. Dabei erzählte er mir auch, dass er eigentlich auch keinen Spaziergang alleine mit einer Frau machen durfte, aber er wollte die Regeln der Schweiz kennenlernen. So war auch das Händeschütteln für ihn neu gewesen, aber alleine mit einer Frau in einer Wohnung zu sein, das – fand er – ziemte sich nicht für eine Frau.

Ich hörte interessiert zu. Wie unterschiedlich die Kulturen doch sein konnten. Ich ließ ihn erzählen, wann ihm danach war. Im Gespräch mit Ahmad fiel mir auf, wie feinfühlig er war. Er reagierte auf jeden Grashüpfer, beachtete kleine Tiere, grüßte alle Menschen sehr freundlich und war der Umgebung gegenüber aufmerksam. Ich beobachtete ihn, unter seinem Lächeln verbarg er einen Schmerz im Gesicht, der mir erst jetzt aufgefallen war. Ich wollte ihn nicht darauf ansprechen, aber irgendwie wurde mir bewusst, wie gut wir es hatten hier in der Schweiz. Mir wurde klar, was für abstruse Ideen ich schon gehabt hatte und wie sehr mich die Arbeitswelt, aus der ich kam, beinahe kaputtgemacht hätte. Mit Ahmad an meiner Seite spürte ich, wie wertvoll das Leben war. Gerade er hätte allen Grund gehabt zu hadern, zu jammern und sich zu beklagen. Ihm hätte das zugestanden, aber gerade er tat das nicht.

Er richtete seine Aufmerksamkeit auf die Blumen am Wegesrand, zeigte mir die kleinen Katzen vom Nachbarshof, half einer Schnecke, sie in Sicherheit zu bringen. Er erklärte mir die Welt mit seinen Augen. Es waren diese einfachen Dinge, die sein Herz berührten, nach all dem lauten Terror, den er in seinem Heimatland erlebt hatte, das er vermisste und das er verlassen hatte müssen, weil andere Menschen entschieden hatten, dort Krieg zu veranstalten. Niemand hatte ihn gefragt, ob er hatte gehen wollen. Er war in der Not geflohen, mehr erfuhr ich nicht. Vielleicht war das auch gut so.

Ich wusste nicht, wer er vorher gewesen war in seinem Land, aber heute war er wohl einer meiner besten Lehrer, endlich hier anzukommen. Immer hatte ich davon geredet, dass ich nicht hier zu Hause war, dass ich auswandern wollte, dass ich wegwollte. Nichts war irgendwie gut genug gewesen in den letzten Jahren, ständig war ich auf der Suche nach Etwas. Nicht allein die Arbeit bei LEBEN AG machte mich glücklich, sondern auch die Demut, die ich nun empfand. Die Demut, von der Tony schon berichtet hatte, und die mich nun mit meinem gesamten Sein erfasste. Ich hätte auf der Stelle heulen können. Da spazierte ich mit einem afghanischen Flüchtling durch mein Land und musste mir von ihm erklären lassen, was Heimat ist. Erstmals wurde mir wirklich bewusst, welches Geschenk ich mit meinem Leben bekommen hatte. Es fiel mir schwer, Ahmad nicht gerade um den Hals zu fallen, um mich bei ihm zu bedanken. Aber es war mir klar, dass er damit nicht klargekommen wäre. Er hatte sich gut integriert, aber es war mir auch klar, dass alleine dieser Spaziergang alleine mit einer Frau wohl so in seinem Heimatland sicher nicht geduldet worden wäre. Er wollte unsere Kultur verstehen, aber auch das brauchte seine Zeit. Ahmad wollte aber nichts von der Flucht erzählen, von den schlimmen Dingen. Ich fragte ihn auch nicht danach. Ich fand das zu privat und ich wusste nicht, wie er reagieren würde.

Nach dem Spaziergang bedankte er sich noch einmal und meinte dann, er müsste noch viel erledigen. Aber ich dachte, er wollte mir einfach den Sonntag geben, damit ich Zeit für mich hatte. Dabei musste ich daran denken, dass man Ahmad nicht einfach nur die Heimat gestohlen hatte, sondern möglicherweise auch sein Leben, seine Identität. Ich wusste nicht viel über ihn, nicht, wer er gewesen war, ob er dort ein Mädchen gehabt hatte, ob er Pläne gehabt hatte. Der Spaziergang hatte mir mein Herz geöffnet, ich war dankbar, am Leben zu sein und in einem Land zu leben, das uns so viele Türen öffnete Tag für Tag.

In der Küche musste ich schmunzeln, als ich die Blumen erblickte. Ahmad war wirklich ein herzensguter Mensch. Für einen Moment dachte ich an Jürg, dann kramte ich mein Handy hervor und rief meine Mutter an. Sie war ganz aus dem Häuschen, wieder einmal von mir zu hören. Natürlich freute sie sich über meine neue Arbeitsstelle, aber die Trennung von Jürg und der erneute Wohnungswechsel verunsicherten sie.

»Ich wollte einfach mal Danke sagen«, sagte ich ihr.

Es wurde still am Telefon. »Wofür?«

»Einfach für alles, es war sicher nicht immer einfach mit mir.«

Meine Mutter schnäuzte sich. »Hast du denn auch genug zu essen?«, fragte sie mich.

»Ich bemerke schon, dass wir immer noch mehr italienisches Blut haben, als wir zugeben.« Meine Mutter stimmte in mein Lachen ein. »Hast du noch die alten Ordner von deiner Mutter?«, wollte ich von meiner Mutter wissen.

»Die Rezepte? Natürlich, warum? Brauchst du sie?«

»Ich würde gerne was ausprobieren«, antwortete ich ihr.

An dem Sonntag fuhr ich noch nach Arbon zu meinen Eltern. Meine Mutter mästete mich beinahe und sie gab mir einen ganzen Korb voll frischem Gemüse mit, welches aus dem Schrebergarten stammte, den sie seit ein paar Jahren hatten. Früher war mir meine Mutter immer mal gerne auf die Nerven gegangen, heute war die Begegnung irgendwie anders gewesen. Möglicherweise war ich in den Treffen mit meiner Mutter immer nur von meinem Standpunkt, von meinen Problemen, ausgegangen.

Als ich am Abend im Stall auftauchte und Ida dort vorfand, erzählte ich ihr davon.

»Du kommst dir selbst immer näher, das hat auch Auswirkungen auf dein Umfeld und wie du mit dem Umfeld umgehst. Die Spiegel im Außen sind keine solchen Trigger mehr wie vorher. Du bist mit dir liebevoller, also auch mit den anderen Menschen. Das ist ganz normal.«

Wir redeten lange, ich half ihr mit dem Stall: saubermachen, Pferde verpflegen, wischen und was so alles dazugehörte. Als ich am Abend nach Hause in meine neue Wohnung kam, entdeckte ich plötzlich den kleinen Fernseher, wie er im Wohnzimmer thronte. Seltsam, mit Jürg hatte ich noch ein bis zwei Mal in den letzten Wochen ferngesehen, ansonsten war mein alter Freund, den ich jeden Abend drei bis vier Stunden oder noch länger gebraucht hatte, plötzlich nicht mehr wichtig. Ich lächelte und lief an ihm vorbei.

»Wir werden uns sicher mal wieder einen guten Film ansehen, keine Angst«, sagte ich zu ihm und knipste kurz vor Mitternacht das Licht aus.

25. Der Ruf

Die Wochen danach waren aufregend. Die Arbeit im Personalbüro, das Mithelfen beim Zusammenstellen der Bestellungen und abwechslungsweise Unterstützung leisten in den Verkaufsbüros, um die Daten nach den Messen aktuell zu halten, brachte uns alle an unsere Grenzen. Die Tage waren lang, begannen früh am Morgen, endeten abends spät, aber ich war nicht genervt wie früher, wenn ich länger arbeiten musste. Für mich war es nur körperlich eine Herausforderung, jedoch schlief ich hervorragend. Oft blieben aber auch nach der Arbeit noch ein paar Kollegen für einen Moment im Haus, manchmal grillten wir etwas oder tranken einfach nur ein Glas Wein, um den Tag ausklingen zu lassen. So hatten wir mehr das Gefühl einer Einheit, niemand rannte aus dem Büro nach Hause, wie ich das von früher her kannte. Hier hatten alle eine gute Mischung zwischen ihrem sogenannten Privatleben und LEBEN AG gefunden, wobei manchmal das eine in das andere überging. Für alle war das ganz natürlich, niemand regte sich hier über eine längere Kaffeepause auf, aber es maulte auch niemand, wenn wie jetzt mehr Arbeit ins Haus stand.

Gleichzeitig stellte ich fest, dass wir echte Gespräche führten und die schwarzen Kästen namens Mobiltelefone hatten ihren eigentlichen Zweck in diesem Unternehmen, nämlich den des Telefonierens, und nicht mehr. Hier waren nicht alle über die Handys gebeugt und vertieft in eine virtuelle Welt. Hier fand das Leben mit und zwischen den Menschen noch in echt statt. An Abenden, an denen ich seltenerweise dann doch mal alleine zu Hause war, kochte ich die Rezepte meiner Urgroßmutter nach, die sie meiner Großmutter vermacht hatte. Manchmal musste ich googeln, was die Worte bedeuteten. Nicht alles war in gutem Deutsch, viele italienischen Worte in Dialektform hatten sich eingeschlichen.

Manchmal zauberte ich bis spät in die Nacht neue und alte Gerichte, die ich gerne am nächsten Tag ins Büro mitschleppte oder Ida übergab, damit sie es für die Familie oder für alle am Mittag auftischen konnte. Ahmad war begeistert von der Idee, Kürbisse zu verkochen und neue Rezepte auszuprobieren. Damit es allerdings keine Probleme für ihn gab, blieben die Kollegen länger, damit wir gemeinsam in meiner Wohnung kochen konnten.

Wir wurden zu einer eingeschworenen Einheit bei LEBEN AG und die Messen verhalfen trotz räumlicher Distanz von den Kollegen zu einem sensationellen Geschäftsergebnis, das selbst Tony staunen ließ. So erkannte ich von Tag zu Tag mehr, dass Tonys Philosophie die einzig wahre Art war, ein Unternehmen zu führen. Jeder kannte seine Aufgaben, kannte seine Ziele, sowohl privat als auch geschäftlich. Und er ging hinter uns, um uns den Job machen zu lassen, den wir liebten. Dabei stand er wirklich hinter uns, insbesondere wenn ein Fehler passierte. Eine kurze Analyse, dann lösungsorientiert ins neue Abenteuer. Es war herrlich, so zu arbeiten. Ich dachte lächelnd an meinen Start bei LEBEN AG. Valentina hatte mir damals gesagt, Arbeit könnte erfüllend sein und Spaß machen. Heute wusste ich, wie recht sie damit hatte.

Mitte November waren nun schließlich alle Messen vorbei, die Bestellungen so gut wie alle schon ausgeliefert, und ich dachte kaum noch daran, dass mein Leben noch vor wenigen Wochen komplett anders ausgesehen hatte. Mit Valentina verstand ich mich super. Sie übernahm immer mehr Coaching-Funktionen in den Teams und Tony sah aus wie das blühende Leben. Wir hatten mittlerweile sämtliche Kürbisse als Mus oder als Suppe verkocht, hatten sie zu Halloween-Gespenstern verarbeitet und ausprobiert, wie Sugo aus Kürbissen zu allen Varianten von Nudeln schmeckte. Da gab es gefüllte Ravioli mit Kürbissen, Pizza mit Kürbissen, indische Kürbissuppe, afghanische Kürbisgerichte, Risotto mit Kürbis und Spaghetti mit Kürbissugo gefolgt von Kuchen, in denen das meist orange Gemüse eingekocht worden war, sowie Salate mit Kürbis. Wir hatten sie auch in Öl eingelegt, eingefroren als Suppe und vieles mehr. Alle hatten wir bekocht, kaum einer blieb verschont. Das gemeinsame Kochen hatte uns zusätzlich zusammengeschweißt, oft waren auch Partner und Kinder der Kollegen mit dabei, manchmal auch am Wochenende.

Ahmads Mannschaft erzielte viele Erfolge auf dem Fußballplatz und wir wechselten uns ab, Ahmad anzufeuern. Ich kannte mittlerweile alle Mitarbeiter und ihre Familien, samt Kindern und Hunden, allen voran natürlich jene, die hier in der Gegend wohnten. Gegenseitige Besuche fanden regelmäßig statt und es gab wenig Momente, in denen ich Gelegenheit zur Langeweile gehabt hätte. Im Gegenteil: Die stillen Momente in meiner Wohnung waren selten geworden und ich brauchte sie. Ich genoss sie geradezu. Mittlerweile kamen sogar Abende dazu, an denen ich alleine ausritt, um die Stille des Waldes zu genießen und aufzutanken.

Eines Morgens sagte Mirco zu mir: »Danke, danke, danke.« Er reichte mir einen Kaffee.

»Wofür?«

»Du hast so viel mehr Schwung in dieses Haus gebracht. Ich habe die anderen Familien besser kennengelernt, mit allen Kindern und Haustieren. Außerdem sind die Besuche auf dem Fußballplatz einfach genial. Wir machen viel untereinander, treffen uns auch außerhalb von LEBEN AG, ungezwungen, einmal diese Familie, einmal mit denen. Es ist herrlich. Weißt du, alle nehmen sich Zeit. Kaum einer hat noch haufenweise Termine außerhalb, wir sind wie eine große zufriedene Einheit. Ich weiß nicht, wann ich das letzte Mal ‚gamen‘ musste und meine Frau hat ihr Handy fast ganz aus ihrem Leben verdammt.«

»Und das, obwohl wir die letzten Wochen so wenig Zeit hatten.«

»Wir haben wirklich echt gute Arbeit geleistet.«

Auch Bruno und Felipe hatten mich darauf angesprochen, dass die gemeinsamen Aktivitäten sie untereinander näher zusammengebracht hatten, und Tony registrierte die Veränderung im Team wohlwollend. Er und ich genossen regelmäßig Ausritte zusammen, sprachen lange über die Erfahrungen bei den Messen. Ich hatte sie noch zu zwei weiteren begleitet und philosophierte über Essen, Gärten und den Sinn des Lebens. Meist waren es Wiederholungen dessen, was ich von ihm schon erfahren hatte, und doch war jedes Gespräch neu. Mich inspirierte, dass er sich soviel Zeit nahm für jeden Einzelnen. Mir fiel auf, dass wir, je achtsamer wir miteinander umgingen, umso mehr Zeit zu haben schienen. Die vielen Zitate, die ich nur aus Facebook kannte, schienen sich wirklich zu bewahrheiten. In der Ruhe lag also wirklich die Kraft. Ich hatte in der Zwischenzeit auch die Gelegenheit bekommen, meine Kollegen aus dem Tessin und der Westschweiz besser kennenzulernen. Nachdem nach den hektischen Messen Ruhe eingekehrt war, saßen wir eines Morgens im Büro, als Tony zu Valentina und mir stieß, als ich gerade den aktuellen Lohnlauf beendet hatte.

»Guten Morgen, meine Schönen«, begrüßte uns Tony. »Hier, bitteschön«, er reichte mir einen Umschlag.

»Was ist das für ein Umschlag?«, wollte ich wissen.

»Mach ihn auf«, bat er mich.

Darin befand sich ein Dankesschreiben für die Arbeit an den Messen und der Betrag meiner Provision. Abgesehen von den monatlichen Lohnkuverts, die in der Ostschweiz auch persönlich verteilt wurden, erhielten die Mitarbeiter auch solche Briefe direkt ausgehändigt. Als ich den Betrag sah, kniff ich die Augen zusammen.

»Das muss ein Irrtum sein«, sagte ich und gab Tony den Brief zurück.

»Mit dem Brief ist alles in Ordnung«, erwiderte er lächelnd.

»Sind die Ergebnisse wirklich so gut?«, wollte Valentina wissen und Tony nickte.

»Sie sind um Längen besser, ich bin selbst erstaunt, was wir da geleistet haben.«

»Aber, aber …«, wandte ich mich an ihn und sah mir den Betrag nochmals an. »Das kann doch nicht sein.«

»Doch, das kann sogar sehr gut sein, Colette. Gratulation zu einer tollen Leistung. Du hast mit deiner offenen, unkomplizierten Art dazu beigetragen, dass sich die Kunden sehr wohl bei dir gefühlt haben und Wein einkauften. Du hast dir diesen Bonus wirklich verdient.«

Valentina war neugierig geworden, also zeigte ich ihr das Schreiben.

»Wow, das habe ja nicht mal ich geschafft, Respekt«, lachte sie. »Das ist wirklich super, ich freu mich für dich.«

»Ist das dein Ernst?«, wollte ich von Tony wissen.

Dieser nickte und auch Valentina bekam ihren Bonus, der nicht ganz so hoch ausgefallen war wie meiner. Aber sie freute sich dennoch für mich.

»Was machst du mit dem vielen Geld?«, wollte sie schließlich wissen.

»Ich glaube, ich bringe es zur Bank.«

Das erstaunte mich selbst, schließlich war ich in den letzten Jahren damit beschäftigt gewesen, mir allerlei zu wünschen, was ich gekauft hätte, wenn ich mehr Geld gehabt hätte. »Vielleicht ein paar neue Kleider, aber sonst …«

Ich hatte über viertausend Schweizer Franken als Prämie für die Teilnahme und den Verkauf an den Messen bekommen. Das war viel Geld für mich. Außerdem stand das 13. Gehalt anteilsmäßig bald ins Haus. Ich würde zum ersten Mal in meinem Leben wirklich was zur Seite legen können, und das machte mich glücklich.

»Dann begleite ich dich, wenn du magst«, erklärte Valentina mir.

Die wöchentlichen Meditationen halfen mir, mich besser zu konzentrieren und meine Altlasten gehenzulassen. Ich konnte es

schon nicht mehr erwarten, wenn es Dienstag- oder Donnerstagmorgen war. Oft meditierte ich nun auch zu Hause, entweder auf meiner kleinen Terrasse oder am Fenster dem See zugewandt. Irgendwie war ich reifer geworden, mehr in meiner Mitte, ohne von meinem Temperament einzubüßen. Die Arbeit im Personalbüro war zu einer angenehmen Routine geworden, aber ich spürte nach wenigen Wochen, dass ich sie zwar gerne machte, aber dass ich mich anfing zu langweilen. Die regelmäßigen Kochabende beflügelten mich weitaus mehr und ich spürte, dass ich mit Tony reden musste, was mir aber Bauchschmerzen machte. Valentina hatte sich indessen mit José angenähert. Wir alle wussten von ihm und hatten ihn kennengelernt. Er und Tony verstanden sich großartig und Valentina war ab und zu am Wochenende weg – im Tessin.
An diesem Nachmittag, als ich die Prämienzahlung verdaut hatte, klopfte ich an Tonys Tür und bat um ein Gespräch mit ihm.

»Komm rein, setz dich bitte«, bat er mich und ich setzte mich förmlich ihm gegenüber auf den Stuhl. »Du siehst sehr ernst aus. Ist etwas passiert?« Tonys Stirn legte sich in Falten.

»Na ja, ich weiß nicht genau.«

»Warum, was ist los?«

»Ich weiß nicht, wo ich anfangen soll.«

»Okay, nimm dir die Zeit, die du brauchst.«

»Hast du vielleicht noch was zu erzählen? Das würde mich ein wenig ablenken, bis ich anfangen kann.«, lächelte ich unsicher.

»Das hab ich in der Tat, Colette, ich wollte dich um einen Rat bitten.«

»Mich?«

»Ja, dich. Du hattest doch diese Idee, dass ich meine Art zu führen und ein Unternehmen zu leiten unter die Leute bringen sollte. Du weißt schon, die Sache mit dem Coaching und das alles zu verbinden hier auf dem Anwesen.«

»Ja, daran erinnere ich mich gut.«

»Nun, ich wurde zum CEO des Jahres gekürt.«

Einen Moment brauchte ich, um zu verarbeiten, was er mir da sagte. Dann ging mir das Herz auf. »Oh, das ist großartig.«

»Ich weiß nicht genau.«

»Doch, das ist genial, herzliche Gratulation. Wissen die Anderen das schon?«

»Nein, noch nicht einmal Ida weiß davon. Ich wollte zuerst deine Meinung hören.«

»Meine?«

»Ja, du bist die Hebamme dieser Idee und ich weiß nicht, ob ich das alles stemmen kann.«

»CEO des Jahres zu sein?«

»Nein, das nicht. Das ist eine große Ehre, ich freue mich sehr darüber. Aber damit kam eben die Anfrage, ob ich dieses Gedankengut nicht mehr Führungskräften zugänglich machen könnte. Die haben mich konkret von vier verschiedenen Gewerbevereinen angefragt, zwei aus der Region und zwei aus dem Raum Zürich. Drei Großunternehmen haben schon nachgefragt, ob sie mich buchen könnten für Führungstrainings.«

Ich saß sprachlos auf dem Sessel. »Das ist ja großartig.«

»Meinst du wirklich?« Tony schien etwas unsicher zu sein. »Bekomme ich das hin?«, wollte er von mir wissen.

»Bestimmt. Und sonst sind wir ja auch noch da.«

»Wie würdest du das angehen?«

»Ich? Ich würde Valentina beiziehen. Du hast ihr den Raum gegeben, Coachings zu geben. Sie macht das hervorragend und ich bin sicher, dass ihr zusammen einen fantastischen Lehrgang auf die Beine stellt, um das alles authentisch zu vermitteln.«

Tony nickte und sah mich ernst an. Bevor er etwas sagen konnte, meinte ich: »Tony, frag all deine Mitarbeiter, was du in ihrem Leben verändert hast. Deine Art, uns aufzunehmen und zu integrieren, uns zu führen, das hat dieses Unternehmen groß gemacht. Du verstehst es wie kein Zweiter, einem Menschen einen fruchtbaren Boden zu geben, um zu wachsen und um zu wissen, wohin man gehört. Darüber hinaus hast du jedem von uns Flügel gegeben, um sich selbst in die Höhe zu begeben und dort frei sein zu können. Das ist ein Geschenk, das nicht jeder hat. Ich bin der Meinung, dass das unbedingt weitergegeben werden muss. Stell dir nur mal vor, was das in der Wirtschaftswelt auslösen könnte. So viele Menschen sind auf der Suche, du hast mich selbst gelehrt, dass all diese Süchte nur eine Suche sind. Sie alle suchen und sie werden bei dir finden. Schau dir mein Leben, schau dir mich an. Ich bin ein völlig neuer Mensch und das verdanke ich dir. Ohne deine Begleitung, ohne die Konfrontationen, hätte ich das nie so hinbekommen. Ich hätte das vorher nicht einmal für möglich gehalten. Wenn du das alles mit uns zusammengetragen hast, dann mach ein Brainstorming mit Valentina. Mach einfach einen ganz anderen Lehrgang als die bisherigen. Ich bin überzeugt, dass es kein langweiliger Workshop wird, wie die, die ich kenne. Beziehe die Führungskräfte ein, lass sie mit anpacken, geh weg von den Powerpointpräsentationen. Lass sie spüren, wie es ist, ein lebendiger Teil dieser Philosophie zu sein. Das muss dir niemand erklären. Du weißt, wie das geht. Du hast es mit uns allen gemacht. Tue einfach das, was du immer getan hast. Niemand kann besser als du vermitteln, was das alles hier ausmacht.«

Er nickte. »Danke, Colette, das hab ich jetzt gebraucht. Die Idee hat mir noch etwas Angst gemacht, aber du hast recht. Wenn wir uns zusammentun, dann wird das eine interessante Geschichte. Aber jetzt zu dir, was ist bei dir los?«

Einen Moment überlegte ich. Ich war mir nicht sicher, ob jetzt der richtige Zeitpunkt war, dieses Gespräch zu führen.

»Colette, bitte, sag mir, was los ist.«

Verlegen schaute ich aus dem Fenster. »Tony, ich weiß nicht, ob ich die Richtige fürs Personalbüro bin. Also, ich meine ... Ich mach das gerne, aber es ist einfach zu wenig, es füllt mich nicht aus. Außerdem bin ich bald fertig mit den täglichen Arbeiten. Um ehrlich zu sein, reichen 60 Prozent völlig vom Arbeitspensum her aus. Vielleicht schaufle ich mir gerade selbst mein Grab, aber ich muss einfach ehrlich sein.« Betreten schaute ich zu Tony.

Dieser lächelte und sein Mund wurde immer breiter. »Ich hab schon lange darauf gewartet, dass du kommst. Du hast ja soviel Vorlagen und alles erstellt, dass der Aufwand schon lange nicht mehr so groß ist.«

»Wieso? Was?« Verständnislos blickte ich drein und Tony schmunzelte.

»Das war mir doch schon längst klar, ich wusste einfach, dass du zu uns gehörst. Aber ich war mir nicht sicher, welchen Weg du gehen musst. Ist es das Kochen und Einmachen?«

»Woher weißt du?«

»Das ist doch so offensichtlich. All die Dinge, das Kochen, das Einmachen und so weiter. Du strahlst bei diesen Themen wie die Sonne selbst.«

»Ich wollte eben was fragen«, sagte ich leise. »Könntest du dir vorstellen, die Weinberge selbst in Betrieb zu nehmen? Ich meine, vielleicht mal eine Länge, damit wir uns daran versuchen könnten? Sollte es klappen, könnten wir ja den gesamten Berg übernehmen. Und im Keller, da wäre eben noch mehr Platz für das Einmachen und Verfeinern von allem, was im Garten wächst.«

»Wow, was für eine tolle Idee. Da brauchst du aber Unterstützung.«

»Das macht mir ja Bauchweh. Also, du verstehst mich schon richtig? Ich möchte die Sachen im Personal schon weitermachen, aber es füllt mich halt nicht aus.«

»Jaja, ich hab dich schon verstanden. Wollen wir uns mit dem Team treffen? Vielleicht gibt es gute Ideen, die wir gemeinsam austüfteln könnten.«

Einmal mehr musste ich lächeln. All meine Bauchschmerzen waren umsonst gewesen. Tony war ein Mensch, der wirklich meinte, was er sagte. Hier musste niemand Angst haben um seinen Arbeitsplatz. Ich war dankbar, ehrlich sein zu können.

»Klar, tolle Idee. Vielleicht willst du deine Idee auch gleich mit reingeben?«

»Schlitzohr«, lachte Tony.

Aber es war beschlossene Sache, wir wollten das Team mit beiden Ideen konfrontieren, um ihre Meinung und ihre Ideen abzuholen.

Zum ersten Mal hatte ich keine Angst, dass man mir meine Idee wegnehmen könnte, und ich war nicht eifersüchtig, als wir wirklich mit dem Team die Ideen austauschten, zu den beiden Vorschlägen von Tony und mir. Es war an dem besagten Fest, das wir, Ahmad und ich, nach Abschluss der Messe organisiert hatten. Nach den ganzen Kürbisleckereien hatten wir darauf verzichtet, den Leuten noch mehr Kürbisse unterzujubeln, aber es war ein schönes Herbstfest im November mit gutem Wein und einem großen Eintopf mit Fleisch und Gemüse aus der Region und scharfen Kräutern aus Afghanistan.

Nachdem Tony die überragenden Ergebnisse des dritten Quartals bekannt gegeben hatte, stellte er die beiden Projekte vor und bat um Unterstützung des Teams, damit die beiden Ideen Gestalt annehmen sollten. Außerdem war es selbstverständlich, dass wir alles gemeinsam ausheckten, weil auch alle Teil der Projekte sein sollten.

Die Resonanz war überwältigend. Wir hatten Packpapier der Länge nach an die Wände geklebt, sodass jeder seine Inputs notieren konnte, seine Wünsche und Bedenken. Valentina war entzückt, sie wusste gar nicht, für welche der beiden Ideen sie mehr brennen wollte. Jeder schnappte sich der Reihe nach einen Marker und stellte sich vor das Papier, um seine Stichworte zu notieren. Mehr als zwei Stunden waren alle intensivst mit den beiden neuen Projekten beschäftigt, die wir während des Essens auswerteten.

Heraus kam, dass alle geschlossen hinter den Neuerungen standen und bereit waren, sie mitzutragen. Einerseits die Sache mit dem Coaching des Gedankenguts von Tony für andere Führungskräfte, andererseits auch der Weinanbau und die Vergrößerung eines Gartens, dessen Gemüse und Früchte Teil des Sortiments der LEBEN AG werden sollten.

»Wir müssen uns bewusst sein, dass wir anfangs Mehrarbeiten leisten müssen, um Colette zu unterstützen. Der Garten müsste jetzt umgegraben werden. Danach könnten wir uns um die Coaching-Sache kümmern. Der Garten würde aber im Moment vorgehen, denke ich«, meinte Mirco.

»Oder wir teilen uns auf, sodass wir beides gleichzeitig in Angriff nehmen können«, gab Angelina zu bedenken.

»Ich finde, wir sollten nicht so viel auf einmal anreißen. Wenn der Garten bestellt ist, kann die Erde ihre Arbeit machen. Dann haben wir die Hände frei, um Tony zu unterstützen. Es macht Sinn, das zeitnah zu machen. Beides, aber wir dürfen uns nicht verzetteln. Aufteilen fände ich schade. Schließlich sind wir Teil des Coachings und ich möchte aber auch die kreativen Seiten von Colette unterstützen. Die Idee ist einfach wundervoll. Vielleicht kann ich da auch noch was lernen über Gemüse und so«, meinte Catinka.

Felipe nickte. »Ganz genau, ich denke auch, dass wir uns zuerst ein Konzept machen sollten über die Gartengestaltung und die Reben. Dann machen wir uns an die Gartengestaltung.«

»Ich weiß ja, dass Tony kein Fan ist von Business Plan und so, aber ein Konzept über die Gestaltung, Investitionen und Output müsste schon vorhanden sein«, erklärte Mirco.

»Sorry, Tony, ich wollte nicht mit so viel englischen Worten um mich werfen.«

»Schon gut«, meinte dieser lachend. »Ich bin einverstanden, dass wir das etwas für den Anfang kanalisieren müssen, da geb ich dir recht, Mirco. Und es ist klasse, wenn wir von deinem Wissen mitlernen können.«

»Soll ich mich mit Colette deswegen kurzschließen? Das haben wir zügig auf die Beine gestellt. Dann kann ich dir das bis Ende nächste Woche vorlegen.«

»Ist das für dich okay?«, wollte Tony von mir wissen.

»Und ich mach mich mit Colette und Ahmad an die Gartengestaltung, wenn das recht ist«, brachte sich Felipe ein.

»Denkt bitte noch an das Weihnachtsgeschäft, das darf nicht leiden«, gab Marga zu bedenken. »Aber ich kann das alles mit auf die Website nehmen, das wäre eine hervorragende Gelegenheit, so was zu dokumentieren und zu vermarkten. Das macht sicher auch den Kunden Spaß, das mitzuverfolgen.«

»Grandiose Idee. Aber bitte erst, wenn das Konzept steht. Was möchtet ihr verkaufen, wann, wo und so weiter. Es darf kein Durcheinander geben.« Rico lehnte sich zurück. »Die Idee ist brillant, ich werde noch mit meiner Mutter wegen dem Olivenöl telefonieren. Vielleicht könnte so auch eine gute Zusammenarbeit entstehen. Ich find die Idee richtig gut, gratuliere Colette. Du bringst wirklich Leben in unser Haus.«

Und so ging es den ganzen Abend. Angeregt wurde zuerst über meine Idee philosophiert und dann über die von Tony. Beides brauchte ein kleines Konzept, das sah selbst Tony ein. Und wir mussten uns gemeinsam Gedanken machen, ob und wie Investitionen getätigt werden mussten und ob es Mitarbeiter gab, die noch Kapazität hatten oder wie die zusätzlich aufkommende Arbeit bewältigt werden sollte. Mirco wollte sich meinem Konzept annehmen, zusammen mit mir und Ahmad. Dieser blühte auf wie nie zuvor. Valentina wollte mit Rico die Coaching-Geschichte aufgleisen, in Zusammenarbeit mit Tony, der sich nach der öffentlichen Ehrung zum CEO des Jahres erst einmal einem Interview stellen sollte. Das gemütliche Beisammensein litt dennoch nicht, aber es war schon fast vier Uhr morgens, als ich ins Bett kroch. Ich konnte nicht einschlafen. Die Idee war einfach zu genial. In meinem Kopf überstürzten sich die Ereignisse, so viele Ideen hatte ich. Wir wollten selbst Wein anbauen sowie Gemüse und es zu Delikatessen weiterverarbeiten. Es sollte keine große Sache werden, klein und fein, ich hatte tausend Ideen im Kopf.

Schließlich war ich am Samstag schon um acht Uhr wieder im Stall, wo ich Tony vermutete. Er war etwas bleich und gähnte.

»Auch so viel geschlafen wie ich?«, fragte ich.

»Ja, du siehst mir ziemlich ähnlich«, grinste er.

»Ich hab so viele Ideen im Kopf.«

»Mir geht es ähnlich. Es macht unglaublich viel Spaß, das alles aufzugreifen. Das muss ich ehrlich zugeben.«

Das war dann schließlich auch das Thema Nummer eins auf dem Ausritt. Wild gestikulierten und argumentieren wir auf den Pferden, während wir die Zeit vergaßen und erst nach elf Uhr wieder zurückkehrten. Wir hatten alle Möglichkeiten, Ideen und Eventualitäten durchgesprochen, es war aus uns herausgesprudelt und Ida stand an der Pforte, wo sie uns lachend begrüßte.

»Was läuft denn hier für ein Film?«, wollte sie wissen. »Es ist schon nach elf, wir wollten doch noch zu dem Baumarkt, Tony.«

»Ach du liebe Zeit, verzeih, das hab ich völlig vergessen.«

»Die Ideen, die du ins Haus bringst, Colette, sind einfach grandios. Alle sind verzückt von den vielen kreativen Geschichten. Ich erkenne meinen eigenen Mann nicht mehr«, lachte sie.

»Wir haben die Zeit vergessen, das tut mir leid.«

»Das ist nicht schlimm, Colette, komm doch mit zum Baumarkt, vielleicht gibt es da was Interessantes für dein Projekt. Gucken schadet doch nichts, oder?«

Ich gab Ida recht und nachdem wir die Pferde versorgt hatten, fuhr ich mit Tony und Ida, eingehüllt in Reitersachen und Pferdeduft, zum Baumarkt. Ich schaute mir die vielen Blumen- und Gemüsesamen an, studierte, wann sie einzupflanzen waren und welche Standorte diese Pflanzen bevorzugten. Dann entdeckte ich ein Buch übers Gärtnern, was mich ansprach. Also kaufte ich es mir. Ich stöberte bei den Gartengeräten, was es noch so alles gab, was ich noch nicht kannte.

Tony kam gerade um die Ecke, als er das Mobiltelefon wieder in die Tasche steckte. »Thomas hat angerufen, du weißt schon, das Weingut in der Steiermark.«

»Und was meint er?«

»Er ist begeistert von der Idee, er will dich online coachen in Sachen Weinbau, wenn du Lust hast. Er will sich einmal die Woche Zeit nehmen, dann kannst du via Skype mit ihm arbeiten. Im

Winter Theorie, das geht drinnen, und wenn du raus musst zu den Reben, nimmst du einfach den Laptop mit. Ich hoffe, das WLAN reicht bis dorthin, sonst rüsten wir das entsprechend nach. Aber ich denke, das könnte eine gute Möglichkeit sein, selbst Erfahrungen zu sammeln und von einem Profi Unterstützung zu bekommen. Na, was sagst du?«

Am liebsten hätte ich Tony umarmt. Die Idee war grandios. »Das ist fantastisch, vielen Dank.«

»Hast du die guten Neuigkeiten schon gehört?«, fragte Tony, als er bei Ida angekommen war.

»Gerade noch, ja, das klingt toll. Ich hoffe, ich darf auch Teil dieses Projektes sein, oder nicht?«

Ich blickte Ida erstaunt an. »Wenn du möchtest, gern.«

»Na, die Kinder sind ja jetzt schon groß und es wäre toll, eine sinnvolle Aufgabe zu haben. Also wenn du mich im Team haben willst, hier bin ich.« Ida hatte die Hände ausgebreitet und ich musste sie einfach umarmen. »Ihr seid spitze, vielen Dank.«

»Das sind nicht wir, Colette. Das ist deine Energie. Es ist der Ruf.«

»Der Ruf?«

»Ja, der Ruf, du weißt schon.«

Nach einem kurzen Moment erhellte sich mein Gesicht. »Du meinst, ich werde gerade berufen? Das ist ja klasse.«

»Mit Sicherheit kann man das nicht sagen, aber so, wie das alles anläuft, könnte das schon in die Richtung gehen«, erklärte Tony.

»Ob ich mich dafür eigne?«, stellte ich mir selbst die Frage.

»Das ist eine gute Frage«, meinte Tony. »Es ist auch wichtig, das herauszufinden. Es gibt Menschen, die sind als Führungskräfte geboren, andere wiederum sind kreative Köpfe, wiederum andere geben ihrem Team Bodenhaftung und so weiter. Nicht jeder ist geboren, um eine Führungskraft zu sein. Davon steht nichts im Eignungstest zur Leadershipausbildung«, seufzte Tony.

»Wie wahr, wie wahr«, sagte ich.

»Weißt du, es ist ein bisschen so wie mit den Wildtieren. Jeder ist einzigartig und wichtig für Fauna und Flora, aber jeder kennt seinen Platz, seine Rolle.«

»Ich bin beispielsweise keine Führungskraft, das weiß ich«, sagte ich zu Tony. »Aber ich bin sehr kreativ und bemerke, wie wichtig das für mich geworden ist. Ich muss das ausleben können.«

»Du hast eine sehr gute Selbstreflexion, Colette. Ich bin mir nicht ganz sicher, ob du nicht auch führen könntest. Ich denke, du wärst ein Mischtyp, der das wirklich lernen könnte, wenn du das wollen würdest. Aber ich bemerke, dass du diese Verantwortung gar nicht richtig willst, oder?«

»Das stimmt, ich möchte die Verantwortung, wenn du so willst, jemandem abgeben, damit ich mich voll in die kreative Seite stürzen kann.«

»Und das ist gut so, dafür sind wir ja dann da.«

»Meinst du, wir bekommen das alles hin?«, wollte ich von Tony wissen. »Ich meine, haben wir Zeit dafür? Die Zeit vergeht so schnell und wir haben noch so viel zu tun.«

»Zeit vergeht nicht schneller als früher, Colette. Wir laufen nur eiliger an ihr vorbei, das ist alles. Das sagte schon George Orwell. Lass uns die Konzepte abwarten, dann sehen wir auch, wie groß die Investitionen sein müssen. Dann lass uns weiter planen, okay?«

»Aber, ich meine ...«, ich stockte einen Moment. »Können wir uns das denn leisten?«

»Was? Innovative Mitarbeiter bremsen?«

»Nein, ich meine, es müssen alle mehr arbeiten und da kommen mehr Kosten auf uns zu. Und all das.«

»Colette, hast du einmal in die Gesichter deiner Kollegen geblickt, als du die beiden Ideen vorgestellt hast? Ich weiß ja, dass meine Leute brennen können für ihre Arbeit, aber du hast so viel Feuer in ihnen entfacht. Ich hätte nicht für möglich gehalten, dass noch mehr Engagement geht. Aber du hast es geschafft, auch mich noch einmal wirklich zu verblüffen. Diese Leute wollen diese Projekte, sie brennen dafür. Glaub mir, die wären wirklich dazu in der Lage, beinahe Tag und Nacht für dich zu arbeiten, wenn du das von ihnen fordern würdest. Deswegen bin ich mir nicht so sicher, ob du nicht als Führungskraft doch taugen würdest. Aber wichtig ist, dass deine Kreativität, dein Feuer und deine Partnerschaft zu ihnen ausgelöst hat, dass sie diesen Weg mit dir gehen wollen. Und dann ist es für mich selbstverständlich, dass ich diesen Weg auch mit dir gehe. Und sogar Ida«, erklärte Tony und umarmte seine Frau.

26. Menschen, die die gleiche Vision haben

Die beiden Konzepte entstanden erschreckend schnell, die Ideen und Vorbereitungen liefen auf Hochtouren, parallel zum beginnenden Weihnachtsgeschäft. Wir übertrafen uns selbst, vor allem, weil ich mir vorgenommen hatte, am Abend und am Wochenende an der Gartengestaltung zu arbeiten. Aber ich hatte die Rechnung ohne den Wirt gemacht. Abwechselnd halfen alle mit aus dem Team. Sie ließen es sich nicht nehmen, Unkraut zu jäten, Erde zu schippen und mit mir einen Plan eines neuen Gartens umzusetzen. Sogar die Kinder der Arbeitskollegen wollten unbedingt mithelfen und verstärkten so ungewollt auch noch den Zusammenhalt in den Familien. Anfang Dezember hatten wir erste Bedenken, dass uns das alles über den Kopf wachsen würde, weil die Arbeitstage früher begannen und später endeten. Tony zog irgendwann die Notbremse und erteilte Valentina und mir den Auftrag, zwei neue Mitarbeiter über ein Inserat zu suchen, um das Team schnellstmöglich zu entlasten. Aber er wollte auch hier der Qualität den Vorrang geben und genügend Zeit für die Integration der neuen LEBEN-Mitglieder haben.

Als wir an einer Monatsrunde die wöchentlichen Belange besprachen, die nun auch die beiden neuen Geschäftsideen voll integrierten, meinte Felipe: »Valentina hat uns einmal von ihrer Verwandten erzählt, wie sie sie unterstützt. Wie liebevoll sie die Sachen einpackt, wenn sie Kleider ausmistet, um würdevoll jemand Bedürftigem eine Freude zu machen. Weihnachten steht vor der Türe. Wollen wir das nicht generell ins Auge fassen? Ich meine, seit ich mit Ahmad zusammenarbeite, habe ich einen völlig neuen Blickwinkel für all die Dinge bekommen, die wir hier als selbstverständlich ansehen.«

»Genau, das ist ein guter Input«, entgegnete Angelina.

»Ich bin dabei«, sagte Dani.

»Ich auch«, meinte einer nach dem Anderen.

»Noch mehr Arbeit?«, fragte Tony. »Seid ihr sicher, dass ihr euch da nicht übernehmt?«

»Das ist keine Arbeit. Das ist ein Tag, um gemeinsam etwas Gutes zu tun. Unsere Familien werden auch mithelfen. Wenn wir das ein wenig schlau organisieren, läuft das sauber über die Bühne. Und wir alle können mit Partnern, Kindern schauen, was es auszumisten gibt. Die Kinder können beispielsweise mithelfen, indem sie Spielsachen hergeben, die sie seit mehr als einem Jahr nicht benutzt haben.«

»Und wir Frauen Schuhe, die wir ein Jahr nicht getragen haben«, lachte Marga.

»Genau.«

Angelina drehte sich zu Tony um. »Ich organisiere das, lasst mich das in die Hand nehmen. Ich schlage euch zwei Termine vor, dann schau ich mit der Logistik, dass ihr die Sachen bis Mitte Dezember bringen könnt. Wir verpacken dann gemeinsam und feiern gleich zusammen Weihnachten. Wäre das was?«

»Hervorragend, eine tolle Idee«, meinte Rico.

»Ich komme gar nicht dazu, was zu sagen«, meinte Tony.

»Wir könnten ja noch mehr Gutes tun«, schlug Bruno vor.

»Wie?«, wollte Mirco wissen.

»Wir haben doch von Tony ein Budget für unser Weihnachtsfest bekommen. Ich meine, wir haben so viel gemeinsam in diesem Jahr erlebt, was weitaus mehr wert ist als ein teures Abendessen. Was meint ihr? Wir könnten doch hier heißen Beinschinken und Kartoffelsalat machen. Wir richten uns im Keller gemütlich ein, stellen einen Heizlüfter dorthin und machen es uns dort richtig kuschelig zum Firmenweihnachtsfest. Und alles, was übrig bleibt, was wir vom vorgegebenen Budget nicht verwenden, könnten wir für einen guten Zweck für Mensch und Tier spenden.«

»Klasse Idee«, rief Catinka.

Die Idee fand Zustimmung und zwar geschlossen von allen Mitarbeitern der LEBEN AG.

So kam es, dass jeder von uns zu Hause in seinen Schränken nachschaute, was er nicht mehr brauchte. Bedingung war, dass die Sachen ganz sein mussten, in einem guten Zustand. Felipe und seine Truppe hatten in der Logistik Paletten bereitgestellt, wohin wir die Sachen stellen konnten, aufgeteilt in Themen wie Frauen-, Herren- oder Kinderkleider, Spielsachen und Haushaltsgegenstände. Angelina indessen hatte den gemeinsamen Termin organisiert und sich mit den Organisationen der Umgebung kurzgeschlossen, die bedürftige Menschen unterstützten. Mirco, Dani, Bruno und Igor indessen organisierten das kulinarische Wohl für den Weihnachtsabend, der kurz nach Mitte Dezember an einem Samstag stattfand. Wir waren den Tag über beschäftigt, die Sachen in Weihnachtspapier einzupacken, das Tony gesponsert hatte.

»Du siehst, was du hier dieses Jahr alles auf die Beine gestellt hast?«, fragte mich Valentina, als sie mir den Klebestreifen reichte, um den ich sie gebeten hatte.

»Mit deinen tollen Ideen wird Weihnachten nicht nur für uns, sondern auch für so viele Menschen etwas ganz Tolles«, rief mir Angelina zu.

Ich war überglücklich, dass meine verrückte Art so viel ausgelöst hatte. Nie zuvor hätte ich den Mut dazu gehabt, ich selber sein zu dürfen. Dieses Jahr war mit Abstand das beste meines ganzen Lebens.

Gegen Mittag hatten wir Dutzende Weihnachtspakete zusammen. Vor allem die Kinder der Mitarbeiter waren begeistert von der Idee gewesen und hatten großzügig ihre eigenen Spielsachen ausgemistet, um sie zu spenden. Auch sie waren heute hier, um beim Einpacken zu helfen. Als ich mit ihnen sprach, wurde mir bewusst, dass diese Aktion so viel mehr als nur schenken bedeutete, denn ihre Augen leuchteten.

Die Kinder hatten nach dem Sinn der Aktion gefragt. In den Gesprächen mit ihren Eltern war ihnen klar geworden, dass es nicht üblich war, so viel zu besitzen. Sie setzten sich damit auseinander, warum andere Kinder vielleicht nicht so viele Spielsachen besaßen, oder was eine Flucht möglicherweise bedeuten konnte. Es war rührend, mit wie viel Hingabe sie teilweise auch geliebte Plüschtiere mitbrachten, um sie für andere Kinder zu spenden, die in Waisenhäusern ohne Eltern ihr Weihnachten verbringen mussten.

Ida hatte sich zu mir gesetzt. »Es ist unglaublich, was du alles in Gang setzt, Colette.«

Darauf wusste ich nichts zu antworten. Mir war nicht bewusst, dass ich es gewesen sein sollte, die das alles in Gang gebracht hatte. Doch meine Arbeitskollegen bestätigten mir, dass sie sich von mir hatten anstecken lassen.

»Du hast uns noch enger zusammengebracht«, bestätigte Mirco mir. »Was ist es eigentlich, das dich antreibt?«, wollte er wissen.

Ich blickte von dem Paket auf, das ich gerade einpackte, und Tony beobachtete mich.

»Keine Ahnung, was meinst du?«, wollte ich wissen.

»Na, was genau treibt dich an, dass du uns so begeistern kannst. Du musst doch Motive dafür haben. Du musst doch wissen, warum?«

Unsicher blickte ich zu Tony hinüber. »Herr Coach, können Sie mir hier helfen?«, lachte ich ihn an.

Dieser legte seine Bastelsachen zur Seite, die er bei sich hatte, um schöne Weihnachtsschleifen zu basteln, und kam zu mir.

»Mirco hat recht, du solltest dir über deine Motive klar werden. So wie jeder von euch sich Gedanken gemacht hat, welche Motive ihn dazu bewegen, hier gerne zu arbeiten, so ist es wichtig, sich Gedanken zu machen, welche Motive euch im Leben antreiben. Colette, du wolltest deine Werte und Antiwerte noch herausfiltern und an deiner Vision arbeiten.«

Ich unterbrach ihn, hob die Hand und holte meine neue Visitenkarte hervor. Darauf standen auf der Rückseite meine fünf Werte und die fünf Antiwerte. Erstaunt begutachtete Tony die Karte.

»Du hast mir gar nichts davon gesagt«, meinte er.

»Ich weiß, ich werde eben langsam flügge«, lachte ich.

»Offensichtlich. Liebe, Gemeinschaft, Begeisterung, Ehrlichkeit, Treue. Das sind tolle Werte, Colette.«

»Sieh dir die Antiwerte an, bitte.«

»Manipulation, Negativität, Faulheit, Geiz und Unterdrückung. Das ist sehr gut. Ich hätte dir keine anderen Werte zugewiesen«, lachte Tony. »Super, dass du sie nun immer bei dir trägst.«

»Bei der Vision wäre ich froh, wenn du mir noch helfen würdest. Meine Motive sind mir noch nicht ganz klar.«

»Okay, gerne, dann schreib doch weiterhin noch fleißig auf, was dich bewegt, damit wir das Heft in den nächsten Tagen einmal für deine Vision konsultieren können. Aber vielleicht hast du bald schon dein eigenes Aha-Erlebnis und brauchst mich gar nicht mehr.«

»Meinst du?«

»Ich denke, mit der neuen Mission rund um den Garten und den Weinbau wird sich da vieles offenbaren.«

»Wie weit sind wir mit der Coaching-Sache?«, wollte Rico wissen.

»Konzept steht, Schulungsinhalt ist in einer Seite niedergeschrieben. Mehr gibt es bei Tony nicht«, erklärte Valentina. »Und das ist gut so, der Rest ist Praxis, Praxis, Praxis. Wir haben uns gemeinsam entschieden, dass Tony zwar der Schirmherr für die Coachings ist, aber wir alle sind die Lehrer für diese neuen Führungskräfte. Indem sie hier erleben, wie wir miteinander umgehen und welches Gedankengut wir im Alltag pflegen, können wir Führungskräfte so zu echten Vorbildern ausbilden.«

Valentina erhielt klatschenden Beifall. »Das ist eine gute Sache«, rief Marga ihr entgegen.

Der Haufen Pakete wuchs, während wir weiter über die Art und Weise philosophierten, wie wir die Führungskräfte in einem Programm einbinden konnten, in dem sie lernen sollten, so zu denken wie die Mitglieder der LEBEN AG. Dabei waren vor allem die Erfahrungen von Angelina und mir wichtig, weil wir die letzten beiden waren, die zum Team neu dazugestoßen waren.

Ein benachbartes Transportunternehmen hatte es sich nicht nehmen lassen, die Sachen zu transportieren und so die Sachspenden zu unterstützen, während wir feststellten, dass nach dem Arbeiten nun das Essen anstand, uns aber der Senf fehlte. Ich machte mich zusammen mit Valentina auf den Weg nach Rorschach, um Senf in großen Mengen für die LEBEN-Bande einzukaufen. Auch ihr José war heute hier, er und Tony Leben hatten sich angefreundet. Er fand die Idee mit der Weitergabe des Gedankenguts ebenfalls toll und Valentina hatte ihm die Idee der LEBEN-Bar im Tessin vorgeschlagen.

»Darüber müssen wir uns unbedingt unterhalten, wenn die zwei neuen Projekte hier in der Ostschweiz gut laufen. Das könnte eine hervorragende Plattform im Tessin sein«, war seine Antwort darauf gewesen.

»Welchen Senf willst du nehmen?«, fragte ich Valentina.

»Ach, am besten nimmst du von allen drei Sorten: süß, scharf und mittel. Dann haben wir genügend Senfsorten. Dann ist für jeden was dabei.«

»Hallo, Colette«, hörte ich eine altbekannte Stimme.

Als ich mich umdrehte, die Senftuben in der Hand, die ich Valentina reichen wollte, stand plötzlich Jürg vor mir.

»Oh, hallo Jürg.«

Wir umarmten uns kurz. Neben ihm stand einer seiner Freunde, der mich ebenfalls begrüßte.

»Wie geht es dir?«, wollte ich wissen.

Er musterte mich von oben bis unten, ich stellte ihm Valentina vor.

»Mir geht es gut, vielen Dank. Du siehst fantastisch aus. Ich bin mir gerade nicht sicher, ob es eine gute Idee war, dich ziehen zu lassen«, lachte er schließlich.

Sein Kollege machte irgendeine anzügliche Bemerkung, die ich überging. Valentina und ich sahen uns etwas entsetzt an, dann beruhigte ich mich jedoch schnell wieder. »Danke fürs Kompliment. Mir geht es auch gut.«

»Bist wohl immer noch bei dieser LEBEN AG, oder?«, meinte Jürg.

Mir war schon klar, dass er nicht so drauf war wie seine Kumpel, aber die Art des jungen Mannes ging mir sehr auf die Nerven. Es war entwürdigend, wie er Frauen nachblickte und mit welchem Blick er mich bedachte.

Aber ich beschloss, nicht darauf einzugehen. »Ja, das bin ich und ich bin neue Projektleiterin für Weinbau und Delikatessen. Von der Gartengestaltung bis zum Verkauf manage ich alles für diese beiden Themen, um nachhaltig und qualitativ wertvolle Produkte mit dem Thema Wein zu verbinden. Das ergibt ökologisch einen Mehrwert für die Böden bei uns und wir können die Kunden zusätzlich mit hochwertigen Delikatessen beliefern.«

Valentina sah mich sprachlos von der Seite an, Jürg wusste ebenfalls nicht, was er sagen sollte.

»Projektleiterin?« Anerkennend hob er die Augenbrauen. Ich nickte. »Das klingt sehr spannend.«

Der Kollege von Jürg mischte sich plötzlich ein. »Sag, hast du nicht noch ´nen geilen Job für mich oder so?«

Ruhig und gelassen sagte ich zu ihm: »Du müsstest dich mit deinen Motiven auseinandersetzen, an deinen Stärken arbeiten, deine Schwächen anerkennen, dich selbst lieben und achten lernen. Darüber hinaus ist die totale und radikale Hingabe an die Liebe und deine Arbeit notwendig, um bei uns zu arbeiten. Wir umgeben uns mit Menschen mit der gleichen Vision. Wir schauen in die gleiche Richtung, gehen gemeinsam unseren Weg und erreichen gemeinsam unsere Ziele.«

Etwas unsicher sah mich der Typ an. »Was?«

Jürg grinste. »Verdammt gut, Colette.«

»Nicht wahr?«

Jürg beachtete seinen Kumpel nicht. »Ich werde mir das im kommenden Jahr mal ernsthaft ansehen, vielleicht kann ich dann ein wenig von dir lernen«, meinte Jürg und drückte mich an sich. »Es freut mich, dass es dir gut geht. Mach weiter so. Ich bin stolz auf dich.« Damit drehte er sich um und ging.

Valentina schaute mich an. »Was war das grade eben, bitte schön? Wie … Du weißt deine Motive nicht und brauchst Hilfe von Tony.«

»Das kam grad über mich, schließlich habe ich mich lange genug damit auseinandergesetzt.«

»Ich bin beeindruckt, Frau Projektleiterin. Womöglich müssen wir deine Visitenkarten neu drucken.«

Laut schnatternd schnappten wir uns mehrere Senftuben und machten uns auf den Weg zurück zu LEBEN AG, wo schon Kartoffelsalat und heißer Beinschinken auf uns wartete. Tony hatte bereits einen Laptop hier unten installiert, damit ich später via Skype mit Thomas arbeiten konnte. Tony war hin und weg, als ihm Valentina von meiner Vision erzählte und von der Begegnung in Rorschach.

Wir hockten an diesem Abend noch lange zusammen, aßen viel und tranken Wein.

Rico setzte sich neben mich. »Und? Wie geht es dir?«, fragte er mich. Er drehte das Weinglas in der Hand.

»Mir geht es sehr gut, vielen Dank. Dieses Jahr war einfach unglaublich. Ich meine, was in einem guten halben Jahr alles entstanden ist, was ich alles loslassen durfte und wie ich mich heute fühle. Es ist einfach unglaublich schön. Ich bin einfach tief dankbar.«

»Hättest du das noch vor einem Jahr für möglich gehalten?«

»Nein, um Gottes willen, ich hätte jeden für verrückt erklärt. Solch großen Veränderungen und das in dieser Zeit! Ich weiß nicht, ob ich das überhaupt je für möglich gehalten hätte, geschweige denn in diesen wenigen Wochen.«

»Es ist wichtig, dass du diese Schritte zelebrierst. In einem solchen Moment ist der Rückblick sehr wertvoll. Schau, wo du hergekommen bist und was du geschaffen hast. Du darfst wirklich stolz auf dich sein und du hast unser aller Welt berührt und verändert. Du hast noch mehr Feuer in uns entfacht. Das ist ein wertvolles Talent.«

»Ohne euch wäre das nicht möglich gewesen.«

»Darum das Wort TEAMWORK. Gemeinsam sind wir stark und doch kann sich jeder entfalten. Schau dir Angelina an, wie sie noch mehr aufgetaut ist. Oder Catinka, sie glüht geradezu, wenn sie von den neuen Projekten erzählt. Ich meine, wir waren vorher schon eine tolle Truppe und haben viel gemeinsam bewegt, aber das hier ist wirklich überwältigend. Und Tony ist auch ein Chef, der uns den Raum gibt, dass wir diese Projekte mitbegleiten und die Erfolge mitfeiern dürfen. Ist das nicht klasse?«

»Es ist Weltklasse, Rico. Ich bin einfach nur glücklich und dankbar, dass ich hier bin. Und es wird bald noch mehr von diesen Chefs geben, sodass noch mehr Menschen die Gelegenheit haben, so zu arbeiten wie wir.«

Valentina setzte sich neben mich. »Hast du gehört, was José gesagt hat?«, fragte sie mich schelmisch.

»Ja, und ich habe es dir von Anfang an gesagt«, lächelte ich.

Sie legte den Kopf kurz auf meine Schulter. »Das hast du, in der Tat. Und ich freue mich auf das neue Jahr.«

»Lass uns erst mal auf das Alte anstoßen«, meinte Tony, der sich zu uns gesellt hatte. »Auf dich, Colette, auf deine Vision.»

Über die Autorin:

Andi LaPatt wächst die ersten Lebensjahre in St. Gallen auf. Schon als Kind fällt auf, dass Andi mit sehr viel Fantasie gesegnet wurde. Bereits im Kindergarten ruft die Kindergärtnerin die Mutter an, um sie anzuhalten, Andi die Fantasie auszutreiben. In der ersten Klasse tut sie sich schwer mit dem Erlernen von Lesen und Schreiben. Erst eine neue Lehrerin steckt sie mit einer Liebe zu Worten und Gedichten an, worauf Andi in kurzer Zeit Lesen und Schreiben lernt. Andi beginnt die Bibliothek der Schule leer zu lesen, dann die des Dorfes und schließlich auch die ihres Vaters.

Mit zehn Jahren verleibt sie sich Winston Churchill und Konsalik ein, alles, was neu auf dem Büchermarkt erscheint, wird verschlungen. Selbst schreibt sie über achtzig Tagebücher, bis sie dreißig ist, macht für andere.

Nach einigen Presseberichten für Bekannte und weiteren unzähligen Schreibwerken für ihr Umfeld beginnt sie endlich selbst Bücher zu schreiben. Das ist der Startschuss für »Eine fast unanständige Frau«, das erste Buch, das 2010 geschrieben wird. Nachdem das erste Buch ein nicht ganz ernst gemeinter Versuch war, fängt Andi LaPatt nach schwerer Krise an, sich dem Künstler in ihr zu widmen. »Die Siegel Asinjas« entsteht.

Nach einer intensiven Verlagssuche findet sie schließlich im Franzius Verlag einen wertschätzenden Partner, der mit ihr nicht nur »Eine fast unanständige Frau« im November 2015 herausbringt und »Die Siegel Asinja« im März 2016 sowie »Seelenverwandt« im Juni 2016, nein, auch der vierte Roman »Seniorentango« ist mittlerweile erscheinen, ebenso der zweite Teil der Asinja-Reihe. Weitere Romane sind im Entstehen.

Neben dem leidenschaftlichen Schreiben ist die Autorin in zwei Kurzfilmen vor der Kamera zu sehen. Sie singt in zwei Bands die Leadvocals und heckt Pläne für ihre eigenen Songs aus. Andi LaPatt lebt heute in der Nähe des Bodensees auf der Ostschweizer Seite

Weitere Veröffentlichungen der Autorin Andi LaPatt

»Seniorentango«
Roman, ISBN 978-3960500216

»Seelenverwandt – und warum sie IHN haben muss«
Roman, ISBN 978-3-96050-015-5

»Eine fast unanständige Frau«
Eine frivole Komödie, ISBN 978-3-945509-56-2

»Die Siegel Asinjas Teil 1:
Darya-ye Noor – Ozean des Lichts«
Fantasy, ISBN 978-3-945509-66-1

»Die Siegel Asinjas Teil 2:
Im Auge des Drachen«
Fantasy, ISBN: 978-3-96050-101-5

»Die Siegel Asinjas Teil 3:
Die Macht der Dämonen«
ISBN 978-3-96050-212-8

Novitäten 2020 / 2021 im Franzius Verlag

Romane

»Fette Sau – Ich bin gegen Mobbing und Du?«
Roman von Christiane Kromp, ISBN 978-3-96050-201-2

»Nachbeben – Oder gehört das ganze Leben vielleicht in die Änderungsschneiderei?«
Roman von Sybille Statz, ISBN 978-3-96050-192-2

»Dornen des Chaco – Flugzeugabsturz in Paraguay. Nach einer wahren Begebenheit.«
Roman von Perry Payne, ISBN 978-3-96050-194-7

»Die Macht der Akademie«
Schweden-Krimi von Neal Skye, ISBN 978-3-96050-190-9

»Rich & Mysterious Band 3: Blutspur 629«
Krimi von Neal Skye, ISBN 978-3-96050-214-2

»Das Zugticket«
Roman von Monica Heinz, ISBN 978-3-96050-188-6

»Endstation Himmel«
Roman von Angelika Lorenz, ISBN 978-3-96050-186-2

»Hüter der Feder«
Fantasy-Roman von L. T. Ayren, ISBN 978-3-96050-093-3

»Bis ans Ufer«
Historischer Krimi von Sophie Heinig, ISBN 978-3-96050-182-4

»Reise zum inneren Avatar«
Spiritueller Roman von Mirjam Wyser, ISBN 978-3-96050-176-3

»Die Heimsuchungen der Familie Bell«
Historischer Krimi von Christiane Kromp, ISBN 978-3-96050-174-9

»Mörderische Psychospiele – Zwischen Bremen und der Nordsee«
Regionalkrimi von Sabine Bruns, ISBN 978-3-96050-172-5

»28 m² – Die Probandenstudie«
Thriller von Perry Payne, ISBN 978-3-96050-168-8

»Redric – Die andere Seite der Angst«
Young-Adult Thriller von Jenny Rubus, ISBN 978-3-96050-160-2

Sachbücher und Ratgeber

(HC: Hardcover, SC: Softcover)

»Entzündungen natürlich behandeln — Die grüne Taschenapotheke«
Von Dr. Nadine Berling
ISBN 978-3-96050-203-6 (HC), ISBN 978-3-96050-210-4 (SC)

»Enneagramm und Hochsensibilität – Die neun Persönlichkeitstypen und ihr Entwicklungspotential«
Von Dr. Marianne Skarics
ISBN 978-3-96050-170-1 (SC)

»Magnetic Wealth Attraction – Werde ein Magnet für Wohlstand, Überfluss und Fülle«
Deutsche Erstausgabe des Titels »Magnetic Wealth Attraction«
Von Frederick Dodson, Übersetzung von Petra Liermann
ISBN 978-3-96050-180-0 (SC)

»Nicht offensichtliche Megatrends – Wie man erkennt, was andere übersehen, und die Zukunft vorhersagt«
Deutsche Erstausgabe des Titels »Non Obvious Megatrends: How to See What Others Miss and Predict the Future«
Von Rohit Bhargava, Übersetzung Franzius Verlag GmbH
ISBN 978-3-96050-198-5 (HC), ISBN 978-3-96050-091-9 (SC)

»Grenzenlos – Wie man seine Berufung findet und mit drei weiteren essentiellen Faktoren die individuelle Balance schafft, um im völligen Einklang mit dem eigenen Leben zu sein (Deutsche Erstausgabe)«
Von Laura Gassner Otting, Übersetzung Franzius Verlag GmbH
ISBN 978-3-96050-197-8 (HC), ISBN 978-3-96050-192-3 (SC)

»Wenn Millennials übernehmen — Bereiten Sie sich auf die amüsant einfache Geschäftswelt der Zukunft vor«
Deutsche Erstausgabe des Titels »When Millennials Take Over: Preparing For The Ridiculously Optimistic Future Of Business«
Von Jamie Notter und Maddie Grant
Übersetzung Franzius Verlag GmbH
ISBN 978-3-96050-208-1 (HC), ISBN 978-3-96050-206-7 (SC)

»Eine glückliche Seelen in zwei Körpern – Dualseele 2.0«
Von Petra Liermann, ISBN 978-3-96050-178-7 (SC)

<u>Kinder- und Jugendbücher</u>

»Acello und die Umweltmagier«
Band 4 der »Acello«-Reihe
Von Mirjam Wyser, ISBN 978-3-96050-184-8